经济管理类专业教材 工商管理系列

BUSINESS ADMINISTRATION

管理学

MANAGEMENT

李彦斌 主编

机械工业出版社
CHINA MACHINE PRESS

本书在编写过程中坚持理论联系实际、博采众家之长、充分吸收国内外管理学研究成果的指导思想，力求在以下方面形成特色：①坚持科学性与综合性。本书尽可能将近年来管理领域的最新研究成果融合到相关问题的论述之中，使本书内容全面、信息充足。②坚持针对性与实用性。本书旨在启发学生结合管理实践对管理的基本原理和方法进行深入的思考，提高学生运用所学理论分析并解决实际问题的能力。③坚持逻辑性与层次性。本书每一章都遵循深入浅出和由原理到应用的逻辑关系，在介绍基本原理之后，按管理职能或管理方法依次展开。

本书适用于管理学专业本科生和研究生。

封底无防伪标均为盗版
版权所有，侵权必究

图书在版编目（CIP）数据

管理学/李彦斌主编．—北京：机械工业出版社，2011.7（2025.7 重印）
（经济管理类专业教材·工商管理系列）

ISBN 978-7-111-35399-7

Ⅰ．管⋯　Ⅱ．李⋯　Ⅲ．管理学-高等学校-教材　Ⅳ．C93

中国版本图书馆 CIP 数据核字（2011）第 143840 号

机械工业出版社（北京市西城区百万庄大街 22 号　邮政编码　100037）
责任编辑：张　昕　　版式设计：刘永青
北京建宏印刷有限公司印刷
2025 年 7 月第 1 版第 14 次印刷
185mm×260mm·17.5 印张
标准书号：ISBN 978-7-111-35399-7
定价：45.00 元

客服电话：（010）88361066　68326294

PREFACE 前言

管理既是一门科学,也是一门艺术。管理原理始于科学,管理效果源于艺术。

现代社会,"管理"无时不在,无处不在,"管理"已经成为与人类发展最密切的词语之一和最常见的一项活动。人们无论从事何种职业,无论职位高低,无论年龄大小,人人都在进行着有意识与无意识的管理活动,大至管理国家大事,小至管理日常事务。管理是连接自然与社会的桥梁,是实现人生目标与组织目标的有效手段,管理的知识与技能已成为人们生活、生存与发展必须具备的知识与技能。社会的发展、国家的繁荣、企业的兴旺、家庭的和谐、个人的事业都无不与管理有关。

管理学是一门博大精深的学科,其重要性已日益为社会和人们所认识。管理学是研究管理一般问题的学科,致力于研究管理者如何有效地管理其所在的组织,使组织运行的效率提高、使组织目标能如愿实现。管理学是人类智慧的结晶,它为人们提供了一套比较完整的有关组织管理的理论和方法。

本书在编写过程中坚持理论联系实际,博采众家之长,充分吸收国内外管理学研究成果的指导思想,力求在以下方面形成特色。

1. 坚持科学性与综合性

管理学作为经济管理类专业的一门专业基础课程,应以研究企业、社会组织中的共性问题为主。本书在内容安排上既借鉴国外成熟的管理理论体系,又充分考虑21世纪我国管理类人才培养模式和教学内容体系建设与改革的需要;既注重全面系统地介绍基本管理原理、原则和方法,又结合我国的管理实践(尤其是能较好体现党的二十大报告提出的"讲好中国故事"的企业管理实践),对管理学理论和实践的新发展进行归纳、整理和延伸,尽可能将近年来管理领域的最新研究成果融合到相关问题的论述之中,使本书更具有体系完整、内容全面、信息充足的特点。

2. 坚持针对性与实用性

管理学是一门应用性很强的学科,本书在编写过程中注重理论与实践的有机结合,尽可能做到概念描述生动化、原理阐述具体化。启发学生能结合管理实践对管理的基本原理和方法进行深入的思考,提高学生运用所学理论分析解决实际问题的能力。

3. 坚持逻辑性与层次性

管理既是一门科学,又是一门艺术,具有很强的逻辑性和层次性。本书每一章都遵循深入浅出、由原理到应用的逻辑关系,在介绍基本原理之后,按管理职能或管理方法依次展开。

参与编写本书的成员均为从事管理学教学多年,具有丰富的教材编写、教学研究、教学实践经验的管理学教师。本书在编排结构方面充分体现教学要求,每一章对主要内容进行小结,并附有一定数量的复习思考题,目的是帮助读者在学完本章知识之后,明确应该理解和掌握的主要内容。

本书共分为11章,其中,李彦斌教授负责编写第1章和第9章,并对全书进行了统稿,刘小丽负责编写第5章、第8章、第10章和第11章,李晓宇副教授负责编写第6章和第7章,孙红星负责编写第2章和附录A,黄辉负责编写第3章和第4章,王永利参与了部分案例的编写。同时,编者还要感谢冀凯琳、何砚、李娟、张恒、陈文姣等多位同学参与的查找资料与校对工作。在本书的编写过程中,编者参阅了国内外各位管理学学者的成果,在此表示感谢。

管理实践总是对管理理论提出理论创新的要求,同时也在不断地给管理理论提供创新的空间和养料。对于日新月异的管理实践而言,本书难免有这样或者那样的不足之处,希望各位读者能够对我们编写的教材提出宝贵的意见,以便我们能够丰富和完善本书。

SUGGESTION 教学建议

教学目的

　　管理学是一门将实践与理论、科学与艺术相结合，系统地研究管理活动的普遍规律和一般方法的科学，是人类近代史上对社会经济发展影响最为重大的一门学科。作为管理类课程的基础理论课程，管理学在理论上有较大的深度和广度，起着引导学生入门及培养学生初步养成管理思维模式的作用。本课程的教学目的在于通过教与学，使学生正确理解管理的概念，掌握管理的普遍规律、基本原理和一般方法，并能综合运用于对实际问题的分析，初步具有解决一般管理问题的能力，培养学生的综合管理素质，提高学生的实践能力、创新能力和职业能力，为学生今后的实践工作打下坚实的理论基础和职业基础。

课时分布建议

教学内容	学习要点	课时安排	案例使用建议
第1章 绪　论	（1）掌握管理的基本概念及管理的五个要素。 （2）理解管理的特性，掌握管理各个特性的内涵。 （3）掌握管理基本原理的内涵和主要观点。 （4）熟悉常用的管理方法，了解各类方法的特点与应用。 （5）明确社会责任的概念和内涵，了解社会责任与企业经济绩效的关系。	4	本章案例分析
第2章 管理思想发展史	（1）了解管理学发展史上各阶段中典型的思想、学说、流派和代表人物。 （2）掌握经典理论的主要内容及其在管理学史上的地位和贡献。 （3）了解管理思想史各流派思想的发展脉络和继承关系，为后面章节中更加系统地学习管理学理论打下基础。	4	本章案例分析
第3章 计　划	（1）理解计划的基本概念和主要形式。 （2）掌握网络计划法和目标管理法等常用的计划方法。 （3）了解决策的过程和类型。	2	本章案例分析
第4章 控　制	（1）理解控制的概念和目的。 （2）掌握控制的类型和方法。 （3）熟悉人员控制的措施和方法。 （4）熟悉财务控制的特征和方法。	2	本章案例分析

(续)

教学内容	学习要点	课时安排	案例使用建议
第5章 组　织	（1）理解组织的基本概念。 （2）了解组织与环境的相互关系。 （3）掌握组织设计的基本原则和方法。 （4）理解组织生命周期理论和组织变革的过程与方法。	4	本章案例分析
第6章 激　励	（1）理解激励的含义及其作用。 （2）熟悉常用的激励理论的内容。 （3）掌握常用的激励方法和原则。	4	本章案例分析
第7章 领　导	（1）掌握领导的基本概念，深入领会领导者与管理者的联系与区别。 （2）理解领导权力的来源及其影响力的产生。 （3）熟悉常用的领导理论的内容。	4	本章案例分析
第8章 危　机	（1）掌握危机的含义、特征及其类型。 （2）掌握危机管理的要素和内容。 （3）理解中国企业在危机管理方面存在的问题和应对措施。	2	本章案例分析
第9章 创　新	（1）掌握创新的基本概念。 （2）掌握管理创新的作用、内容和方法。 （3）掌握组织创新的作用、内容和方法。 （4）熟悉创新活动的一般实施过程，增强创新风险防范意识。	2	本章案例分析
第10章 沟　通	（1）掌握沟通的概念、要素和类型。 （2）熟悉人际沟通的障碍和技能。 （3）熟悉组织沟通的形式和技能。 （4）了解冲突的管理。	2	本章案例分析
第11章 企业文化与企业伦理	（1）理解企业文化的内涵和特征。 （2）掌握企业文化建设的三个层次。 （3）理解典型国家和地区的企业文化特点。 （4）理解企业文化与企业管理的关系。	2	本章案例分析
附录A 管理名著导读	（1）系统了解管理学发展史上有影响的名著及其地位。 （2）将管理学中的经典理论与当今的管理实践进行对照，加深对管理学的理解。 （3）通过选读其中的部分著作或章节增强对管理学知识的广泛了解和兴趣。	0	
课 时 总 计		32	

CONTENTS 目 录

前　言
教学建议

第 1 章　绪论 ………………………………… 1
　1.1　管理的概念 …………………………… 1
　1.2　管理的特性 …………………………… 10
　1.3　管理的原理 …………………………… 17
　1.4　管理的方法 …………………………… 22
　1.5　管理的社会责任 ……………………… 28
　思考题 ……………………………………… 32
　案例分析　全国灭鼠模式 ………………… 33
　本章知识结构图 …………………………… 34

第 2 章　管理思想发展史 …………………… 35
　2.1　早期管理思想 ………………………… 36
　2.2　古典管理理论 ………………………… 40
　2.3　行为科学阶段 ………………………… 45
　2.4　管理理论丛林 ………………………… 47
　思考题 ……………………………………… 53
　案例分析　回归经典的三堂课 …………… 53
　本章知识结构图 …………………………… 55

第 3 章　计划 ………………………………… 56
　3.1　计划概述 ……………………………… 56
　3.2　计划方法 ……………………………… 61
　3.3　管理决策 ……………………………… 67
　思考题 ……………………………………… 74
　案例分析　吉利汽车"掉头" ……………… 74
　本章知识结构图 …………………………… 76

第 4 章　控制 ………………………………… 77
　4.1　控制概述 ……………………………… 77
　4.2　人员控制 ……………………………… 90
　4.3　财务控制 ……………………………… 91
　4.4　风险控制 ……………………………… 94
　思考题 ……………………………………… 95

　案例分析　三鹿奶粉事件 ………………… 95
　本章知识结构图 …………………………… 97

第 5 章　组织 ………………………………… 98
　5.1　组织概述 ……………………………… 98
　5.2　组织环境 ……………………………… 103
　5.3　组织设计 ……………………………… 107
　5.4　组织发展 ……………………………… 119
　思考题 ……………………………………… 122
　案例分析　海底捞的分权管理 …………… 122
　本章知识结构图 …………………………… 124

第 6 章　激励 ………………………………… 125
　6.1　激励概述 ……………………………… 125
　6.2　激励理论 ……………………………… 129
　6.3　激励运用 ……………………………… 147
　思考题 ……………………………………… 151
　案例分析　工程师的经历 ………………… 152
　本章知识结构图 …………………………… 153

第 7 章　领导 ………………………………… 154
　7.1　领导概述 ……………………………… 154
　7.2　领导权力 ……………………………… 157
　7.3　领导风格 ……………………………… 161
　7.4　领导理论 ……………………………… 167
　思考题 ……………………………………… 176
　案例分析　哪种领导类型最有效 ………… 177
　本章知识结构图 …………………………… 178

第 8 章　危机 ………………………………… 179
　8.1　危机概述 ……………………………… 179
　8.2　危机管理 ……………………………… 183
　8.3　中国企业的危机管理 ………………… 192
　思考题 ……………………………………… 196
　案例分析　小小"陈馅月饼"砸倒
　　　　　　70 多年老字号 ………………… 196

第9章 创新 …… 198
- 9.1 创新概述 …… 198
- 9.2 管理创新 …… 203
- 9.3 组织创新 …… 209
- 9.4 创新的实施 …… 216
- 思考题 …… 218
- 案例分析 领先全球的"中国制造" …… 218
- 本章知识结构图 …… 220

第10章 沟通 …… 221
- 10.1 沟通概述 …… 222
- 10.2 人际沟通 …… 225
- 10.3 组织沟通 …… 228
- 10.4 冲突管理 …… 232
- 思考题 …… 237
- 案例分析 被拒绝的计划 …… 237
- 本章知识结构图 …… 239

第11章 企业文化与企业伦理 …… 240
- 11.1 企业文化概述 …… 240
- 11.2 企业文化建设 …… 244
- 11.3 企业文化与企业管理 …… 251
- 11.4 企业伦理 …… 254
- 思考题 …… 255
- 案例分析 海尔文化 …… 256
- 本章知识结构图 …… 257

附录A 管理名著导读 …… 258

参考文献 …… 269

(本章知识结构图 …… 197)

CHAPTER 1 第 1 章

绪 论

管理格言 >>>>>>

世界上每 100 家破产倒闭的大企业中,85% 是因为企业管理者的决策不慎造成的。
——世界著名咨询公司美国兰德公司

管理故事 >>>>>>

方法是人想出来的

有一位出版商,为了仓库滞销的大批书籍,日夜发愁。

忽然有一日,书商计从心来,通过朋友的帮忙,送给总统一本精装的样书,总统阅读这本书之后,基于礼貌,说了一句话:"这是一本好书。"书商知道以后,运用总统的这句话大做广告,不到半个月的时间,积压如山的书籍全部销售一空。

过了一段时间,又有一批书籍滞销,书商尝到甜头,又寄一本书给总统,这一回总统毫不留情:"这本书很糟糕啊!"没想到,书商大肆宣传:"有一本总统认为很糟糕的书出售!"不到半个月,滞销书籍,同样销售一空。

几个月以后,书商又遇到滞销问题,用同样的手法寄书给总统,不过,这一回总统学聪明了,对这本书的好坏评价,不发表任何意见。书商得知总统一言不发,不对书籍做任何评价,就在书籍广告上这样写着:"有一本总统无法评价的书籍出售!"很多人都想知道有什么书籍,连总统都无法评价,于是这一批滞销的书籍,没几天又销售一空了。

方法是人想出来的,书商运用总统的金言,作为书籍的推销卖点,不管总统说什么,书商都有销售的策略,这就是管理的体现。

资料来源:改编自《好同学》2003 年 08 期,当无路可走时,张海修。

管理的理论是科学,管理的实践是艺术。本章从管理的概念出发,分别介绍分析管理的特性、方法、原理和社会责任,从而对管理有一个整体的了解,为后面的学习奠定基础。

1.1 管理的概念

在人类历史上,自从出现有组织的活动,管理就产生了。管理的实践可以追溯到数千年以前。在中国历史上,有过许多成功的管理实践。如唐朝刘晏的漕运改革中,实行有偿劳动,并将漕运分为几段,按各段水情招聘船工,并将大米由散装改为袋装,既方便搬运,又便于失事后打捞。这项改革使当时南方大米运进京城西安的时间由原来的八九个月缩短为 40 天。宋朝宰相丁谓的"一举而三役济"也被传为管理佳话。丁谓受命重建宫殿,采取了挖街取土烧砖、引水到沟中用于船运,完工后用废旧砖、土填沟以恢复原街道,一举多得。早在生产力极不发达的时代，世界上就诞生了诸多规模宏大的建设工程，如被称为世界七大奇迹的古埃及金字塔、我国始建于春秋战国时期的万里长城等。这些需要大规模协作劳动的工程，都是人类历史上伟大的管理实践。

管理活动的出现促使人们对这种活动的经验加以总结，形成了早期一些朴素、零散的管理思想。早在公元前 18 世纪，古巴伦国王汉谟拉比就颁布了一部由 282 个律条组成的法典——《汉谟拉比法典》，对贸易行为、个人行为、惩罚及其他许多社会问题进行管理。例如，《汉谟拉比法典》第 104 条是有史以来第一次提及会计制度的法律，它涉及收据的处理，并确定了商人和代理人之间的代理关系及信任关系。我国有着几千年的文明，蕴涵着极其丰富的管理思想。《孙子兵法》中体现的管理思想影响深远。孙子提到对军队进行细分，建立官阶等级制度，以及使用铜锣、旗帜及烽火来进行通信与联络。孙子主张在战争之前要深思熟虑和制定合理的计划："多算则胜，少算则败。"此外，孙子还为将领们提供了战略决策的原则："故用兵之法，十则围之，五则攻之，倍则分之，敌则能战之，少则能逃之，不若则能避之。"我国著名政治家、军事家，有着"商圣"之称的春秋时越国大夫范蠡，曾运用"货不停滞，币不息流"和"水则资车，旱则资舟"的待乏原则三致千金。西汉史学家司马迁曾提出"善者因之，其次顺之，其次利导之，其次整齐之，最下者与之争"的管理思想。

随着经济、社会、政治制度、价值观念、科技知识的不断变化，人们分配和利用资源的方法也得以发展。我们可以从已有的文字记载中，寻觅到中外思想家所提出的丰富的管理思想。然而，只是在过去的几百年中，尤其是 20 世纪，管理才被系统地加以研究，逐渐形成一种共同的知识体系，成为一门正式的学科，管理理论才真正出现。管理理论是对管理思想的提炼与概括，是比较成熟、系统化程度较高的管理思想。

那么，管理要解决的问题是什么？管理究竟该如何定义？管理的构成要素有哪些？管理学研究的内容有哪些？本书将在接下来的内容中一一回答这些问题。

1.1.1 管理的作用

人类与生俱来具有经济、社会和政治的需要，并寻求通过有组织的活动来满足这些需要。然而，在人类多种多样的需要和目标面前，所能够支配的资源是有限和稀缺的：人的生命只有短暂的几十年，而我们想要实现的愿望却太多；人类的发展需要资源，而许多宝贵的自然资源不可再生；人才是企业发展最具价值的资源，而优秀的人才不可多得……诸多目标在实现的过程中，围绕着争夺资源而进行无情的竞争。

管理所要研究的基本矛盾，正是有限的资源与人类无限的欲望之间的矛盾。管理的作用就是要解决这个矛盾。

正如美国管理大师彼得·德鲁克所说："在人类历史上，还很少有什么事情比管理学的出现和发展更为迅猛，对人类具有更大和更为激烈的影响。"随着人类的进步和经济的发展，管理的重要性伴随着组织规模的扩大和作业活动的复杂化而日益明显。

当今世界，各国社会发展和经济水平的高低很大程度上取决于其管理水平的高低。

第二次世界大战后的日本，在经济、政治和社会各方面均处于严重的瘫痪和混乱状态，更面临诸多不利条件：国土狭小，资源贫乏，战败后社会生产力遭到巨大破坏，经济发展水平低下，技术管理水平与发达国家相比落后二三十年。尽管处于这样的困境，战后的日本经济取得迅速发展，并一跃成为仅次于美国的世界经济大国。造就这个奇迹的，正是管理。日本充分借鉴最新的科技成果，吸收消化欧美先进的管理科学，实现了无数的管理创新。日本制造之"轻薄短小"高精尖产品，所向披靡；松下、丰田等数之不尽的成功日本企业，家喻户晓；日本优秀企业的管理经验和管理理念成为全球企业管理者竞相效仿的对象。日本经济的迅速崛起与其在管理上的突飞猛进显然具有内在联系。

第二次世界大战后，一些英美专家小组去美国学习工业方面的经验。他们很快就发现，英国在工艺和技术方面并不比美国落后很多，然而，英国的生产率水平同美国相比为什么如此悬殊呢？进一步的调查发现，英国工业在生产率水平方面比较低的主要原因在于英国的组织管理水平远远落后于美国。而美国经济发展速度比英国快，其主要原因就是依靠较高的管理水平。美国国防部前部长马克纳马拉说过，美国经济的领先地位三分靠技术，七分靠管理。研究结果表明，在破产企业中，几乎有90%是由于管理不善所致。

在我国，企业的发展面临着许多困难。据调查显示，85%以上的亏损企业是由于管理不善所致。如今，我国正处在市场经济发展和扩大对外开放的关键时期，我国企业参与国际竞争的范围增大、层次加深。面对国际强大的竞争对手和发达国家成熟的市场经济，更加需要学习先进的管理理论，积累丰富的管理经验，实现企业管理的人性化、科学化、合理化，从而提升企业的管理水平，提高中国企业的国际竞争力。

不仅仅是企业，小到个人、家庭，大到学校、军队、政府机构，管理无处不在，是人类的生存和发展得以保障、社会不断发展进步的巨大推动力。因此，不仅政府、企业等各类组织机构的管理人士需要掌握管理技能，对于大学生来说，学习和掌握一些管理学的基本原理和方法，也是非常必要的。

1.1.2 管理的定义

管理活动古已有之，但什么是"管理"，从不同的角度出发，有不同的理解。关于管理的定义，尽管尚未取得公认和统一的观点，但将其定义为一种组织活动在管理学界是有共识的。自19世纪末20世纪初管理学开始形成以来，学术界对"管理"这一基本概念提出了各式各样的见解。

美国科学管理理论奠基人，"科学管理之父"泰勒认为："管理就是要确切地知道要别人干什么，并设法使他们用最好、最经济的方法去干。"

法国古典管理理论学家亨利·法约尔认为："管理就是实行计划、组织、指挥、协调和控制。"

美国经济组织决策管理大师赫伯特 A. 西蒙认为："管理就是决策。"

德国的政治经济学家和社会学家马克斯·韦伯认为："管理就是协调活动。"

美国系统管理学派的主要代表人物弗里蒙特 E. 卡斯特认为："管理是一个社会过程，组织是一个社会系统。通过它，大量互无关系的资源得以结合成为一个实现预定目标的总体。"

美国管理思想史学家丹尼尔 A. 雷恩认为："给管理下一个广义而又切实可行的定义，可把它看成是这样一种活动，即它发挥某些职能，以便有效地获取、分配和利用人的努力和物质资源，来实现某个目标。"

美国著名管理学家，组织行为学权威斯蒂芬 P. 罗宾斯认为："管理这一术语指的是和其他人一起并且通过其他人来切实有效地完成活动的过程。"

美国著名管理学家，管理过程学派主要代表人物哈罗德·孔茨认为："管理就是设计和保持一种良好的环境，使人们在群体里高效地完成既定目标。"

美国管理协会的定义则是："管理是通过他人的努力来达到目标。"

为了科学、全面、准确地概括管理的内涵和特征，管理概念如下：

"管理就是为了有效实现组织目标，通过计划、控制、组织、激励和领导等手段对组织资源进行协调的过程。"

该定义包含以下五层含义：

（1）管理的手段是计划、控制、组织、激励和领导五个职能；

（2）管理的目的是有效地实现组织目标，也就是以有效率的和有效果的方式实现组织的目标；

（3）管理的载体是组织。管理存在于一定的组织当中，是协调组织资源、实现组织目标的过程；

（4）管理的对象是以人为中心的组织资源。组织资源包括实物资源、财务资源、人力资源以及其他无形资源等；

（5）管理是对组织资源的协调。"协调"是比"配置"更复杂、更深层次、更艺术的一种行为。

管理概念各要素之间的关系及实施过程如图1-1所示。

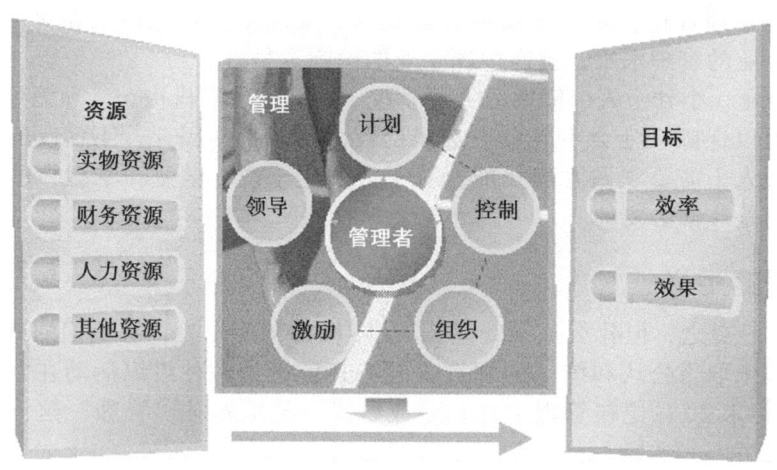

图1-1 管理概念各要素之间的关系及实施过程

1.1.3 管理的要素

管理的要素由以下五个因素构成：管理的载体——组织、管理的对象——资源、管理的主体——管理者、管理的手段——五大职能、管理的目的——有效。

1. 管理的载体——组织

说到组织，似乎是再寻常不过的一个概念，某家公司是一个组织，某政府机构是一个组织，某所学校是一个组织……根据目标的不同，可以将组织划分为不同的类型，如政治组织、军事组织、经济组织、教育组织、宗教组织等。人类在抗拒、适应、征服和改造自然的实践中早已意识到了集体的力量，也观察到了这样的事实：集体活动可以实现人们分别孤立地工作而无法取得的成果。不论是人类祖先的早期狩猎，还是后来的中国万里长城以及埃及金字塔的建造，或是当代曼哈顿工程的完成，无不证实了这一点。因而，人类的大多数活动都以某种方式有组织地集体进行着。

管理学家丹尼尔 A. 雷恩在其著作《管理思想史》中描述了人类历史上最早的组织的诞生过程："在远古时代，人类生活在恶劣的环境中。为了生存，人类充分发挥认知能力和理性思考能力，利用高超的沟通技巧，形成紧密的组织，并周密地进行计划、协作和配合，于是形成了人类历史上最早的组织。"

尽管这可能是人类历史上最原始的组织，但是其主要轮廓基本上体现了整个历史发展过程中所有组织的共同元素。那么究竟什么是组织呢？组织是人的集合，人们为了达到某些特定目标，通过分工与合作、设定不同层次的权利和责任制度而组成的。这里有三层含义：

(1) 组织必须具有目标。
(2) 组织必须有分工和合作。
(3) 组织要有不同层次的权力与责任。

2. 管理的对象——资源

资源是指能为组织发展创造价值与效益的所有要素的统称。除一般意义上的原材料资源之外，组织资源还包括产品资源、再生资源、劳动力资源、资金资源、智力资源及能成为生产力的要素和潜在要素的其他资源。

组织是资源的集合体。组织之间的差异主要来自于组织拥有的资源之间的差异，不同资源具有不同的价值创造力与特性，对创造和维持竞争优势有不同的影响。通常将组织资源做如下划分：实物资源、财务资源、人力资源和其他资源。实物资源是指具有实物形态的资源，如厂房、机器设备、原材料、交通运输工具、办公设施等；财务资源是指组织所拥有的资本以及在筹集和使用资本的过程中形成的财务专用资产，如组织独特的财务管理体制、财务分析与决策工具、健全的财务关系网络等；其他资源主要是指无形资源，指能够为组织创造收益，但不具有实物形态的资源，主要包括商誉资源、技术资源、信息资源和组织文化等。

在所有的组织资源当中，人力资源是非常独特的一种，一直以来受到管理者的广泛关注。人力资源是指凝结在管理者和员工身上的知识、技巧、能力和经验。人力资源的产权只能属于拥有者个人，而且是组织中唯一具有能动性的"活资源"，它是组织持续发展、增加财富的重要来源，也是极具经济价值的资本。微软前总裁比尔·盖茨曾说："把我们顶尖的20个人才挖走，那么我告诉你，微软会变成一家无足轻重的公司。"可见人才对于组织是多么至关重要。联想集团董事会主席柳传志有句众所周知的名言："办公司就是办人。人才是利润最高的商品，能够经营好人才的组织才是最终的赢家。"现代企业的竞争，很大程度上是人才的竞争。

3. 管理的主体——管理者

俗话说：强将手下无弱兵。作为管理的核心要素，管理者在管理的实施过程中履行管理的五项职能，使一切要素、工作或活动和谐配合，以便有效地实现组织目标。管理大师彼得·德鲁克在其著作《卓有成效的管理者》⊖一书中指出："智力、想象力及知识，都是我们重要的资源。但是，资源本身所能达成的是有限的，唯有'有效性'才能将这些资源转化为成果。"管理者就是位于组织资源与组织目标之间，促使组织资源向有效目标转化的主导力量。

(1) 管理者的层次划分。按管理层次可将管理者划分为：高层管理者、中层管理者和基层管理者。该层级关系如图1-2所示。

高层管理者指一个组织中最高领导层的组成人员。他们对外代表组织，对内拥有最高职位和最高职权，并对组织的总体目标负责。高层管理者侧重组织的长远发展计划、战略目标和重大政策的制定，拥有人事、资金等资源的控制权，以决策为主要职能，故也称为决策层。

中层管理者指一个组织中层机构的负责人员。他们是高层管理者决策的执行者，负责制定具体的计划、政策，行使高层授权下的指挥权，并向高层报告工作，也称为执行层。

⊖ 此书中文版由机械工业出版社出版。

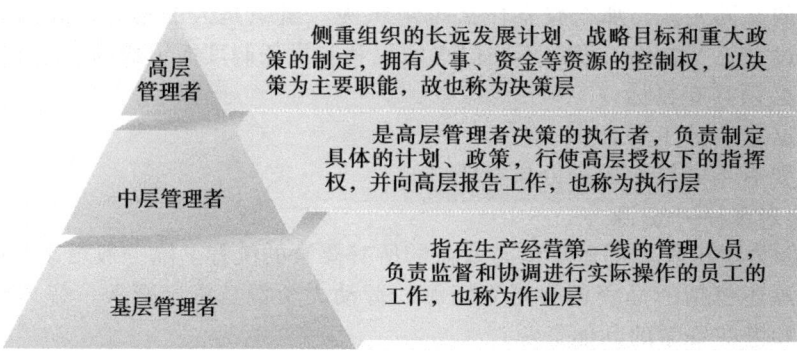

图 1-2 管理者的层次划分

基层管理者是指在生产经营第一线的管理人员，负责监督和协调进行实际操作的员工的工作，也称为作业层。

（2）管理者角色和任务的转变。在现代管理中，各层次管理者的管理角色和任务发生了很大的变化。传统观点认为，管理者是指运用职位权力，指挥他人完成具体任务的人，它强调组织中的正式职位和职权，强调拥有下属。现代观点则认为，管理者是指履行管理职能，对实现组织目标负有责任的人，它强调的是对组织的目标负有责任，而不是权力。

现代管理中，各层次管理者的管理角色和任务发生了以下变化。

基层管理者的角色从运作的执行者变为进取的事业家。他们的任务是在一线部门内从事管理工作，专注于生产率的提高、组织的创新和成长，提升部门的业务绩效。在管理工作中，基层管理者要通过创造和抓住新的业务成长机会，吸引和开发资源，持续改进部门的绩效。

中层管理者的角色从管理控制者变为支持性教练。通过他们的支持和协调使组织的优势体现到独立的一线部门中。中层管理者从事的关键活动包括支持员工提升表现和实现目标、在单位内联合分散的知识、技能和最佳经验，协调短期绩效和长期战略间的矛盾。

高层管理者的角色从资源分配者变为机构领导者，他们的主要任务在于在整个组织中创造一种方向明确、积极投入和富于挑战的气氛。高层管理者从事的关键活动有：把握机遇扩张业务范围，制定绩效标准，建立一套规范的价值观体系以支持合作和信任，建立整个组织的目的和战略。

（3）管理者的技能。管理学家罗伯特·卡茨认为有效的管理者应当具备三种基本技能：技术技能、人际技能和概念技能。

技术技能是指完成或理解组织所进行的特定工作的能力，尤其是对涉及方法、流程、程序或者技巧的理解程度和熟练程度。

人际技能是指与他人一起工作的能力，包括与组织成员打交道的能力；联络、处理和协调组织内外人际关系的能力；激励和诱导组织内工作人员积极性和创造力的能力；正确地指导和指挥组织成员开展工作的能力。

概念技能是指管理者观察、理解和处理各种全局性的复杂关系的抽象思考能力。管理者需要理解组织的各个部分如何结合成整体，还需要为组织工作进行通盘考虑，进行战略性思考并制定决策。公司的总体成功取决于管理者在制定决策和执行决策中所表现出来的概念技能，所以这种技能在管理过程中起着统一和协调的重要功能，具有无可否认的全局重要性。

显然，各个层次的管理人员都需要在一定程度上掌握这三种技能。但是，这三种技能的重要性是相对的，随管理层级的不同而发生变化。对于低层管理，技术技能是最重要的；对于中层管理，管理成效很大程度上取决于人际技能和概念技能。到了高层管理，概念技能就成为取得成功的首要技能。管理者层次与技能要求的对应关系如图 1-3 所示。

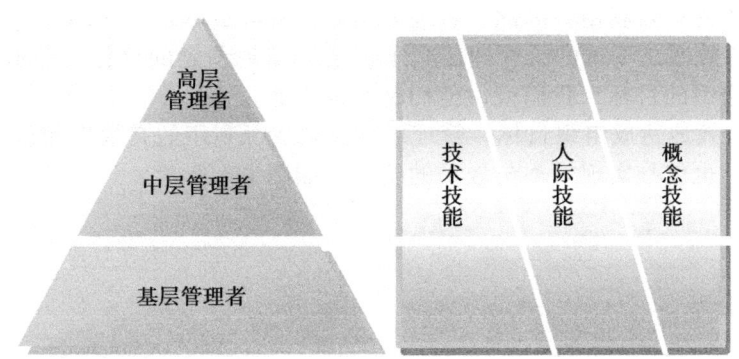

图 1-3　管理者层次与技能要求的对应关系

4．管理的手段——五大职能

管理职能是指管理者在管理实施中所体现出的具体作用及实施程序或过程。管理的五大职能分别是计划、控制、组织、激励和领导。各个职能的内涵、原则、作用、方法等内容将是本书介绍的重点，会在后面的章节中详细论述，因此在这里仅做简要的介绍。

（1）计划职能。计划是对组织未来一段时间内的目标及实现目标的途径和方法的策划与安排，是对未来行动方案的一种说明。计划工作有广义和狭义之分。广义的计划工作是指制订计划、执行计划和检查计划三个阶段的工作过程。狭义的计划工作是指制定计划，即根据组织内外部的实际情况，权衡客观的需要和主观的可能，通过科学的调查预测，提出在未来一定时期内组织所需达到的具体目标以及实现目标的方法。

（2）控制职能。控制是管理中非常重要的一个环节，控制不仅是对某时点以前的组织活动情况的检查和总结，而且可以是对某时点以后的组织活动进行局部甚至全局的调整。控制在管理活动中起着承上启下的作用，对事情的成败影响非常大，搞管理必须把控制放在首位，而且要以事前控制为主，只有这样，做事才有主动性，才能事半功倍。

（3）组织职能。组织是指进行共同活动的人的集合。组织职能是要设计和维持一种良好的运行机制，使人们能够相互配合，取长补短，在协调和谐的氛围下力求用尽可能少的消耗取得尽可能大的成果，使组织更加富有成效。

（4）激励职能。组织中员工的工作状况，不仅取决于其工作能力，还取决于其工作态度，如果没有积极主动的工作态度，即使有很强的工作能力，也不会产生好的效果，所以对员工一定要实施很好的激励。所谓激励，就是创造满足员工各种需要的条件，激发员工的工作动机，使之产生实现组织目标的特定行为的过程。研究激励职能需要研究人的需要、动机和行为，通过对人进行指导、训练和激励，以调动他们的工作积极性。

（5）领导职能。领导就是一种影响力。领导的实质就是领导者、被领导者、环境三方面变量相互依存、相互作用构成的复杂的影响系统。领导职能是指领导者运用组织赋予的权力，组织、指挥、协调和监督下属人员，完成领导任务的职责和功能。它包括决策、选人用人、指挥协调、激励和思想政治工作等。

5．管理的目的——有效

管理是通过对人和资源的配置，"有效"实现组织目标的过程。"有效"包括"效率"

和"效果"两个方面,效率和效果所要回答的是"做什么"和"怎么做"的问题。○

效率是管理的极其重要的组成部分,它是指输入与输出的关系。对于给定的输入,如果能获得更多的输出,就提高了效率。类似地,对于较少的输入,能够获得同样的输出,同样也提高了效率。因为管理者经营的输入资源是稀缺的(资金、人员、设备等),所以他们必须关心这些资源的有效利用。因此,管理就是要使资源成本最小化。

然而,仅仅有效率是不够的,管理还必须使活动实现预定的目标,即追求活动的效果。当管理者实现了组织的目标,我们就说他们是有效果的。

因此,为了有效地达成组织目标,管理应该达到资源利用的高效率和组织目标实现的高成就的统一境界,也就是实现效率与效果的统一,如图1-4所示。

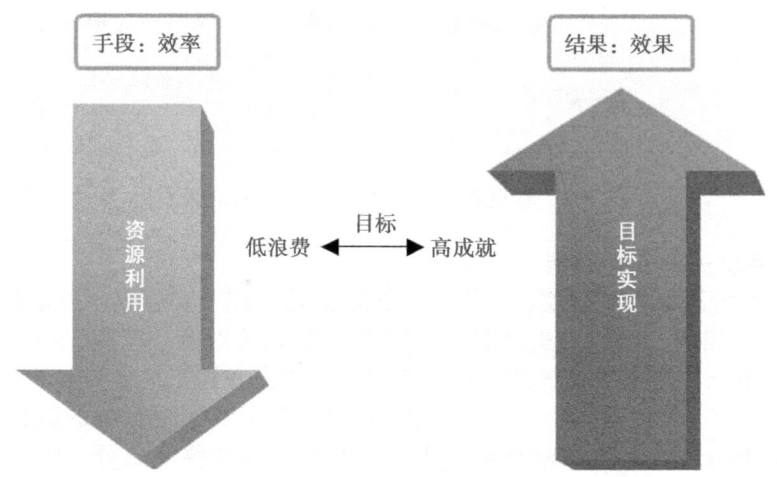

图 1-4　管理追求效率和效果的统一

效率和效果是互相联系的,要权衡利弊,平衡掌握。如果不顾效率,有时很容易达到有效果。如精工(Seiko)集团如果不考虑人力和材料输入成本的话,它还能生产出更精确和更吸引人的钟表。另外,为什么一些政府机构经常受到公众的抨击,按道理说它们是有效果的,但它们的效率太低。也就是说,它们的工作是做了,但成本太高。因此,管理不仅关系到使活动达到目标,而且要做得尽可能有效率。同样,组织也可能是有效率的但却是无效果的,比如那种把错事干好的组织就是如此。低水平的管理绝大多数是由于无效率和无效果,或者是通过以牺牲效率来取得效果的。

1.1.4　管理学概述

19世纪末和20世纪初,从美国人泰勒开始使用秒表研究如何提高工作效率、法国人法约尔思考组织管理活动的普遍性规律至今,管理学的形成与发展已有近百年的历史。1911年泰勒的《科学管理原理》○的发表,标志着管理学作为一门科学的形成。1915年法约尔在《工业管理与一般管理》一书中,首次提出了管理的五大职能,从而为管理学作为一门学科的课程体系的形成奠定了基础。近百年来,历经古典管理理论、行为科学理论、现代管理理论丛林等发展阶段,管理学的内容不断得到充实与完善,已经形成了较为科学、系

○ 斯蒂芬 P 罗宾斯,玛丽·库尔特. 管理学 [M]. 北京:中国人民大学出版社,2008.
○ 此书中文版由机械工业出版社出版。

统的"管理学"课程体系。

1. 管理学研究的内容

管理是人类协作和共同劳动的产物,管理学就是研究如何通过管理来保障活动的秩序性和效率性的专门科学。它系统地研究管理过程的普遍规律、基本原理和一般方法。管理学的研究内容主要包括三个方面的内容:一是对一般意义上管理的概念、职能、原理和原则的研究,从而揭示管理的一般规律;二是对管理的实践、思想、理论的形成及历史发展过程的研究,并加以比较分析,从而获得经验和教训;三是对现代管理活动的实例研究,理论结合实际,增强管理理论的指导性和有效性。

2. 管理学的特征

(1) 管理学是一门软科学。"软科学"一词,是从电子计算机软件的含义中引申出来的,它研究的是经济、科学、技术、教育等社会环节之间内在的联系及发展规律,具体指对科技、经济、社会发展战略和宏观控制进行研究,为决策提供科学依据的综合性科学。研究的范围包括管理科学、系统分析、科学学、预测研究和科学技术论等学科。管理学是最早出现的一门软科学。

(2) 管理学是一门边缘科学或称交叉科学。近代科学发展特别是科学上的重大发现和国计民生中的重大社会问题的解决,常常涉及不同学科的相互交叉和相互渗透。边缘科学是指在那些学科领域之间的交叉点、面上产生的新学科。管理学的内容涉及政治经济学、生产力经济学、技术科学、数学、社会心理学、伦理学、电子计算机等多种学科的成果,管理学是这些学科交叉渗透的结果。

(3) 管理学是一门应用科学。应用科学的特点是研究如何将基础理论和科学技术成就转化为社会生产力,转化为社会的有效财富。管理学作为一门应用科学,它的任务是合理地、有效地组织和利用人力、物力、财力、时间、信息等资源,运用管理方法和管理技术来实现它们之间的转化,并在其中起主导作用。

(4) 管理学是一门发展中的科学。把管理作为一门科学来研究还只不过几十年的时间,因此它还是一门比较年轻的学科,还处于不断更新完善之中。同时作为一门与社会经济发展密切相连的学科,它也必将随着经济的发展和科技的进步而进一步发展。

3. 管理学的研究方法

管理学常用的研究方法有以下几种:

(1) 归纳法。归纳法就是通过对客观事物的观察,从掌握典型事物的典型特点、关系、规律入手,进而分析研究事物之间的因果关系,从中找出事物发展的一般规律。这种从典型到一般的研究方法也称为实证研究。由于管理过程十分复杂,影响管理活动的相关因素繁多,并且相互交叉,人们所能观察到的往往只是综合结果,很难把各个因素的影响程度分解出来,所以大量的管理问题都只能用归纳法进行实证研究。

(2) 试验法。管理中的许多问题,特别是在微观组织内部,关于生产管理、工作程序、质量管理、营销方法以及工资奖励制度、劳动心理、组织行为、商务谈判等问题都可以采用试验法进行研究。如果做过多次试验,而且总是得到相同结果,那就可以得出结论。著名的霍桑试验就是采用试验法研究管理中人际关系的成功例子。虽然管理中也有许多问题特别是高层的宏观的管理问题,由于问题的性质特别复杂,影响因素很多,如投资决策、生产计划、人事管理、资源分配等,无法通过试验的途径得到解决,然而由于在很多研究中的出色表现,试验法已成为摸索经验、进行决策的强有力工具。

(3) 演绎法。对于复杂的管理问题,管理学家可以从某种概念出发,或从某种统计规律出发,也可以在实证研究的基础上,用归纳法找到一般规律,并加以简化,形成某种出发点，建立起能反映某种逻辑关系的经济模型。这种从简化了的事实前提推广得到结论的方法称为演绎法。从理论概念出发建立的模型称为解释性模型，例如投入产出模型，企业系统动力学模型等。从统计规律出发建立的模型称为经济计量模型，例如柯普－道格拉斯生产函数模型。建立在经济归纳法基础上的模型称为描述性模型，例如现金流量模型、库存储蓄量模型、生产过程中在制品变动量模型等。

（4）系统法。系统科学是当代科学研究的重要成果。系统科学的方法和观点为人们在研究和处理复杂的系统时提供了一种新的思维方式。系统科学包括信息论、系统论、控制论、突变论、协同学、耗散结构理论、超循环理论等，这些理论使人们可以从系统整体来科学地把握管理对象，也使人们运用科学手段认识管理的复杂性问题变成现实。

（5）数量法。对于管理学的问题，还可以从数学的角度用数学的量化的方法来解决。由于数学语言具有较少的歧义性和逻辑完备性，人们可以借助数学手段，深化管理理论的定量研究，澄清各种管理变量之间的关系，将管理的研究推向更精确的境地。20世纪以来，诸多数学理论，如决策理论、库存理论、排队模型、线性与非线性规划模型、网络模型以及博弈论等，已经在管理学的生产管理、质量管理、供应链管理以及市场营销和战略管理领域中得到了广泛应用，它们已经成为现代管理的有机组成部分。

1.2 管理的特性

自从有人群组织以来，便存在管理这一类活动，这类活动不同于文化活动、科学活动和教育活动等，它有自己的特性，并随着人类生产方式社会化程度的提高和人类认识领域的拓展，人们对管理特性的认识还会不断深化。

1.2.1 管理的自然属性和社会属性

管理是组织共同劳动的必然要求，贯穿于生产全过程的始终。由于生产过程是由生产力和生产关系组成的统一体，这样管理就具有了组织生产力和协调生产关系的两重功能，从而决定了管理既具有同生产力和社会化生产相联系的自然属性（管理的一般性），又具有同生产关系、社会制度相联系的社会属性（管理的特殊性），这就是管理的二重性。管理的二重性是马克思主义关于管理问题的基本观点，"资本主义的管理就其内容来说是二重性的，因为它所管理的生产过程本身具有二重性：一方面是制造产品的社会劳动过程，另一方面是资本的价值增值过程"⊖。

1. 管理的自然属性

管理是由许多人进行协作劳动而产生的，是有效组织共同劳动所必需的，具有同生产力和社会化大生产相联系的自然属性。管理的自然属性主要体现在以下两个方面。

管理之所以具有自然属性，是由劳动的社会化决定的。它是共同劳动得以顺利进行的必要条件。共同劳动的规模越大，劳动的社会化程度越高，管理也就越重要，其自然属性也就越显而易见。

管理在社会化劳动过程中具有特殊的作用，只有通过管理才能把实现劳动过程所必要的各种要素组合起来，使各种要素发挥各自的作用。

2. 管理的社会属性

管理又体现着生产资料所有者指挥劳动、监督劳动的意志，因此又具有同生产关系和社

⊖ 马克思.《资本论》第1卷[M]. 北京：人民出版社，1975：368.

会制度相联系的社会属性。

管理的社会属性体现在管理作为一种社会活动，它只能在一定的社会历史条件下和一定的社会关系中进行，管理具有维护和巩固生产关系，实现特定生产目的的功能，管理的社会属性与生产关系、社会制度紧密相连。

3. 管理的二重性的关系

管理的二重性之间是相互联系、相互制约，辩证统一的。一方面，管理的自然属性总是在一定的社会形式、社会生产关系条件下发挥作用，同时，管理的社会属性也不可能脱离管理的自然属性而存在，否则管理的社会属性也就成为没有内容的形式。另一方面，二者又是相互制约的，管理的自然属性要求具有一定的"社会属性"的组织和生产关系与其相适应，同样，管理的社会属性必然对管理的科学技术等方面产生积极影响或制约作用。两者关系如图 1-5 所示。

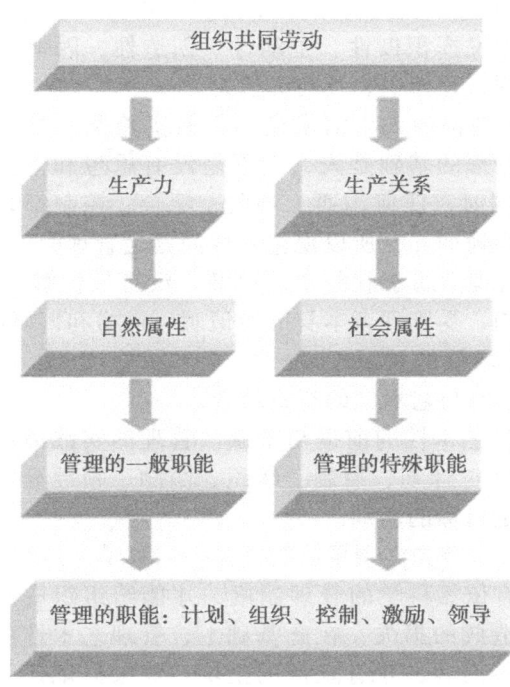

图 1-5　管理的自然属性与社会属性的关系

1.2.2　管理的科学性与艺术性

1. 管理的科学性

科学是反映自然、社会、思维等客观规律的一般总结与知识体系的集成。管理的科学性在于管理作为一个活动过程，其间存在着一系列基本的客观规律。由人们经过无数次的失败和成功，通过从实践中收集、归纳、检测数据，提出假设，验证假设，从具体到抽象，总结出一系列反映管理活动过程中客观规律的管理理论和一般方法。人们利用这些理论和方法来指导自己的管理实践，又以管理活动的结果来衡量管理过程中的理论和方法是否正确，是否行之有效，从而使管理的科学理论和方法，在实践中得到不断的验证和丰富。管理是一门科学，是因为它以反映管理客观规律的管理理论和方法为指导，具有分析问题、解决问题的科学方法论。

管理既然是科学，具备科学的特征，就要求我们按照科学规律办事。同样，管理具有科学性说明管理是有理论可循的，这就要求我们通过学习掌握管理知识。学习的方式主要有两种：一种是通过知识的载体，从他人的实践经验总结中去学习；另一种是通过实践活动去学习，这就是我们常说的"干中学"。这两种学习方式都很重要，学习别人成功的经验、总结出的管理理论与在实践中总结出自己的管理理论同样重要。

2. 管理的艺术性

所谓艺术是指能够熟练地运用知识，并且通过巧妙的技能来达到某种效果。艺术性建立在渊博的知识、丰富的经验、良好的个人形象和高尚的道德基础上，处于一种说不清的状态。例如，管理的艺术性就可以认为：当管理者做出一项决策时，处于不同利益、不同角度的人都认为管理者在向着他的利益。

管理的艺术性本质是强调其实践性和创造性，没有实践和创造则无所谓艺术。这表明，仅凭停留在书本上的管理理论，或背诵原理和公式来进行管理活动是不能保证其成功的。管理人员必须在管理实践中发挥积极性、主动性、创造性，因地制宜地将管理知识与具体管理活动相结合，灵活运用管理知识、技巧和诀窍。

许多管理的理论，如马斯洛的人生需求论、霍桑实验及"社会人"等，也为管理需要艺术性提供了支持。因为管理的基础是人，人不是没有思想和情感的冷冰冰的机器，而是有意识、情感与个性的，同时，任何沟通、协调、配合、控制都是没有固定模式的，要有技巧性与灵活性，要因时因地而异，所以说艺术性问题是管理的一个重要特性。

管理学的艺术性还指管理学属于软科学的范畴，没有最优解，只有满意解。如何管理，受天时、地利、人和的影响，受管理者本身的价值观、风格和偏好的影响。

3. 管理的科学性与艺术性的关系

管理的实践活动是科学性与艺术性的有机结合。

（1）管理科学性是管理艺术性的前提与基础。管理的实践活动是指一定组织中的管理者在一定的环境条件下，通过计划、控制、组织、激励、领导等职能活动，动员和运用组织的资源以实现组织的特定目标的活动。

要将组织管理工作做好，首先必须承认管理是一门科学，组织的日常管理主要依靠的是一套科学的管理制度，只有依靠科学的管理制度，才能给组织成员稳定的预期，减少信息搜寻成本和由不确定性所造成的损失，在此基础上，管理艺术性所涉及的企业家的人格魅力、聪明才智、创新精神等内容，才有发挥的土壤。如果只承认管理是一门艺术，而不承认管理的科学性，就必然导致决策的随意性、盲目性，从而远离科学决策，无法完成组织目标。

（2）管理艺术性是管理科学性的补充与提高。在承认管理科学性的前提下，讲管理的艺术性也是很有必要的。因为，管理制度是组织领导与组织一般成员的彼此契约，包括正式契约与非正式契约、书面契约与口头契约、强制性契约与诱导性契约等，这些契约和任何制度都不可能是完备的。在制度不完备的地方，就需要管理者的艺术性来补充。需要注意的是，虽然管理艺术是对管理制度的补充，但在管理制度规定到的地方，是不可以假管理艺术之名违反管理制度的。如果管理制度本身不合理，那么就需要修订管理制度，而不是以管理艺术去代替不合理的管理制度。

（3）管理科学性与管理艺术性是内在一致的。首先，从管理行为本身来观察，管理科学性与管理艺术性是不能明显区分的。特别是在现代管理实践活动中，管理科学性运用完全依赖于管理者的智慧，而管理艺术性创造也需要管理者具备系统完备的科学管理知识。也就是说，在具体的管理行为中，管理科学性与管理艺术性是内在一致的。其次，管理科学性与艺术性的一致性还表现为二者存在着包含的关系，同时也互相依赖、互相丰富内容、互相补充和相互促进。管理科学性任务是揭示管理活动的客观规律，它为管理实践提供原则，是管理艺术的基础。管理艺术性是对这些理论和原则的灵活运用和创造性发挥，不具有艺术性的管理实践活动是没有生气和活力、达不到最高境界的。管理者只有既懂得管理的科学性又具有高超的管理艺术性，才能使管理者在管理实践中达到炉火纯青的地步。

1.2.3 管理的目的性与经济性

任何组织进行管理，都是为了达到其组织目的，而在实现组织目的过程中，既要降低成本又要实现效果的最大化，所以说，管理既有目的性又有经济性。

1. 管理的目的性

（1）管理的目的在于使本组织获得预期利益。管理目的就是组织中管理主体规定管理客体的管理活动及其应遵循的发展轨道，给自身也给管理客体树立一个努力的方向和目标，是组织中管理活动最终应达到的预期结果，是为实现管理过程而树立的目标。换句话说，管理的目的就是管理者利用组织中的资源来有效地实现组织的目的。

（2）组织的不同价值取向造成组织目的多样化。各类组织，如医院、学校、军队、政府等，由于组织价值取向不同，所追求目的不同，不同组织要解决的实际问题也不同。例如，企业管理为了追求经济效益；科技管理主要是为了追求出成果、出人才；军事管理是为了提高部队的战斗力；政府管理是为了提高办公效率，更好地为人民服务等。

明确管理目的，就能抓住管理的实质，明确一切管理活动的出发点和终点。管理活动的开始，目的就应当以目标的形式鲜明地揭示出来，组织的一切活动都要为实现一定的目的而有序地进行，这样就能使整个组织的各个组成部分协调一致，发掘人们最大的潜能，充分发挥出集体的放大作用、创新作用。

明确管理目的，也就有了明确的组织活动绩效考核标准的依据。在管理中，凡达到管理目的要求的，就有成效，达不到的，就无成效；凡违背管理目的要求的，往往是负效应，应采取切实有效措施予以改正。以是否达到管理目的，作为考核各项管理活动的标准，标准应明晰且易规范化。

明确管理目的，也就为建立目标奠定了基础。目标是管理者在目的的基础上确立的。没有目标的管理者不称其为管理者；达不到目标的管理者不是称职的管理者。一个领导者能够适时而正确地建立目标，下属就会感到他的领导者是有事业心的，有领导能力和工作魄力的，这就起到了激励员工的作用；相反，如果目标选择得不正确，或缺乏挑战性，下属的积极性就会被挫伤。

2. 管理的经济性

（1）资源的稀缺性决定了管理的经济性。人的需求具有无限增长和扩大的趋势，为了满足这种需求就需要更多的物品和劳务，从而需要更多的资源，而在一定时间与空间范围内资源总是有限的，相对不足的资源与人类绝对增长的需求相比造成了资源的稀缺性。管理活动必然要在其过程中消耗一定的资源，这就要求人们在管理实践活动中必然考虑管理的经济性。管理的经济性反映在资源配置的机会成本上，管理者如果选择一种资源配置方式，就要放弃另一种，所以必须考虑机会成本。

（2）资源的合理配置决定了管理的经济性。管理是为了合理地配置资源，目的就是降低成本和实现利润的最大化，即效率与效果，所以管理就必然具有了经济性。其经济性体现在以下几个方面：首先，反映在管理方法选择上，因为在各种有助于资源配置的方法当中，管理者需要选择一个耗费成本低的方法；其次，在资源配置中，如何选择不同的资源供给和配比,管理者也需要考虑成本;最后,管理的目标是实现组织长期发展,对于经济组织,如何获得最大利润,也成为管理的最终目标之一,这也充分体现了管理的经济性。

3. 管理的目的性与经济性的关系

首先,管理的经济性制约着管理的目的性。组织为实现自身目的,必须考虑自身经济能力,如果为实现目的超出组织自身经济能力,组织无法筹集到实现目的的各种资源,那么计划将无法实现,原来制定的目的也无法达到。其次,管理的目的性决定管理的经济性。组织为达到不同的目的,投入经济资源的多少是不同的,经济资源投入的多少依据实现组织目的难易程度而决定。组织不可能为一个容易实现的目的投入大量的资源,同样当组织为实现决定自身存亡的战略目的时,必然动用自己的全部经济能力,筹集尽可能多的资源,保证组织战略目的的实现。另外,随着组织目的的不断实现,组织必然不断发展壮大,组织壮大后可以动用的经济能力、获取资源的数量都会有所提高和增加,进一步推动组织目的的实现。所以说管理的目的性与经济性既是相互联系的,又是相互制约的。两者关系如图1-6所示。

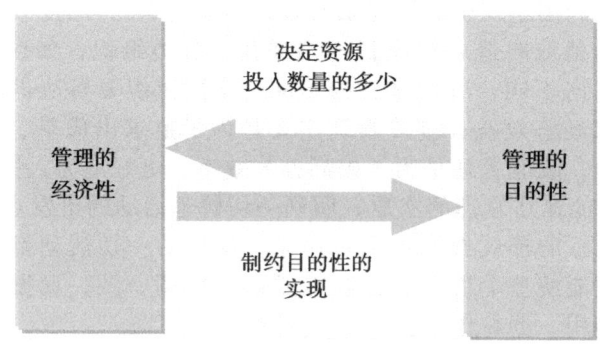

图1-6 目的性与经济性的关系

1.2.4 管理的其他特性

1. 管理的动态性

(1) 组织内部与组织所面临的环境是动态变化的。管理的载体是组织,而组织的内部结构要根据不断变化的外部客观环境而不断加以调整,以适应人类社会发展的需要。现代组织管理理论表明单纯的组织静态分析无法揭示组织本质,预测组织发展方向。要对组织的本质进行分析,进而对人在组织中的行为和组织决策等进行分析、描述,必须依靠信息流通、过程决策,即对组织进行动态管理,进而消除资源配置、完成组织目标过程中各种风险因素。由于每个组织所处内外环境的差异,从而导致每个组织中的资源配置与面临的风险也不尽相同,这种差异性其本质是由管理的动态性衍生出来的。

(2) 管理学科是适应时代发展不断变化的。管理学科的发展经历了古典管理阶段(传统管理)、行为科学管理、现代管理三个阶段,每一阶段的思想理论都是前一阶段的扬弃、修正,适应时代的发展,与每个时代的生产力发展相匹配。

当今社会,管理学科为适应时代发展,表现出新的发展趋势,即与全球化和信息技术的普及相适应。随着世界经济的全球化,市场经济在资源配置中起基础作用,管理研究也越来越全球化,更加探求对全球市场规律的探索。目前许多国际管理咨询公司的国际业务已成为其主要业务来源或新业务迅速增长点。比如麦肯锡、A.C.尼尔森等著名公司分别在发展中国家开展业务,所涉及的主要研究议题也面向国际化与本土化的关系上,侧重于在全球化条件下，当地企业如何占有国际、国内市场，对市场需求进行预测等方面。

信息技术的快速发展，特别是互联网、物联网的快速发展，极大地促进了社会转型。这使得管理学科的研究内容也发生了变化。研究内容已经深入网络对人们行为特性的影响、人与网络的关系、网络对管理活动的影响等。

2. 管理的灵活性

（1）管理学原则的灵活应用。管理的基本原则是人们经过管理实践，淬炼出管理的普遍原则，使管理得以作为可以基准化的职能，在企业经营乃至社会生活的各方面发挥着重要作用。然而，管理实践活动是在变动的环境中进行的，所以管理原则在指导理论和实际工作时，是指导行动的灵活信条，而不是一成不变的法则。教条化的理解只能导出教条化的结局——管理失效；要使管理真正有效，管理者必须结合本组织面临的内外环境，适宜掌握、灵活运用管理原则。

（2）对管理者素质的要求没有统一的标准。管理的灵活性还体现在对管理者素质的要求没有统一的标准，而是要灵活掌握。不同的国家由于其不同的文化传统、民族心理，社会组织结构方式的不同，对管理者素质要求的侧重不尽相同；组织处于不同的行业、不同的发展阶段、面对不同的内外环境同样使组织对管理者的素质有不同要求；管理者在组织内位置的高低，所处部门、组织分工的不同也会对管理者的素质要求有不同的侧重。这就说明对管理者素质的要求没有统一的标准，一个合格的管理者所具备的素质必然是具有管理者素质要求的公共性，又与自身所在组织的发展相适应。

3. 管理的综合性

（1）管理学科是综合、交叉性学科。管理学科的综合性、交叉性表现为：在内容上，它需要从社会生活的各个领域、各个方面以及各种不同类型组织的管理活动中概括和抽象出对各门具体管理学科都具有普遍指导意义的管理思想、原理和方法；在方法上，它需要综合运用现代社会科学、自然科学和技术科学的成果，来研究管理活动过程中普遍存在的基本规律和一般方法。因此，管理活动是很复杂的活动，影响这一活动的因素是多种多样的。在实践中，必须考虑到组织内部和组织外部的多种错综复杂的因素，利用经济学、数学、工程技术学、心理学、生理学、仿真学、行为科学等的研究成果和运筹学、系统工程、信息论、控制论、电子计算机等最新成就，对管理进行定性的描述和定量的预测，用以指导管理的实际工作。所以从管理学与许多学科相互关系来看，可以说管理学是一门交叉学科或边缘学科，但从它又要综合利用上述多种学科的成果，才能发挥自己的作用来看，可以说它又是一门综合、交叉性的学科。

（2）对管理者角色的要求是综合性的。管理学科的综合、交叉性要求管理者在组织中承担的角色是综合性的，具体表现为，管理者应有扎实的管理学知识，又要具备广阔的知识面，表现为一专多能的特性。有关管理者承担的角色已有很多管理学、人力资源专著进行论述，如管理学大师亨利·明茨伯格（Henry Mintzberg），作为经理角色学派的主要代表人物，在其第一本著作《管理工作的本质》中提出：管理者的角色分三个方面、十种角色来加以描述。管理者各种角色如图1-7所示。

4. 动态性、灵活性、综合性三者的关系

（1）管理实践活动中管理职能的运用是动态性、灵活性、综合性的高度统一。管理实践活动中的人、财、物、时间和信息等要素，都处在一定的时间和空间之中，并随着时空的运动而发展变化。因此，有效的管理实践活动具有一种动态性，因情况的变化而调整。所以，在管理实践过程中，管理职能的运用首先必须是动态的，动态运用计划、控制、组织、激励、领导、控制和激励五大管理职能，形成一个循环闭系统。其次，管理职能的运

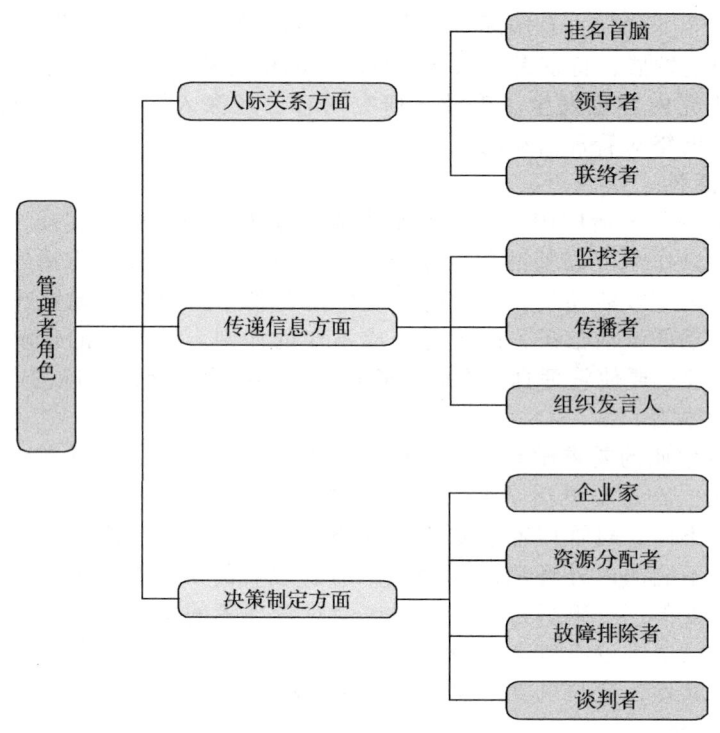

图 1-7　管理者角色

用是灵活的,在实现组织目的的管理实践活动中,没有固定的管理职能运用顺序,任何一种职能都可以看做管理实践活动中的任一环节。这样通过五种管理职能动态、灵活运用,围绕管理实践活动,构成一个循环的管理实践过程,从任一管理职能起,到另一管理职能,再到下一个,如此循环反复,综合统一于管理实践过程,如图1-8所示。

图 1-8　管理实践活动中管理职能的动态性、灵活性、综合性的统一

（2）动态性、灵活性和综合性三者没有明确的区分与界限。动态性、灵活性和综合性三者之间没有明确的区分,也没有明确的界定,说它是动态性,是表明管理实践活动的复杂性与时效性;说它是灵活性,是表明管理实践活动的创造性与多学科性,以其灵活性面对动态性;说它是综合性,则是由于三者都要以组织目标为中心,即尽最大可能使组织达到目标,三者相互融合,共同发挥管理作用,有效促进组织目标的实现。这样就形成了管理实践中动态性、灵活性和综合性的有机统一。三者与组织目标的关系如图1-9所示。

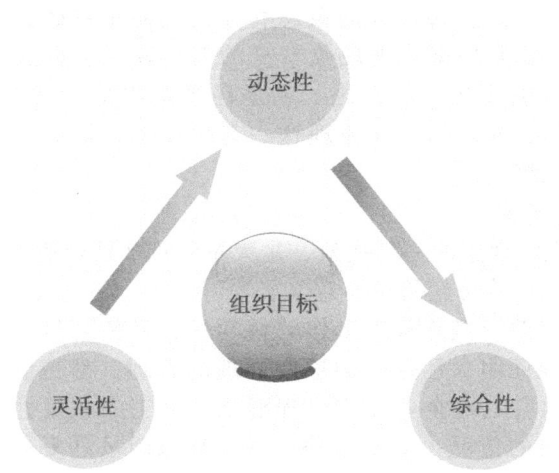

图 1-9　动态性、灵活性和综合性与组织目标的关系图

1.3　管理的原理

1.3.1　管理原理概述

原理是指某种客观事物的实质及其运动的基本规律。管理原理是对管理工作的实质内容进行科学分析总结而形成的基本原理，它是管理现实现象的抽象，是对各项管理制度和管理方法的高度综合与概括，因而对一切管理活动具有普遍的指导意义。

1. 管理原理的主要特征

（1）客观性。管理原理是对管理的实质及其客观规律的表述，因此，它与管理工作中所确定的原则有严格区别。原则是根据对客观事物的基本原理的认识引申而来的，是人们规定的行动准则，它的确定固然应以客观真理为依据，但是有一定的人为因素。而原理是对管理工作客观必然性的刻画，原理之"原"即"源"、原本、根本的意思，原理之"理"即道理、基准、规律。在日常的管理工作中，我们既要认识原理与原则的区别，又要注意两者之间的联系。在确定每项管理原则时，要以客观真理为依据，尽量使之符合相应的原理，避免主观主义和官僚主义，同时，又要以指令或法令的形式来强化原则的约束作用，加强管理原理的指导作用，从而获得满意的管理效果。

（2）概括性。管理原理所反映的事物很广泛，涉及自然界与社会的许多领域，包括人与物的关系、物与物的关系以及人与人的关系，但它不是现象的罗列，不反映管理的多样性。它是对包含了各种复杂因素和复杂关系的管理活动客观规律的描绘，或者说，是在总结大量管理活动经验的基础上，舍弃了各组织之间的差别，经过高度综合和概括而得出的具有普遍性、规律性的结论。所以，管理原理不是一时一地的局部经验，而是被大量的管理实践所证明的行之有效的普遍真理。

（3）稳定性。管理原理不是一成不变的僵死的教条，它随着社会经济和科学技术的发展而不断发展。但是，它也不是变化多端和摇摆不定的，是相对稳定的。管理原理和一切科学原理一样，都是确定的、巩固的，具有"公理的性质"。不管事物的运动、变化和发展的速度多么快，这个确定是相对稳定的。因此，管理原理能够被人们正确认识和利用，从而指导管理实践活动取得成效。

（4）系统性。管理原理中的系统原理、人本原理、动态原理、效益原理和创新原理组成了一个有机的体系,它不是各种烦琐的概念和原则的简单堆砌,也不是各种互不相关的论据和论点的机械组合,而是根据管理现象本身的有机联系,形成一个相互联系、相互转化的完整的统一体。管理的实质,简言之,就是在系统内部,以人为本,通过确定责任,以达到一定的效益。显然,管理的五大原理这一有机体系正是对管理工作的实质内容及其基本规律的科学分析和系统概括。

2. 研究管理原理的意义

管理原理,是管理现实现象的一种抽象,是大量管理实践经验的升华,它指导一切管理行为,对于做好管理工作有着普遍的指导意义。

(1) 掌握管理原理有助于提高管理工作的科学性,避免盲目性。管理原理是不可违背的管理的基本规律。实践证明,凡是遵循这些原理的管理,都是成功的管理,反之,都有失败的记录。例如,我国有一些企业存在管理混乱、员工的积极性不能充分发挥、企业经济效益很差甚至大量亏损的情况,出现这种后果,其原因虽然复杂,但认真分析一下,都是与违背管理原理分不开的。认识管理原理之后,管理工作就有了指南,建立管理组织、进行管理决策、制定规章制度等就有了科学依据。

(2) 研究管理原理有助于掌握管理的基本规律。管理工作虽然错综复杂、千头万绪、千变万化,但万变不离其宗,各类管理工作都具有共同的基本规律,管理者只要掌握了这些基本规律,面对任何纷繁杂乱的局面都可胸有成竹,管理得井井有条。管理原理是在前人实践经验的基础上经过系统的深入的研究上升为理性的认识。因此,通过学习管理原理将能加速人们掌握管理基本规律的过程,使人们更快地形成自己的管理哲学,以应付瞬息万变的管理实践活动。

(3) 对于管理原理的掌握有助于迅速找到解决管理问题的途径和手段。例如,依据组织的实际情况,建立科学合理的管理制度、方式与方法,使管理行为制度化、规范化,使管理的许多常规性工作有章可循,有规可依。这样,领导者就可以从事物堆中摆脱出来,集中精力进行对例外事项的管理。

总之,研究管理原理,完善并掌握管理原理是为了指导管理行为,有助于强化管理工作,提高管理工作的效率与效益,充分发挥组织的价值与功能。

1.3.2 系统原理

任何社会组织都是由人、物、信息组成的系统,任何管理都是对系统的管理,没有系统,也就没有管理。系统原理不仅为认识管理的本质和方法提供了新的视角,而且它所提供的观点和方法广泛渗透到人本原理、动态原理、效益原理和创新原理之中,从某种程度上来说,它在管理原理的有机体系中起着统率的作用。

1. 系统的概念

系统是指由若干相互联系、相互作用的部分组成,在一定环境中具有特定功能的有机整体。就其本质来说,系统是过程的复合体。

在自然界和人类社会中,一切事物都是以系统的形式存在的,任何事物都可以看做一个系统。例如,人的呼吸系统、自然界的生态系统、复杂的工程技术系统等,还有行政系统、经济系统、教育系统等。系统从组成要素的性质看,可划分为自然系统和人造系统。自然系统,如生态系统、气象系统、太阳系等,是由自然物组成的系统。人造系统是人们为达到某种目的而建立的系统,如生产系统、交通系统、商业系统、管理系统、军事预警系统等。

2. 系统的特征

(1) 集合性。这是系统最基本的特征。一个系统至少由两个或两个以上的子系统构成。

构成系统的子系统称为要素,也就是说,系统是由各个要素结合而成的,这就是系统的集合性。

(2) 层次性。系统的结构是有层次的,构成一个系统的子系统和子子系统分别处于不同的地位。系统从总体上看,都有宏观和微观之分,而微观上,还有各种层次。由于系统层次的普遍性,因而系统概念本身也就具有层次性,有系统、子系统、子子系统等。系统和子系统是相对的,例如工厂的车间,相对于工厂系统来说是子系统,而相对于班组子系统来看,又是个系统。系统与子系统是相对而言的,而层次是客观存在的。

(3) 相关性。系统内各要素之间相互依存、相互制约的关系就是系统的相关性。一方面,它表现为子系统与系统之间的关系,系统的存在和发展,是子系统存在和发展的前提,因而各子系统本身的发展,就要受到系统的制约。另一方面,它表现为系统内部子系统或要素之间的关系。某要素的变化会影响另一些要素的变化,而各个要素之间关系的状态,对子系统和整个系统的发展,都可能产生截然不同的结果。

(4) 目的性。系统是为了完成某种任务而设计建立的,也是为实现某种目的而运作的。特别是企业这种人造系统,有着明确的活动目的。

3. 系统原理的主要观点

(1) 要注重系统的整体性。整体性是指系统要素之间的相互关系及要素与系统之间的关系以整体为主进行协调,局部服从整体,使整体效果为最优。从系统功能的整体性来说,系统的功能不等于要素功能的简单相加,而是往往要大于各个部分功能的总和,即"整体大于各个孤立部分的总和"。各部分组成一个系统后,产生了总体的功能,即系统的功能。这种总体功能的产生是一种质变,它的功能大大超过了各个部分功能的总和。因此,系统要素的功能必须服从系统整体的功能,否则,就要削弱整体功能,从而也就失去了系统功能。

掌握系统的整体性,实际上就是要求我们从整体着眼,部分着手,统筹考虑,各方协调,达到整体的最优化。

(2) 要注重系统的动态性。系统作为一个运动着的有机体,其稳定状态是相对的,运动状态则是绝对的。系统不仅作为一个功能实体而存在,而且作为一种运动而存在。系统内部的联系就是一种运动,系统与环境的相互作用也是一种运动。系统的功能是时间的函数,因为不论是系统要素的状态和功能,还是环境的状态或联系的状态都是在变化的,运动是系统的生命。例如,企业是社会经济系统中的子系统,它为了适应外部社会经济系统的需要,必须不断地完善和改变自己的功能,而企业内部各子系统的功能及相互关系也必须随之相应地发展变化。企业系统就是在这种不断变化的动态过程中生存和发展的,因此,企业的产品结构、工艺过程、生产组织、管理机构、规章制度、经营方针、管理方法等都具有很强的时限性。

掌握系统的动态性,研究系统的动态规律,可以使我们预见系统的发展趋势,树立起超前观念,减少偏差,掌握主动,使系统向期望的目标顺利发展。

(3) 要注重系统的开放性。严格地说,完全封闭的系统是不存在的。任何有机系统都是耗散结构系统,系统只有与外界不断交流物质、能量和信息,才能维持其生命,并且只有当系统从外部获得的能量大于系统内部消耗散失的能量时,系统才能不断发展壮大。所以,对外开放是系统的生命。

在管理工作中,从系统的开放性出发,要求我们充分估计到外部对本系统的种种影响,努力从开放中扩大本系统从外部吸收的物质、能量和信息。

(4) 要注重系统的综合性。所谓综合性就是把系统的各部分各方面和各种因素联系起来,考察其中的共同性和规律性。任何一个系统都可以看做由许多要素为特定的目的而组成的综合体,社会、国家、企业、学校、医院以及大型工程项目几乎都是非常复杂的综合体。系统的综合性原理包括的含义,一方面是系统目标的多样性与综合性,另一方面是系统实施方案选择的多样性与综合性,即同一问题可以有不同的处理方案,为了达到同样一个目标,有各种各样的途径和方法。

掌握系统的综合性,要求我们既要学会把许多普普通通的东西综合为新的构思、新的产品,创造出新的系统,又要善于把复杂的系统分解为最简单的单元去解决。

1.3.3 人本原理

世界上一切科学技术的进步,一切物质财富的创造,一切社会经济系统的运行,都离不开人的服务、人的劳动与人的管理。人本管理就是以人为中心的管理思想,尊重人、依靠人、发展人、为了人是人本管理的基本内容和特点。

1. 人本原理的内涵

人是整个组织中最宝贵的资源和财富,也是组织活动的中心和主旋律。随着知识经济的发展,创新知识已成为经济发展的最重要的资源,而作为创新知识载体的人,已不再是机器或资本的附庸,也不再是一种简单的生产要素。具有创新知识的人已成为组织创造财富的源泉,同时也是组织能否持续发展的决定性因素。

因此,组织只有充分重视人的价值,最大限度地尊重人、关心人、依靠人、理解人、凝聚人、培养人和造就人,充分调动人的积极性,发挥人的主观能动性,努力提高全体成员的社会责任感和使命感,使组织和成员成为真正的命运共同体和利益共同体,只有这样才能不断增强组织的内在活力和实现组织的不断发展。

2. 人本原理的主要观点

(1) 员工是组织的主体。人们对提供劳动服务的劳动者在组织生产经营中的作用是逐步认识的。在泰勒时代及以后的几十年中,所有对劳动和劳动力的研究大多未摆脱把人视为机器附属物的基本观点和方法。第二次世界大战前夕,特别是战后,有一部分管理学家和心理学家开始认识到,劳动者的行为决定了企业的生产效率、质量和成本。20世纪70年代以来,随着日本经济的崛起,人们通过对日本成功企业经验的剖析,进一步认识到员工在企业生产经营活动中的重要作用,逐渐形成了以人为中心的管理思想。中国管理学家蒋一苇在20世纪80年代末发表了著名论文《员工主体论》,明确提出"员工是社会主义企业主体"的观点,从而把对员工在企业生产经营活动中的地位和作用的认识提高到了一个新的高度。根据这种观点,在管理中必须认识到员工是组织的主体,而非客体;组织管理既是对人的管理,也是为人的管理;组织经营的目的,绝不是单纯商品的生产,而是为包括组织员工在内的人的社会发展而服务的。

(2) 有效管理的关键是员工参与。组织员工,从厂长经理到普通员工,都是依靠向组织提供自己的劳动力而谋生的劳动者。而正是由于全体员工的共同努力,才使组织的各项资源能得到最合理的利用,才使组织创造出了产品、利润和财富。所以,组织全体员工都有权利参与管理。作为组织而言,要达到有效管理,使员工个人利益与组织利益紧密结合,使全体员工为了实现共同的目标而自觉地努力奋斗,关键在于发挥员工参与管理的积极性。目前,通过员工代表大会、监事会和广泛的日常生产管理活动(如质量管理、设备管理、成本管理、现场管理等)等是员工民主参与管理的三种基本形式和途径。

(3) 现代管理的核心是使人性得到最完美的发展。关于人性善恶的问题已经争论了许多个世纪,这两种相互对立的观点都可以在社会生活中找到支持或反对的论据与事例。这个事实本身就表明,世界上并不存在绝对的善或恶的人性。人性是受后天环境影响而形成的，因而也是可以塑造和改变的。今天，我们国家尚处于社会主义初级阶段，人们的物质生活尚不富裕，传统的思想意识尚有较大的影响，因此，管理所面临的人性状况极为复杂，这正是中国管理界所面临的挑战。在应对这个挑战的过程中，成功的管理者要在管理实践中引导和促进人性的完美发展。

（4）管理是为人服务的。管理是以人为中心的，是为人服务的。这里的"人"不仅包括组织内部、参与组织生产经营活动的人，而且还包括存在于组织外部的、组织通过提供产品为之服务的用户。在市场经济条件下，用户是组织存在的社会土壤，是组织利润的来源。因此，为用户提供品种对路、功能完善、质量优异、价格合理的产品，提供使用方法培训和指导、使用过程中的维护和修理等售后服务，满足用户的需求，实际上也是组织实现其社会存在的基本条件。

1.3.4 动态原理

管理是由计划、控制、组织、激励、领导等一系列活动构成的动态过程。不仅管理的动态性体现在管理的主体、管理的对象以及管理手段和管理方法上，而且组织的目标以至于管理的目标也是处于动态变化之中的。动态管理原理要求管理者应不断更新观念，在处理管理问题时避免僵化的管理思想和方法，不能凭主观臆断行事，而应根据环境条件的变化权衡行事。

动态原理的基本思想一般包括权变原理和弹性原理等内容，本章重点介绍权变原理。

1. 权变原理的内涵

权变理论是20世纪70年代在经验主义学说的基础上进一步发展起来的管理理论，其代表人物是美国管理学家卢桑斯及英国学者伍德沃德等人。所谓权变，就是随机应变，即具体情况具体分析、具体处理。权变理论认为，具体管理对象或管理工作没有一成不变、普遍适用的管理原则与方法，任何管理理论和方法都只能适应特定的管理活动。任何管理活动都必须从具体实际出发，根据组织所处的环境和内部条件的发展变化随机应变。

这一理论的核心就是力图研究组织的各子系统内部和各子系统之间的相互联系，以及组织和它所处的环境之间的联系，并确定各种变数的关系类型和结构类型。它强调在管理中要根据组织所处的内外部条件随机应变，针对不同的具体条件寻求不同的最合适的管理模式、方案或方法。

2. 权变原理的主要观点

（1）权变管理的思想结构观点。权变管理的思想结构就是认为管理同环境之间存在着一定的函数关系，但不一定是因果关系。所谓函数关系，就是作为因变数的管理思想、管理方法和技术随环境自变数的变化而变化。这种函数关系可以解释为"如果——就要"的关系，即"如果"某种环境情况存在或发生，"就要"采用某种管理思想。

（2）权变理论的组织结构观点。权变理论的组织结构观点是以权变思想为基础，把组织看成是一个既受外界环境影响，又对外界环境施加影响的"开放式系统"。组织内部结构的设计，必须与其组织任务的要求、外在环境要求以及组织成员的需求等互相一致，组织才能有效。

（3）权变理论的人事管理观点。在人事管理方面的权变观点也是以权变管理思想为基础的。在不同的情况下，要采取不同的管理方式，不能千篇一律。

（4）权变理论的领导方式观点。权变理论学派认为，并不存在一种普遍适用的"最好的"领导方式，一切以组织的任务、个人或小组的行为特点以及领导者和员工的关系而决定。

1.3.5 效益原理

效益是管理永恒的主题。任何组织的管理都是为了获得某种效益，效益的高低直接影响着组织的生存与发展。效益原理要求一切管理活动都要以追求效益为其根本目的，即用尽可能少的劳动消耗取得更多的劳动成果。

1．效益的概念

效益是有效产出与投入之间的一种比例关系，可以从社会和经济这两个不同角度去考察，即社会效益和经济效益。两者既有联系，又有区别。经济效益是讲求社会效益的基础，而讲求社会效益又是促进经济效益提高的重要条件。两者的区别主要表现在，经济效益与社会效益相比较，更加直接、明显；经济效益可以运用若干个经济指标来计算和考核，而社会效益则难以计量，必须借助于其他形式来间接考核。管理应把讲求经济效益和社会效益有机结合起来。

2．效益原理的主要观点

效益是管理的根本目的，管理就是对效益的不断追求。效益原理主要包括以下几种观点。

（1）确立管理活动的效益观。管理活动要以提高效益为核心。追求效益的不断提高应成为管理活动的中心和一切管理工作的出发点。要克服传统体制下"以生产为中心"的管理思想，因为这种管理思想必然导致片面追求产值、盲目增加产量的倾向，从而可能造成产品大量积压、效益普遍低下的状况。同时，追求效益要学会自觉地运用客观规律。例如，学会运用价值规律，随时掌握市场情况，制定灵活的经营方针，灵敏地适应复杂多变的竞争环境，以满足社会的需求。

（2）追求局部效益必须与追求全局效益协调一致。全局效益是一个比局部效益更为重要的问题。如果全局效益很差，局部效益提高就难以持久。当然，局部效益也是全局效益的基础，没有局部效益的提高，全局效益的提高也是难以实现的。局部效益与全局效益是统一的，有时又是矛盾的。因此，当局部效益与全局效益发生冲突时，管理必须把全局效益放在首位，做到局部服从整体。

（3）管理应追求长期稳定的高效益。组织每时每刻都处于激烈的竞争中，如果组织只满足于眼前的经济效益水平，而不以新品种、高质量、低成本迎接新的挑战，就会随时有落伍甚至被淘汰的危险。所以，组织经营者必须有远见卓识和创新精神，积极进行组织的技术改造、技术开发、产品开发和人才开发，不断增强组织发展的后劲，只有这样才能保证组织有长期稳定的较高经济效益。

1.4 管理的方法

1.4.1 管理方法概述

1．管理方法的作用

管理方法是在管理活动中为实现管理目标、保证管理活动顺利进行所采取的工作方式。管理理论必须通过有效的管理方法才能在管理实践中发挥作用。

管理方法是管理理论、原理的自然延伸和具体化、实际化，是管理理论指导管理活动的必要中介和桥梁，是实现管理目标的途径和手段，它的作用是一切管理理论、原理本身所无法替代的。

管理如要达到组织的目标、实现资源的合理配置和有效利用，必须采用科学的、合理的管理方法。随着管理学研究的深化，在吸收和运用多种学科知识的基础上，管理方法已逐渐形成一个相对独立自成体系的研究领域。

2. 管理方法的分类

管理方法的分类有许多种，一般从手段角度进行划分，其可分为：法律方法、行政方法、经济方法、教育方法和技术方法。它们共同构成了一个完整的管理方法体系。

此外，还可以从其他特定的角度出发来对管理方法进行分类。如按照管理方法的普遍适用程度可分为一般管理方法和专门管理方法；按照管理对象的范围可分为宏观管理方法、中观管理方法和微观管理方法；按照管理对象的性质可分为人事管理方法、物资管理方法、资金管理方法、信息管理方法等；按照应用于管理领域的技术方法可分为定性方法和定量方法；等等。

1.4.2 法律方法

法律方法是国家根据广大人民群众的根本利益，通过各种法律、法令、条例和司法、仲裁工作，调整社会经济的总体活动和各企业、单位在微观活动中所发生的各种关系，以保证和促进社会经济发展的管理方法。它既要反映广大人民的根本利益，又要反映事物的客观规律，调动各个企业、单位和群众的积极性与创造性。

1. 法律方法的特点

（1）公开性。法律方法的基本特点之一就是公开性，它要求把有关法律法规向社会、向组织完全公开，并且要求公开立法和公开执行。它不像有些文件、政策那样只有少部分人掌握和执行，从而可以避免一些营私舞弊行为。

（2）规范性。法律和法规是所有组织和个人行动的统一准则，对他们具有同等的约束力。法律和法规都是用极严格的语言，准确阐明一定的含义，并且只允许对它做出一种意义的解释。法律与法规之间不允许互相冲突，法规应服从法律，法律应服从宪法。

（3）严肃性。法律和法规的制定必须严格按照法律规定的程序和规定进行。一旦制定和颁布后，就具有相对的稳定性，不能随意废止。司法工作更是严肃的行为，它必须通过严格的执法活动来维护法律的尊严。

（4）强制性。法律和法规都是统治阶级或公众意志的体现，一经颁布就要强制执行，各个企业、单位以及每个公民都必须毫无例外地遵守。否则，要受到国家强制力量的惩处。

2. 法律方法的作用

法律方法的运用，对于建立和健全科学的管理制度和管理方法，有着十分重要的作用。

（1）保证管理秩序。一个社会，一个组织，都需要有一个良好而稳定的活动秩序，这些都必须依靠法律法规去维持。管理系统内外部存在着各种社会经济关系，只有通过法律方法才能公正、合理、有效地加以调整，及时排除各种不利因素的影响，保证社会经济秩序的正常运行，为管理活动提供良好的外部环境。

（2）调节管理因素之间的关系。根据对象的不同特点和所给任务的不同，规定不同管理因素在整个管理活动中各自应尽的义务和应起的作用，这是管理的法律方法所具有的一定的自动调节功能。

（3）使管理活动纳入规范化、制度化轨道。法律方法可使符合客观规律的、行之有效的管理方法和制度用法律法规的形式固定下来，使人有章可循，有法可依。严格执行这些制度和方法，管理系统便能自动有效运转。这样既可保证管理的效率，又可节约管理者的精力。

3. 法律方法的应用

法律方法从本质上讲是通过上层建筑的力量来影响社会生活和经济生活的方法。因此法律方法的作用是双重的，既可以起促进作用，也可以起阻碍作用。如果各项法律和法规的制定和颁布符合客观规律的要求，就会促进社会和经济的发展；反之，陈旧扭曲的法律就可能成为社会和经济发展的巨大障碍。法律方法由于缺少灵活性和弹性，易使管理僵化和官僚化，而且有时会不利于企业发挥其主动性和创造性等。

在管理活动中，各种法规、纪律、条例要综合运用，相互配合，因为任何组织、个人的关系都是复杂的、多变的。就企业管理而言，不仅要掌握和运用好"企业法"以及与企业生产经营活动直接相关的经济法律，而且也要注意运用好民法赋予的权利和义务，还要运用好行业、部门、地方和本单位的规章条例。企业成为法人，一方面其权利地位受到法律的保护，可以自觉地去抵制和克服各种"乱摊派"、"乱伸手"等不正之风；另一方面企业的义务和责任也明确化、严格化了。同时，企业也应加强内部管理与经济责任制，根据国家、政府的有关法律、法规制定自己的管理规范，保证必要的管理秩序，避免与法律、法规有悖而造成不必要的损失。

此外，法律方法只是在有限的范围之内发生作用，并不能解决所有的问题。在法律范围之外，还有各种大量的经济关系、社会关系需要用其他方法来管理和调整。因此，法律方法应该和管理的其他方法综合使用，才能达到最有效的管理目标。

1.4.3 行政方法

行政方法是指依靠行政组织的权威，运用命令、规定、指示、条例等行政手段，按照行政系统和层次，以权威和服从为前提，直接指挥下属工作的管理方法。它特别强调职责、职权、职位，而并非个人的能力或特权。

1. 行政方法的特点

（1）权威性。行政方法所依托的基础是管理机关和管理者的法定权威。提高各级领导的权威，是运用行政方法进行管理的前提，也是提高行政方法有效性的基础。

（2）强制性。行政权力机构和管理者所发出的命令、指示、规定等，对管理对象具有程度不同的强制性和约束力。行政方法就是通过这种强制性来达到指挥与控制的目的。

（3）垂直性。行政方法是通过行政层次指挥来实施管理的。行政指令一般都是自上而下，通过纵向直接下达的，切忌通过横向传达指令。

（4）具体性。行政指令的内容和对象往往是具体的，有明确的规定和界限，它是在某一特定的时间内对某一特定对象起作用，具有明确的指向性和一定的时效性。

（5）无偿性。组织的上级对下级采用行政手段，一般是命令式与强制性的，不遵循等价交换的原则，也不考虑价值补偿问题。

（6）稳定性。行政管理系统具有严密的组织结构、统一的目标、统一的行动、强有力的调节和控制，对外部的干扰具有较强的抵抗作用。因此，行政方法具有相对较强的稳定性。

2. 行政方法的作用

（1）有利于组织内部统一目标、统一意志、统一行动。行政方法的运用能够迅速有力地贯彻上级的方针政策，对全局活动实行有效的控制，尤其是在需要高度集中和保密的领域，更具有独特作用。

（2）是实施其他各种管理方法的必要手段。在管理活动中，经济方法、法律方法、教育方法、技术方法，必须经过行政系统的作用，才能更好更具体地组织与贯彻实施。

（3）可以强化管理作用。行政方法的运用便于发挥管理的职能，使全局、各部门和各单位之间相互配合，并不断调整它们的活动与相互关系。

（4）便于处理特殊问题。行政方法时效性强，它能及时地针对具体问题发出命令和指示，可以较好地处理特殊问题和管理活动中出现的新情况。

3. 行政方法的应用

虽然行政方法是重要的、必不可少的，但只有正确运用，不断克服其局限性，才能发挥它应有的作用。

(1) 管理者必须充分认识到行政方法的本质是服务。行政不以服务为目的，必然导致官僚主义、以权谋私、玩忽职守等行为，因此管理者需要调查研究和倾听来自下面的呼声。

(2) 行政方法的管理效果很大程度上取决于领导者的知识与能力，取决于领导者的指挥艺术和心理素质，因此要求领导者具有较高的水平与修养。

(3) 信息在运用行政方法过程中是至关重要的。首先，领导者驾驭全局、统一指挥，必须及时获取组织内外部有用的信息，才能正确决策；其次，上级要把行政命令、规定或指示迅速而准确地下达，还要把收集到的各种反馈信息和预测信息发送给下级领导层，供下级决策时使用。因此，行政方法要求有一个灵敏、有效的信息管理系统。

(4) 不可单纯地依靠行政方法，要在客观规律的基础上，把行政方法和管理的其他方法有机地结合起来。这是因为，行政方法的运用借助了职位的权力，较少遇到下属的抵制，这种特点可能使得上级在使用行政方法时忽视下属的正确意见和合理的要求，从而容易助长官僚主义作风，不利于充分调动各方面的积极性。所以，采用行政方法时要注意不可单纯地使用行政方法，要把行政方法与其他管理方法，特别是经济方法有机地结合起来。

1.4.4 经济方法

经济方法是根据客观经济规律，运用各种经济手段，调节各种不同经济主体之间的关系，以获取较高的经济效益与社会效益的管理方法。这里所说的各种经济手段，主要包括价格、税收、信贷、利润、工资、奖金、罚款以及经济合同等。运用经济方法进行管理，一方面，使管理者与被管理者之间保持一定的距离；另一方面，又会把管理者与被管理者稳定地联系在一起，使它们之间的关系不会发生变异或对立。

1. 经济方法的特点

(1) 利益性。经济方法是通过利益机制引导被管理者去追求某种利益，间接影响被管理者行为的一种管理方法。

(2) 关联性。经济的影响范围很广，不但各种经济手段之间的关系错综复杂、影响面宽，而且每一种经济手段的变化都会造成社会多方面经济关系的连锁反应。有时，它不仅会影响当前，而且会波及长远，产生一些难以预料的后果。

(3) 灵活性。一方面，经济方法针对不同的管理对象，如企业、个人，可以采用不同的手段；另一方面，对于同一管理对象，在不同情况下，可以采用不同方式来进行管理，以适应形势的发展。

(4) 平等性。经济方法承认被管理的组织或个人在获取自己的经济利益上是平等的。社会按照统一的价值尺度来计算和分配经济成果；各种经济手段的运用对于情况相同的被管理者起同样的效力，不允许有特殊性。

2. 经济方法的作用

(1) 调动劳动者的积极性。经济方法承认人们经济利益的合法化并鼓励人们理智地去追求经济利益，可以最大限度地调动人们的劳动积极性。

(2) 促进社会生产力的发展和社会财富的增加。经济方法的广泛采用，充分调动了组织与个人积极去劳动、去创造，从而促进了社会生产力的发展；经济方法保障个人利益，促使人们不仅会积极创造财富，而且会乐于积累财富，从而促进社会财富的增加。

（3）促进社会的民主与公正。采用经济手段，必须采用有效的交换与议价机制，否则经济手段将无法运行。而经济上的交换议价机制，反过来会促进社会的民主化建设，从而促进社会的全面进步。

3. 经济方法的应用

（1）要注意将经济方法和教育方法等有机结合起来。在现代生产力迅速发展的形势下，物质利益的刺激作用将逐步减弱，人们更需要接受教育，以提高知识水平和思想修养。只有较高素质、较高文明程度的国民才能通过经济方法增进相互之间和公众的福利。

（2）要注意经济方法的综合运用和不断完善。既要发挥各种经济杠杆各自的作用，更要重视各种经济手段整体上的相互配合。如果忽视综合运用，孤立地运用单一杠杆，就不会取得较好的效果。例如，价格对生产与消费的影响是双向的，价格的上涨有利于刺激生产，也会抑制消费；工业品价格的定价过高就影响到农业的发展；等等。因此，要不断研究和改进经济方法，使之不断完善。

1.4.5 教育方法

教育是按照一定的目的、要求对受教育者从德、智、体、美等方面施加影响的一种活动。通过教育，不断提高人们的道德思想素质、文化知识素质、专业水平素质，这是管理工作的重要任务。

1. 教育方法的特点

（1）启发性。教育工作的重点在于启发人们的觉悟，唤醒理智与良知。如果组织能通过教育方法把组织的任务、目标、要求转换为组织全体成员的共识与自觉行动，则管理就会变得较容易，具有高效率。

（2）灵活多样性。教育方法没有统一固定的模式，要因时、因地、因人、因事采取灵活多样的有效形式。

（3）长期性。人的培养教育是一个漫长的过程，既不能急功近利，更不能立竿见影。采取教育方法要有长期观念，要潜移默化、从长计议。

2. 教育的主要内容

教育的目的是要提高人的素质，因而教育的内容也就涉及与人的素质完善有关的各个方面。

（1）人生观与道德的教育。教育首先要帮助受教育者建立独立的、健全的人格，树立正确的人生观与价值观。同时，还应进行道德文明教育，懂得并遵守真、善、美的行为标准，做一个有道德的人。

（2）民主、法制、纪律的教育。民主体现在员工有权对企业的经营活动进行监督，有权维护自己的合法权益，有权对企业管理工作提出批评意见，也有权参与企业管理。企业要对员工如何正确行使其民主权利进行教育。在扩大民主的同时，企业还应大力加强社会主义法制，加强劳动纪律和工作纪律，规范和约束人们的行动，制裁和打击各种不法行为和违纪行为，保证企业经营活动的正常进行。

（3）科学文化的教育。科学技术是第一生产力，普及和提高科学文化知识是提高员工思想道德觉悟水平的重要条件，也是企业进行生产经营活动的重要条件。企业应该有计划、有组织地开展科学文化教育，根据工作的需要，对各类人员逐步进行系统培训和职业训练，尽快提高员工队伍的业务素质。

（4）企业文化的教育。企业文化是企业员工长期形成的、共同持有的价值观念和行为准则，它需要进行长期的宣传和教育，需要优秀的企业家去引导和塑造。在企业文化建设的指导思想上，必须突出管理的人本原理，坚持"以人为本"的指导原则。采用教育、启发、诱导、吸引、熏陶和激励等多种方式来培养员工的命运共同感、工作责任感、事业开拓感和集体荣誉感，促使每个人都能把其内在潜力和创造力最大限度地发挥出来。

3. 教育方法的应用

教育方法是一种基本的管理方法，可以最大限度地调动人们的积极性、创造性，提高员工的全面素质，保证组织的长远发展。管理者要想正确运用教育方法，必须遵循教育的基本原则，注意以下几个方面：

（1）要进行全面教育、素质教育，而不能把教育割裂开来；
（2）要进行长期教育，而不能急功近利，搞突击教育；
（3）应注意方式方法，讲求实效，不能搞形式主义；
（4）要注意教育的内容，用真正的科学知识武装人，而不能用伪科学蒙骗人。

1.4.6 技术方法

技术方法是指组织中各个层次的管理者根据管理活动的需要，自觉运用自己或他人所掌握的各类技术，以提高管理的效率和效果的管理方法。这里所说的各类技术，主要包括信息技术、决策技术、计划技术、组织技术和控制技术等。管理的技术方法的实质就是把技术融进管理中，利用技术来辅助管理。

1. 技术方法的特点

（1）客观性。技术方法的客观性主要体现在两个方面：技术是客观存在的，它不依赖人的意识也并不以人的意识为转移；技术方法产生的结果是客观的。

（2）规律性。技术方法的规律性源自客观性，它也体现在两个方面：技术脱胎于现实世界中普遍存在的客观规律；技术方法是有规律的，每种方法都是有章可循的，对于每种技术方法，其步骤都是特定的。

（3）精确性。技术方法的精确性是指只要基础数据是正确无误的，由技术方法产生的结果就是精确的。正是因为其精确性，技术方法才日益受到人们的青睐。

（4）动态性。管理者在管理过程中常常会遇到新情况、新问题。对这些新情况、新问题，过去的技术方法可能是失效的或者效果不好。这就要求管理者必须紧跟技术的发展，不断更新自己手中掌握的技术武器，防止用过时、落后的技术方法来解决新问题。

2. 技术方法的作用

技术方法的运用，对于组织的有效运行有着十分重要的作用。

（1）信息技术的采用可以提高信息获取的速度与信息的质量。信息技术在各类组织中的广泛运用是信息时代的一个显著特征，同时也反映了信息，尤其是管理信息在组织中的重要地位。

（2）决策技术的采用可以提高决策的速度与质量。由于决策是管理的本质，决策速度与质量的提高对组织的重要性不言而喻。

（3）计划、组织和控制技术的采用可以提高有关职能的执行效率，促进管理过程的良性循环。

（4）技术在组织中的运用为技术创新创造了良好的氛围和条件，而只有那些一直致力于技术创新的组织才有可能长盛不衰。

3. 技术方法的应用

管理者要想正确运用技术方法，必须注意以下几个方面：

（1）技术并不是万能的，并不能解决一切问题。在某些场合，技术可能很管用，但在其他场合，技术可能不管用。例如，对单只股票价格的预测，技术有时就没有经验和直觉来得准确。也就是说，技术是有一定局限性的，或技术是有一定适用范围的。管理者既不能否定技术的重要性，也不能盲目迷信技术。

（2）既然技术不是万能的，管理者在解决问题时，就不能仅仅依靠技术方法。而应该把各种管理方法结合起来，多管齐下，争取收到较好的效果。

（3）管理者在使用技术方法时有一定的前提，即他本人必须或多或少地掌握一些技术，知道技术的价值所在和局限所在，并在可能的情况下，让组织内外的技术专家参与进来，发挥他人的专长，来弥补自身某些方面的不足。

1.5 管理的社会责任

20世纪60年代之前，企业的社会责任问题几乎无人问津。但时至今日，管理者在管理实践中经常会遇到需要考虑社会责任的决策，如是否为慈善事业出一份力、如何确定产品的价格、怎么处理好和员工的关系、是否以及怎样保护自然环境、如何保证产品质量和安全等，社会责任这个话题已经引起了人们的普遍关注。

1.5.1 社会责任概述

1. 有关社会责任的起源和流派

（1）社会责任的起源。"企业社会责任"的概念起源于20世纪20年代，是随着资本的不断扩张引起的一系列社会矛盾（诸如贫富分化、社会穷困，特别是劳工问题和劳资冲突等）而提出的。20世纪60年代以前，企业的社会责任问题并没有引起人们足够的注意，人们只是对于企业以利润最大化作为唯一经济目标的做法产生了疑问。20世纪80年代之后，伴随经济全球化的进程，"企业社会责任"被重新提起，并成为世界范围的一个话题。

完整意义上的企业社会责任观念始于20世纪初的美国。美国谢尔顿在1924年提出"企业社会责任"概念，起初并没有引起人们过多的注意。谢尔顿把企业社会责任与企业经营者满足产业内外各种人类需要的责任联系起来，并认为企业社会责任包含道德因素。因此，早期美国学者对企业社会责任的讨论侧重在企业是否应承担社会责任的道德伦理上，之后美国爆发了严重的经济危机。1929年纽约股市崩盘，美国陷入了历史上罕见的大萧条时期，企业纷纷破产，失业率上升，政府税收减少，社会问题恶化，在这样的条件下，美国出现了一些针对公司治理结构的大讨论，美国部分州也进行了公司治理结构改革的实践，并颁布了一些有利于强化企业社会责任的法律。比如美国宾夕法尼亚州就首开公司法变革之先河，于1983年修正其公司法。目前美国已有近30个州相继在公司法中加入了企业的社会责任，从制度上要求企业履行社会责任。

从美国开始，许多西方国家纷纷对公司法进行修改，加强了对公司行为的限制。那种漠视劳动者、消费者、债权人、社会环境等利益相关者的做法受到企业经营者和立法者的抛弃，越来越多的经营者主张引入利益相关者参与企业管理，在加强企业自身利益最大化的同时，也尽到自己作为社会的一分子的职责，即尽到企业应尽的社会责任。

（2）社会责任的流派。任何事物的出现，都会产生不同的对待态度。企业社会责任也不例外，它关系到企业的利益最大化及其利益相关者的利益。另外，社会利益存在多元化，一种责任如果形成法律，付诸实践就会产生不同的利益群体，于是就有人反对、有人肯定，在其实践背后往往形成不同理论观点派别。

1）肯定派。20世纪60年代以来有众多倡导和支持企业社会责任的理论观点。美国的安德鲁斯被誉为社会良心的维护者和社会问题的解决者，他认为："利润最大化是企业的第二位目标，而不是第一位目标，企业的第一位目标是保证自身的生存。"多德教授认为公司所有权与控制权的分离，使得企业承担社会责任成为可能。他强调企业经营者应有的态度是树立自己对员工、消费者和社会公众的社会责任。他反对股东至上，认为董事作为信托人，他不是为股东而是为其公司承担义务。法律作为舆论在一定程度上迫使企业承认和尊重其他人的利益；企业的管理者应树立公司责任观，企业的权利来自所有企业利益相关者的委托，而不限于股东。因此，不仅要通过确立一定的制度促进公司承担社会责任，而且管理者应当自觉履行这种责任。

20 世纪 80 年代末，弗里德曼修正了其以前的观点，并指出，只要企业承担社会责任能够给企业带来直接的经济利益，或企业履行社会责任源自股东的指示，则企业利润最大化可以与社会责任和谐共存。他还确信，企业的社会性行为可以使企业获得金钱难以产生的广告效应。所以，企业履行社会责任，是一种长期的自利行为。

2）反对派。企业"经济人"假设是经济学上的最大假设。这种假设认为，一切从事经济活动的人，都是为了满足自己私利的经济人，经济人追求利润的最大化。古典经济学派代表人物亚当·斯密在 200 多年前就曾指出，经营者组织生产完全是出于利己的目的，为他人和社会谋利并非经营者的本意。新古典经济学的产生，克服了古典经济学的缺点。但是古典和新古典经济理论都用"经济人"概念赋予企业经济利益的目的，认为企业以实现利润最大化为其唯一目标，不考虑企业行为的消极后果，也不管企业获取经济利益的手段是否正当和文明。因此，企业不必考虑社会利益问题，不必承担社会责任。如果非说企业负有社会责任，那么这种社会责任就是为股东负责，实现利润的最大化。[⊖]

综合各种意见，肯定和反对社会责任的理由归纳如图 1-10 所示。

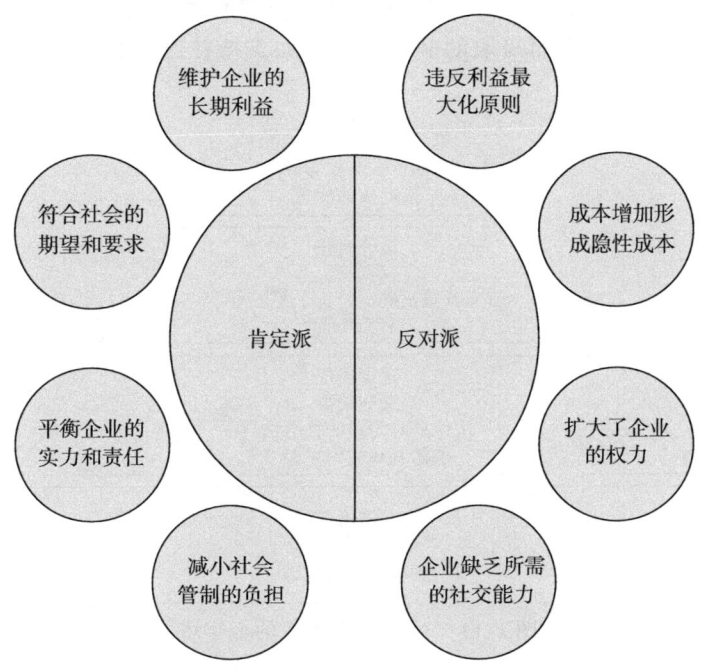

图 1-10 社会责任肯定派与反对派的理由对比

⊖ 卢代富. 企业社会责任的经济学与法学分析 [M]. 北京：法律出版社，2002.

2. 社会责任的概念和内涵

（1）社会责任的概念。社会责任的概念已经被广为接受，但就国际社会而言，还没有一个统一的定义。

欧盟将企业社会责任定义为：企业的社会责任是指企业以资源为基础，将社会和环境密切整合到它们的经营运作以及与其利益相关者的互动中。

美国著名学者斯蒂芬·罗宾斯认为，企业的社会责任是企业追求有利于社会的长远目标的一种义务，它超越了法律和经济所要求的义务。

里奇·格里芬认为，企业社会责任是应当在提高本身利润的同时，对保护和增加整个社会福利方面承担的责任。

从以上这些针对企业社会责任给出的定义可以看出，虽然表达方式存在差异，但其基本含义是一致的。它是指：企业在创造利润、对股东利益负责的同时，还要承担起对企业的员工、消费者、供应商、社区和政府等企业利益相关者的责任，保护其权益，以获得在经济、社会、环境等多个领域的可持续发展能力。㊀

（2）社会责任的内涵。如果企业只是从社会这个环境中索取，而不求回报社会，那么企业就会破坏与其"自然界"（社会、人类、自然）的关系，进一步影响其自身生产、服务的有限生命。所以企业在维持自身生命体运动的同时，也要维持企业与社会、企业与环境、企业与自然的和谐统一。这就要求企业主动承担社会责任，来维持整个生命系统的延续。㊁

社会责任可以具体分为四类：经济责任、法律责任、道德责任和义务责任（见图1-11）。经济责任是指以能使投资者满意并维持企业运行的价格，按社会需求生产物品和提供服务。法律责任是指至少是服从相关的国内法律和相关的国际法。道德责任包括满足社会的其他期望，并没有写在法律里。因此道德是社会责任的一个方面。义务责任是指企业按规定的价值观和社会的希望而采取的额外行动，如支持社区项目和慈善事业。

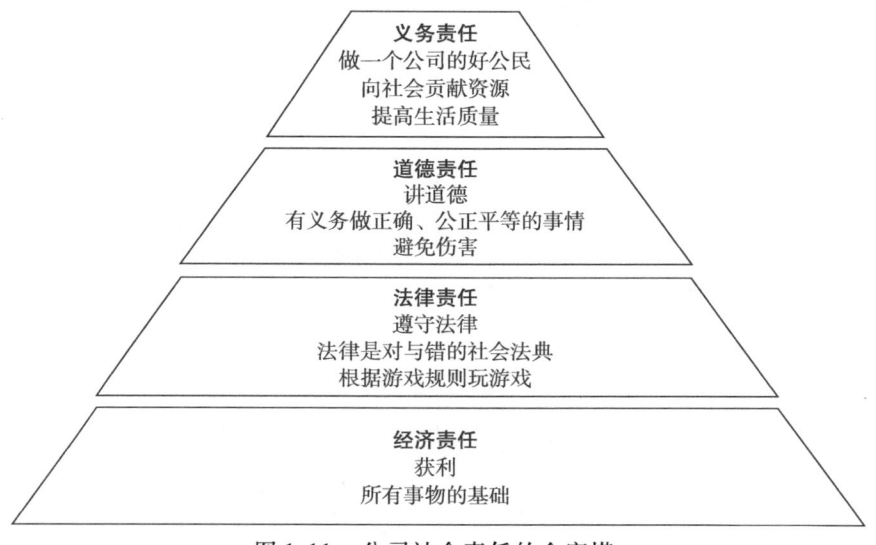

图1-11 公司社会责任的金字塔

资料来源：托马斯 S 贝特曼. 管理学（原书第4版）[M]. 北京：北京大学出版社，科文（香港）出版有限公司，2001：157。

㊀ 王龙. 管理学基础 [M]. 北京：机械工业出版社，2009：90.
㊁ 李立清，李燕凌. 企业社会责任研究 [M]. 北京：人民出版社，2005.

为了分清这些责任,可将经济责任与法律责任视为社会对企业的要求,道德责任是社会对企业的期望,义务责任是社会对企业的向往。另外,根据每个国家、每个地区的不同,这些准则也是不同的,目前,专家正在努力建立全球通用的道德原则。

1.5.2 社会责任和经济绩效

企业必须关注自身经济利益之外的社会责任吗?企业承担社会责任会给企业的经济绩效带来好处吗?这些问题是企业家们一直所关注的焦点,下面对这些问题进行分析。

1. 企业社会责任对企业绩效的影响机理

(1) 股东社会责任对企业绩效的影响机理。随着资本市场的发展,企业的股东广泛分布于社会的各个角落,众多持有企业股票的大小股东都与企业有着直接的经济联系,满足股东的利益不言而喻。企业股东按其对企业的影响不同,可分为两种:一种是持股达到一定比例,可以参与企业的重大经营决策,有表决权,这类股东不但关心企业近期的收益情况,而且关心企业的长期发展和收益潜力;另一种是持股比例较小,基本上对企业的经营决策没有发言权,这类股东主要关心企业的短期盈利和派发股利的情况。

不同类型的股东对企业绩效的影响途径也不相同,如图1-12所示。

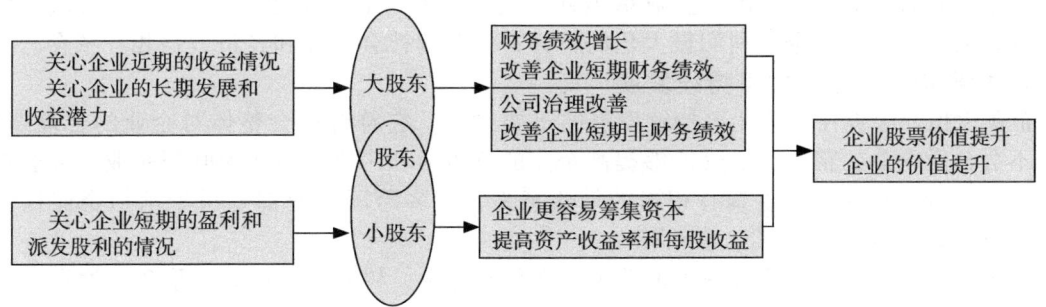

图1-12 股东社会责任对企业绩效的影响机理

(2) 员工社会责任对企业绩效的影响机理。工业社会已逐步发展到知识社会,人的因素越来越重要,人力资源已经成为企业不断发展的核心竞争力。面临日益复杂的企业内外部环境,企业的生存和发展越来越依赖员工的素质,具有专业技能的员工掌握了较多的企业内部信息,与企业的经营息息相关,员工是企业最宝贵的财富,企业对员工的社会责任具体表现在以下几个方面:不歧视员工、定期或不定期培训员工、营造一个良好的工作环境以及善待员工的其他举措。

只有那些真正以人为本、对员工负责的企业,才能吸引并留住优秀的人才,增强员工的凝聚力,使其将个人目标自觉地统一到企业目标的大方向上去,从企业的整体利益出发最大化自身的价值,为企业创造效益,具体影响路径如下:

1) 员工素质提高—生产效率提高—企业生产成本的降低—企业销售收入的提高—企业利润提升,对企业的短期绩效产生正面影响。

2) 员工满意—客户满意—企业声誉提高—对企业长期绩效产生正面影响。

在企业绩效指标体系中可采用企业销售收入、业务利润、企业声誉指标来衡量企业对员工负责对其绩效的影响。

(3) 消费者社会责任对企业绩效的影响机理。在买方市场日渐形成的情况下,消费者在买卖过程中的地位日益提升,消费者与企业直接通过产品市场建立联系,消费者的数量以及消费者的忠诚度往往决定着企业的成败得失;企业对消费者的责任主要表现在提供安全的产品、提供正确的产品信息、提供售后服务、提供必要的指导,以及赋予顾客自主选择的权利五个方面。

对消费者利益的关注也可以大大提升企业声誉和品牌价值,并对企业的经济效益有连带影响。从消费者角度对企业绩效的影响路径总结如下:

1)高质量、创新性的产品和服务及公道合理的价格—消费者重复购买及更多消费者加入—降低交易成本并提升产品和服务的销量—获得更多的业务利润。

2)消费者满意—提高企业声誉。

3)消费者忠诚—提高企业品牌价值。

2. 企业社会责任与利润最大化

企业承担社会责任会导致经济利益减少吗?估计这是很多企业家最关心的事情之一。从表面上看,承担社会责任需要投入大量的人力、物力、财力,无形中,企业的成本增加了许多,影响了企业的利润最大化的目标。从另一个角度来看,企业的社会责任支出可以被理解为一种投资,这种投资可能的产出包括良好的声誉、吸引优秀雇员、提高管理水平和科技水平,进而转化为经济效益。

社会责任产生的经济效益能否覆盖支出?企业承担社会责任可能会出现暂时收益较差的情况,但随着时间的推移,由于企业承担社会责任所带来的效益会不断显现出来,且呈上升趋势,因而不会影响企业利润最大化的目标,企业的社会责任和经济效益相互依存。

3. 社会责任与企业的可持续发展

企业承担社会责任是企业可持续发展的重要途径,它符合社会整体对企业的合理期望,不但不会分散企业的精力,而且能够提高企业的竞争力和声誉,世界500强企业在社会责任方面的所作所为对我国企业具有相当的借鉴意义,很多跨国企业都是勇于承担企业社会责任的典范,如可口可乐、LG、宝洁等。

企业勇于承担社会责任有利于推动企业文化的建设,树立良好的企业形象,增强市场竞争力,给企业带来新的发展机遇,并且使企业、政府、社会之间形成良性互动,社会责任对企业的贡献许多年后仍然有效,具有持续性的影响力(见图1-13)。

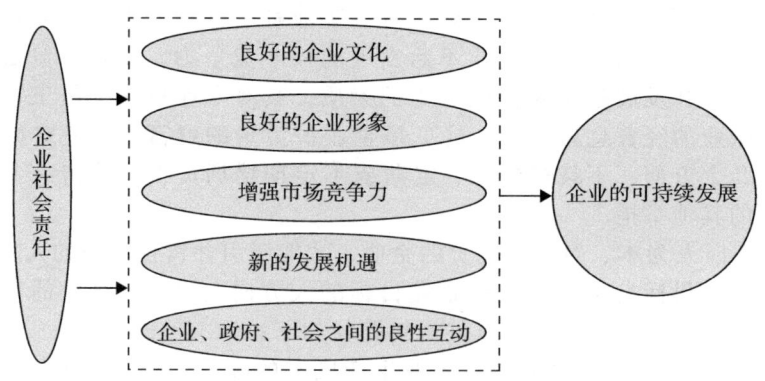

图1-13 社会责任与企业的可持续发展关系

思考题

1. 管理要解决的基本矛盾是什么?
2. 何谓管理?管理由哪些要素构成?
3. 怎样理解管理的"有效"性?请举例说明。
4. 常用的管理学研究方法有哪些?

5. 何谓管理的二重性？管理的自然属性和社会属性之间有怎样的关系？
6. 如何理解管理的科学性与艺术性？
7. 系统原理的观点对管理活动有哪些启示？如何理解系统原理在管理原理体系中的统帅作用？
8. 何谓人本原理？管理者如何才能实现人本管理？
9. 管理的技术方法有哪些？在管理中分别起着怎样的作用？
10. 结合实例谈谈管理的教育方法在管理实践中所起的作用。
11. 社会责任与企业经济绩效的关系如何？
12. 举一个管理成功的例子，试分析管理原理的应用。

案例分析

全国灭鼠模式

A 计划：传统计划模式

第一阶段：成立机构。成立全国灭鼠工作领导组，各地成立灭鼠办，下设捕鼠队，配备专用车辆。要求各地行政部门一把手亲自抓，分管领导具体抓，各部门协调合作，打好灭鼠工作歼灭战。

第二阶段：宣传发动。各大媒体全力宣传鼠类对人类的危害，介绍有关灭鼠常识，举行各种灭鼠知识大奖赛。

第三阶段：检查督促。成立灭鼠工作检查组赴各地检查灭鼠工作，及时发现问题、解决问题。

第四阶段：总结表彰。隆重表彰全国灭鼠工作先进单位，评选十大捕鼠能手，表彰灭鼠工作科技成果奖，评选全国灭鼠宣传工作十佳好新闻，等等。

B 计划：市场经济模式

第一阶段：国家出钱收购老鼠尾巴，每枚 1 元。

第二阶段：针对极个别人只交鼠尾放活老鼠的做法，改为收购全鼠，每只 2 元。

C 计划：时尚炒作模式

第一阶段：媒体风暴。

某报惊曝：据美国 ABC 大学 DEF 学院 GHI 研究院 JK 博士证实，野生老鼠的脂肪是迄今为止科学家所发现的最佳美容护肤佳品，方法简单，人人都可加工提炼，使用后可以达到除斑去皱美白肌肤等神奇功效。

学术期刊论文：《老鼠为什么总在长牙——科学家发现人类增高新希望》。

第二阶段：煽风点火。各媒体请各界人士专家学者点评"鼠时尚"，观点越多越好、越乱越好。

第三阶段：泼点冷水。在火势很旺的时候，泼点水火势会更旺。

生理学家：都是大个子，世界未必美好。

医学专家：鼠脂美容，危险的时尚。

严肃认真的学者：辟谣！老鼠时尚，一个未经证实的神话。

资料来源：引自《杂文选刊》2006 年第 3 期上云弓《中国式灭鼠》一文。

案例思考题

1. 从一个管理者的视角出发，分析预测上述三种模式的灭鼠效果。
2. 对每种模式做出评价。

本章知识结构图

本章主要内容和知识点归纳如下（见图1-14）。

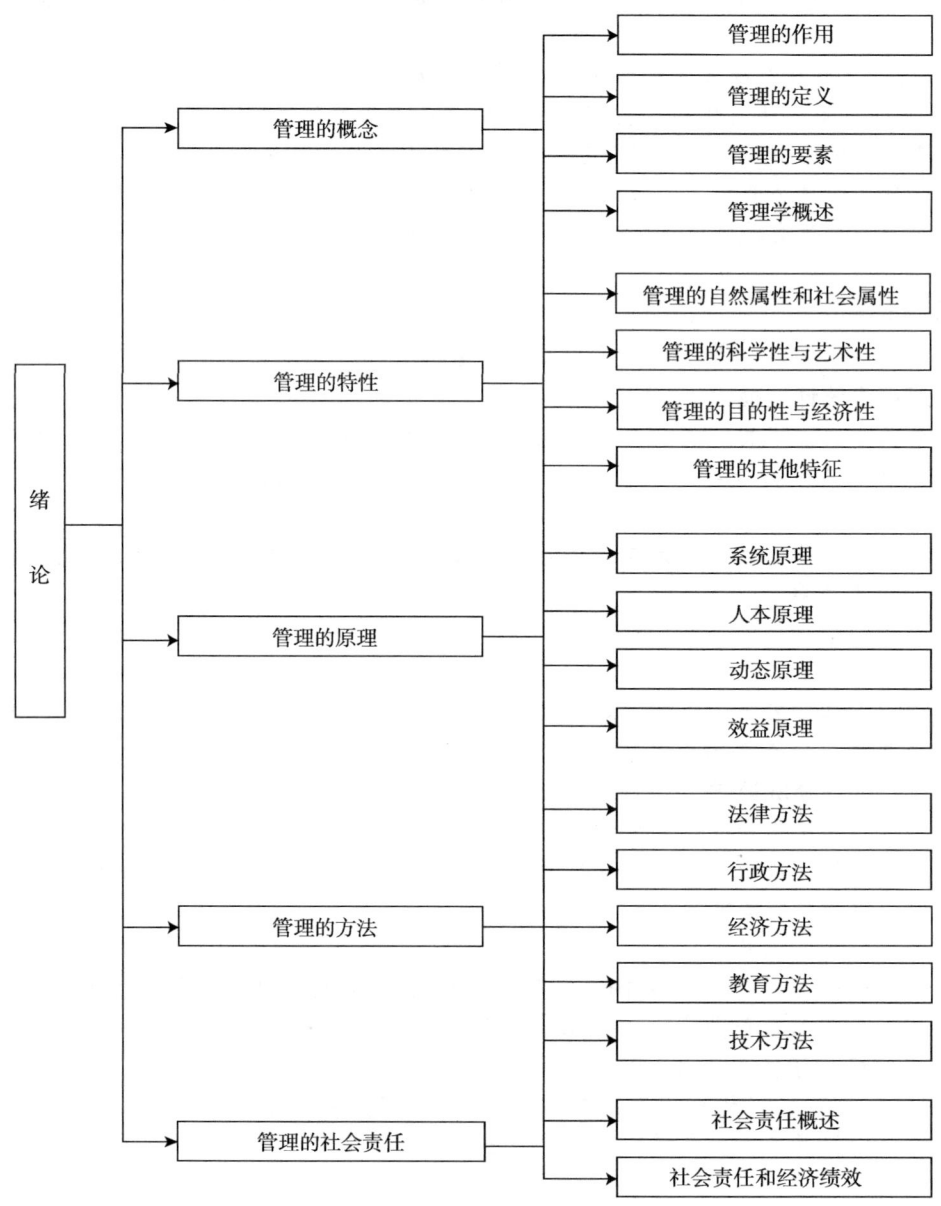

图1-14　本章主要内容和知识点

第 2 章

管理思想发展史

今天不同于昨天，明天也不会等同于今天，但是，今天是我们昨天的全部情况的结晶，而且明天的情况也将是如此。

——丹尼尔 A. 雷恩

渔王的儿子

有个渔夫有着一流的捕鱼技术，被人们尊称为"渔王"。然而渔王老的时候非常苦恼，因为他的三个儿子渔技都很平庸。于是他向一个路人诉苦："我真不明白，我捕鱼的技术这么好，我的儿子们为什么这么差？"路人听了他的诉说后问：

"你一直手把手地教他们吗？"

"是的，为了让他们得到一流的捕鱼技术，我教得很仔细、很耐心。"

"他们一直跟随着你吗？"

"是的，为了让他们少走弯路，他们一直跟着我学。"

路人说："这样说来，你的错误就很明显了。你只传授给了他们技术，却没传授给他们教训！"

对于管理来说，教训只能从实践中得到，而经验则可以向别人学习。通过管理思想发展史的学习，我们可以了解怎样通过实践来获取经验，以及经验是如何变为知识的。

资料来源：博维咨询. 68 个经典管理小故事[M]. 北京：华夏出版社，2008.

管理思想来源于管理的实践活动。马克思认为：经济基础决定上层建筑，管理思想的产生和发展首先是由生产力的发展和由此带来的生产方式的改变所推动。由此我们可以解释为什么现代管理学诞生于西方，以及为什么产业革命在管理学的发展史中起到了至关重要的作用。著名管理史学家丹尼尔 A. 雷恩认为管理思想的发展和演变离不开其所处的文化环境，即一个社会的经济、政治和社会制度以及文化价值准则。正因为如此，东西方的管理思想表现出了不同形态、特征和发展路径。

在管理学的发展和演变过程中，有两种趋势贯穿始终。第一种趋势是科学化、理性化的趋势，从泰勒的科学管理理论（甚至可以追溯到查尔斯·巴贝奇的管理思想）到管理理论丛林中的决策理论学派和系统理论学派，直至今天管理科学的蓬勃发展，都是这一趋势一脉相承的结果。第二种趋势是人性化的趋势，从欧文的乌托邦试验开始，到霍桑试验和梅奥的人群关系理论的建立，直至今天，行为科学的研究已成为当代管理学的主流。对于管理思想史的学习，需要对这两种趋势有比较清醒的把握。

要研究现代的管理,就要首先从把握管理的历史开始。了解了管理从何而来,我们才会知道它要到哪里去。

2.1 早期管理思想

自从有了人类历史就有了管理活动。原始人在狩猎活动中,单个人很难扑杀一头大型野兽,而一群人通过分工与合作相互配合来组织狩猎活动,成功的概率就大得多。这种有组织的狩猎就包含了最初的管理活动。管理思想是随着生产力的发展,社会文化的不断进步而逐步发展起来的。东西方的文化由于在社会制度、政治思想和伦理道德等方面的差异而沿着不同的轨道发展,由此造成了管理思想的发展也各自遵循不同的发展轨迹。西方的管理思想起源于古代埃及和希腊文明,而现代管理思想的诞生则是在产业革命之后,随着古典管理理论的形成而发展起来,并逐步形成了一门独立的学科。中国传统文化中同样包含了丰富的管理思想,充分发掘传统文化中的管理思想不仅有利于补充和丰富现代管理思想,而且有利于中国企业在充分了解文化背景和文化传统的基础上,更好地利用现代管理思想指导管理实践。

2.1.1 西方早期的管理思想

西方文化起源于埃及、巴比伦、希腊、罗马等文明古国。在公元前5000年左右,古代埃及人开始建造世界七大奇迹之一的金字塔。据考证胡夫大金字塔的建造共动用了10万人力,费时20年才得以建成。完成这样巨大的工程包含了大量的组织管理工作,例如,组织人力进行计划与设计,在没有先进运输工具的条件下,组织搬运,人力的合理分工等。这些工作不但需要技术方面的知识,更重要的是要有许多管理经验。

在公元前18世纪,古巴比伦国王汉谟拉比颁布了一部法典,全文共有282条,它是处理贸易、人的行为、人与人之间的关系、工资、惩罚和其他许多社会问题的依据。比如,法律第104条是历史上第一次涉及会计和处理收入问题的法律规定。而另一条法律则涉及消费者权利的保护,它规定:如果营造商为某人建造一所房屋,由于它建造得不牢固,结果房屋倒塌了,并使房主身亡,那么这位营造商将被处死。

古希腊伟大的哲学家亚里士多德在他的《政治论》中提出了有关管理和组织的许多见解:

(1) 论劳动的专业化:"劳动者的注意力专注于工作而不是分散于工作时,各种工作便可做得更好。"

(2) 论部门分工:"每一办公室都应当具有特定职能。"

(3) 论权力集中化、分散化及代表制:"我们也应当知道,一些法庭对哪些事务具有司法权,哪些权力应当集中化。"

(4) 论协作:"整体当然高于部分。"

(5) 论领导:"未曾学会服从者,不可能成为好指挥官。"

亚里士多德的思想为文艺复兴和理性时代奠定了思想基础,也为科学管理的诞生奠定了思想基础。

另一位希腊学者色诺芬论述了劳动分工的优越性:"……在有些地方,一个人甚至仅仅靠缝鞋谋生,另一个人靠剪鞋样,而另一个人靠缝鞋帮,与此同时还有一个人不干上述任何一样活计,而是把各个部分缝在一起,他们都能谋生。这就是说……一个人专心致志做一种高度专业化的工作,那么它肯定能把工作做得最好。"

在15世纪的意大利,著名思想家马基雅维里在他的名著《君主论》中阐述了许多管理思想，其中影响最大的是他提出的领导四原则：

（1）领导者必须得到群众的拥护；

（2）领导者必须维护组织内部的凝聚力；

（3）领导者必须具有坚强的生存意志；

（4）领导者必须具有崇高的品德和非凡的能力。

马基雅维里的领导四原则是对当时出色领导者所具备品质和条件的概括与总结，这同现代管理学中的领导者特性理论的基本原理是相通的。

在18世纪60年代以后，西方国家开始进行产业革命。这场革命是以手工业为基础的工场作坊向采用机器的资本主义工厂制度过渡。产业革命的结果是机器动力代替部分人力，从而机器大生产和工厂制度普遍出现。随着产业革命以及工厂制度的发展，工厂和公司的管理问题越来越突出：这些工厂需要预测需求，保证有足够的原料供应；向工人分派任务，指挥每天的生产活动；协调各种活动，保证机器正常运转和保证产品质量；以及为产品寻找市场等。特别地，在家庭手工业中人们很少关心效率，而在大生产条件下，面临按期支付工人工资的压力，如何使工人满负荷工作就变得非常重要了。于是，管理中的计划、组织、领导和控制等职能就成为必不可少的了。另外，机械力的使用、大批量生产、欧美国家迅速扩展的铁路系统所带来的运输成本的降低等，也促进了大公司的发展，因此对规范的管理理论的需求也应运而生。

在产业革命时期，最早对经济管理思想进行系统论述的学者是英国的经济学家亚当·斯密。他在1776年出版了《国富论》一书，系统阐述了劳动价值理论和劳动分工理论。亚当·斯密在分析增进"劳动生产力"的因素时特别强调了劳动分工的作用。他对比了一些手工制造业实行分工前后的变化，他以制针业为例：如果一名工人没有受过专门训练，工作一天也难以制造出一枚针，但如果把制针程序分成若干步骤，每一步骤都变成一项专门的工作。一个人专门负责抽线，一个人专门负责拉直，一个人专门负责剪切，一个人专门负责磨尖，一个人专门负责穿孔。这样一来平均每人每天可以生产出4 800根针，生产效率提高了成千上万倍。亚当·斯密通过研究认为：劳动分工之所以能够大幅度提高生产率，是因为它提高了每个工人的技巧和熟练程度，节约了由于变换工作而浪费的时间以及有利于机器的发明和应用。亚当·斯密对于劳动分工的系统分析和论述对于现代管理学中工作专业化原理的产生奠定了理论基础。

在产业革命后期，英国数学家、科学家查尔斯·巴贝奇发展了亚当·斯密的论点，提出了许多关于生产组织机构和工业企业管理方面的问题。1832年，巴贝奇在《论机器和制造业的经济》一书中系统阐述了自己的思想。巴贝奇对制针业进行了调查，他把制针的生产过程划分为七个基本操作工序，并按照工序的复杂程度和劳动强度雇用不同的工人，支付不同的工资。巴贝奇进一步分析了劳动分工是生产效率提高的原因，他认为劳动分工可提高效率的原因是：

（1）节省了学习所需要的时间；

（2）节省了学习期间所消耗的材料；

（3）节省了工序转换的时间；

（4）节省了改变和挑选工具所需时间；

（5）重复操作使肌肉得到锻炼；

（6）重复操作使技术更熟练；

（7）注意力集中便于改进机器和工具。

在亚当·斯密和巴贝奇系统阐述了劳动分工的理论后，在生产过程中进行劳动分工的做法有了迅速发展，到了 20 世纪，大量流水生产线的形成，使劳动分工的主张得到充分的体现。

巴贝奇认为工人同工厂主之间存在利益共同点，因此他提倡利润分配制度，即工人可以按照所做出的贡献分到工厂利润的一部分。他认为工人的收入应该由三部分组成：

（1）按照工作性质所确定的固定工资；

（2）按照生产效率及所做贡献分得的利润；

（3）为提高劳动效率所提出建议所应给予的奖励。

提出按照生产效率的不同来确定报酬的制度是巴贝奇的重要贡献。巴贝奇研究了制造业管理的各个方面，他提出的许多原则不但适用于制造业企业，也适用于其他类型的组织。

产业革命时期的著名管理学者还有英国的空想社会主义者罗伯特·欧文，他首先提出了要重视管理过程中的人的因素。欧文指出把钱花在提高劳动力素质上是企业经理最好的投资，他认为关心雇员既能够为管理当局带来利润，同时又能减轻人们的痛苦。早在 1825 年，欧文就提出应该在法律上规定工作日时间，制定童工法，普及教育，由公司提供工作餐，以及企业参与社区发展计划。欧文为此进行了一系列的乌托邦式的改革试验，这些试验大多数并不成功，但是，欧文所提出的管理过程中的人的问题在 100 年后成为管理学研究的焦点问题，很多人认为欧文是人事管理的创始人。

2.1.2　中国传统的管理思想

中国是世界四大文明古国之一。到公元前约 17 世纪的商朝，中国已经形成了组织严密的奴隶制国家组织，出现了从中央到地方、高度集权、等级森严的金字塔形权力结构。公元前 200 多年，秦朝形成了与现代中国国土相近的统一国家，在以后 2 000 多年的历史中，历代统治者通过不同的方式进行着控制和管理。历史给我们留下了有关管理国家、巩固政权、统帅军队、治理经济、安定社会等方面极为丰富的经验和理论，其中也包含着大量的独特的管理思想。中国传统管理思想在中国传统文化中的哲学、历史、文学等方面都有不同程度的体现，其中先秦的诸子百家学说最有代表性，其中的儒家、道家、法家等的主要观点和思想不仅极大影响了中国后代的学术和文化，其中也包含了中国传统管理思想的精华。

1. 儒家中的管理思想

中国儒家思想是中国传统文化的主流，《汉书》将其列为"九流"之首。孔子于春秋晚期创建了以"道德仁义"为宗旨，以"礼乐正名"为特色的思想体系，使得儒家成为一个独立的思想学派。伴随着几千年的中国历史，儒家思想一直在进行着漫长的自我丰富与自我完善。战国时期，儒家思想重要的有孟子和荀子两派，孟子代表了儒家理想主义一派，荀子代表了儒家现实主义一派。汉武帝的"罢黜百家，独尊儒术"为儒家学说取得了正统地位，此后儒学思想又在各种不同的历史环境中与其他的各种思想相融合演绎出各种不同的学说来。

儒家所追求的理想社会是一个安定、和谐和统一的太平盛世，从孔子的天下归仁，"四海之内皆兄弟"，孟子的政治清明、君民同乐到荀子的上下协调，"四海之内若一家"等，无不勾画出一幅社会稳定和谐的美好蓝图。为了达到这样的目标，儒家提倡在"人性可塑"的基础上，以修己之学的"仁"、治人之学的"礼"为支柱，以"中庸"为实践方法，以"和"为总则，通过修己安人达到内圣外王的社会实践。

作为一门经世致用的学问，儒家思想对于企业管理的理论和实践方面有很多的启示。首先，儒家的人本、民本思想，肯定天地之间人为贵、民为本就是肯定了个体的生存权和发展权。这种以人为本的管理原则正是现代知识型员工管理的根本宗旨。其次，儒家的太和理论对于企业和谐环境的建立有着重要意义。当代中国企业的可持续发展，需要营造和谐的社会环境、和谐的企业内部环境。而儒家的和谐价值观，以天人合一为最高境界，倡导人与自然、人与社会、人与人的和谐相处。这为企业和谐生态的建立提供了一种有建设意义的解决方案。另外，儒家互利的处世观为企业伦理建设提供了新的视角，儒家选贤任贤的人才测评系统，权变中庸的管理模式，"德、礼、政、刑"的行为规范等都可以很好地运用于现代企业管理中。

2. 道家中的管理思想

道家起源于老子，战国时期，在隐士杨朱等人思想的基础上，老子所著的《道德经》标志了道家学派的面世。战国中晚期，庄子继承并发挥了老子的思想，他在承认"道"是天地万物本源的基础上，对"道"的非物质性做了更为夸张的描述。西汉前期的黄老学派汲取其他思想流派的合理内容，遵奉讲事功的黄帝学说，丰富和发展了先秦的道家学派。道家的理想世界是一种"小国寡民"的原始自然生活。他们的理想之境像道生化万物又任万物自然生长一样，按照民意办事，而不做万民的主宰。

道家思想的核心是自然的道，强调领导的最高境界是一种返璞归真的自然管理，要求领导者能够以无为来实现有为，以战略上的"退"来获得战术上的"进"，从而实现无边界、无模式的无极管理。道家对中国历史文化的影响不亚于儒家。从制度层面看，在儒家"德治"、"仁政"的外衣下，在道家黄老学说影响下的法家政治理念构建了封建政治体制的骨架。从行为层面看，儒家的"仁义"思想与道家的"以弱制刚"处世方针互为表里，其"道法自然"的治国思想影响了历代统治者，给历朝政体打下了深刻烙印。

3. 法家中的管理思想

法家萌芽于战国前期，发展于战国中期，于秦朝达到全盛。汉武帝"罢黜百家、独尊儒术"后，法家被儒家成功改造，儒法合流。战国初期，魏国的李悝所著《法经》标志着法家学派的诞生。前期法家主要还有吴起、商鞅、申不害、慎到等人。战国晚期，韩非子结合前期法家各流派之长，融会贯通，成为法家学说的集大成者。法家所期望的理想社会是一个高度组织化的社会，这样的社会必须将"社会公德"置于"血亲私德"之上。法家强调"他律"即通过社会的道德规范也包括各种形式的社会监督和惩治机制来治理国家。韩非子认为治理国家应该以道为宗旨，以国家强盛为目标，以"法"为行为标准，以"势"为运行力量，以"术"为操控方法。

法家作为以领导者为主要对象的思想，一方面针对领导者本身心性中的本质、动机及想法，提出了应对策略；另一方面法家则提供被领导者的常情心态，以利于建设有效的管理机制，制定法律、法规，构筑治理蓝图。这两方面展现了法家学者杰出的管理智慧，对于现代管理有着诸多启发。总之，法家的思想以"人性恶"为基础，提出"法治"，并针对人的心理特点，以法、术、势作为三位一体的管理力量，重视组织的管理权威，管理者和被管理者的外在权力因素和约束力，着重于从外部强迫、控制和利用被管理者来实现其管理目标。

4. 兵家的管理思想

兵家是先秦众多思想中的一家，其代表作有《孙子兵法》、《司马法》、《尉缭子》、《六韬》、《吴子》、《孙膑兵法》等，而《孙子兵法》则是其中最著名的代表。春秋战国期间，随着战争规模、形式、经验和技巧的发展，这些军事思想和经验逐渐形成了一个独立的、专门的讲究战胜攻守之道的思想学派——兵家思想。兵家讲"道"、"天"、"地"、"将"、"法"五事，即以普遍联系、相互影响的观点来解决问题，追求"全胜"。孙武提出来的"全胜"，主张重视谋略和人的因素，把军事思想和人的计谋恰当地结合起来，以获取完全彻底的胜利。

兵家思想中有很多颇具智慧的观点和理念不仅可用于军事领域，也可以用于社会生活和企业管理。孙武在《孙子兵法·谋攻篇》中说:"知己知彼,百战不殆;不知彼而知己,一胜一负;不知彼不知己,每战必殆。"这里强调正确的决策首先依据信息情报的掌握程度,其中暗含了现代管理学中讲究信息、博弈,优中选优,科学决策的观点。《孙子兵法·势篇》中说:"凡治众如治寡,分数是也;斗众如斗寡,形名是也。"从企业管理的角度看,这是强调了科学设置岗位和组织管理体系,建立健全法制和规章制度的重要。《孙子兵法·始计篇》主要讨论谋略、战略问题,对于现代企业而言,战略成为管理成败的首要条件。在国际竞争日益加剧,企业经营环境中的不确定因素不断加大的情况下,企业如何适应环境、降低风险成为管理者需要通盘考虑的战略问题,而兵家的战略思想对企业管理者具有启示和参考价值。

2.2 古典管理理论

东西方早期的管理思想为管理学的诞生奠定了基础。其中,产业革命对管理学的诞生起到了至关重要的作用。一方面,技术变革带来了生产方式的改变,从而催生了现代企业的组织形态,而现代企业对规范管理提出了更高的要求。另一方面,产业革命时期的思想家如亚当·斯密和查尔斯·巴贝奇等人,对管理思想进行了系统论述,为管理学的诞生提供了思想和理论基础,尤其是查尔斯·巴贝奇的管理思想已经具备了现代管理学的一些基本特征。而理论界公认的,管理学理论的比较系统的建立是在19世纪末20世纪初。这一阶段所形成的管理理论称为"古典管理理论",其中有代表性的是泰勒的科学管理理论、法约尔的一般管理理论和韦伯的行政组织理论。古典管理理论的出现代表了现代管理学体系的初步形成。

2.2.1 泰勒的科学管理理论

弗雷德里克·温斯洛·泰勒(Frederick Winslow Taylor)1856年生于费城的一个律师家庭。他18岁通过了哈佛法学院的入学考试,但因为健康原因没有入学,之后到费城恩特普里斯水压工厂去当学徒,4年后到米德维尔钢铁公司,当过技工、工长、总技师,28岁升任企业的总工程师。泰勒30岁参加美国机械工程师协会,40岁被选为该协会主席。泰勒42岁独立开业,从事工厂管理咨询工作,1910年,泰勒首次使用"科学管理"名称。1915年,泰勒逝世,其墓碑刻着:"科学管理之父泰勒。"泰勒通过一系列的试验和调查研究,在深入分析和总结19世纪美英等国管理实践的基础上,提出了科学管理理论。泰勒在管理方面的著作有:《计件工资制》(1895年)、《工场管理》(1903年)、《科学管理原理》(1911年)、《在美国国会的证词》(1912年)。

1. 科学管理理论的要点

泰勒所创立的科学管理理论有以下主要观点:

(1)科学管理的根本目的是谋求最高工作效率。最高工作效率是共同富裕的基础,没有雇员的富裕,雇主的富裕是不长久的。

(2)达到最高工作效率的重要手段,是用科学的管理方法代替经验管理。管理是一门科学,提高管理效率的途径是使管理标准化、制度化、科学化。

(3)实施科学管理的关键是劳资双方进行一场精神革命。劳资双方应变革思想,变对抗为友好合作、互相帮助,通过协作共同努力提高生产效率。

2. "泰勒制"的主要内容

泰勒把以上思想观点用于管理实践中,形成了一整套制度和方法——"泰勒制","泰勒制"的主要内容如下:

（1）对工人提出科学的操作方法，以便有效利用工时，提高工效。泰勒认为为了发掘工人劳动潜力，就要制定出有科学依据的工作量定额。为此应该进行时间和动作研究，研究工人工作时动作的合理性，去掉多余的动作，改善必要动作，并规定完成每一单位操作的标准时间，从而制定出劳动时间定额。在伯利恒钢铁公司进行时间和动作研究时，泰勒进行了著名的"生铁试验"。当时有一项搬运铁块的工作，工作量很大，当时平均每人每天只能搬运12.5吨的铁块。泰勒在助手的帮助下对这项工作进行了认真的观察、分析和研究，重新确定了工作的时间和程序。泰勒的助手挑选了一名叫施米特的工人进行试验，施米特在泰勒助手的指挥下工作，搬起铁块、行走、放下铁块、休息等都严格按照流程要求。一天下来，施米特搬运了47吨铁块，以后每天施米特都能搬运47吨，泰勒就把这项工作的标准工作量定额确定为47吨，并使工人的工资也有了很大提高。

（2）对工人进行科学的选择、培训和晋升。泰勒主张改变过去工人挑选工作的传统做法，而是采用以工作挑选工人，每个岗位上都挑选"头等工人"，以确保工作效率。"头等工人"的标准是：首先工人要积极努力工作，其次工人的能力与其从事的工作相适合。要根据工人的能力和天赋把他们分派到最适合的岗位上去，还要对他们进行培训，教会他们科学的工作方法，激发他们的劳动热情。

（3）制定科学的工艺规程，使工具、机器、材料标准化，并对作业环境标准化，用文件形式固定下来。在对标准化进行研究的过程中，泰勒进行了另一个著名实验——"铁锹试验"。当时伯利恒钢铁公司的铲运工人上班都是自己带铲子，而且铲子的大小、规格差别很大。泰勒认为这种做法是不合理的。泰勒对此进行了研究，发现对于一流的铲工，每一锹的载荷为21磅时，工人的劳动效率是最高的。为使每锹载荷大体上都不少于或多于这一标准，泰勒提出应准备10~15种大小规格不同的铁锹，铲运的物料是铁矿石就用小锹，物料是煤屑就用大锹。这种对工具进行标准化的做法大大提高了工作效率。

（4）实行具有激励性的计件工资报酬制度。泰勒在米德维尔钢铁公司任工长的时候，发现工人在工作中存在的最大弊端是"磨洋工"：工人一般只干正常工作量的1/3~1/2。泰勒认为工人磨洋工的原因是：①人的懒惰的天性引起的"无意磨洋工"；②错综复杂关系和重重顾虑引起的"有意磨洋工"。泰勒认为磨洋工现象的存在应该责怪管理部门，而不应该由工人负责，管理工作就是要设计好工作，并提出适当的激励办法，以克服磨洋工现象。

泰勒认为工人磨洋工的原因之一是企业报酬制度不合理，泰勒在分析了原有的报酬制度后认为，要在科学地制定劳动定额的基础上，采用差别计件工资制度。其具体做法是：对完成和超额完成定额的工人以较高的工资率计件支付工资；对完不成定额的工人，则按较低的工资率支付工资。泰勒认为这种工资制度会大大提高工人们的劳动积极性，雇主的支出虽然有所增加，但利润提高的幅度要大于工资提高的幅度，所以对于雇主和工人来说都是有利的。

（5）管理和劳动分离。泰勒认为应该采用科学的工作方法取代经验工作方法，工人凭经验很难找到科学的工作方法，所以应该把管理工作和技术工作分离开来，把计划同执行分离开来。计划由管理者负责，管理者应在实验和研究的基础上确定标准的操作方法和工具设备，执行由工长和工人负责，严格执行管理者提出的计划措施和工作方法并努力提高工作效率。

科学管理不仅仅是将科学化、标准化引入管理，更重要的是泰勒所倡导的精神革命，这是实施科学管理的核心问题。许多人认为雇主和雇员的根本利益是对立的，而泰勒所提的科学管理却恰恰相反，它相信双方的利益是一致的。正像1912年泰勒在美国众议院特别委员会听证会上所做的证词中强调的，科学管理是一场重大的精神变革，每个人都要对工作、对同事建立起责任观念，每个人都要有很强的敬业心和事业心。这样雇主和雇员都把注意力从利润分配转移到增加利润数量上来。当双方友好合作，互相帮助以代替对抗和斗争时，通过双方共同的努力，就能够生产出比过去更大的利润来，从而使雇员提高工资，获得较高的满意度，使雇主的利润增加起来，使企业规模扩大。

3. 泰勒的追随者

泰勒的追随者和同行也对科学管理做出了重要的贡献，其中最著名的是亨利·甘特、亨利·福特和吉尔布雷斯夫妇。

亨利·甘特用图表进行计划和控制的做法是当时管理思想的一次革命。从一张事先准备的图表上，管理部门可以看到计划执行的进展情况，并可以采取一切必要行动使计划能按时或在预期的许可范围内完成。甘特根据这个思想设计的甘特图现在还常用于编制进度计划。

亨利·福特在泰勒的单工序动作研究基础之上，进一步对如何提高整个生产过程的效率进行了研究。他充分考虑了大量生产的优点，规定了各个工序的标准时间定额，使整个生产过程在时间上协调起来，创建了第一条流水生产线——福特汽车流水生产线，使成本明显降低。同时，福特进行了多方面的标准化工作，包括在产品系列化，零件规格化，工厂专业化，机器、工具专业化，作业专门化等。

吉尔布雷斯夫妇最著名的研究成果是关于"动作研究"的成果，他们开始是在建筑行业分析研究用哪种姿势砌砖效率高，经过研究制定出了一套标准的砌砖作业法。吉尔布雷思夫妇在动作研究中主要采用观察、记录并分析的方法。为了分析和改进工人完成一项任务所进行的动作和顺序，他们率先将摄影技术用于记录和分析工人所用的各种动作。吉尔布雷思夫妇为了记录各种生产程序和流程模式，制定了生产程序图和流程图，这两种图至今还都被广泛应用，他们还制定了人事工作中的卡片制度——这是现行工作绩效评价制度的先驱。

4. 对科学管理理论的评价

泰勒及其追随者与同行的理论和实践构成了泰勒制，人们称以泰勒为代表的学派为科学管理学派。科学管理理论的贡献主要有两方面：

（1）科学管理理论冲破了传统经验管理办法，将科学引入管理领域，创立了一套具体的管理理念、制度和措施——泰勒制。科学管理理论的出现标志着现代管理学的诞生，科学管理的实践活动极大地提高了生产效率，推动了社会生产力的发展。

（2）在具体的管理实践中，科学管理努力改进管理方法和操作程序，创造和发展了一系列有助于提高生产效率的技术和方法，如时间和动作研究技术、差别计件工资制等。这些技术和方法不仅是过去也是现代合理组织生产的基础。

泰勒的科学管理理论在推动管理学发展和进步的同时，也存在自身的局限性：

（1）科学管理理论的人性假设基础是"经济人"假设，即认为工人的主要工作动机是金钱收入，在某种程度上忽视了工人的情感、态度、人际交往等社会因素对生产效率的影响。

（2）泰勒的科学管理研究主要集中在管理的微观层面，即围绕工人的工作效率的提高，解决生产现场的操作、监督和控制等问题，而对于管理的宏观问题基本没有涉及。

2.2.2 法约尔的一般管理理论

亨利·法约尔（Henry Fayol）出生于1841年，1860年从法国圣埃蒂安国立矿业学院毕业，作为矿业工程师进入高芒特里——福尔尚布采矿冶金公司，而后在该公司被任命为部门经理和总经理。1918年他成立了一个管理科学研究中心专门从事对管理方面的研究，直到1925年去世。法约尔在管理学上的主要贡献是创建了"一般管理理论"，对管理学的发展产生了巨大的影响。法约尔的主要著作有《工业管理与一般管理》、《公共精神的觉醒》等。

法约尔的一般管理理论的主要内容包括以下几方面。

1. 企业经营活动的类别

法约尔区别了经营和管理，认为这是两个不同的概念，经营是引导一个组织趋向于一个目标，管理包括在经营之中。经营包含六种活动：

（1）技术活动：包括设计、制造等；

（2）商业活动：包括采购、销售和交换等；

（3）财务活动：包括资金的获取、使用与控制等；

（4）安全活动：包括人员与设备的保护等；

（5）会计活动：包括账目的记录、成本的统计与核算等；

（6）管理活动：包括计划、组织、指挥、协调、控制等职能。

法约尔指出管理是有别于其他五种活动的，其他五种活动都不负责制定企业的总经营计划，不负责建立社会组织、协调各方面的力量和行动，这些重要职能属于管理的范畴。管理活动处于以上活动的核心地位，即企业本身需要管理，同样，其他五项活动也需要管理。而且，管理职能是具有一般性的，是适用于工商企业、政府甚至家庭中所有涉及人的管理的一种共同活动。法约尔还分析了处于不同管理层次的管理者各种能力的相对要求，随着企业由小到大、职位由低到高，管理能力在管理者必要能力中的相对重要性不断增加，而其他诸如技术、商业、财务、安全、会计等能力的重要性则会相对下降。

2. 管理的五大职能

法约尔在对管理过程进行分析的基础上，创造性地把管理活动划分为计划、组织、指挥、协调和控制五大职能。

（1）计划。计划就是预测企业未来的各种事态，并根据企业自身的资源和业务性质确定企业的目标和达到目标的步骤，规划企业发展的方向和脉络。

（2）组织。组织就是对企业计划执行所作的分工，确定执行工作任务和管理职能的机构，由管理机构进一步确定完成任务所必需的物质和人员。

（3）指挥。指挥就是对下属的活动进行指导，使企业的各项活动互相协调配合，以确保计划被合理的执行，产生高的效率。

（4）协调。协调就是联合、调动企业各部门和所有员工的活动，使其为完成企业共同的目标而努力。

（5）控制。控制就是确保实际工作进程和计划的完成情况都按已制定的规章和下达的命令进行。

法约尔认为管理的五大职能并不是组织领导人个人的责任，它同企业的其他五项活动一样是一种分配于领导人与组织成员之间的职能。另外法约尔还强调，不要把管理同领导混同起来。领导是寻求从企业有用的资源中获得尽可能大的利益，引导企业达到目标，保证企业六类活动顺利进行的高层次工作。法约尔关于管理的五大职能的思想已成为认识管理职能和管理过程的一般性框架。

3. 管理的基本原则

法约尔提出了管理的14条基本原则，这些原则至今仍有重要的实践指导意义。但他强调指出，这些原则是灵活的而不是死板的和绝对的，管理的实质在于懂得如何运用它们。管理是一门艺术，必须考虑各种可变因素的影响，管理需要智慧、经验、判断和注意尺度。

（1）分工。劳动专业化是组织发展的必要手段，由于减少了每个工人所需掌握的工作项目，所以能提高工作效率。劳动的专业化使实行大规模生产和降低成本成为可能，同时每个工人工作范围的缩小，也使工人的培训费用大为减少。

（2）权力与责任。权力和责任是互为依存、互为因果的。权力是"指挥他人的权和促使他人服从的力"，而责任是随着权力而来的奖罚。法约尔将管理人员职位权力和个人权力进行了区分，职位权力是由个人职位的高低而来，任何人只要担任了某一职位，就必然拥有某种职位权力。而个人权力则是由于个人的智慧、知识、品德等个性因素形成的。一个优秀的领导者必须兼有职位权力和个人权力。

（3）纪律。纪律是在协商基础上员工对企业的服从。纪律是领导者创造的，不良的纪律来自不良的领导。高层领导人和下属一样必须接受纪律的约束。制定和维护纪律最有效的方法是各级都要有好的领导，尽可能有明确而公平的协定，并要合理地执行惩罚。

（4）统一指挥。一个员工在任何活动中只应接受一位上级的命令，违背这个原则就会形成双重或多重指挥，这就会使权力和纪律遭到破坏。

（5）统一领导。凡是具有同一目标的全部活动，仅应有一个领导人和一套计划。只有这样，资源的应用与协调才能指向实现同一目标。

（6）个人利益服从整体利益。整体利益大于个人利益的总和。一个组织谋求实现总目标比实现个人目标更为重要，协调二者的关键是领导者要坚定并做出良好的榜样。

（7）合理报酬。薪酬制度应当公平，对工作成绩优秀者应给予奖励，但奖励应以能够激发员工的工作热情为限，否则将会出现副作用。任何工资制度都无法取代优良的管理。

（8）集权。集权就是降低下级的作用。集权的程度应视管理人员的个性、道德品质、下级人员的可靠性以及企业的规模、条件等情况而定。

（9）指挥链。指挥链是从组织最高层到最下层所形成的等级结构，它是一条权力链条，用以贯彻执行统一的命令和保证信息传递的渠道畅通。

（10）秩序。秩序是指"凡事各有其位"，这一原则既适用于物质资源也适用于人员。合理的秩序是按照事物的内在联系确定的，良好的秩序不仅依赖于有效的组织，也有赖于审慎的选人。

（11）公平。公平就是以亲切、友好、公正的态度严格执行规章制度。员工受到公平的对待后，会以忠诚和献身的精神去完成任务。

（12）保持人员稳定。一个人要有效、熟练地完成工作需要相当长的时间，领导工作更是如此，因此一个成功的企业其人员必须是稳定的。任何组织都有必要鼓励员工做长期的服务。

（13）首创精神。首创精神是企业发展前进的原动力，是市场竞争的必然要求。对于企业来说，不仅领导者要有首创精神，还要使全体员工发挥其首创精神，这对于整个组织来说将是一种巨大的动力。

（14）团结。企业应追求其内部的和谐气氛和团结习惯，团结才会产生力量，缺乏团结，就失去了企业发展的向心力，最终会一事无成。

4. 对法约尔一般管理理论的评价

法约尔的一般管理理论是西方古典思想的重要代表，后来成为管理过程学派的理论基础，也是以后各种管理理论和管理实践的重要依据，对管理理论的发展和企业管理的历程均有着深刻的影响。法约尔一般管理思想的系统性和理论性强，对管理五大职能的分析为管理科学提供了一套科学的理论构架，来源于长期实践经验的管理原则给实际管理人员巨大的帮助，在企业经营乃至社会生活的各方面发挥着重要作用。

当然，随着时代的变迁，法约尔所提出的管理原则的现实基础已经发生了很大的变化，这些管理原则的内涵应该根据不同的对象和环境而调整，在实际应用中应体现出一定的灵活性和弹性。

2.3 行为科学阶段

到 20 世纪 20 年代,管理学家们感到不考虑管理中的人的因素和处理好人际关系就难以实行有效的管理。以泰勒的科学管理学说为代表的古典管理理论在管理中过于强调物质因素作用,忽视人的主观能动性的发挥,忽视了人的社会需要。单纯依靠科学设计、奖金刺激、等级分明指挥系统来进行科学的管理不能给组织员工带来持久活力。另一方面,随着经济的发展和科学的进步,有着较高文化水平和技术水平的工人逐渐占据了主导地位,体力劳动也逐渐让位于脑力劳动,单纯用古典管理理论和方法已不能有效控制工人以达到提高生产率和利润的目的,这使得对新的管理思想、管理理论和管理方法的寻求和探索成为必要。与此同时,人的积极性对提高劳动生产率的影响和作用逐渐在生产实践中显示出来,并引起了许多企业管理学者和实业家的重视,但是对其进行专门的、系统的研究,进而形成一种较为完整的全新的管理理论,则始于 20 世纪 20 年代美国哈佛大学心理学家梅奥等人所进行的著名的霍桑试验。

2.3.1 霍桑试验和梅奥的人群关系理论

梅奥(Elton Mayo)1899 年在澳大利亚阿弗雷德大学取得逻辑学和哲学硕士学位,之后在苏格兰爱丁堡研究精神病理学。后赴美国,在宾夕法尼亚大学沃顿商学院任教。1926 年,他进入哈佛大学商学院专门从事工业管理研究。1927 年,梅奥应邀参加开始于 1924 年但中途遇到困难的霍桑试验。

1. 霍桑试验及其主要内容

霍桑试验的初衷是试图通过改善工作条件与环境等外在因素,找到提高劳动生产率的途径,从 1924 年到 1932 年,先后进行了四个阶段的实验:照明试验、继电器装配室试验、大规模访问与调查阶段和接线板接线工作室试验。

(1) 照明试验(1924~1927 年)。照明试验的目的是研究照明情况对生产效率的影响。在试验中,专家选择了两个工作小组,一个是试验组,另一个是控制组。试验组在不同照明强度下工作,控制组照明度维持不变。试验的结果是照明度变化对生产率几乎没有影响。

(2) 继电器装配室试验(1927 年 8 月~1928 年 4 月)。1927 年在梅奥的领导下,由人类学家、生理学家、统计学家和西方电气公司劳动人事部门管理人员组成的工作小组重新对试验进行了设计。试验中分期改善工作条件,如改进材料供应方式、增加工间休息、供应午餐和茶点、缩短工作时间、实行集体计件工资制等,分别研究这些因素的变化对生产效率的影响。试验的结论是:生产率与工作条件没有直接联系,监督和指导方式的改善能促使工人改变工作态度、增加产量。这成为霍桑试验的一个转折点。

(3) 大规模访问与调查阶段(1928~1931 年)。在这一阶段的试验中,开始时对工人进行"问答式访谈",后来改为"无指示性访谈",工人自由发表意见和看法。两年中先后进行自由访谈两万多人次,工人们在访谈中可自由发泄胸中闷气或对公司管理提出改进建议。试验的结论是:工人工作效率的高低受到同事的影响,影响生产率的最重要因素是工作中的人际关系,而不是报酬和工作环境。

(4) 接线板接线工作室试验(1931~1932 年)。在这一阶段,研究人员选择接线板接线工作室作为研究对象,对其中工作的员工的行为和工作效率进行了长达 6 个月的持续跟踪观察。试验发现工作室中存在派系,每一派系都有自己的行为规范,派系中的大部分成员都会有意识限制自己的产量,否则就会受到冷遇和排斥,试验还发现工人对不同的上级有着不同的态度。

霍桑试验前后进行了八年，获得了大量的第一手资料，霍桑试验的研究结果表明了工人不是被动的、孤立的个体，他们的行为不仅仅受工资的刺激，影响生产效率的最重要因素不是待遇和工作条件，而是工作中的人际关系。霍桑试验的研究为人际关系理论的形成和后来行为科学的发展奠定了基础。

2. 人群关系理论及其主要思想

在霍桑试验的基础上，梅奥于1933年和1945年先后发表了《工业文明的人类问题》和《工业文明的社会问题》两本书，提出了人群关系理论的基本思想，其主要观点如下。

（1）工人是"社会人"而不是"经济人"。梅奥认为，人们的行为并不单纯出自追求金钱的动机，还有社会方面的、心理方面的需要，即追求人与人之间的友情、安全感、归属感和受人尊敬等，而后者更为重要。因此，不能单纯从技术和物质条件着眼，而必须首先从社会心理方面考虑组织的管理。

（2）企业中存在着非正式组织。企业中除了存在着古典管理理论所研究的为了实现企业目标而明确规定各成员相互关系和职责范围的正式组织之外，还存在着非正式组织。这种非正式组织的作用在于维护其成员的共同利益，使之免受其内部个别成员的疏忽或外部人员的干涉所造成的损失。为此非正式组织中有自己的核心人物和领袖，有大家共同遵循的观念、价值标准、行为准则和道德规范等。梅奥指出，非正式组织与正式组织有重大差别，在正式组织中，以效率逻辑为其行为规范，而在非正式组织中，则以感情逻辑为其行为规范，如果管理人员只是根据效率逻辑来管理，而忽略工人的感情逻辑，必然会引起冲突，影响企业生产率的提高和目标的实现。因此，管理当局必须重视非正式组织的作用，注意在正式组织效率逻辑与非正式组织的感情逻辑之间保持平衡，以便管理人员与工人之间能够充分协作。

（3）企业应采取的新的领导方法。在决定劳动生产率的诸因素中，置于首位的因素是工人的满意度，而生产条件、工资报酬只是第二位的。员工的满意度越高，其士气就越高，从而产生效率就越高。高的满意度来源于工人个人需求的有效满足，不仅包括物质需求，还包括精神需求。

3. 对人群关系理论的评价

古典管理理论主要从科学和理性的角度研究管理，梅奥的人群关系理论则从人的行为和人际关系的角度研究管理，克服了古典管理理论的不足，也为管理思想的发展开辟了不同的领域和研究方法，从而导致了管理学研究的重大变革，其影响是革命性的。

另一方面，霍桑试验和人群关系理论的研究成果也遭到了一些质疑和非议。其中一类质疑集中于霍桑试验，如试验本身是否改变了参与对象的行为、试验结果是否具有可推广的普遍意义等。另一类质疑则是针对人群关系理论的，认为人群关系理论的结论过分强调了情感和非正式组织等因素的作用，而弱化了经济报酬、工作条件和环境等因素对人的行为的影响。

2.3.2 行为科学的发展

以霍桑试验为基础所提出的人群关系理论是行为科学的早期思想，而之后的行为科学在强调重视人的行为和人际关系的基础上，进一步研究了人的行为规律，并强调要找出产生不同行为的影响因素，探讨如何控制人的行为以达到组织的预定目标。其中有影响的代表人物及其学说包括：马斯洛的需要层次理论、赫茨伯格的双因素理论、麦格雷戈的X理论-Y理论等。

美国心理学家马斯洛于1954年在《动机与人格》一书中提出了需要层次理论。该理论认为人类需要由低到高分为：生理需要、安全需要、社交需要、尊重需要和自我实现需要五个层次，只有较低层次的需要满足之后，更高层次的需要才会出现并影响人的行为，当前主导人的行为的是尚未满足的最低层次的需要。马斯洛的需要层次理论是关于人类需要与动机的最有影响的理论，成为激励理论的基础。

美国心理学家赫茨伯格于1959年在《工作与激励》一书中提出了双因素理论。该理论把与激励相关的因素分为保健因素和激励因素两类。保健因素包括工资、工作安全、工作条件、地位、与同事的关系等，这类因素与工作环境相关，保健因素低于某一水平就会引起员工的不满，当这类因素改善时，员工的不满消除，但不会起到激励作用。激励因素包括工作的成就感、受到重视、提升、工作本身的性质、个人发展的可能性等，这类因素的改善可以起到明显的激励作用。赫茨伯格的双因素理论作为一种激励模式理论，自诞生以来产生了巨大的影响。

美国麻省理工学院教授麦格雷戈在1957年发表的《企业的人性面》一书中提出了X理论-Y理论。该理论提出管理者对员工的看法是基于两种不同的人性假设"X理论"和"Y理论"。X理论认为一般人都好逸恶劳，尽可能逃避工作，胸无大志，易受人影响，逃避责任。基于这种对人性的判断，管理者应对员工采取金钱诱惑加上强制、惩罚、解雇等手段来迫使他们工作。与X理论相反，Y理论认为人并不懒惰，人们在正常情况下愿意承担责任并热衷于发挥自己的才能和创造力，人的智慧和潜能通常只得到了部分发挥。根据Y理论，管理者应创造一个能多方面满足员工需要的环境，使人们的智慧、能力得以充分的发挥。麦格雷戈认为Y理论是更符合人的特性和行为动机的人性假设。

除了上述理论之外有影响的行为科学理论还包括弗洛姆的期望理论、亚当斯的公平理论、斯金纳的强化理论、布莱克的管理方格理论等。这些研究成果的出现使得行为科学成为管理学中最为活跃的研究领域之一。

2.4 管理理论丛林

20世纪50年代，管理学取得了很大的发展，但是管理学派林立，各抒己见，还没有一套统一的管理理论。美国管理学家哈罗德·孔茨于1961年发表了《管理理论的丛林》一文，孔茨在文中指出："在西方，只是到了20世纪，才对管理进行系统的研究。最早的一批著作都是由一些富有实际经验的管理人员写出来的，如泰勒、法约尔等人，可是到了20世纪60年代初期，管理方面的学术著作却如雨后春笋般地出来，带来了众说纷纭、莫衷一是的乱局。……成了各种管理理论和管理学派相互盘根错节的一片丛林。"从此，"管理理论丛林"成为描述这一时期管理学理论发展现状的通常说法。孔茨在《管理理论的丛林》一文中着重分析了当时影响力最大的六个学派，即管理过程学派、经验主义学派、行为科学学派、社会系统学派、决策理论学派和数学（或管理科学）学派。1980年，孔茨又撰写了《再论管理理论的丛林》一文，把管理学派的数量增加为11个。本书简要介绍其中影响较大的七个学派。

2.4.1 管理过程学派

管理过程学派又称管理程序学派，是美国加利福尼亚大学教授孔茨和西里尔·奥唐奈（Cyril O'Donnell）提出的。其代表作为二人合著的《管理学》。

管理过程学派是在法约尔管理思想的基础上发展起来的，法约尔在其名著《工业管理与一般管理》中首先把管理划分为计划、组织、指挥、协调、控制五大职能，形成了管理学界广泛接受的理论框架。孔茨继承了法约尔的思想，并进一步指出：分析管理的最好方法就是将管理划分为若干管理职能，然后围绕这些职能形成基本的概念、原理、原则以及技术等。孔茨划分的五个职能是计划、组织、人事、领导、控制。这与法约尔的五大职能有一些差别，但其基本原则是相通的，即认为管理的职能是普遍的，对各种组织和各层次管理者均适用；认为按管理职能建立起来的理论框架是长期适用的，新的理论、观点和方法均可以纳入这个理论框架之中。

管理过程学派的主要观点是：

（1）把管理看做一种程序和许多相互关联的职能。其中计划是选择目标和实现的手段；组织是设计出一个有一定目标的权责机构，并且承担相应的权责；人事是选拔、考核和培训人员，以便有效承担责任；领导是采取措施激励组织成员，使他们为组织目标服务的同时增进自己的利益；控制是对人们的活动进行监控，及时纠正偏差，以保证计划的实现。

（2）对管理的职能进行逐一分析，归纳出若干原则，对管理活动进行指导。

（3）为管理提供一个统一的思想框架。一些新的管理概念和技术均可纳入这一框架之中。

（4）强调管理职能的共性。任何组织尽管其性质不同，但所应履行的基本管理职能是相同的。

管理过程学派在得到普遍接受的同时也受到一些质疑，如强调管理的理性的同时忽视了管理中的人的因素，所归纳出的管理原则在动态的环境中适用性将受到挑战等。

2.4.2 社会系统学派

切斯特·巴纳德（Chester Barnard）是西方现代管理理论中社会系统学派的创始人。他早年就学于蒙特赫蒙学院，1906～1909年在哈佛大学读完全部经济学课程，因缺少实验学科的学分而未获得学位。后来却由于他在研究企业组织的性质和理论方面做出的杰出贡献，得到过7个荣誉博士学位。他于1909年进入美国电话电报公司工作，1927年起担任新泽西贝尔电话公司总经理，一直到退休。巴纳德的代表作是1938年出版的《经理人员的职能》，该书和他10年后出版的《组织与管理》是其社会系统理论的代表作。

巴纳德将社会学概念应用于分析经理人员的职能和工作过程，并把研究重点放在组织结构的逻辑分析上，提出了一套协作和组织的理论。他认为，社会的各级组织包括军事的、宗教的、学术的、企业的等多种类型的组织都是一个协作的系统，它们都是社会这个大协作系统的某个部分和方面。这些协作组织是正式组织，都包含三个要素：协作的意愿、共同的目标和信息联系。所有的正式组织中都存在非正式组织。正式组织是保持秩序和一贯性所不可缺少的，而非正式组织是提供活力所必需的。两者是协作中相互作用、相互依存的两个方面。所有的协作行为都是物的因素、生物的因素、人的心理因素和社会因素这些不同因素的综合体。

一个协作系统是由相互协作的许多人组成的。个人可以对是否参与某一协作系统做出选择，这取决于个人的动机包括目标、愿望和推动力，组织则通过其影响和控制的职能来有意识地协调和改变个人的行为和动机。对于个人目标和组织目标的不一致，巴纳德提出了"效力"和"效率"两条原则。当一个组织系统协作得很成功，能够实现组织目标时，这个系统就是有"效力"的，它是系统存在的必要条件。系统的"效率"是指系统成员个人目标的满足程度，协作效率是个人效率综合作用的结果。这样就把正式组织的要求同个人的需要结合起来，这在管理思想上是一个重大突破。

经理人员的作用就是在一个正式组织中充当系统运转的中心，并对组织成员的活动进行协调，指导组织的运转，实现组织的目标。经理人员的主要职能有三个方面：

(1) 提供信息交流的体系；
(2) 促成个人付出必要的努力；
(3) 规定组织的目标。

一个组织的生存和发展有赖于组织内部平衡和外部适应。管理的艺术就是把内部平衡和外部适应综合起来。

经理人员成为企业组织的领导核心，必须具有权威。权威是存在于正式组织内部的一种"秩序"，是个人服从于协作体系要求的愿望和能力。要建立和维护一种客观权威，关键在于能否在组织内部建立起上情下达、下情上达的有效的信息交流沟通系统，这一系统既能保证上级及时掌握作为决策基础的准确信息，又能保证指令的顺利下达和执行。要维护这种权威，身处领导地位的人必须随时掌握准确的信息，做出正确的判断，同时还需要组织内部人员的合作态度。巴纳德对信息交流沟通系统的主要要素进行了探讨，他们对于大型组织建立权威至关重要。

组织的有效性取决于个人接受命令的程度。巴纳德分析了个人承认指令的权威性并乐于接受指令的四个条件：
(1) 他能够并真正理解指令；
(2) 他相信指令与组织的宗旨是一致的；
(3) 他认为指令与他的个人利益是不矛盾的；
(4) 他在体力和精神上是胜任的。经理人员不应滥用权威，发布无法执行或得不到执行的命令。

巴纳德在组织管理理论方面的开创性研究，奠定了现代组织理论的基础，后来的许多学者如彼得·德鲁克、哈罗德·孔茨、赫伯特·西蒙等人都极大地受到巴纳德理论的影响。

2.4.3 决策理论学派

赫伯特·西蒙（Herbert Simon）是美国管理学家和社会科学家，在管理学、经济学、心理学、政治学、社会学、计算机科学等方面都有较深厚造诣。他早年就读于芝加哥大学，于1943年获得博士学位，自1949年担任美国卡内基-梅隆大学计算机与心理学教授，他于1978年获得诺贝尔经济学奖。他的主要著作有《管理行为》、《公共管理》、《经济学和行为科学中的决策理论》、《管理决策的新科学》等。他在《管理行为》和《管理决策的新科学》等书中对决策过程进行了深入的讨论，形成了系统的决策过程理论。

西蒙在管理学方面所研究的主要是生产者的行为，特别是当代公司中的组织基础和心理依据。20世纪50年代，西蒙的公司行为理论对微观经济学中简单追求利润最大化假设的"经济人"假设模型提出挑战，提出了理性人（具有"有限理性"的人）即基于"令人满意"而不是"最优"方案决策模型。他借助于心理学的研究成果，对决策过程进行了科学的分析，概括出了他的决策过程理论。之后，他进一步研究了利用计算机模型来模拟人们解决问题的思维过程，以及其他认识过程，并为公司决策人员提供"决策辅助系统"。西蒙的决策理论主要观点如下。

(1) 组织是指一个人类群体当中的信息沟通与相互关系的复杂模式。西蒙认为，绝大多数的人类决策，不管是个人的还是组织机构的决策，都是属于寻找和选择合乎要求的措施的过程，这是因为寻找最大化措施的过程比寻找前一个过程要复杂得多。后者首要的条件是存在完全的理性，而现实中的人或组织都只是具有限度的理性。西蒙的管理理论所关注的焦点是人的社会行为的理性与非理性方面的界线。他的管理理论是关于意向理性和有限理性的一种独特理论，是关于那些因缺乏寻求最优的才智而转向寻求满意的人类行为的理论。

(2) 作为管理决策者的经理，其决策制定包括 4 个主要阶段：
1) 情报活动：找出制定决策的理由，即探寻环境，寻求要求决策的条件；
2) 设计活动：找出可能的行动方案，即创造、制定和分析采取的行动方案；
3) 抉择活动：在各种行动方案中进行抉择；
4) 审查活动：对已进行的抉择进行评价。

(3) 决策可以区分为性质相反的两种决策：一种是程序化决策，即结构良好的决策；另一种是非程序化决策，即结构不良的决策。区分它们的主要依据是这两种决策所采用的技术是不同的。制定常规性程序化决策的传统方式由于运筹学和数据处理等新的数字技术的研制和广泛的应用而发生了革命，而制定非程序化决策的传统方式包括大量的人工判断、洞察和直觉观察，还未经历过任何较大的革命，但在某些基础研究方面正在形成某种革命，如探索式解决问题、人类思维的模拟等。自动化方面的进步和人类决策方面的进步会把组织中人的部分和电子的部分结合起来构成一种先进的人-机系统。

2.4.4 系统管理学派

系统管理理论的特点是在组织管理上运用普通系统理论的基础思想，建立将以往的管理理论兼容并蓄、融为一体的通用的系统管理模式。1963 年，美国的弗里蒙特·卡斯特、詹姆斯·罗森茨韦克、理查德·约翰逊合著了《系统理论与管理》；1970 年出版《组织与管理——系统方法与权变方法》一书。上述著作从系统管理出发研究了组织管理，在普通系统理论的基础上，将系统管理理论概括为由系统哲学、系统管理和系统分析三个方面内容构成的体系，从而奠定了系统管理理论的思想基础。

系统管理理论认为系统是一组相互联系、相互制约的要素按一定方式形成的整体。系统有两种基本的类型：封闭系统和开放系统。封闭系统不受环境影响，也不与环境发生作用。古典管理学者倾向于把组织看做封闭系统，没有注意到环境对组织的影响作用。开放系统是与环境之间相互作用、相互影响的系统，现代管理者把组织视为开放的系统。

主张系统观点的学者把组织看做"由相互依赖的多种因素，包括个人、群体、态度、动机、正式结构、相互作用、目标、状态和职权"组成的，管理者的任务是协调组织的各个部分以实现组织的目标。同时，系统管理理论也认为组织不是自我包含的，它们依赖于从环境获取维持生命的输入，并将环境作为吸收自身输出的源泉。组织依赖于它所依存的环境而存在，没有一个组织能够无视政府的法令、供应商关系以及顾客而长期生存下去。

对系统管理理论的进一步研究还强调了子系统、协同和熵的概念。系统管理理论认为所谓子系统是指位于更大系统内部的系统，组织内部的子系统之间是相互依赖的，任何子系统的变化都会影响到其他子系统以及整个系统。为了更好把握组织的运行，就要研究子系统之间的相互关系以及它们如何构成完整系统。所谓协同是指组织内子系统在共同工作时通常会比分别工作时更加成功，即我们通常所说一加一大于二的现象，协同是系统管理理论中的重要概念，它强调在组织中成员应在协调和合作的气氛中共同工作。所谓熵是指系统衰落的正态过程，当组织不再关注环境的反馈和做出适当的修正时，它将会陷入失败。从系统的观点看来，管理的主要目标是不断赋予组织活力，减少组织中的熵。

2.4.5 权变理论学派

权变理论产生于 20 世纪 60 年代末 70 年代初，其核心是针对不同环境而权宜变化的一种管理理论。1967 年，劳伦斯和洛尔施出版了他们合著的《组织和环境》一书，他们被称为现代权变管理理论的创始者。卢桑斯于 1973 年出版的《权变管理理论：走出丛林的道路》和 1976 出版的《管理导论：一种权变学说》代表着权变理论的形成。

权变理论认为组织和组织成员的行为以及外部环境的各种因素是复杂的、不断变化的，管理者在采取行动时，需要根据具体环境条件的不同而采取不同的管理方式。世界上没有一成不变的、普遍适用的管理理论与方法。权变理论在继承之前的各种管理思想的基础上，把管理研究的重点放到对管理活动有重大影响的环境因素上，希望通过对环境因素的研究找到各种管理原则和理论的具体使用场合。权变管理理论的产生适应了当代经济活动的国际化和组织环境的复杂多变等新形势，适应了当代管理环境对管理方式的多样性和灵活性的新要求。它要求管理者不仅要掌握处理问题的各种模式和方法，还必须清楚各种模式和方法在什么环境和条件下使用才会取得最佳效果。任何管理模式和方法都不可能是普遍适用的，而是相对于某种环境和条件是适合和有效的。

英国管理学家伍德沃德（Joan Woodward）在《工业组织：理论和实践》一书中指出，影响组织及其管理模式的主要权变因素有：

（1）组织的规模；
（2）工艺技术；
（3）管理者位置；
（4）管理者权力；
（5）个人差别；
（6）环境的不确定。

伍德沃德认为组织要根据实际情况的不同而选择最好的管理方式。

2.4.6 管理科学学派

管理科学学派是泰勒科学管理学派的继承和发展，管理科学学派也称数量学派或数理学派，有时人们把数量学派、决策学派和系统学派统称为管理科学学派。埃尔伍德·斯潘赛·伯法（E. S. Buffa）是西方管理科学学派的代表人物之一，曾任教于美国加利福尼亚大学管理研究院和哈佛大学工商管理学院，代表作是《现代生产管理》。这个学派认为，管理就是制定和运用数学模型与程序的系统，就是用数学符号和公式来表示计划、组织、控制、决策等合乎逻辑的程序，求出最优的答案，以达到企业的目标。所谓管理科学就是制定用于管理决策的数学和统计模式，并把这种模式通过电子计算机应用于管理之中。其主要特点为：

（1）力求减少决策的个人艺术成分。依靠建立一套决策程序和数学模型以增加决策的科学性。它们将众多方案中的各种变数或因素加以数量化，利用数学工具建立数量模型研究各变数和因素之间的相互关系，寻求一个用数量表示的最优化答案。决策的过程就是建立和运用数学模型的过程。

（2）各种可行的方案均是以经济效果作为评价的依据。例如，成本、总收入和投资利润率等。

（3）广泛地使用电子计算机。现代企业管理中影响某一事务的因素错综复杂，建立模型后，计算任务极为繁重，依靠传统的计算方法获得结果往往需要若干年时间，致使计算结果无法用于企业管理。电子计算机的出现大大提高了运算的速度，使数学模型应用于企业和组织成为可能。

管理科学学派认为组织是由"经济人"组成的一个追求经济利益的系统，同时又是由物质技术和决策网络组成的系统。管理科学的目的是通过科学原理、方法和工具应用于管理的各种活动之中，其应用范围着重在管理程序中的计划和控制这两项职能。利用管理科学方法解决问题的步骤是：
（1）提出问题；
（2）建立数学模型；
（3）得出解决方案；
（4）对方案进行验证；
（5）建立对解决方案的控制；
（6）把解决的方案付诸实施。

管理科学所应用的科学方法主要有线性规划、决策树、计划评审法和关键线路法、模拟、对策论、概念论、排队论等。

现在管理科学也有向组织更高层次发展的趋势，但目前完全采用管理科学的定量方法来解决复杂环境下的组织问题还面临着许多实际困难。管理科学学派一般只研究生产的物质过程，注意管理中应用的先进工具和科学方法，不够注意管理中人的作用，这是它的不足之处。

2.4.7 经验主义学派

经验主义学派又称为经理主义，以向大企业的经理提供管理企业的成功经验和科学方法为目标。经验主义学派认为：古典管理理论和行为科学理论都不能充分适应企业发展的实际需要，有关企业管理的科学应该从企业管理的实际出发，以大企业的管理经验为主要研究对象，以便在一定的情况下，把这些经验传授给企业管理者。欧内斯特·戴尔（Ernest Dale）是经验主义学派的代表人物之一。经验主义学派的其他代表人物还有彼得·德鲁克（Pert Drucker）、阿尔弗雷德·斯隆、威廉姆·纽曼等。经验主义学派的代表作是戴尔1960年出版的《伟大的组织者》。

经验主义学派主张采取比较方法对企业进行研究，而不是从一般原则出发，戴尔在《伟大的组织者》一书中反对存在着任何有关组织和管理的"普遍原则"，戴尔认为，迄今为止，还没有人掌握企业管理上的"通用准则"，至多只能讲各种不同组织的"基本类似点"。他认为，管理知识的真正源泉就是大公司中"伟大的组织者"的经验，主要就是这些伟大的组织者的非凡个性和杰出才能。戴尔认为，要掌握成功的企业和伟大的组织者的经验，就要用比较的方法来研究组织，发现并描述各种不同组织结构的"基本类似点"。把这些基本类似点搜集起来并予以分析，就可以得出某些一般结论，应用于其他类似或可比较的情况，作为一种对发展趋势作预测的手段。

为了使组织的比较研究有效，必须在研究中满足某些必要条件。这些重要的却很容易为人所忽略的必要条件包括：
（1）建立一个概念的框架；
（2）注意事物的可比较性；
（3）明确地表述目标；
（4）比较和结论必须恰当。

戴尔认为，如果具备了以上一些必要条件，比较方法可能总结出一些成功企业经验，并应用于其他企业。他指出，比较方法可应用于对各种机构、职能、思想意识进行研究和分析。例如，可在公司内部或行业内部进行比较研究，可以对同一公司的不同阶段和类似的公司进行历史的比较或横向的比较，可以在各行业的不同公司之间进行比较，以及对不同领域的活动进行比较。另一种类型的比较是对同一行业或不同行业的组织的各种不同职能进行比较。最后，还可以在不同国家和不同思想家的思想体系间进行比较。

思考题

1. 请问现代管理学为什么诞生在西方?
2. 列举西方早期管理思想中对现代管理学的诞生产生重大影响的事件和学说,并说明原因。
3. 举例说明儒家、道家、法家和兵家学说在现代企业管理中的应用。
4. 简述泰勒科学管理理论的基本思想、主要内容和对管理学的贡献。
5. 简述法约尔的一般管理理论的主要内容和理论贡献。
6. 霍桑实验对管理学发展的意义是什么?
7. 梅奥的人群关系理论的主要观点是什么?
8. 列举三种行为科学学派的主要理论思想及其代表人物和学术主张。
9. 简述"管理理论丛林"所包括的理论学派及其学术主张。
10. 简述"管理理论丛林"中各学派与之前的管理学说的继承关系。

案例分析

回归经典的三堂课

当中国走过20年快速发展的道路,我们依旧面临一些困难,这使得我们不得不检讨和重新审视,我们在什么地方、因为什么走了弯路。

在中国,很多人努力尝试过各种管理"新理论":20世纪40年代的人际关系训练被看做是组织成功的关键;50年代,德鲁克提出的目标管理理论又被视为解决管理问题的新方法;70年代,我们看到了企业战略;90年代,因为技术的发展,更多的新方法层出不穷。到了21世纪,又是管理创新理论引领变化。对于中国企业来说,所有的管理理论和方法都是需要面对和接受的,同时,这些理论也基本都被我们的企业实验过。然而结果呢?我们的GDP投入和产出比,比起印度都还有很大差距,原因是什么?

我们一直认为日本企业有很多地方值得我们学,可是在学的过程当中,我们并没有专心"学",反而在"创造"。中国把所有拿来的东西都进行了"创造",我对中国人的"创新能力"佩服得五体投地。比如流程再造,很多企业都在创造性地使用,可是效果并不好。事实上是我们做企业流程再造和改造的时候,没有关注到一个很重要的东西,就是流程需要系统,它并不是一种理论。流程是一种语言,是思维方式,是每个人的行为习惯,你把这个改了才可以。为什么这些东西我们做不到?因为我们不清楚最基本的东西是什么。从人际关系管理理论开始一直到管理创新理论都是对的,这些管理理论我们都引进了,但是有一个最关键的问题没有做,那就是对管理理论的基本理解没有做好。

我自己讲授组织行为学这门课的时候觉得很难,为什么?因为我上课的时候学生会跑过来问:陈老师您能帮我调整一下组织结构吗?我问为什么,这个组织结构是要实现什么目的?他对我说,"干什么您不要管,我觉得那个人不顺眼,调整一下结构把这个人砍掉。"如果是这样的话,组织结构还有什么用?所以,当我们在学习所有这些最新理论的时候,我们依然会碰到两个难题:一是没有基本的基础,二是对管理起源的理解不够。在中国,现在更多的是认识论而不是本源论。如果从这个概念上讲,我们在对本源还没有理解之前,做的努力都是没有用的。我们认识到这个世界的变化,但是本源的认识却没有。

正因为我们在理论本源上没有做任何的解释,把所有理论教给所有学生,所以你会发现中国最奇特的地方是所有的职业经理人都具备了老板的脑袋,因为他学的全都是老板学的东西;而所有的员工都有了经理人的思想。也就是说,我们每一个层级的人所拥有的知识都超越了本源的部分。当你对于管理基本理解不够的时候,所有这些过分吸收的营养都是没有价值的，你必须知道管理最基本的含义是什么。

让我们回到管理最基本的问题上来，重温管理本源的三堂课。被我们称之为经典的东西总能超越时空。我常说，世界在变、环境在变，但是有一些东西是恒定不变的，在管理当中也有恒定的东西，我们就从本源上学习，而不要学习在本源条件不具备的情况下所学习的东西，这是这几年学习当中的浮躁之处。

我第一个要讲的就是泰勒的《科学管理原理》。在这本书之前，管理都是凭经验，只有到了泰勒的时候，管理才成为科学。泰勒的贡献不仅仅是把管理变为科学，管理之所以可以变为科学在于它可以复制，而经验是没有办法复制的。管理首当其冲要解决的是劳动生产，为什么我前面跟大家谈，中国学到了这么多的东西，我们遇到的难题反而是投入多产出少，这就是劳动效率不够，在1911年泰勒就明确地告诉你，如果你想取得效率，做四件事情就可以了：科学划分工作元素，员工选择、培训和开发，与员工经常沟通，管理者与员工应有平等的工作和责任范围。

泰勒解决了劳动效率问题，可是还有一个问题没有解决，就是当劳动效率达到一定程度的时候，人会变得异化和机械。为了解决这个问题，我们遇到了法约尔。法约尔的《工业管理与一般管理》清楚地告诉我们组织的效率到底源自哪里。他清晰地回答了一个问题：什么样的情况下组织效率最高？这需要两个条件，一个是专业化水平，一个是分权制度，这也是现在我感觉到非常困难的地方。因为我们大部分企业不明白分权是要跟专业化同等对待才会有效力。如果这个人的专业化水平不够，你分权给他是更可怕的事情。我们很多企业愿意提高专业化水平，但是不分权。

最后是《福列特论管理》。其实这本书还没有出中文版的时候，我就挂号说要写序。它解决了我们管理中的另外一个问题：人的效率从哪里来？我们可以从这本书中感受到：以人为本；人存在于组织环境中，而不是社会中；人际关系中的关键活动是激励人；激励是以团队精神为导向的；通过集体既能满足个人需求，又能实现组织目标；个人与组织都想以最小的投入获得最大的产出；等等。这些都使得我们明白个人效率的发挥来源于创造机会、组织环境、满足需求、发掘潜力，这本经典的著作会给你全面的注解。

归结这三本书，我们可以清晰地知道什么是管理，管理就是提升效率。这些古典的经典著作其实就是回答了管理最基本的问题。

所以，在管理中要回答的问题非常简单，就是效率。效率必须包含三方面的内容：劳动效率、组织效率、人的效率。在从事管理的时候，就是在解决这三大效率，这三本书的顺序恰恰也就是管理的顺序，就是先解决劳动效率，然后解决组织效率和人的效率，这个顺序如果发生错乱，你会发现管理是无效的。因为人的效率需要支付条件，而支付条件是需要组织具有劳动效率。

很多人说管理也可以赚钱，其实不是这样，管理就是用来解决效率问题的。当效率真正解决的时候，很多问题我们都可以解决。理解这些经典的著作，也需要明晰它们的本质，管理就是要一步一步地来，一定是前一个基础打牢之后才会有后一个基础。如果没有劳动生产力的产出就不可能有组织效率，没有组织效率就不可能有个人效率。我们今天遇到的最大难题是，当改革开放把国门打开的时候，全世界都在谈个人效率。我们不知道人家是在已经实现了前两个效率的前提下才这样说的，我们反而认为今天就应该做个人效率。所以20年后每个人的效率都很高，每个人都有无限的梦想，但是我们的劳动效率和组织效率却没有得到提高。

所以，我非常支持"回到经典"这个概念。如果我们所有人可以回到最基本的问题上思考，可能我们所有的问题都会变得很简单，从这个意义上讲，这些经典大师所提出来的管理问题依然是存在的,他们所总结的这些管理原则是有意义的,他们所研究的管理逻辑是普遍的,他们创造的管理方法依然有效。

资料来源:http://www.360doc.com/content/11/0110/12/2096309_85430920.shtml,作者陈春花。

案例思考题
1. 结合上述材料谈谈你对管理新理论发展的看法。
2. 结合上述材料谈谈你学习本章的体会。

本章知识结构图

本章主要内容和知识点归纳如下(见图2-1)

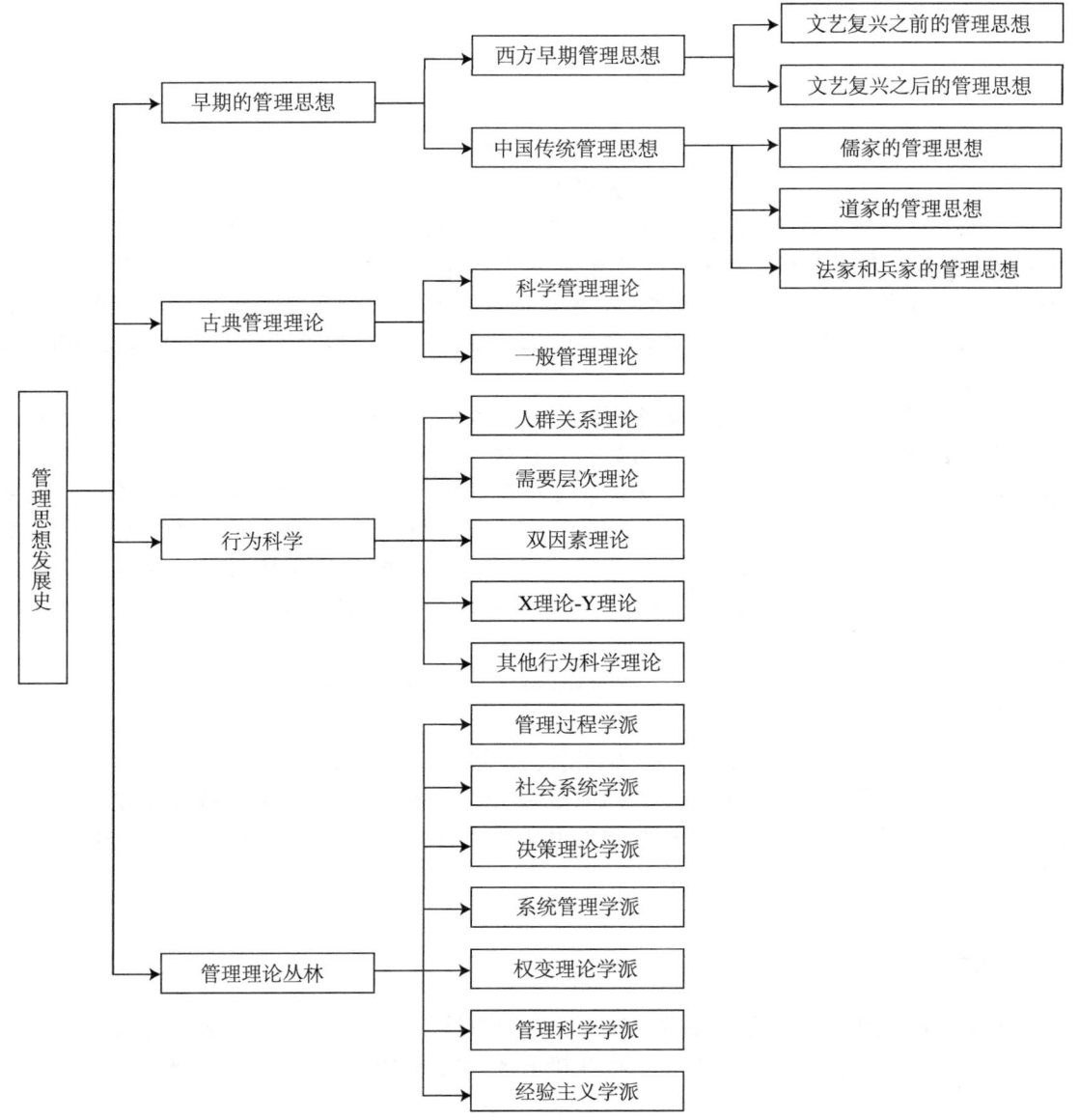

图 2-1 本章主要内容和知识点

第 3 章 CHAPTER 3

计　划

管理格言 >>>>>>

凡事预则立，不预则废。

——《礼记·中庸》

管理故事 >>>>>>

放弃眼前利益

一个青年向一个富翁请教成功之道。富翁拿了 3 块大小不等的西瓜放在青年面前说："如果每块西瓜代表一定程度的利益，你选哪块？""当然是最大的那块！"青年毫不犹豫地回答。富翁笑了笑，说："那好，请吧！"富翁把最大的那块西瓜递给青年，而自己吃起了最小的那块。很快富翁就吃完了，随后拿起桌上的最后一块西瓜得意地在青年眼前晃了晃，大口吃了起来。

青年立刻明白了富翁的意思：富翁吃的瓜虽然不比青年的瓜大，却比青年吃得多。如果每块代表一定程度的利益，那么富翁占的利益自然比青年多。

很多时候，我们发现眼前的利益就是最大和最好的，而等到我们把事情做完后才发现原来还要耗费那么多的精力和时间。而如果用同等的精力和时间去做别的事情，虽然一下子没法获得那么大的利益，做的事情却多得多，总利益也比做一件事情来得要多得多。要想使一个企业有大的发展，管理者就要有战略的眼光，做好计划，学会放弃，才能获得长远的大利，这就是计划的职能。

资料来源：http://fo.ifeng.com/xinlingwuyu/200908/0824_295_57556.shtml。

在这一章中我们主要介绍计划的基本概念、计划的方法和决策。我们除了介绍一般的计划方法，如网络计划法和线性规划法，同时也要介绍目标管理方法和战略管理方法。决策是计划过程中的重要内容，虽然，在管理的其他职能中也存在决策过程，但本章中主要介绍计划过程中采用的决策类型和方法。

3.1　计划概述

本节主要阐述计划的概念、性质和意义，并分析计划的主要类型和形式。那么计划究竟该如何定义？计划的内容有哪些？本书将在接下来的内容中一一回答这些问题。

3.1.1　计划的含义

计划是人们对将来所要实现的目标和所要从事的活动进行系统的、具体的、详细的、周密的安排。计划同组织、领导和控制等组织职能一样,是组织的基本职能之一,计划是对未来活动所进行的预先的行动安排,是一种针对未来的筹谋、规划、谋划、策划、企划等。也可以说,计划是决定个人、群体、工作单位或组织未来的目标和活动的有意识的、系统的过程。计划往往包括4W1H,也就是谁(who)、哪里(where)、什么时候(when)、做什么(what)和怎么做(how)。预先计划具有重要的意义,孙子曰:"夫未战而庙算胜者,得算多也,未战而庙算不胜者得算少也。"这句话的意思是说,在战争开始之前,就已经制定了周密的庙算(作战计划),开战之后就往往会取得胜利;如果没有进行周密的庙算,开战之后就往往会失败。计划对于军事是至关重要的,对所有的组织工作也是如此。组织的存在必然有其目的和使命,为完成组织使命,组织需要确定明确的战略和计划,这样的话,组织的目的才能有效率地实现。可以说,计划的意义在于:计划提供了明确的组织行动的方向,从而消除了模糊和不确定性;计划中包括了对组织环境变化的预测和应对措施;计划可以避免组织内部的重复建设和浪费,具有协调的作用;计划为控制提供了标准。

计划具有如下性质:计划工作为目标服务,目标是计划的起点和终点,目标是一切计划活动的中心;计划工作是所有管理工作中首先要开展的工作,组织的建立、领导和激励、控制都需要从组织目标开始;计划工作在组织内具有普遍性,所有的部门和员工都有自己的计划,组织所有的活动都在计划之中;计划要讲究经济原则,在经济组织中尤其如此,因为经济组织以实现经济效益为目标,讲求投入产出效率;计划要提供组织和个人未来发展的愿景,这恐怕是计划的长期价值所在,计划指出了前进的方向和成长的目标,这既能激励员工,又可以保持组织活动的长期一致性和有效性。

但是,计划实施的效果具有不确定性,再完备的计划也可能会出现意外,这是由环境的复杂性和不确定性决定的,另外,计划的实施效果往往不是立竿见影的,需要一定时间的检验,例如,一项新政策出台以后,其实施的效果一般具有滞后性,在一段时间以后才能显现出来。

3.1.2 计划的作用

1. 计划是企业实施管理活动的依据

企业在制订计划之后其工作还远远没有结束,企业的管理者还要负责将具体的计划进行很好的实施。他们要分配工作任务,要根据具体的任务来确定各级相应的权利和责任,要达到使企业整个组织中全体人员的活动方向都趋于一致而形成一种复合的、巨大的组织化行为,以保证达到计划所设定的目标。一个企业要根据年度计划来安排每个月的生产任务,我们国家要根据自己的五年计划安排相应的投资重点和目标。

2. 计划可以有效应对变化和不确定性,从而降低风险,减少损失

企业所处的外部环境是变化的,其周围的市场环境、资源环境、政策环境等都在发生着深刻的变化,这导致了企业面临的竞争压力越来越大,从中就体现出计划的重要性。计划是针对未来的,这就使计划制定者不得不对将来的变化进行预测,根据过去的和现在的信息来推测将来可能出现哪些变化,这些变化将对达成组织目标产生何种影响,在变化确实发生的时候应该采取什么对策,并制定出一系列备选方案。一旦出现变化,就可以及时采取措施,不至于无所适从。在企业面对的一系列变化当中,有些变化是无法预知的,并且一项计划往往会随着计划周期的延长,其不确定性也会越大,而剖析这些变化出现的原因,其中部分是由于人们掌握的与将来有关的信息是有限的,部分是由于未来的某种变化可能完全归咎于某种偶然因素引起的,但是计划的作用是显而易见的。计划能够通过对未来环境的预测来使得企业有效规避风险,减少损失。

3. 计划有利于减少重叠和浪费性的活动

计划的重要工作还需要使将来组织的活动达到均衡的发展。这样就能够消除不必要的浪费，能够避免在将来的活动中由于缺乏依据而进行轻率的判断所造成的损失。由于有了计划，组织中各成员的努力将合成一种组织效应，这将会使组织的工作效率得到很大的提高，并且产生很好的经济效益。另外，计划还有助于提高时间的利用效率，从而减少等待的时间和盲目性所造成的浪费，促使各项工作能够均衡稳定的发展。

4. 计划设定了目标和标准，有利于管理者的控制

在制订计划过程中，管理者设定了一系列的管理目标和标准，这些目标和标准将被用来进行有效的控制。控制中所有的标准几乎都源于计划，计划和控制之间具有非常密切的关系，计划的实施需要控制活动给予保证。

3.1.3 计划的类型

计划可以分为很多类型，其分类主要受到这样一些因素影响：计划制定的管理层次和针对问题的范围、计划涉及的时间跨度、计划是否具体和计划的使用频率或重复程度等。

1. 按照计划制定的管理层次和计划的范围

计划分析的维度之一是计划制定的管理层次和计划的范围，据此可以将计划分为战略计划、战术计划和运作计划。战略计划是组织的长期（3年以上）计划，是组织的资源部署和重点安排。典型的战略计划目标包括：股东回报率、赢利能力、产品的质量和市场份额等。战术计划是在战略计划的基础上，制定与组织特定部门相关的特定目标和计划，通常是针对一个职能部门如人力资源、财务、生产部门，所以是属于部门计划。运作计划是确定组织较低层次所需的具体步骤和过程。基层的管理者通常制定短期计划，主要是指导日常工作如生产运行、发货日程和人力资源需求等。战术计划和运作计划主要是组织战略的具体实施，其特点主要包括：计划内容比较具体，规范程度较高，涉及范围不广。

2. 按照计划内容的具体程度划分

根据计划内容的具体程度，可以分为指导型计划和任务型计划，如果计划环境是复杂和不确定性的，可以采用具有一定灵活性的计划，这样的计划就是指导型计划。如果计划环境是稳定的，可以采用明确而具体的计划，这样的计划就是任务型计划。以城市公共交通工具为例，如果乘坐出租车从城市的一个地点到另一个地点，司机可能会根据路况选择或者调整最合适的路线，而特定线路的公交大巴则必须按照指定的路线行驶，前者可以看成指导型计划，后者可以看成任务型计划。从这个例子可以看出，指导型计划要求司机必须熟悉各种交通路线，而且需要承担自主决策的责任和压力，所以，指导型计划比较适合熟悉工作性质、具有一定技能和经验水平的员工去执行。

3. 按照计划的使用频率划分

根据计划的使用频率，计划可以分为一次性计划、规程计划和应急计划。一次性计划是指计划确定的特定行动是不重复的、一次性的计划。例如，一个公司要举办50周年庆典计划。规程计划是指反复使用的、标准化的计划，如组织的生产规程、报销程序等。应急计划是应对可能发生的情景制定的计划，例如，一个城市的重大灾害或财务恐怖袭击预案，如果某种危机或灾害发生了，那么就需要采取应对措施。

4. 按照计划的范围划分

在生活中经常用到的"政策"、"规则"、"预算"和"计划"等词语都是指计划，但其含义各不相同。政策明确了行动的方向，规则确定了行动的范围，程序规定了行动的过程。例如，某商场的规章制度中有如下内容：本商场只销售高贵、时髦的商品；商品售出后七

日内可以退货；商品退货必须经过楼层经理的同意。第一条内容是政策，指明了行动方向是销售高贵、时髦商品；第二条内容是规则，指明了退货的时间范围；第三条内容是程序，退货程序中包括楼层经理签字。

随着组织内外环境的变化，计划有可能变得不再合理，在执行计划的过程中如何把握分寸就成为一个问题。例如，关于规章制度和工作程序，古人提出要把握好"经"与"权"的矛盾，就是原则性与灵活性的平衡统一，所以，如果原则性过强，就可能带来僵化或教条，如果灵活性过强，则计划就有可能流于形式。合理的计划应该是动态的，随着环境的变化而变化，考虑到环境变化的混沌性、不可预知性和随机性等特征，计划也应该具有一定的灵活性和非正规化程度。另外，事先制定的计划不能替代计划执行人员现场的直觉判断和创造性发挥，过于强调组织的规范化和标准化可能导致管理者因为关注眼前的利益而忽略未来的长期利益。另外，由于组织环境的变化节奏越来越快，根据过去的成功经验制定的计划很有可能导致今日的失败。

3.1.4 计划的流程

虽然不同的计划在内容和形式上各有差异，但是任何计划工作的程序，其步骤都是类似的，其内容主要包括：估量机会、确定目标、确定前提条件、拟订可行性方案、评价各种备择方案、选择方案，拟订计划、拟订辅助计划、编制预算。

1. 估量机会

估量机会就是根据环境和组织的现实情况对可能存在的机会做出现实的判断。其主要工作是：对未来可能出现变化和预示机会进行初步分析，形成判断；根据自己的长处和短处搞清自己所处的地位；了解自己利用机会的能力；列举主要的不确定因素，分析其发生的可能性和影响程度。

2. 确定目标

目标的确定可以使组织的计划工作做到有的放矢，提高效率。其中要说明基本的工作方针和所要达到的目标，说明制定战略、政策、规则、程序、规划和预算的任务，指出工作的重点。

3. 确定前提条件

确定前提条件是要确定整个计划活动所处的未来环境。

4. 拟订可行性方案

每一项活动一般均有不同的解决方式和方法，编制一个计划，需要寻求和检查可供选择的行动方案。拟订方案需要充分发挥员工的主动性和创造性，提出尽可能多的方案，但也不是方案越多越好，也要注意数量的限制，管理者要把精力集中在最有希望的方案上面，从而提高工作的效率。

5. 评价各种备择方案

在找出了各种备择方案和检查了其优缺点后，就需要根据计划的目标和前提条件权衡利弊，对其进行评价。

6. 选择方案，拟订计划

根据对各种方案的评价，选择最优方案，并且将各种可行性方案排序，形成主要方案和后备方案。

7. 拟订辅助计划

辅助计划是实施总计划的基础，总计划的实现需要辅助计划的支持。

8. 编制预算

预算就是将计划压缩成一些数字以实现管理的条理化，它使管理人员清楚地看到企业资源的分配渠道和分配方向，并由此涉及的费用计划、收入计划或实物计划以及投入量和产出量计划等。

3.1.5 组织的目标

在计划的内容中，最重要的是目标的确定。所谓目标，是组织未来行动期望的结果，它确定了组织未来行动的方向以及对行动进行控制的依据。在组织目标体系建立起来以后，具体的行动安排和资源分配才能确立，所以，目标是计划的起点和行动的终点。例如，国家的环境保护"十一五"规划目标是确保到2010年二氧化硫、化学需氧量比2005年削减10%。

1. 组织目的

组织目的是组织的最高目标和终极目标，是组织的使命和社会价值，它反映了社会对组织的要求和组织得以在社会中生存发展的原因。简单地说，就是社会需要组织提供什么样的产品和服务。例如，杜邦公司（DuPont Company）的组织使命是："通过化学的方法为社会提供更好的产品。"组织目的一般是比较抽象的，但也有比较具体的组织目的，例如，在20世纪60年代，美国国家航空航天局（National Aeronautics and Space Administration，NASA）提出其组织使命是"先于俄国人将人送上月球"。

组织使命是组织的总体目标，是与组织利益相关者期望或价值观一致的、压倒一切的目标。例如，eBay的组织使命是："使得全世界任何人几乎在任何时间、任何地点都能与其他人实现在线交易。"英国航空公司（British Airways）的组织使命是："成为全球旅行行业中无可争议的领导者；我们热切追求完美，并提供最高水平的客户服务。"壳牌石油公司（Royal Dutch Shell）的组织使命是："壳牌石油公司在美国和世界范围内从事优质石油、天然气、石化和其他相关产品的业务。我们的使命是在满足客户、员工、供应商和公众期望的基础上，最大化股东的价值。"

战略愿景（strategic vision）是对组织理想的未来状况和组织愿望的形象描述。例如，壳牌石油公司的愿景是："我们的目标是美国第一，并在我们的业务领域内处于世界领先。我们的理念是诚实守信、顾客至上、利润增长、以人为本、技术领先。……我们，壳牌人，是实现这一愿景的关键，并因我们的敬业、能量、改进的紧迫感和我们共享的价值观而与众不同。"从战略愿景的内容可以看出，愿景既包括对组织未来发展的理想状态的描述，也包括对组织的核心价值观声明。

有些学者提出，组织声明的目标往往和其实际的目标并不一致，例如，耐克提出的组织目的是"为每个运动员带来激情和创造力"，但其董事会的目标可能更多考虑的是其利润、市场占有率和顾客满意度等具体目标。

2. 设定目标

传统的目标制定方法是将目标从顶层目标通过分解到达各个部门、各个层次，最后落实到个人目标，这是一个从抽象到具体的过程，并形成目标体系。该目标体系的上下级目标间具有手段链关系，下层目标是上层目标实现的前提。也就是说，个人的目标实现了，部门的目标才能实现，部门的目标实现了，公司的目标才能实现。这样的目标制定方法可能存在的问题是信息传递失真，在目标分解和逐级具体化的过程中会一定程度丧失统一性和发生偏离，组织的职能本位主义或官僚作风的存在都反映出这样的问题。

在确定组织目标的过程中，需要注意以下几个方面的因素：要认识到目标明确是行动的结果，而不是行动的过程；组织目标应该可测量，最好是量化，这样的目标才能作为控制的依据，才能被评价和考核；目标必须明确清楚的时间范围，这样才能够保证时间效率；目标的难度把握应该是挑战性和现实性的结合，既不能太难，也不能太容易，最好是"蹦一蹦，够得着"的感觉；目标应该有书面表达，这样可以明确计划内容，并给执行者形成必要的心理压力；目标的确定过程应该与执行目标人员进行沟通，这与通过决策过程要求执行决策的人参与的道理是一样的，有利于决策质量、决策的执行效率和员工的激励；目标是一个多元、均衡的目标体系。

如何理解目标的现实性和挑战性呢？可以这样考虑，如果目标定得太高，在员工正常地发挥水平的前提下任务完成效率尚不能保证，而因为任务太难，很可能导致员工信心不足，更会使得员工水平发挥失常。任务如果太容易，对员工的成长和激励不利，员工在任务中不容易学到新的技能，不容易通过克服困难来发挥自己的潜力，从而实现自我的成长，从长期来看，这必然也会影响组织的效率。关于目标体系的特征，可以考虑组织目标设定存在多个维度，如组织性质、时间、管理职能、管理层次等。例如，一般企业都有经济目标、社会目标或政治目标，这是企业的社会性质决定的。根据时间跨度，企业有长期、中期和短期计划；根据管理职能和层次，企业有职能目标、部门目标、高层的战略目标、中层的战术目标和基层的运营目标等。这个目标体系应该具有均衡性和统一性，目标层次之间具有手段链关系。

3. 设定目标的步骤

在组织制订计划的过程中，应该回顾组织使命和社会价值，并对计划目的、可支配资源和环境进行综合分析，制定合理的目标，选择可以实现目标的行动方案加以执行，在方案实施的过程中加以监督和控制。计划制定过程中要与相关部门和人员进行沟通，在计划执行后，需要评价和考核目标的完成程度，并总结经验对计划负责人进行一定的激励。

3.2 计划方法

3.2.1 网络计划法

网络计划法是一种生产过程的计划方法，主要应用于工程管理。最早的网络计划法是在1956年由美国著名智库兰德公司（Rand）提出的关键路线法（critical path method，CPM），并在美国杜邦公司化工厂建设的过程得到成功应用。计划评审技术（program evaluation and review technique，PERT）也是同一时期的网络计划法，在1958年，当时的美国海军研制"北极星"导弹核潜艇过程中制定了一个"北极星计划"，该计划的主要目的是采用PERT管理工程中涉及的上千个承包公司和制造商，最后凭借PERT的管理，工期提前两年完成。网络计划法应用的著名例子还包括：在1966年，美国的阿波罗登月计划中采用的评价和评审技术（graphical evaluation and review technique，GERT）；在1982年的马岛海战、2003年的伊拉克战争中，英美军队均成功采用网络计划法制定军事计划。

网络计划法主要是通过编制网络图来制订计划。网络图是工作过程的图解模型，反映了工作过程中的具体作业情况及其相互关系。任何一个工作过程或活动都可以看成是由很多作业组成，这些作业可以看成是对工作过程的分解形成的，这样的分解采用了专业分工的方法，根据活动的性质和特征划分作业。每个作业都有一定的独立性，占用一定的独立时间、空间和其他资源。作业与作业之间的关系主要是包括先后关系，例如，某个作业进行之前必须完成哪些作业，这些作业又叫紧前作业、先行作业，类似的概念还有平行作业和后行作业。每个工作过程的作业情况可以通过编制作业明细表来展示，并在作业明细表的基础上绘制网络图。网络图完成以后，可以对其进行分析和优化，例如，寻找关键路线，并在此基础上对工作计划进行优化，以达到节省资源、提高效率的目的。

以普通家庭的装修工程为例，可以将装修工程分解为多个作业，作业名称、时间及作业间关系如表 3-1 所示。作业具体包括备料、清理房间和水电改造等,每个作业都有一个作业代号,以方便作图。某作业的紧前作业为该作业开始之前必须完成的作业,例如,水电改造必须是在备料和清理房间之后,铺地板必须在刷墙之后进行。某作业的作业时间是某作业的平均持续时间,如刷墙估计需要 8 小时。

表 3-1 作业明细表

作业代号	名 称	紧前作业	作业时间(小时)
A	备料	无	4
B	清理房间	无	5
C	水电改造	A、B	3
D	封装阳台	A、B	8
E	刷墙	A、B、C	8
F	铺地板	E	12
G	安装灯具	E	3
H	清理布置	D、F、G	4

在制定作业明细表之后,就可以绘制工程网络计划图,家庭装修工程网络计划图如图 3-1 所示。该图从左至右反映了时间流动的方向,表示从前至后。网络图主要由节点、作业组成,节点是作业的起始点或终结点。在图 3-1 中,1、2、3 等均为节点,节点 1 是作业 A 和 B 的开始节点,节点 2 既是作业 A 和 AA 的终止节点,也是作业 D 和作业 C 的开始节点。节点将各个独立的作业连接在一起,反映了作业的时序关系。如节点 3 表示作业 ABCD 的关系,作业 C 或 D 必须在作业 A 和 B 完成以后才可以开始。作业 AA、DD 和 GG 由虚线表示,这些作业被称为虚作业,它并不是实际的作业,不消耗时间、人力和其他资源,只是反映了作业间的时序关系。例如,AA 只是反映 A 和 B 是并行作业,而且是其他作业的紧前作业。

整个网络图的起始节点为节点 1,终止节点为节点 9,起始节点到终止节点之间由作业连接起来的路线又称为路径。从图上看,从节点 1 到节点 10 具有多条路径,如(A、D、DD、H)、(A、C、D、F、H)和(B、C、D、G、H)等。这些路径中,有一条路径决定了工程的最早完成时间,被称为关键路径。家庭装修网络图中的关键路径是(B、C、E、F、H),该路径决定了家庭装修工程的最早完成时间。

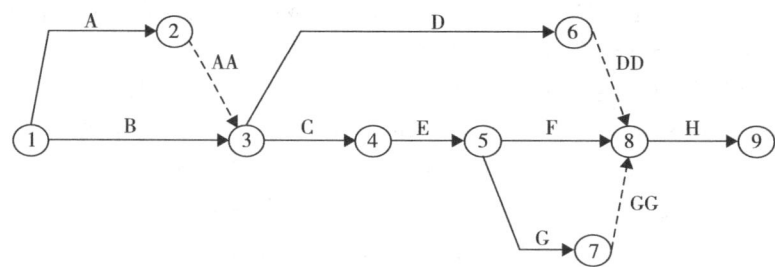

图 3-1 家庭装修工程网络计划图

从节点 1 到节点 3 的路径完成的时间取决于作业 A 和作业 B。根据作业明细表,作业 A 完成需要 4 小时,作业 B 完成需要 5 小时,那么其紧后作业 C 或 D 什么时候可以开始呢?考虑到 A 和 B 为并行作业,可知节点 1 到节点 3 的路径的完成时间(或作业 CD 的开始时间)取决于 B 的时间,为 5 个小时。因为,如果取 A 的时间作为节点 1 到节点 3 的路径完成时间,则 B 就不能完成,也就是说,并行路径中,需要将耗时最长的路径作为关键路径,这样可以保证所有的并行作业或路径都能够完成。所以,从节点 1 到节点 3 的关键路径是作业 B。同理可以分析，从节点 3 以后选择的关键路径为（C、E、F、G）而非 D；在节点 5 到节点 6 这一段路径中，在作业 F 和 G 中应该选择 F，最后就得到总的关键路径为（B、C、E、F、H）。

网络图不仅能够对工程作业关系进行直观展示，更重要的是，网络图可以帮助进行工程管理优化。在上述装修网络图中，通过辨识关键路径，计划人员可以了解影响工期的关键作业，并通过提高关键作业的效率来缩短工期。例如，从非关键路径向关键路径调配资源（人力、物力），或提高关键路径的管理努力程度；而非关键路径的作业在时间上有一定的宽裕度或自由空间，可以通过这些作业的工作时间选择来优化配置资源。例如，在人手紧张的时候可以暂停非关键路径作业，以满足人力资源约束，或实现劳动力资源优化配置。

3.2.2 线性规划方法

线性规划也是一种常见的生产计划制定方法，其常见的一种模型如下

$$\max_{x_j} \sum_{j=1}^{n} c_j x_j$$

$$s.t \begin{cases} \sum_{j=1}^{n} a_{ij} x_j \leqslant b_j & i = 1,2\cdots,m \\ x_j \geqslant 0 & j = 1,2,\cdots,n \end{cases} \quad (3-1)$$

其中，x_j 为控制变量，目标函数和约束均为 x_j 的线性函数，所以该模型被称为线性规划模型。以生产过程为例，我们可以分析如何采用线性规划方法制订生产计划。假设甲工厂生产两种产品 A 和 B，生产原料有 D、E 和 F 三种原料，生产 1 吨 A 产品需要消耗的 D 和 E 分别为 0.6 吨和 0.4 吨；生产 1 吨产品 B 需要消耗的 D、E 和 F 分别为 0.5 吨、0.1 吨和 0.4 吨。在某生产周期中，D、E 和 F 的存量分别为 12 000 吨、4 000 吨和 6 000 吨。假设 1 吨 A 创造的利润为 25 美元，1 吨 B 创造的利润为 10 美元。甲工厂在制订生产计划时，要确定在此生产周期的 A 和 B 的产量，以实现利润最大化为目标，但产量受到三种原料的约束。若用 x_1 和 x_2 分别表示 A 和 B 的产量，则此优化问题如下

$$\max_{x_j}(25x_1 + 10x_2)$$

$$s.t \begin{cases} 0.6x_1 + 0.5x_2 \leqslant 12\ 000 \\ 0.4x_1 + 0.1x_2 \leqslant 4\ 000 \\ 0.4x_2 \leqslant 6\ 000 \\ x_1 \geqslant 0, x_2 \geqslant 0 \end{cases} \quad (3-2)$$

通过作图法或其他规划问题求解方法，可以发现上述问题的最优解为：A 生产 6 250 吨，B 生产 15 000 吨，可实现最大利润 306 250 美元。线性规划是数学规划中的一类，而数学规划方法是解决大规模生产组织活动计划的一种有效技术，特别适合控制变量多、存在资源约束并需要对变量进行同时决定的工作计划的制订上。例如，对商铺或工厂的选址，对物流计划中的路线选择，或者如本例中的产品组合计划等问题，都可以通过建立数学规划模型，然后通过计算机编程或特定的优化软件进行计算和分析。

3.2.3 目标管理方法

管理学家彼得·德鲁克 1954 年在其名著《管理的实践》[一]中首先提出了目标管理[二]的概

[一] 本书中文版由机械工业出版社出版。
[二] 彼得·德鲁克. 管理的实践 [M]. 北京：机械工业出版社，2006：137-156.
肯·布兰佳，斯宾塞·约翰逊. 一分钟经理人 [M]. 海口：南海出版公司，2007：50-80.

念。目标管理（MBO）是一种以目标为中心的管理方法，也可以看成是一种特殊的计划方法。目标管理强调组织的管理工作以目标为中心，在组织目标分解落实的过程中，组织各个层次的管理人员都要积极参与目标体系的制定，并以此目标作为业绩评价和自我控制的依据。目标管理强调上下级的有效沟通，也重视目标的激励作用，更将组织目标的统一性看成是至关重要的。

1. 目标的统一性

关于目标的统一性，彼得·德鲁克举了一个例子：在很久以前，有个人在路上先后遇到了三个石匠，他向每个石匠都问了一个问题："你在干什么？"第一个石匠回答说："我在谋生。"第二个石匠的回答是："我在干整个国家中最出色的石匠活。"第三个石匠仰望天空，目光炯炯有神地说："我在建造一座大教堂。"这个故事给我们的启示是，正如故事中的第三个石匠的见识，任何部门和岗位的管理人员或工作人员要有全局观，他们不仅要清楚自己的工作目标、上级的工作目标，对组织的整体目标、长远目标也要一清二楚。而且，他也需要明白这些目标体系之间的关系、自己的工作对上级工作目标和对组织目标的贡献，这就是目标的系统性和整体性。

根据专业分工原则和管理幅度原则设计的组织机构，在不同的专业领域、不同的管理层次之间，关于整体目标、各级目标之间的关系、工作角色、如何协作等问题的认识都会存在或多或少的差异，这种差异会影响计划的执行效率。如何加强沟通，来实现目标或计划的统一性是一个具有挑战性的问题。强调专业分工和工作竞争力可能会使员工在专注于本专业的专业技能的提高和经验积累的同时，忽略组织目标，或者是从小团体、部门利益出发导致的职能本位主义，这都会破坏组织计划和目标的整体性，这正是上述故事中的第二个石匠的情况。专业分工使得工作的完整性被破坏，出现了组织工作的碎片化，这会严重影响员工对工作社会价值的认同。就像上述故事中第二个石匠的看法，只看到自己在砌砖，没有意识到自己在建一座教堂，这是"一叶障目，不见森林"。

2. 管理人员和下属共同制定目标

为了实现目标的统一性，可以通过加强垂直沟通，从而锁紧上下级之间的目标链。管理人员通过同自己的下属共同确定其目标，可以加强上下级之间对目标的统一性认识，使得目标为上级目标服务，而且因为符合实际而具有可行性。另外，下属执行目标的激励问题也可以有效解决。在一些企业中建立了"经理信"制度。企业中的管理人员要求每个下属一年两次写"经理信"，在信中，每个管理人员要写出他所理解的上司工作的目标以及他自己的目标。然后，他要列出一些适用于他自己的业绩标准。接着，他需要列举一些为达到这些目标自己必须做的事情，以及他自己单位中构成主要障碍的事情，列举他的上司和公司所做的对他有帮助的事情及有所妨碍的事情。如果上司接受，这些内容就变成管理人员的工作计划或章程。"经理信"制度就是一种上下级共同制定目标的方法，包括目标、方案、困难和障碍等内容。

3. 目标管理和自我控制

在上述故事中，第一个石匠的回答可能也是很多组织员工的心声，如果工作本身不能带来价值和乐趣，员工工作的目的恐怕只是为了薪水，而这样的工作态度必然对效率产生不利的影响。要转变他们的工作态度，就要考虑如何处理好组织目标或工作目标和个人目标的关系，分析工作对员工的意义，如工作的社会价值，工作中的进步、成就感和社会认同等，了解工作绩效与员工薪水、工作条件的关系，从而解决工作激励问题。通过共同确定目标，并让目标实现情况作为员工自我绩效评价的依据，让员工在工作中实现自我控制，这也是目标管理问题的一个重要方面。

目标管理和自我控制是以自律替代他律，这样能激发工作积极性，使员工能自觉付诸行动。不是因为有人要他这样做，而是因为他自己决定他必须这样做。换句话说，他像一个自由人那样行事。员工需要通过自我测评来对工作进行调节和控制，以满足自己的工作目标。所以，领导需要在测评下属的同时，让下属也了解自己的测评信息，而不只是让领导看这些保留信息。为了能够控制自己的表现，管理人员不仅仅需要知道他的目标是什么，而且必须能够根据目标衡量他的业绩和成就。从组织的总体来看，组织应该向管理人员提供组织所有关键领域内明晰的共同的衡量标准，这些标准必须明晰、简单和合理。例如，通用电气公司创建的流动审计员制度，公司这些审计员至少每年对公司的各个管理部门做一次全面的分析。但是，他们的报告会送给被分析的部门经理。正是这种将信息用于自我控制而不是上级对下级的控制的做法，才赢得了通用电气公司的管理人员对公司的信心和信任。而一般企业普遍的做法是，审计科负责公司每个管理部门的审计，但结果不是送给被审计的管理人员，而是送给总经理。

管理人员的责任主要有三个方面，第一，向自己的上级负责；第二，向自己的下属负责；第三，向组织负责。管理人员有责任帮助下属实现其目标，例如，IBM 将管理人员与下属的关系定义为"助手"关系，管理人员需要帮助下属确定和实现自己的目标，并有责任使下属获得他们需要的工具、人员和信息，他们必须以建议和劝告的形式帮助下属。

4．一分钟经理的目标管理模式

肯·布兰佳（Ken Blanchard）在其所著的《一分钟经理人》一书中，提出了一种一分钟经理的管理模式，这种模式可以看成是目标管理的一种实现模式。根据该书的观点，管理人员帮助下属明确其工作目标，让他们工作时就如同打保龄球的时候一样开心。要做到这一点，员工必须首先认清自己的目标。一项调查发现，员工及其上级在工作目标、内容和绩效评价上存在很大差别，员工不知道领导希望他们实现的工作目标、内容及自己所做的情况。上下级要在目标上达成一致，但在很多组织中，管理人员在发现下属的问题以后常常没有及时反馈，只有在下属出现了严重错误以后领导才进行批评和处罚。在这样的领导方式下，员工对自己工作的真实绩效并不非常了解。例如，在打保龄球时，如果球打出去以后出现了一个挡板，挡住了打球人的视线。他能听见球撞击的声音，但不知道自己打倒了几个，打保龄球的乐趣将大打折扣。

为了实现下属的目标，领导需要分阶段制定下属的工作目标。要小步子走，并及时给予积极反馈，如通过表扬巩固下属的进步，通过指导和批评纠正下属行为或态度上的错误，在指导下属反复练习的过程中，让下属逐步实现成长。

5．评价

目标管理是一种新的目标制定方法，在一个管理系统中，特定的组织绩效目标是由雇主和雇员共同决定的，组织各阶段目标的实现要形成评价和反馈，成功地实现目标要通过正面激励的手段进行强化。采用了这样的目标制定方法，目标不仅仅是保证组织计划实施的控制手段，更成为激励员工绩效的手段，而且成为员工个人成长的路标。但由此带来的问题是，如果雇员过于强调自身的目标，则可能造成目标协调和制定的障碍。

3.2.4 战略管理方法

战略管理方法是专门进行战略分析的计划方法，这些方法在进行战略选择、战略组合分析和竞争战略选择等方面都发挥了重要的作用。

1．运用 SWOT 进行组织战略选择

在对组织的环境和组织资源、能力评价的基础上，可以通过 SWOT 矩阵分析不同的环境、资源组合下的战略选择。组织的环境中对组织不利的发展趋势是组织面临的威胁（threats），组织的外部环境中对组织有利的发展趋势是机会（opportunities），组织优势（strengths）是具有较强的能力较丰富或独特的资源，组织劣势（weakness）就是组织缺乏的能力和资源。在环境的机会、威胁与资源的优势、劣势形成的四种组合中进行不同的战略选择：当环境中出现机会而组织又具有优势时，选择的战略是发挥企业的优势去把握机会；当环境中出现机会而组织又处在劣势时，选择的战略是通过外部机会来弥补企业的不足或通过补短提高自己的竞争力来把握机会；当环境中出现威胁而组织又具有优势时，选择的战略是利用企业的优势来应对外部的威胁；当环境中出现威胁而组织又处在劣势时，选择的战略是通过补短或避短回避风险。例如，企业具有品牌价值和市场开发能力强的优势，而环境中出现了经济回升和消费增长的机会，企业应该采取努力开拓市场和扩大原有产品市场份额的战略。但企业自主研发新产品的能力为劣势时，面临这样的发展机遇，企业可以通过兼并、资产重组、购买技术专利等方式来弥补劣势以实现快速增长。

下面以刚毕业的高校毕业生的求职为例，通过 SWOT 对毕业生的职业选择进行分析。高校毕业生在求职过程中要客观评价自己的优势和劣势，也要冷静分析环境中的威胁与机遇。如果是在一个比较大的城市中找工作，机遇就是招聘的企事业单位和岗位多，威胁就是竞争激烈，而且招聘岗位对工作经验有要求，尤其好的企业或岗位，这些竞争者除了应届的高校毕业生以外，更多的是具有一定工作经验准备跳槽的求职者。应届毕业生的优势是具有一定的理论基础，可塑性强，精力充沛，对工资水平要求较低等。他们的劣势可能是：缺乏工作经验和综合的工作能力；需要培训的时间、资金成本等。从机会－优势组合来看，由于应届毕业的高校学生年轻、学习能力强等优点，而大城市提供的机会多，发展的空间广阔。刚刚毕业的同学应该着眼于长远的发展，不拘泥于专业和工作性质的限制，从环境的需要出发，勇于尝试新的领域和专业方向，从工作中学习和成长，在困难和挫折中发现自己的潜力和自己真正的兴趣所在。从威胁－劣势组合来看，工作岗位的分布也如金字塔结构，非常好的岗位总是处在塔尖的位置，虽然薪水高、福利好，但竞争也是最激烈的。而且，待遇越好的工作对经验和能力的要求也就越高，而这也是应届毕业生的竞争劣势，所以，经常会有好的岗位有成千上万的应聘者，互联网招聘会可能使竞争者的范围来自于全国各地甚至海外。所以，刚毕业的毕业生一般来说不应该为"热点"岗位浪费时间和精力，需要脚踏实地从头开始。从机会－劣势来看，虽然招聘的岗位很多，但适合没有经验的毕业生来干的工作一般限于初级岗位，可能会待遇不好、工作简单枯燥、工作条件差。毕业生要正确认识工作的意义不仅仅是待遇和薪水，对于他们更重要的是工作经验的积累和能力的培养。经验缺乏犹如一个瓶颈的存在，没有经验的应聘者面对的岗位少而条件差，而一旦拥有了一定的经验和能力，应聘者面临的机会就会变得非常多。所以，要珍惜找到的每一份工作，通过工作中的学习可以逐步将竞争劣势转化为竞争优势。

2. 运用 BCG 矩阵进行公司战略组合分析

公司业务的战略组合分析可以采用波士顿矩阵（Boston Consulting Group，BCG），如图 3-2 所示。如果公司的某项业务具有很高的市场增长率和很大的市场份额，这样的业务就是公司明星业务；如果某项业务只有较低的市场增长率而市场份额很大，这样的业务就是现金牛业务；市场增长慢而市场占有率低的业务是瘦狗业务；市场增长快而市场份额低的业务是问号业务。公司的组合战略应该是尽可能从现金牛业务中获得资金，但由于其增长空间有限，再在现金牛业务上投资是不明智的。对明星业务应该加大投资，因为市场增长快而企业也有实力，所以有很大的发展空间，在市场逐步成熟以后，这样的业务最终可能成为现金牛业务。对问号业务的战略选择具有不确定性，如果公司具有资源和能力在该业务上形成竞争优势，通过对其投资，该业务可能变成明星业务。如果公司不具备这样的实力，尽早放弃是比较明智的。对于瘦狗业务，公司也应尽快通过出售和清算放弃。

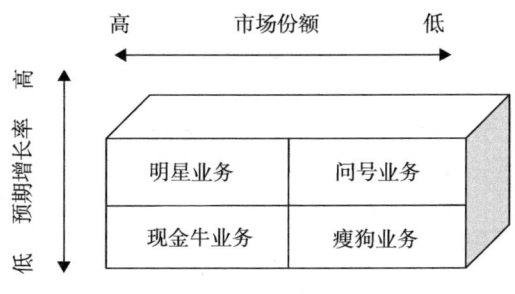

图 3-2　波士顿矩阵

业务战略是决定各个业务如何形成竞争优势的战略，如果公司是单一业务，业务战略与公司战略重合。如果各个业务相互独立，各自有独立的战略，这样的业务部门可以称为战略业务单元（strategic business units，SBUS）。组织竞争优势来自于核心能力与资源，如耐克和可口可乐的品牌资源。品牌的价值来自于组织的积累，在长期运营的过程中组织能持续满足消费者对质量的要求，使他们能获得有质量保证的、可靠的产品和服务，品牌忠诚度就会在消费者中形成，品牌的价值也由此产生。组织如何凭借核心能力与资源获得持续的成功和连续的增长，并在长期保持其竞争优势，这就是一个可持续竞争力的问题。

3. 迈克尔·波特的市场竞争分析框架

迈克尔·波特（Michael Porter）提出了影响竞争优势的五种力量的分析框架，具体如图3-3所示。市场的潜在进入者的存在会对企业形成一定的威胁和竞争压力，为了保持目前的市场份额，企业需要凭借生产的规模经济性、顾客的品牌忠诚度来形成明显的竞争优势，从而遏制或威慑潜在的市场进入者。替代品的存在会对企业形成一定的竞争压力，企业的竞争优势来自于品牌忠诚度和替代消费的转换成本，所谓替代消费的转换成本，是指消费者使用替代品消费的交易成本或效用损失。供应商的讨价还价能力也会影响企业的竞争优势，而这种讨价还价能力主要取决于供应商的集中度和供应商产品之间的替代性。消费者或顾客的讨价还价能力也同样影响企业的竞争力，这种讨价还价能力是由顾客的数量、顾客掌握的信息和替代品的情况决定的。竞争对手对企业形成的竞争压力主要受到产业增长率、需求变化和不同企业产品之间的差异性影响。

3.3　管理决策

3.3.1　决策的本质

1978年诺贝尔经济学奖获得者赫伯特·西蒙曾经说过："管理就是决策。"西蒙提出，决策是管理的核心和基本功能，组织是一个决策系统。决策贯穿在组织的运作过程和基本职能之中，例如，组织战略的制定需要决策，组织的结构设计方案需要决策，组织的激励制度和方案需要决策，等等。所谓决策，就是在多个备选方案中选择方案并予以执行的过程。通俗地讲，就是领导拍板做决定的过程。例如，一个项目是否上马、采用什么样的执行方案、资源如何分配等问题都需要选择和做决定，领导因为有了决策权而掌握了行为控制、资源分配和利益分配的"实权"。

决策过程中比较容易犯的错误包括：决策者由于过去取得的成绩而变得过于乐观和过度

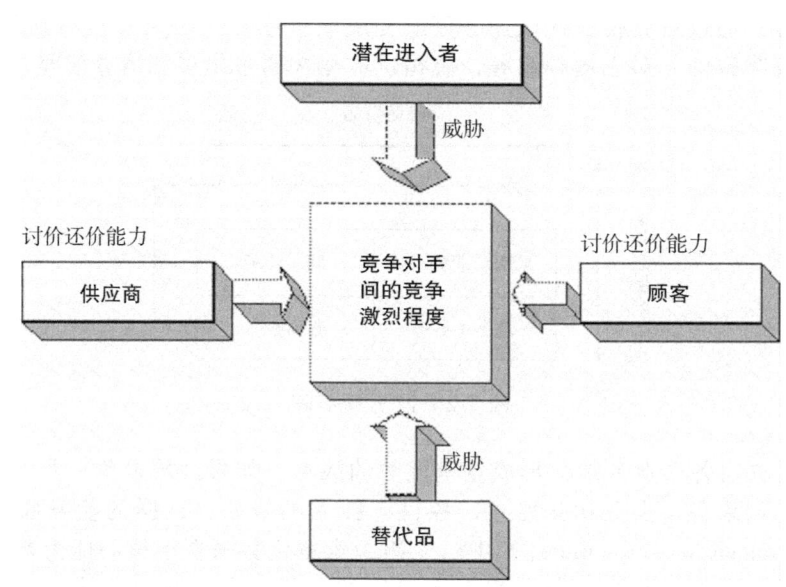

图 3-3 迈克尔·波特的影响竞争的五种力量

自信;决策者急功近利,过于关心眼前利益;决策者容易先入为主,对问题分析重视最初印象;决策者容易受到过去已经发生的事情的影响;不能客观认识自己,往往将成功归于自己的努力,而将失败归咎于客观原因;等等。

现在企业面临的决策不确定性越来越强,所需的决策信息往往是不完全和不对称的,并且决策者常常感到时间很紧迫。根据一项调查,现在的企业管理者每天的决策数量比过去增加了77%,而每个决策的时间比过去减少了43%。在这样的环境下,管理者应该认识到:在决策过程中什么时候应该收手,大多数决策要迅速和果断,不能犹豫和拖泥带水;如果发现决策方案有问题,要及时放弃,不要执著于错误;决策中要勤于思考,要敢于突破条条框框,对问题的分析全面而深入,决策过程要聚焦于重要的事务;决策分析逻辑要清楚,即需要理性分析,但也离不开直觉判断;决策信息搜寻和分析工作不是多多益善,应该是满足要求就行;等等。

3.3.2 决策的过程

决策就是选择,人的一生中要做无数选择,而很多个人决策都具有随意性。例如,有些人做事情喜欢跟着感觉走,这样的所谓非理性决策是完全可以理解的。但组织决策不应该是心血来潮的决定;不应该是领导"一拍脑袋一个主意",而应该是一个审慎的过程,既有选择前的调查研究,也有选择后的监督和调整。所以,决策过程不应该仅仅是领导"拍板"的那一瞬间,虽然做决定是很容易的事情,但关键的问题是这个决定是一个好的决定,还是一个坏的决定。所以,决策的过程决定了决策的质量。

整个决策过程应该包括:发现和识别问题;确定目标和标准,根据标准制定备选方案,并评价备选方案和选择执行方案;在方案执行的过程中加以监督、评价和调整。这个过程不断循环往复,出现新的问题就有新的决策过程,在方案执行过程中对方案的不断调整等,具体决策过程如图3-4所示。

很多决策都是从问题出发,所谓问题,就是工作的实际状况与计划的偏差。决策针对的问题可能是当前存在的,也可能是未来会发生的。决策目标和标准是决策方案的目的和预

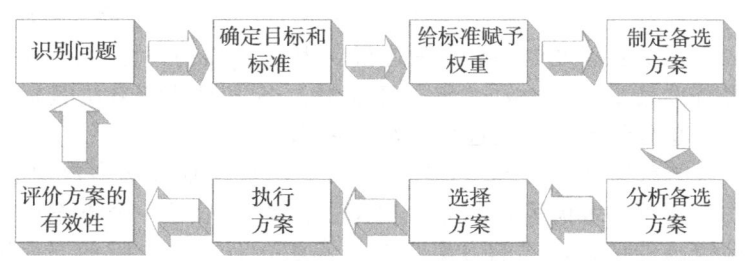

图 3-4 决策过程

期结果,没有决策目标就不能评价备选决策方案和执行方案的实施效果,也就谈不上决策效率。科学的决策过程应该尽可能让执行方案的人在一定程度上参与决策。例如,在某项关于部门工作流程调整的决策方案中,管理层应多听取对实际工作情况比较了解的基层员工的意见和看法。这些员工也是未来工作流程改革方案的执行者,这既可以提高决策方案的质量,也能促进决策方案的顺利执行。因为,改革方案的执行者也参与了方案的制定过程,所以,方案就比较容易得到基层员工的理解和支持,方案的执行就会比较有效率。

决策方案在执行的过程中,决策者要对决策的执行效果进行监督和评估,如果方案执行的情况与决策目标偏离较大,则可能需要重复进行决策过程,例如,调整决策方案或重新选择方案,或重新调整决策标准和目标,或重新分析和界定问题。

下面以某公司买车的决策为例,说明决策的过程。某个公司老总的车坏了,需要买一辆新车,为了给老总换一辆合适的新车,总经理办公室认真地进行了决策分析,其具体内容如表 3-2 和表 3-3 所示。表 3-2 给出了决策目标、标准和备选方案,表 3-3 是在备选方案中选择执行方案的过程,最终的选择结果是总分最高的丰田车。从表 3-2 可以看出,从决策目标提出的满意目标到舒适度、动力性等决策标准是一个抽象到具体、模糊到明确的过程,或者是一个对满意目标的解释过程。

表 3-2 决策目标、标准和备选方案

决策目标	选择一辆老总满意的车			
决策标准	性价比	舒适度	质量	动力性
拟订方案	丰田	马自达	大众	福特

表 3-3 备选方案分析

标准	性价比	舒适度	耐用性	动力性	总分
权重	10	8	5	3	
丰田	5	8	10	7	185
马自达	7	5	7	4	157
大众	4	7	5	10	151
福特	6	8	6	7	175

备选方案的选择可以海选或全局搜索,也可以根据经验在一个比较小的范围内选择,后者主要是从时间效率出发,本例中提出了四个备选方案。执行方案的选择过程采用了专家打分法,将经验判断转化为定量指标进行分析。其具体过程如下:由专家小组来对各个备选方案打分,专家是对驾驶经验丰富且对这几款车比较熟悉的人员组成,如公司车队的司机。专家打分时,是针对不同的决策标准统一打分,满分为 10 分,如马自达的舒适度为 5

分,可以表示为舒适程度一般,丰田车的舒适度为8分,表示很舒服。不同的决策标准的权重是不一样的,表示其重要程度的差异,如性价比为10,而动力性为3,表示决策团队认为老总的偏好还是经济性最重要,对动力性并不敏感。各方案的所有决策标准的分数加权平均和为得到的总分,总分最高者为被选择方案(最优方案)。

决策团队的专家的意见可能会出现分歧,这可以通过少数服从多数的原则来统一意见。在这个决策过程中,还可以考虑风险因素。决策团队需要考虑各个方案面临的风险,如果方案打分高但风险也高的话,这样的方案也会被淘汰。对方案风险的态度取决于决策者的风险厌恶或风险承担能力,例如,如果决策团队发现了一些媒体对选择的丰田车的安全隐患的报道,这样的安全风险虽然概率很小,但一旦发生了会导致严重的事故,他们可能会出于安全的考虑最终放弃这款丰田车,而选择相对风险较小而打分其次的福特车。

3.3.3 决策的类型

1. 不确定型决策

根据决策方案的不确定性程度,可以将决策分为确定型决策、风险型决策和不确定型决策。确定型决策为每一个备选方案的结果均可确定的决策,例如银行存款选择,不同银行、不同类型的存款期限和利息均为确定。风险型决策为每一备选方案的结果无法确知,但可发现每种可能结果发生的概率的决策,例如,公司的营销经理对不同地区、不同的销售渠道的情况比较了解,可以判断某个营销方案在特定的地区和渠道的市场效果可能的情况及大致的概率,他可能做出比较准确的经验判断:实施某个营销方案在某个地区使销售有明显改善的可能性有6成以上。不确定型决策为不能判断备选方案的可能结果的概率的决策,例如,一个游客到了一个陌生的城市,他无法判断按照某条路线乘坐公共汽车去某个旅游景点的交通是否拥堵或通畅,或者拥堵的可能性有多高,因为他完全没有这方面的经验和信息。

下面以某服装店的销售方案决策为例,介绍风险决策的具体过程。该服装店的决策目标为第二天的预期销售利润,为此制定了两个备选销售方案。第一个方案的销售情况有三种可能销售结果:销售好、销售一般和销售差,每一种销售结果都有对应的概率,根据概率论的期望值计算方法,该方案第二天的利润期望值为每一种可能的销售利润和其对应概率的加权平均和。通过对两个方案的期望利润的比较(见表3-4),可以发现方案2的期望利润更高,所以服装店选择的销售方案为方案2。服装店做出这样的选择的前提条件之一是店主是风险中性的管理者,如果他是风险厌恶型的管理者,他可能因为方案2在销售不佳的情况下出现很大的损失而放弃方案2。

表 3-4　　　　　　　　　　　　　　　　(金额单位:元)

1) 方案1				
	销售利润	概率	期望利润	总期望利润
销路好	800	0.4	320	
销路一般	500	0.4	200	580
销路差	300	0.2	60	

2) 方案2				
	销售利润	概率	期望利润	总期望利润
销路好	2 000	0.2	400	
销路一般	1 000	0.5	500	600
销路差	-1 000	0.3	-300	

如果该服装店的店主对第二天可能的销售结果出现的概率完全不能判断，在这种概率不可知的情况下进行的决策就是不确定型决策。不确定型决策有乐观法、悲观法、等概率法和最小最大后悔值法等。乐观法又被称为"大中取大"法，决策者倾向于采用最乐观的结果作为决策依据，即采用每种备选方案中最好的结果作为方案比较的依据，如表3-4中采用方案1、方案2的销路好的利润进行比较，最后选择了方案2。悲观法又被称为"小中取大"法，决策者非常谨慎，能"未制胜，且先虑败"，倾向于采用最悲观的结果作为决策依据，即采用每种备选方案中最坏的结果作为方案比较的依据，如表3-4中采用两个方案的销路差的利润作为比较依据，最后选择了方案1。

等概率法是决策者将所有可能结果的概率看成同样的，并在此假设上计算方案的期望收益，以此作为方案的比较依据。在本例中，店主在不能判断每种备选方案可能结果的概率分布的情况下，就采用了简化的分析方法，认为每种可能的情况出现的概率一致，销路好、销路一般和销路差的概率都是一样的，这时两个方案的期望利润计算的结果分别是1 900/3和2 000/3，最终选择了方案2。

最小最大后悔值法是决策者对各个方案可能出现的最大可能损失进行比较，选择损失最小的方案的决策过程。所谓的最大可能损失，就是在所有备选方案的可能情况都是一样的情况下，某个方案在某种可能的情况下的收益与其他方案的收益进行比较，与最大收益之差就是可能损失，又被称为后悔值。以服装店为例（见表3-5），销路好的情况下的最大收益是：方案2的收益2 000元，方案1的收益为1 000元，两个方案的收益之差为1 000元，一旦这种情况出现，店主会后悔因为采用了方案2而不是方案1而损失了1 000元，所以，这1 000元就是方案1在销路好的情况下的可能损失或后悔值。同理，方案2在销路好的时候后悔值为零，因为这种情况下选择方案2的收益最大。方案1在销路好、销路一般和销路差的情况下的后悔值分别是1 000元、400元和0元，该方案的最大后悔值为1 000元。方案2的后悔值分别为0元、0元和1 300元，其最大后悔值为1 300元。通过对两个方案的最大后悔值比较，方案1的最大后悔值1 000元小于方案2的最大后悔值1 300元，方案1的最大可能损失小，所以，最小最大后悔值法决策的结果是方案1（见表3-6）。

表3-5 不确定型决策法 （单位：元）

	可能的情况及利润			悲观法期望利润	乐观法期望利润	等概率法期望利润
	销路好	销路一般	销路差			
方案1	1 000	600	300	300	1 000	1 900/3
方案2	2 000	1 000	−1 000	−1 000	2 000	2 000/3

表3-6 最小最大后悔值法 （单位：元）

	后悔值			最大后悔值
	销路好	销路一般	销路差	
方案1	1 000	400	0	1 000
方案2	0	0	1 300	1 300

2. 结构化决策和程序化决策

根据决策的程序化程度，可以将决策分为程序化决策和非程序化决策。如果需要决策的是简单的和重复或经常发生的问题，而且有常规的备选方案可以应对的决策就是程序化决策。如果需要决策的是新出现的、复杂的和重要的问题，而且没有常规方案或特定程序可以应对的决策就是非程序化决策。例如,餐厅中服务员的点菜过程就是程序化的,其中对菜肴和酒水的推荐一般都是程序化决策。但是,如果由于上菜太慢导致顾客的抱怨,这时可能需要当班经理或有经验的服务员随机应变来应对,这往往是非程序化决策。

根据决策问题的信息是不是不完全的,是否有特定的模型进行分析的决策可以将决策分为结构化决策和非结构化决策。结构化决策是针对信息充分、有特定模型和方法可以进行分析的问题的决策。例如,企业采用预测技术对产品市场进行分析,运用优化方法提高工程项目管理和生产流程管理的效率,或者运用综合评价的方法对部门和员工的业绩进行考核等,这些都属于结构化决策。结构化决策主要是针对信息不完全、没有特定模型和方法可以进行分析的问题的决策。例如,在冷战期间,美国国防部委托著名的智库兰德公司对这样一个问题进行分析和预测:如果苏联对美国进行核打击,其首先选择的地点有哪些?兰德公司的研究人员发现,没有任何特定的模型和框架适合对此问题进行分析,只能凭借专家经验。兰德公司通过德尔菲法来收集在相关领域的专家、学者的意见,并对意见进行综合和反馈,最后成功完成了这个问题的研究,这就是一个典型的非结构问题的决策。

决策的结构化程度和程序化程度与组织的管理层次有关,管理层次越高,管理者面临的非结构化、非程序化问题就越多;管理层次越低,管理者面临的结构化、程序化问题就越多。例如,基层管理者日常应对的问题一般都是比较熟悉的、有相应规程的问题,而这样的规程需要高层管理者为下级制定。

3. 理性决策和直觉决策

(1) 理性决策。如果决策问题清楚,决策目标明确,所有决策备选方案及其结果都为已知,且没有时间和资源的约束,可以选择出最大化收益的最优方案,决策信息是完备的决策,就是理性决策,一般的理性决策都是简单决策。例如,家里的电视频道如果不多,选择一个最喜欢看的电视节目并不难,这就属于理性决策。但是,如果家里有几百个电视频道,想找一个最喜欢看的电视节目会很累,只能是找到一个比较满意的就可以了,否则,不停地搜索只能是得不偿失。这时,满意标准就替代了最优标准,以满意为目标的决策就是有限理性决策(bounded rational decision)。

组织工作中大部分决策都是有限理性决策,因为时间约束、信息约束和能力约束,管理者很难找到最优备选方案,而只要找到满足决策目标或标准的方案就可以满足要求,所以,在大多数问题的处理上,有限理性决策是现实的决策,而理性决策是理想的决策。再以找工作为例,大学毕业生张某希望找到的工作满足两个要求:工作地点离老家不超过200公里,工资在每个月2 000元以上。很快,他就找到了一个月工资2500元、离家50公里的工作,并接受了这份令他满意的工作。如果,另外还有一个月薪3000元,离家25公里的潜在机会需要全面的搜索才可能找到,张某是应该接受第一份工作,还是继续找,直到搜索所有的工作机会找到第二份工作为止?考虑到搜寻信息、应聘和试用都需要时间或存在时效性,这样做可能会给张某带来很大的风险和损失。所以,接受第一份工作应该是一个现实的选择。

(2) 直觉决策。如果决策是基于经验、感觉和综合判断,这种决策就是直觉决策。直觉决策的决策依据主要来自于以下方面:感觉和感情;技能、知识和训练;潜意识中的信息;道德伦理原则;过去的经验;等等。例如,一个司机刚开车时,其驾驶行为主要是由其在驾校学习的知识、所受的训练和掌握的基本技能来决定,开了一段时间以后,随着司机驾驶经验的逐渐丰富,他就会形成对道路和汽车运行状态的感觉,也会对交通环境中人与车、车与车的关系形成独立的道德判断,这些又会进一步影响其驾驶行为。当驾驶时间积累到了一定程度以后,驾驶者很多的驾驶行为都成为下意识的行为,这是司机掌握的技能和经验转化为潜意识信息的结果,形成了所谓的身体记忆,到了这个阶段,驾驶者才能真正驾驶自如。在这个过程中,技能、经验、感觉、伦理道德和潜意识等因素都会影响驾驶行为中的判断和选择,使得大部分的驾驶行为主要是直觉决策的结果,如上坡时踩油门、转弯时减速等。

决策过程的模糊性和直觉性是影响决策过程的两个方面,具体而言,首先是决策者对决策过程的模糊性和不确定性的容忍程度;其次是决策过程的理性程度或直觉程度。由此,可以将组织决策分为四类:分析型决策、指令型决策、行为型决策和概念型决策。

分析型决策的特点是:决策问题中具有高度的模糊性和不确定性;决策过程重视收集信息和可行性方案;属于理性决策;需要决策者严谨和谨慎的态度,重视具体细节、具体实例和真实经验;看重事实和数据。

指令型决策的特点是:决策问题的不确定性程度低;决策过程逻辑性强,属于理性决策;决策需要的信息和拟订的备选方案少,速度快,注重组织短期目标;决策趋于保守等。

行为型决策的特点是:决策问题的不确定性程度高,属于直觉决策;决策者善于与人沟通,重视他人的接受程度,注重和谐和友好气氛;较主观,判断力易受自己及他人的好恶影响,容易将问题归咎于人际因素而非客观因素;等等。

概念型决策的特点是:决策问题不确定性程度高;属于直觉决策;决策者视野开阔,方案选择的范围宽;注重长期的效益;善于发现创造性的解决方案。成功的领袖很多属于这种类型,以美国前总统克林顿与英国前首相撒切尔夫人为例,他们在做重大决策时都不关注细节,决策主要基于想象力与灵感,在处理信息时从大处和长远着手,能抓住问题的关键。概念型决策比较适合的问题如下:决策问题事态不明朗;决策问题很少或没有先例;决策者掌握的事实有限;决策时间有限;备选方案差别不大。

以军事行动为例,军事行动决策方案的制定一般是经高级指挥官授权,由参谋、专家或智囊团制定,他们往往具有扎实的理论知识和丰富的工作经验,行动方案要考虑种种可能性和不确定性,对细节的处理可以依靠经验和惯例,战前的信息收集、调查研究和战场侦察都至关重要,方案的提出要按照事实说话,要遵循基本的军事逻辑和规则,这样的决策就是分析型决策。如果高级指挥官是个出色的军事领袖,他的决策可能是概念型决策,他对参谋提出的方案的选择、调整,及其在指挥过程中的创造性发挥,主要是基于直觉和抽象思维能力。基层指挥官在军事行动的过程中,会应对各种各样的意外情况和困难,他们在进行自主决策时往往要考虑时间效率,战机可能转瞬即逝,需要指挥官当机立断,这时的决策就以指令型决策为主。基层指挥官的主要工作除了军事业务以外,还需要与士兵保持良好的沟通,并积极影响士兵的观念和态度,营造良好的组织氛围等,他们的这些领导行为主要是行为型决策的结果。

4. 个人决策和群体决策

根据决策者是个人还是集体,可以将决策分为个人决策和群体决策。个人决策的决策者为个人,这种决策的优点是决策速度快和决策责任明确,其缺点是个人决策存在信息、知识和能力的局限性,并且个人决策在实施过程中遇到的阻力很可能比群体决策大。如果决策者为一个群体,这样的决策就是群体决策,这种决策的优点主要有:决策信息丰富;决策者能运用集体智慧,互相之间能优势互补,可以产生更多备选方案和更高质量的决策;决策过程民主,易于贯彻。其缺点有:决策速度较慢;决策结果的妥协性;决策责任不清。

在群体决策的过程中,可能因为决策者都比较注重集体智慧和共同信息,从而使群体不自觉忽略由一个或少数几个人持有的信息和见解,而这些持有与大多数不同意见的人可能会因为各种原因而放弃自己正确的意见。这种妥协的原因包括:为了尽快结束争论和分歧,保证决策的时间效率；为了迎合和取悦多数人；迫于群体的压力甚至威胁等。虽然真理常常是掌握在少数人手中，但现实的群体决策总是采用"少数服从多数"的民主原则。这种现象的不合理性在于，民主决策主要是出于权益分配的公正性，而决策的质量主要取决于智慧和信息，而智慧和信息在个体中一般并不是均匀分配的。

思考题

1. 决策是什么？决策的过程是如何进行的？
2. 如果决策方案的可能结果的概率已知，这种决策是什么类型的决策？如何进行这样的决策？如果决策方案的可能结果的概率未知，这是什么决策？又该如何进行这样的决策？
3. 决策的程序化和结构化的含义是什么？
4. 什么是有限理性决策？试举例说明。
5. 根据决策的确定性和理性，或者是决策的模糊性和感性，可以将组织决策分为几类？它们的特点分别是什么？
6. 个人决策和集体决策的优点和缺点分别是什么？
7. 计划是什么？为什么要制订计划？
8. 计划的主要形式都有哪些？
9. 目标的性质是什么？目标管理是如何进行的？
10. 什么是战略管理？其具体内容包括哪些？
11. 如何进行战略定位？SWOT分析框架的内容是什么？
12. 成长战略和多元化战略的含义是什么？其具体内容如何？
13. 如何运用BCG矩阵对公司业务的战略组合进行分析？
14. 迈克尔·波特的影响竞争的五种力量有哪些？它们会对企业的竞争优势产生哪些具体影响？
15. 什么是成本领先战略、差异化战略和专业化战略？它们的主要特点是什么？
16. 网络计划法是什么样的计划方法？其主要特点是什么？
17. 什么是线性规划计划方法？其主要特点如何？
18. 目标管理的主要特征是什么？

案例分析

吉利汽车"掉头"

从农民造车、价格狙击手，到逆势海外收购、利润大幅增长，吉利汽车董事长李书福如其所愿地让吉利汽车"掉了个头"。对此，这位颇富争议的汽车"狂人"颇为自得，甚至毫不讳言地称，这是将会写进中国汽车工业史中的经典案例。

事实上，吉利"掉头"也的确具备了经典案例所应具备的某些特征：譬如自我否定、孤注一掷。用李书福自己的话来说，这甚至是吉利经历的一场"置之死地而后生"的冒险之旅。

在2007年吉利汽车"掉头"之前，"价廉"是吉利祭出的杀手锏，借此，吉利汽车成就了其市场地位。但是很快，李书福就发现，"价廉"这条吉利汽车的发家之路，竟逐渐变成一条死路。

为了保证价廉的优势，吉利不得不把零部件价格压得很低，甚至让供应商都喘不过气来，这样一来，产品质量越来越差，服务也越来越差。2005年之后，李书福发现吉利汽车慢慢不赚钱了，钢铁、零部件的价格一涨再涨，就是汽车不涨价，低价车利润也越加微薄。吉利正逐渐陷入"价廉－质劣－价更廉－质更劣"的"死循环"之中。不图变，按此趋势，"吉利的品牌会死掉，企业也会死掉"。

因此，李书福下定了让吉利"掉头"的决心，方向也很明确："首先就要抛弃以价格取胜、惯打价格战的竞争战略，转而打技术战、服务战、品牌战。"

此言一出，对于一直以来以价格取胜的吉利而言，无疑是一场彻底的"自我否定"。李书福首先遭遇的，便是来自吉利内部的强烈反弹。

他不得不独自上阵，找管理层一点一点地做工作、沟通思想，找经销商沟通思想，给他们兜售自己的"远景"，过程的艰辛不足为外人道。2007年5月18日，吉利甚至向外界发布了标志其拉开吉利转型大幕的《宁波宣言》，也是李书福亲自写的。李书福还断了吉利的"退路"：将原有的设备、模具全部都扔掉，连厂房都推平了。

但是，转型的负面作用接踵而至，2007年5月，《宁波宣言》刚刚发布之后，吉利宣布汽车提价20%~30%，紧随而至的是销量的大幅度下滑，当时的月销量甚至滑到了五六千辆，而转型前的峰值则是3万多辆。"当时的吉利的确是奄奄一息，现在想起来也后怕。"李书福说。

为了扭转吉利廉价、低档次的品牌印象，李书福开始在品牌安排上进行了相应调整，开始了吉利的"多品牌战略"，对吉利的品牌和车型进行重新梳理和定位。

具体做法是，把吉利作为集团品牌，然后把汽车品牌分成三个不同形象的商标设计。"为此，我们也花了很多钱，在全球来征集商标设计，后来定下帝豪、全球鹰和上海英伦。"

值得庆幸的是，这一系列组合拳很快就收获了市场效应，2007年10月吉利的销量开始回升，转型初期销量大幅下滑带来的恐慌也逐渐在吉利内部散去。2008年开始吉利大幅度地削减老产品的占有率，到了2008年年底，"新三样"完全替代了"老三样"。

"这么多年奋斗该到得奖的时候了。"这是李书福当选2009年CCTV中国经济年度人物晚会上，国资委主任李荣融对他的评价。2009年吉利实现整车销售33万辆，同比增长48%；实现销售收入165亿元，同比增长28%；资产总值达到230亿元，同比增长64%；在激烈的国内市场竞争中保持了行业十强地位。

对吉利的转型来说，现在最大的困难不是资金，不是人才，也不是技术，而是品牌瓶颈。在记者的调查中，许多消费者心目中还是十年前对吉利的印象：价格低、品质低。

吉利的转型走出了一条独特的海外并购转型之路。吉利对全球第二大自动变速器公司澳大利亚自动变速器公司（DSI）的收购，就是这一路径的体现。而吉利汽车与英国锰铜控股组建的新合资公司，在上海华普生产TX4伦敦出租车。2010年3月28日，浙江吉利控股集团有限公司（简称吉利集团）宣布与福特汽车签署最终股权收购协议，获得沃尔沃轿车公司（简称沃尔沃轿车）100%的股权以及相关资产（包括知识产权）。

"如果你有一个低端本土品牌，而你希望实现有机增长，这将花费很长的时间，而这正是吉利的情况。但如果你同时拥有一个现成的优质品牌，这将大幅提升你的品牌形象。"上海汽车咨询公司CSM的张豫认为，旗下拥有沃尔沃这样的全球高端品牌，通过品牌移植，利用沃尔沃的高端品牌形象提升吉利汽车的整体形象，这才是吉利走入这段"婚姻"的真正目的。

资料来源：李海强，李书福. 吉利汽车"掉头". 21世纪经济报道, 2009-11-6, http：//www.21cbh.com/HTML/2009-11-9/153707.html。俞越. 吉利转型成功了吗. 浙商. 2010-3-1, http：//finance.sina.com.cn/chanjing/sdbd/20100301/14057477037.shtml。

案例思考题

1. 吉利汽车是如何实现其竞争战略转型的?
2. 你如何看吉利的海外并购战略,这种企业发展战略的成功需要具备怎样的条件?

本章知识结构图

本章主要内容和知识点归纳如下(见图3-5)。

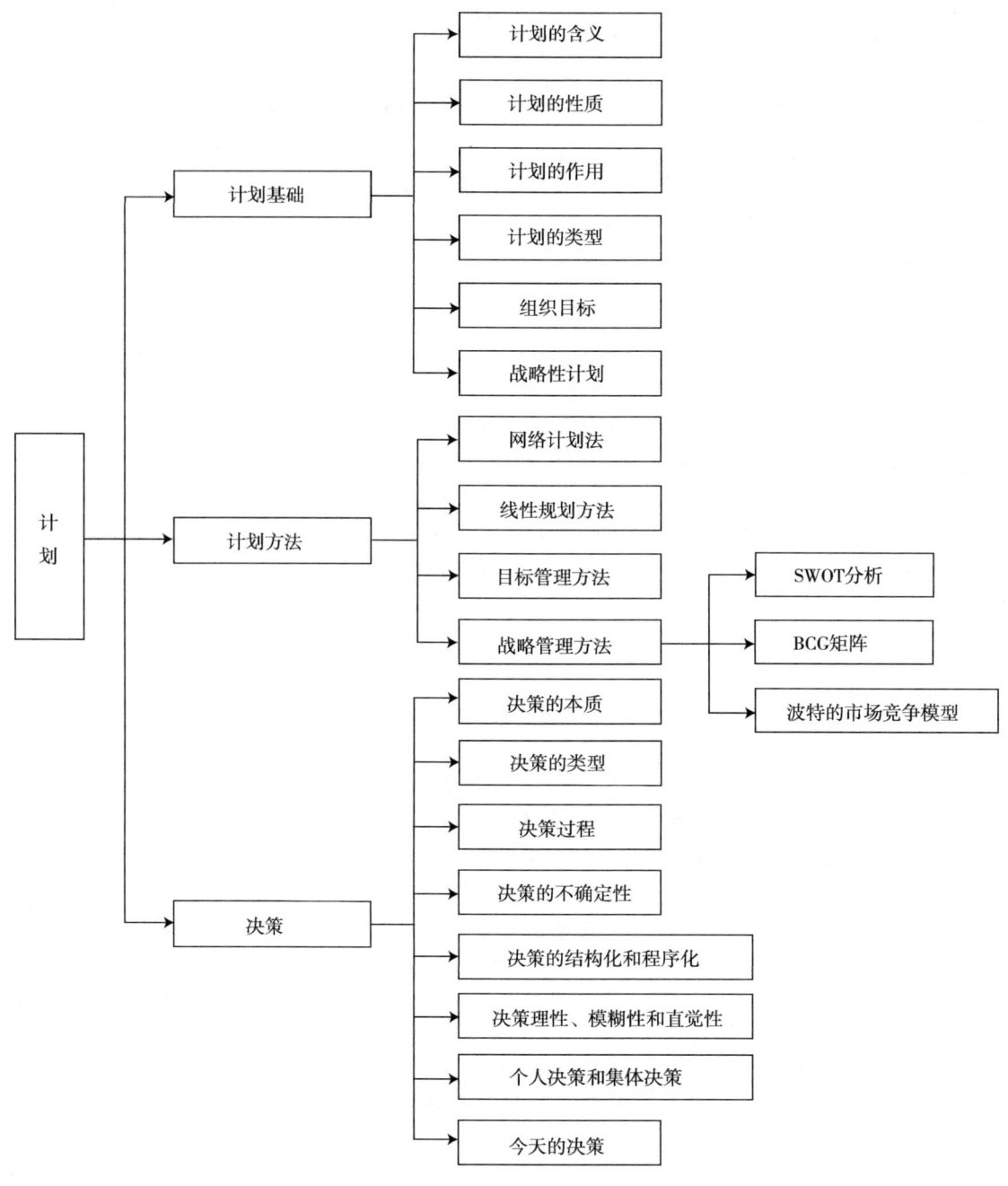

图3-5 本章主要内容和知识点

CHAPTER 4 第 4 章

控 制

管理格言 >>>>>>

取之有度，用之有节，则常足。

——《资治通鉴》卷二百三十四

管理故事 >>>>>>

曲突徙薪

有位客人到某人家里作客，看见主人家的灶上烟囱是直的，旁边又有很多木材。客人告诉主人说，烟囱要改曲，木材须移去，否则将来可能会有火灾，主人听了没有做任何表示。不久主人家里果然失火，四周的邻居赶紧跑来救火，最后火被扑灭了，于是主人烹羊宰牛，宴请四邻，以酬谢他们救火的功劳，但是并没有请当初建议他将木材移走、烟囱改曲的人。

有人对主人说："如果当初听了那位先生的话，今天也不用准备宴席，而且没有火灾的损失，现在论功行赏，原先给你建议的人没有被感恩，而救火的人却是座上客，真是很奇怪的事呢！"主人顿时醒悟，赶紧去邀请当初给予建议的那个客人来吃酒。

一般人认为，足以摆平或解决企业经营过程中各种棘手问题的人，就是优秀的管理者，其实这是有待商榷的，俗话说"预防重于治疗"，能防患于未然之前，更胜于治乱于已成之后，由此观之，企业问题的预防者，其实是优于企业问题的解决者的。

资料来源：博维咨询. 68个经典管理小故事[M]. 北京：华夏出版社，2008.

控制是管理过程中的一项重要工作，作为管理的一项基本职能，控制对管理的其他职能，如决策、计划、组织和领导等管理活动的效果进行检验与校正，以确保组织的活动不偏离组织的目标，使组织目标得以圆满实现。

4.1 控制概述

4.1.1 控制的含义

控制是检查已完成的工作是否按照计划制定的目标和方案进行，发现偏差，分析原因，提出纠正措施，以确保组织目标顺利实现的过程。

控制与计划在职能之间有密切的联系：首先，计划工作为控制提供了标准，没有计划，控制就失去了方向；其次，控制是计划工作顺利实现的保证，控制保证了实际工作尽可能与计划保持一致。另外，计划与控制的效果相互依赖，计划越是详细、全面，控制的效果就越好；同时，控制工作越科学、有效，计划就越容易实施。

在管理过程中，控制可以说是一个管理过程的终结，也可以说是一个新的管理工作过程的开始。管理的实质就是计划、组织、领导、控制等职能有机的联系而构成的不断循环的过程。

4.1.2 控制的目的

控制向企业提供了适应环境变化、限制错误的积累、应对组织复杂性和最小化成本的方法，如图 4-1 所示。

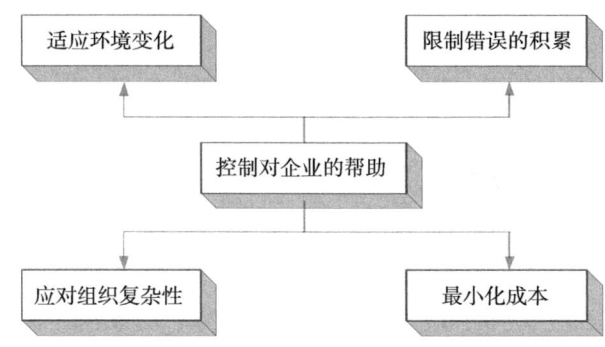

图 4-1 控制的目的

1. 适应环境变化

在当今复杂多变的商业环境中，所有组织都必须应对变化。由于外在环境的多变性，在确定目标和实现目标的这段时间会发生许多事情，甚至改变目标本身。一个设计合理的控制系统可以帮助经理人预测、监视并回应不断变化的环境。

2. 限制错误的积累

微小的错误一般不会对组织的财务健康造成严重威胁。然而，随着时间的流逝，小错误可能会不断积累而对组织产生致命的威胁。

3. 应对组织复杂性

如果组织结构简单，产品需求稳定，当企业只购买一种原材料和只生产一种产品时，管理人员利用非常基本的、简单的系统就可以进行控制。但是，如果组织结构复杂，竞争对手众多，生产的产品品种庞大，就需要复杂的系统以便维持适当的控制。

4. 最小化成本

及时、有效的控制还可以帮助企业降低成本、增加产出。

缺乏有效的控制系统会严重破坏一家公司的健康发展，并威胁到它未来的生存。以安然公司为例，20 世纪 90 年代晚期，该公司曾经被捧为现代管理的楷模，可是仅仅在两三年后，公司就倒闭了。安然公司突然破产有许多原因——管理者不遵守企业伦理道德、企业文化推崇傲慢自大和随心所欲，这些都可以归结为失控。

4.1.3 控制的类型

控制可以集中于某个过程之前、之中或者之后的事件。比如，一家当地的汽车经销商就可以将控制活动集中在新车销售之前、之中或者之后的活动。仔细检查新车、谨慎选择销售代表都是保证高质量或者赢利销售的方法，即使在销售发生以前也是如此。监督销售人员如何与顾客相处可以认为是销售过程之中的控制。计算本月销售的新车数量或者打电话询问客户对于销售交易的满意度都是实现销售之后的控制。将这三种类型的控制分别称为前馈控制、同期控制和反馈控制，如图 4-2 所示。

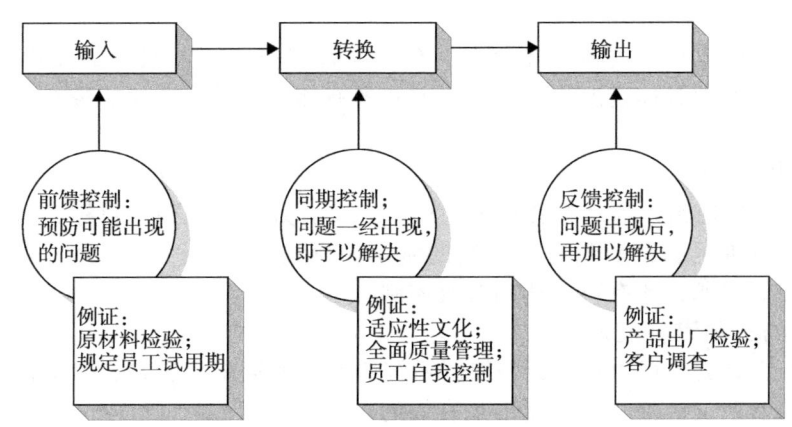

图 4-2　管理控制的基本类型

1. 前馈控制

前馈控制是指将可能出现的偏差消除在产生之前，一开始就排除问题的隐患，防患于未然，可见，前馈控制的效果正是管理者追求的目标。前馈控制集中于企业从环境中获取的财力、人力、原材料和信息资源。前馈控制重点要做到两点：首先，检查组织能否筹措到符合计划要求的各类资源；其次，检查已经或将要筹措到的资源经过转换后是否符合要求。在选拔和雇用新员工时，前馈控制尤为常见。组织通过必需的技能，运用测试或筛选方法来选拔和雇用员工，同时给他们提供必要的培训以提升其技能水平。

前馈控制对管理人员的要求比较高，它要求管理人员充分认识到控制因素与计划工作的影响关系，掌握及时准确的信息。因为前馈控制是在工作开始之前进行的，可以避免事后控制亡羊补牢所造成的损失；另外，前馈控制是在工作开始之前进行的，不针对具体人员，因而不易造成面对面的冲突，容易被员工接受。

2. 同期控制

同期控制就是持续监控员工的行为，使其与绩效标准相一致的一种控制活动。同期控制是通过对工作活动的评估，按照已定的绩效标准对员工的工作和行为进行指导的过程。同期控制关注在生产过程中如何使产品或服务的数量和质量符合标准。同期控制主要有监督和指导两项职能。监督是指按照预定的标准检查正在进行的工作，以保证目标的实现。指导有助于提高工作人员的工作能力和自我控制能力。同期控制是控制系统的核心，其效果依赖于管理者的个人素质、作风、指导方式以及下属对指导的理解程度。

同期控制的运用效果受管理者的时间、精力和业务水平的制约，还容易在控制者和被控制者之间形成对立，影响被控制者的工作积极性。

3. 反馈控制

反馈控制是一种最主要的传统控制方式，其特点是将注意力集中在行动的结果上，并以此作为改进下次行动的依据。反馈控制需要首先比较预期和实际工作成效，找出偏差并分析原因，然后制定纠正计划并付诸实施，纠正的结果可以改进下一次的实际工作成效，或者是改变下一次对于工作成效的预期。反馈控制的对象可以是行动的最终结果，如企业的产量、销售额和利润等，也可以是行动过程的中间结果，如工序质量、产品库存等。

反馈控制对于及时发现问题，排除隐患有着非常重要的作用，在实际工作中应用相当广泛。尤其在一些重复性的活动中，反馈控制可以避免下一次活动发生类似的问题。但是，由于损失或偏差已经产生，反馈控制只能在事后发挥作用，对已经发生的活动无法起到控制作用。

总体来说，三种控制方式各有优缺点，有效的管理控制不能只依靠其中的一种控制方式，而需要根据企业的具体情况将各种控制方式各有侧重地结合起来，取得综合控制效果。

4.1.4 控制的方法

控制的目的是保证组织活动符合计划的要求，以有效地实现预定目标，但不是所有的控制活动都能达到预期的目的。只有从控制的基本原则出发，适时地、适度地、客观地和有弹性地来处理控制问题，才有可能达到有效控制。

1. 对控制的三种潜在反应

现实中，组织成员的行为并不会与控制系统所设定的期望值相符，一个控制系统如果不考虑成员对于控制系统的潜在反应就不是有效的。

（1）机械的程序行为。组织成员往往会为了避免不必要的麻烦，只做控制系统所要求的行为，久而久之，成员的行为就变成了一种机械的、缺乏灵活性的程序性行为。这种机械的程序行为会使组织失去活力，组织内缺乏创造性，造成整个组织行动缓慢。在服务性企业中，机械的程序行为通常会导致恶劣的客户服务。比如，在对病人的抢救过程中，医院没有病人所需的血液，但医务人员按照规定不接纳其他人的献血而导致抢救无效。产生这种问题的实质不是因为控制标准本身，而是因为控制系统被看成是机械的程序，而不是企业的管理工具。

（2）策略性行为。组织成员会发现控制系统存在的各种空隙，恶意利用它们来使控制系统变得无效。最常见的策略行为就是操纵信息或报告虚假的数据。为了掩饰错误或不良的绩效，人们可能故意给管理者反馈虚假的信息。

（3）对控制的抵制。新的控制系统可能降低人们的自主性、威胁人们的工作保障和地位，因此，有时人们会对新的控制系统进行强烈的抵制。新的控制系统可能改变专家和权力结构，从而使得已有的权力和专家的头衔发生变更；新的控制系统可能会改变组织的社会结构，结束原先的合作关系，使竞争更加激烈。

2. 控制的具体方法

在实际管理活动中，对于不同方面的控制需要采取不同的控制方法。常见的控制方法有两大类：预算控制和非预算控制，另外，对于产品质量的控制运用的是全面质量控制方法。

（1）预算控制。预算控制是管理控制中最广泛使用的一种控制方法，预算控制最清楚地表明了计划与控制的紧密联系。预算是计划的数量表现。预算的编制是作为计划过程的一部分开始的，而预算本身又是计划过程的终点，是一转化为控制标准的计划。然而，在一些非营利的组织中，例如政府部门、学校等，却普遍存在着计划与预算脱节的情况，在那里，二者是分别进行的而且往往互不通气。在许多组织中，预算编制工作往往被简化为一种在过去基础上的外推和追加的过程，而预算审批则更简单，不加研究调查，以主观想象为根据地任意削减预算，从而使得预算完全失去了应有的控制作用，偏离了其基本目的，正是由于存在这种不正常的现象，促使一些新的预算方法发展起来，使预算这种传统的控制方法恢复了活力。

1）预算的概念。预算就是用数字的形式来表述组织的中短期活动计划，它预估了未来特定时期企业的收入，同时规定了各部门支出的额度。预算控制就是将实际和计划进行比较，确认预算的完成情况，找出差距并进行弥补，充分合理地利用组织资源。预算清楚地表明了计划与控制之间的紧密联系，它是一种转化为控制标准的计划，预算的编制为组织的控制工作提供了基础。

2）预算的类型。预算在形式上是一整套预计的财务报表和其他附表，按照不同的内容可以将预算分为经营预算（operational budget）、投资预算（investment budget）和财务预算（finacial budget）三大类。

a. 经营预算。经营预算是由收入预算和支出预算组成的。经营预算是指对企业日常发生的各项基本活动的预算，主要包括销售预算、生产预算、直接材料采购预算、直接人工预算、制造费用预算、单位成本预算、销售费用预算以及管理费用预算等。其中最基本和最关键的是销售预算，其他各项预算都是在销售预算的基础上编制的。

b. 投资预算。投资预算是对企业的固定资产购置扩建、改造、更新等，在可行性研究的基础上编制的预算，包括新建厂房、购买机器设备、上新项目以及其他方面的投资预算等。投资预算涉及企业的资本支出，投资预算必须要具体和准确，要明确规定投资时间、投资金额、资金来源和预期收益等。由于投资的资金来源往往是企业的限制因素之一，而对厂房和设备等固定资产的投资又往往需要很长时间才能回收，因此，投资预算应当力求和企业的战略以及长期计划紧密联系在一起。

c. 财务预算。财务预算是指企业在计划期内对企业的资金收支、损益情况以及财务状况的预算，财务预算主要包括现金预算、损益预算和资产负债预算。

现金预算是对企业未来生产与销售活动中现金的流入与流出的预测。通过现金预算，可以帮助企业发现资金的闲置或不足，从而指导企业及时利用暂时过剩的现金，或及早筹备维持运营所短缺的资金。为了有计划地安排和筹措资金，现金预算的编制期应越短越好，西方国家有不少企业以周为单位，逐周编制预算，甚至还有按天编制的，我国最常见的是按季和按月进行编制。

损益预算是对企业未来一定时期赢亏状况的预算，用来综合反映企业在计划期生产经营的财务情况，并作为预计企业经营活动最终成果的重要依据，损益预算是企业财务预算的最主要预算表之一。

资产负债预算是对企业会计年度末财务状况的预测，通过资产负债预算可以了解企业未来的财务安全性和偿债能力等重要指标。另外，通过将本期预算与上期实际发生的资产负债情况进行对比，可以发现企业财务状况可能发生的不利变化，便于及早进行事前控制。

（2）非预算控制。除了预算控制方法外，管理控制中还采用了许多不同种类的控制手段和方法，比较常见的非预算控制方法有监督检查、报告、比率分析和盈亏平衡分析法。

1）监督检查。监督检查是一种最古老、最直接的控制方法，它的基本作用就在于获得第一手信息。作业层（基层）的主管人员通过监督检查可以判断出数量、质量的完成情况以及设备运转情况和劳动纪律的执行情况等；职能部的主管人员通过监督检查可以了解到工艺文件是否得到了认真的贯彻，生产计划是否按预定进度执行，劳动保护等规章制度是否被严格遵守，以及生产过程中存在哪些偏差和隐患，等等；而上层主管人员通过监督检查，可以了解到组织方针、目标和政策是否深入人心，可以发现职能部门的情况报告是否属实及员工的合理化建议是否得到认真对待，还可以从与员工的交谈中了解他的情绪和士气等。所有这些都是主管人员最需要了解的，但却是正式报告中见不到的第一手信息。

监督检查有助于管理者掌握第一手信息，了解工作的进展情况，发现人才，并从下属的建议中获得启发和灵感，更好地激励下级，有利于创造一种良好的组织气氛。在现代化的企业管理过程中，即使是拥有计算机化的现代管理信息系统，计算机提供的实时信息，做出的各种分析仍然代替不了主管人员的亲身感受和亲自了解；另一方面，管理的对象主要是人，是人推动组织目标实现的，而人是需要通过面对面的交往来传达关心、理解和信任的。但是，监督检查也有其消极作用。当下属误解上级的监督检查，将其看做对自己工作的一种干涉和不信任,或者看做不能充分授权的一种表现时,其自尊心就会因此受到伤害而产生消极情绪。

2) 报告。报告是负责实施计划的主管人员全面地、系统地阐述计划的进展情况、存在的问题及原因、已经采取的纠正措施、取得的效果,预计可能出现的问题等情况的一种重要方式。控制报告的主要目的是提供一种必要的,立即可以用来纠正措施依据的信息。控制报告必须适时,突出重点,指出例外情况,简明扼要。通常,运用报告进行控制的效果取决于主管人员对报告的要求。管理实践表明,大多数主管人员对下属应当向他报告什么缺乏明确的要求。随着组织规模及其经营活动规模的日益扩大,管理也日益复杂,主管人员的精力和时间是有限的,因此定期的情况报告也就越发显得重要。

下面是美国通用电气公司建立的一种行之有效的报告制度,报告主要包括以下八个方面的内容:

a. 客户的鉴定意见以及上次会议以来外部所发生的新情况,这方面报告的作用在于使上级主管人员判断情况的复杂程度和严重程度,以便决定他是否要介入以及介入的程度。

b. 进度情况,这方面报告的内容是将工作的实际进度与计划进度进行比较,说明工作的进展情况。通常,拟订工作的进度计划可以采用"计划评审技术"。对于上层主管人员来说,他所关心的是处于关键线路上的关键工作的完成情况,因为关键工作若不能按时完成,那么整个工作就有可能误期。

c. 费用情况,报告的内容是说明费用开支的情况,必须将其与费用开支计划进行比较,并回答实际的费用开支为什么超出了原定计划,以及按此趋势估算的总费用开支(超支)情况,以便上级主管人员采取措施。

d. 技术工作情况,技术工作情况是表明工作的质量和技术性能的完成情况和目前达到的水平,其中很重要的问题是说明设计更改情况,要说明设计更改的理由和方案,以及这是客户提出的要求还是我们自己做出的决定等。

以上关于进度、费用和技术性能的报告,从三个方面说明了计划执行情况,下面是报告需要上层主管人员决策和采取行动的项目,分为当前的关键问题和预计的关键问题两项。

e. 当前的关键问题,报告者需要检查各方面的工作情况,并从所有存在的问题中挑出三个最为关键的问题,他不仅要提出问题所在,还须说明对单个计划的影响,列出准备采取的行动,指定解决问题的负责人以及规定解决问题的期限,并说明最需要上级领导帮助解决的问题所在。

f. 预计的关键问题,报告的内容是指出预计的关键问题,同样也需要详细地说明问题,指出其影响、准备采取的行动、指定负责人和解决问题的方法,预计的关键问题对上层主管人员来说特别重要,这不仅是为他们的长期决策提供选择,也是因为他们往往认为下属容易陷入日常问题而对未来漠不关心。

g. 其他情况,报告的内容是提供与计划有关的其他情况,例如,对组织和客户有特别重要意义的成就,上月(或季、年)的工作绩效与下月的主要任务等。

h. 组织方面的情况,报告的内容是向上层领导提交名单,名单上的人可能会去找这位上层领导,这位领导也需要知道他们的姓名,同时还要了解整个计划的组织工作。

3) 比率分析。比率分析是对于组织经营活动中各种不同度量之间的相对比较,是一项必需的控制技术或方法。企业经营活动分析中常用的比率有两类,即财务比率和经营比率,财务比率主要用于说明企业的财务状况,通过财务状况分析可以迅速全面地了解一个企业资金来源和资金运用的情况,了解企业资金利用的效果和企业的支付能力以及清偿债务的能力。经营比率是衡量一个企业生产经营和财务状况的综合性指标,常用的经营比率有市场占有率、相对市场占有率和投入－产出比率。

4）盈亏平衡分析法。盈亏平衡分析法是根据企业的收入和支出相等的原理，找出使企业达到盈亏平衡的产量点，然后再根据企业的利润要求确定企业实现目标利润的产量。通过盈亏平衡分析，企业可以控制达到目标利润的销售量，进行成本控制、判断企业经营的安全率等。

除了以上这几种方法外，常用的非预算控制方法还有审计法、程序控制以及网络分析技术。

（3）全面质量管理。

1）全面质量管理的含义。全面质量管理（total quality management，TQM）是由美国通用电气公司的费根鲍姆和朱兰于20世纪50年代末60年代初提出的，是企业为了保证和提高产品质量，综合运用一整套质量管理体系、手段和方法进行的系统管理活动，目的在于通过让顾客满意和本组织所有成员及社会受益而达到长期成功的管理途径。在全面质量管理的理念下，企业全体员工和有关部门需要综合运用现代科学和技术成果，控制影响产品质量的全过程和各因素，经济地研制、生产和提供用户满意的产品。20世纪80年代，日本公司在成功实施全面质量管理之后扩大了市场份额，其产品以高品质在国际上赢得了很高的美誉度，美国管理者也因此而非常青睐全面质量管理。日本的全面质量管理系统是建立在戴明、朱兰和费根鲍姆等美国学者和咨询师研究成果的基础之上的，当这些人的观念在海外试验成功以后，便引起了一大批美国企业家的关注。

全面质量管理的核心思想是，企业的一切活动都围绕着质量来进行。它要求企业最高决策者和一般员工都参加到质量管理过程中。质量控制活动应包括从市场调研、产品规划、产品开发、制造、检验到售后服务等产品寿命循环的全过程。

全面质量管理重点强调团队合作、提高顾客满意度和降低经营成本。在实施全面质量管理的过程中，为了更好地改进产品质量，企业鼓励管理者和员工进行跨职能、跨部门的合作，同时也鼓励他们与客户及供应商合作。每一次质量改进都使产品更加趋于完美，组织的目标是追求零缺陷率。质量控制成了每位员工日常工作的一部分，而不再是某个部门的责任。

2）全面质量管理的内容。全面质量管理注重顾客需要，强调参与团队工作，并力争形成一种文化，以促进所有的员工设法、持续改进组织所提供产品和服务的质量、工作过程与顾客反应时间等，它由以下要素构成，如图4-3所示。

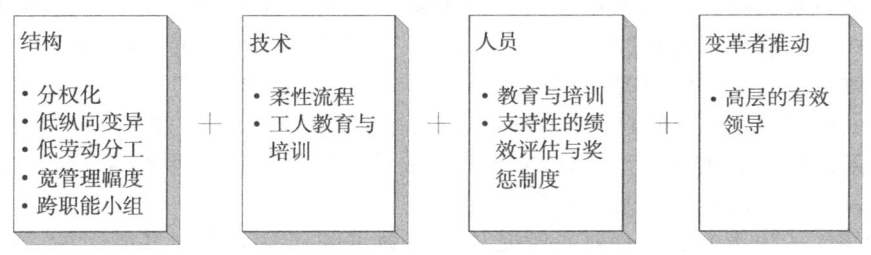

图4-3　全面质量管理的组成要素

全面质量管理由结构、技术、人员和变革者推动四个要素组成，只有这四个方面全部齐备，才会有全面质量管理这场变革。

全面质量管理有三个核心的特征，即全员参加的质量管理、全过程的质量管理和全面的质量管理。全员参加的质量管理，即要求全部员工，无论高层管理者还是普通办公职员或一线工人,都要参与质量改进活动。参与"改进工作质量管理的核心机制",是全面质量管理的主要原则之一。全过程的质量管理必须在市场调研、产品的选型、研究试验、设计、原料采购、制造、检验、储运、销售、安装、使用和维修等各个环节中都把好质量关。其中,产品的设计过程是全面质量管理的起点,原料采购、生产、检验过程是实现产品质量的重要过程;而产品的质量最终是在市场销售、售后服务的过程中得到评判与认可。全面的质量管理是用全面的方法管理全面的质量。全面的方法包括科学的管理方法、数理统计的方法、现代电子技术和通信技术。全面的质量包括产品质量、工作质量、工程质量和服务质量。

3)全面质量管理实施原则。ISO 9000标准中提出了质量管理的八项原则。这八项原则反映了全面质量管理的基本思想。

a. 以顾客为中心。任何组织都离不开顾客,否则组织将无法生存。因此,任何一个组织均应正确识别顾客并将争取客户、顾客满意作为首要的工作来考虑,并据此安排所有的活动。超越顾客的期望,是组织持续发展的潜在需求,将给顾客带来更大的利益。

b. 领导作用。在组织的管理活动中,领导者起着关键的作用,领导者应当确定本组织的方针、目标,创造一个实施方针和目标的良好工作条件,为实现组织的方针和目标,领导者应当营造员工能充分参与的氛围。

c. 全员参与。组织的运作需要不同层次的管理、技术、操作、执行和验证人员。所有这些人员都是组织必不可少的,否则组织运作将会出现问题,全员充分参与是组织良好运作的必要条件,每个岗位的职责履行能力,才干的发挥,都将会给组织带来效益。

d. 过程方法。任何将所接收的输入转化为输出的活动都可视为过程,通常,一个过程的输出往往会直接成为下一个过程的输入。组织为了有效运作,必须识别并管理许多相互关联的过程。组织系统地识别并管理所采用的过程以及过程的相互作用,被称之为过程方法。

活动必然产生结果,结果是一种输出。因为资源与活动相关,所以资源与活动均可看成是一个系统的组成部分,通常,期望的结果可理解为在某种设想或前提条件或某种要求之下的输出。因此,相关的资源、活动期望的结果构成了活动系统,可视为下一个过程。过程方法给出了质量管理体系活动的基本方法。

e. 管理的系统方法。将相互关联的过程作为系统加以识别、理解和管理,有助于提高组织实现目标的有效性。管理需要方法,而方法具有系统性,识别由这些活动所构成的过程,分析这些过程的相互作用和相互影响的关系,按照某种方式或规律将这些过程有机地组合成一个系统,管理由这些过程构筑的系统——过程网络,使之能协调地运行。

f. 持续改进。相关产品的需求和期望是在不断发展的,组织都会经历一个由初始到完善,直至更新的过程,人们对过程结果的质量要求也在不断提高,对这一过程的活动的管理必须包含对这种变化的管理,管理的重点应关注变化或更新产生结果的有效性和效率,这是一种持续活动,改进是永无止境的。

g. 基于事实的决策方法。有效决策是建立在数据和信息分析的基础上的。成功的结果取决于活动实施之前的精心策划和正确的决策,正确适宜的决策依赖于良好的决策方法。依据准确的数据进行逻辑推理分析,在策划、评价和改进质量管理体系中是一种良好的决策方法。

h. 与供方互利的关系。组织与供方是相互依存的,互利关系又增强了双方创造价值的能力。任何一个组织都有其供方或合作伙伴,它是组织不可缺少的资源之一。供方和合作伙伴提供的材料、零部件或服务对组织的最终产品有着重要的影响,直接影响顾客满意度,因此，加强同供方或合作伙伴的合作与交流是十分重要的。合作与交流的结果最终使组织与供方或合作伙伴均增强了创造价值的能力，使双方都获得利益。

4）全面质量管理的基本方法。实施全面质量管理，可以采用许多技术方法，如质量管理小组、标杆管理、六西格玛质量原则、缩短周期、持续改进和 PDCA 循环。

a. 质量管理小组。质量管理小组是实施全面质量管理分权控制的一种方式。质量管理小组是一个由 6~12 位员工自愿组成的小组，这些员工定期会晤，讨论并解决影响工作质量的问题。在工作周的某一规定时间，小组成员召开会议，发现问题，并试图找到解决办法。质量管理小组可以随意收集数据信息和展开调查研究。许多公司训练团队成员组建团队、解决问题和控制质量的能力。使用质量管理小组的原因在于，把决策权授予从事具体工作的员工，因为他们更熟悉有关的工作情况，能够提出切实可行的建议。

b. 标杆管理。标杆管理是施乐公司于 1979 年开始引入的管理方法，此后，标杆管理迅速成为全面质量管理的一种主要方法。标杆管理的基本环节是以最强的竞争企业或那些行业中领先和最有名望的企业在产品、服务或流程方面的绩效及实践措施为基准，树立学习和追赶的目标，通过资料收集、比较分析、跟踪学习、帮助企业寻找目标、重新设计和付诸实施等一系列规范化的程序。在实施标杆管理前，企业应首先从自身的使命出发，实事求是地分析自己当前的业务流程，并找出拟改进的方面，根据分析结果再选择值得模仿的竞争对手。

c. 六西格玛质量原则。20 世纪 80 年代，摩托罗拉公司是众多被日本竞争对手吞食的西方公司之一。当面临市场的不断被吞噬与业务危机时，摩托罗拉的领导人承认其产品质量低劣。摩托罗拉虽然不是只有一个质量控制系统，但是没有一个足以挽回败局。在 1987 年，当时摩托罗拉的通信部门经理乔治·费希尔（后来成为柯达的 CEO）创立了一种质量管理新方法，这种革新性的改进方法就是六西格玛方法。

六西格玛有两层含义：一层是从统计角度，另一层是从管理角度。从统计角度来说，σ 是一个希腊字母，读作"西格玛"，在数理统计中表示"标准差"，是统计学里的一个测量单位；"西格玛水平"用于衡量产品、服务和过程的缺陷水平；六西格玛水平是指 100 万次出错机会中有三四个缺陷的缺陷水平。基于六西格玛的统计含义，六西格玛还有更为深刻的多重管理含义，包括：①实施六西格玛并不是一定要达到六西格玛水平的质量，而在于对过程进行突破性的改进和创新。六西格玛的目标就是"又精又准"：使过程趋于目标值并减少波动，追求零缺陷，追求完美。②六西格玛是一套系统的业务改进方法体系，是旨在持续改进企业业务流程，实现顾客满意的管理方法。它通过系统地、集成地采用业务改进流程，实现无缺陷的过程设计，并对现有过程进行界定、测量、分析、改进、控制，消除过程缺陷和无价值作业，从而提高质量和服务、降低成本、缩短运转周期，达到顾客完全满意，增强企业竞争力。

d. 缩短周期。周期是指完成一个程序所经过的步骤。工作周期的简化是全面质量管理方案取得成功的关键，具体地说，就是消除各工作步骤之间以及各部门之间的障碍，取消工作程序中无用的步骤。即使组织决定不使用质量管理小组或者其他方法，但通过提高反应能力、加快工作进程和缩短工作时间同样也能够产生实质性的改进。周期时间的缩短必然改善公司的整体绩效，提高产品质量。

e. 持续改进。持续改进最基本的理念就是每次改进一点，持续不断地寻求改进，日积月累，最终提升企业的产品质量。

f. PDCA 循环。PDCA 循环是全面质量管理的基本方法，PDCA 循环的概念最早是由美国质量管理专家戴明提出来的，所以又称为"戴明环"。PDCA 循环所代表的含义为：

- P（plan）——计划，确定方针和目标，确定活动计划；
- D（do）——执行，实地去做，实现计划中的内容；
- C（check）——检查，总结执行计划的结果，注意效果，找出问题；
- A（action）——行动，对总结检查的结果进行处理，成功的经验加以肯定并适当推广和标准化，对失败的教训加以总结，以免重犯，未解决的问题放到下一个 PDCA 循环。

在质量管理中，PDCA 循环得到了广泛的应用，并取得了很好的效果，PDCA 循环的四个过程是周而复始进行的，一个循环完成了，解决了一部分问题，可能还有其他问题尚未解决，或者又出现了新的问题，再进行下一次循环，其基本模型如图 4-4 所示。

PDCA 循环的四个阶段又可细分为八个步骤，每个步骤的具体内容和所用的方法如表 4-1 所示。

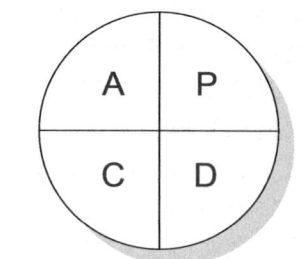

图 4-4　PDCA 循环的基本模型

表 4-1　PDCA 循环的步骤和方法

阶　段	步　　　骤	主　要　方　法
P	1. 分析现状，找出问题	排列图、直方图、控制图
P	2. 分析各种影响因素或原因	因果图
P	3. 找出主要影响因素	排列图、相关图
P	4. 针对主要原因，制定措施计划	回答"5W1H" 为什么制定措施（why）？ 达到什么目标（what）？ 在何处执行（where）？ 由谁负责完成（who）？ 什么时间完成（when）？ 如何完成（how）？
D	5. 执行、实施计划	
C	6. 检查计划执行结果	排列图、直方图、控制图
A	7. 总结成功经验，制定相应标准	制定或修改工作规程、检查规程及其他规章制度
A	8. 把未解决或新出现的问题转入下一个 PDCA 循环	

3．有效控制的艺术

（1）适时控制策略。只有及时采取措施纠正组织经营活动中产生的偏差，才能避免偏差扩大或防止偏差对组织不利影响的扩散。因此，要求管理人员及时掌握能够反映偏差产生原因及其严重程度的信息，并及时采取纠错行动。在偏差未产生以前，就注意到其发生的可能性，并采取必要的防范措施，防止产生偏差。

可以通过建立组织经营状况的预警系统来进行偏差预测，为需要控制的对象建立一条警戒线，反映经营状况的数据一旦超过这个警戒线，预警系统就会发出警报，提醒人们采取措施防止偏差的产生或扩大。

（2）适度控制策略。适度控制是指控制的范围、程度和频度恰到好处，适度控制要注意以下几个问题。

1）防止控制过度或控制不足。有效控制应该既满足组织活动监督和检查的需要，又能防止与组织成员发生强烈的冲突。一方面，过多的控制会对组织员工造成伤害，对组织成员的行为产生过多的限制，从而扼杀他们的积极性、主动性和创造性，抑制其创新精神，从而影响个人能力的发展和工作热情的提高，最终影响企业的效率。另一方面，过少的控制可能无法保证各部门活动进度和比例的协调，造成资源浪费。同时，过少的控制还会使组织成员行为懒散，无视组织的要求，甚至利用在组织中的便利地位谋求个人利益，导致组织的混乱和目标难以实现。

2）处理好全面控制与重点控制的关系。任何组织都难以对每个部门、每个环节的每个人在任何时间的工作情况进行全面控制，全面控制的代价和难度都极高。因此，企业在建立控制系统时，要建立适度的控制系统，利用 ABC 分析法和例外原则等工具找出影响企业经营成果的关键环节和关键因素，并据此在相关环节上设立预警系统或控制点，进行重点控制。有了一定的控制标准，主管人员就可以管理一大批下属，从而扩大管理幅度，达到节约成本和改善信息沟通的效果，同时也使主管人员的工作业绩得到提升。

3）控制费用与控制收益的权衡。衡量工作成绩、分析偏差产生的原因以及为纠正偏差而采取措施都需要支付一定的费用。同时，由于纠正了组织活动中存在的偏差，任何控制都会带来一定的收益。只有当控制所带来的收益超出所花费的成本时，控制才是值得的。

（3）员工参与策略。客观的控制源于对企业经营活动状况及其变化的客观了解和评价。因此，控制过程中采用的检查、测量的技术和手段必须要能正确地反映企业经营的变化，准确地判断和评价企业各部门各环节的工作与计划要求的相符合或相背离程度。由于管理工作带有许多主观成分，因此，一名下属的工作是否符合计划要求，不应不切实际地主观评定，凭主观进行控制会影响对业绩的判断。如果没有客观的标准、态度和准确的检测手段，就不容易对企业的实际工作有正确的认识，难以制定正确的措施，进行合理的控制。

为了实现客观的控制，在控制过程中，加强员工参与是非常必要的。传统的做法是，管理者在制定目标和行动方案后，再告知下属员工，员工是被动地接受目标和执行方案。而参与式控制强调让员工参与控制的有关活动。在制定业绩目标和实现目标的方式上，员工充当积极角色，可以发表自己的意见和建议。通过员工参与，可以使他们更好地理解管理者制定特定目标和计划的原因，增强其自主意识和责任感，有助于激发员工的积极性和主动性。同时，当员工参与到工作方法和流程的制定过程中时，管理者可以更好地与他们进行沟通，改变员工对控制的态度，使员工明白整个目标的制定、监督、评价的公开、公正和公平，增强控制的客观性，减少控制和监督的负面反应。

（4）弹性控制策略。有效的控制系统应该是具有灵活性和弹性的，应使企业在遇到某种突发的变化时仍能发挥作用，维持企业的运营。弹性控制通常与控制的标准有关。当企业所面临的市场发生变化时，有效的预算控制应能反映经营规模的变化，考虑到未来的企业经营可能呈现出的不同水平，为标示经营规模的不同参数值规定不同的经营额度，使预算在一定范围内有一定的浮动。弹性控制与控制系统的设计也有一定的关系。通常组织的目标不是单一的，由于控制系统的存在，人们为了避免受到指责或是为了使业绩看起来不错，就会故意采取一些行动，从而直接影响特定控制阶段内信息系统产生的数据。

4.1.5 控制的过程

在现代管理活动中，控制工作可分为以下四个阶段。

1. 确定控制标准

标准是评定工作成效的尺度和准绳，标准是控制的基础，控制标准是控制能否有效实行的关键,没有切实可行的标准,或者控制标准制定得过于粗糙、过高或过低,都不利于控制工作的顺利实施。标准来自于但又不等同于组织计划。由于计划的详细程度和复杂程度不一样,它的标准不一定适合控制工作的要求。另外,控制工作不可能面面俱到,它需要的不是计划中的全部标准和指标,而是其中的关键点。因此,管理者实施控制前首先要以计划为基础,制定出适宜的控制标准。一个周密的标准体系是控制工作的质量保证。

在现实中,不同性质的组织通常要根据自己单位所在地区的特点、行业属性和作业特征等多个因素来设置标准。控制标准有定量和定性两大类,相比较而言,定量化的标准更能保证控制的准确性。因此,在实际控制工作中,应尽可能地采用定量化的标准。常见的控制标准包括:

(1) 实物量标准,即非货币标准,如消耗的原材料、资金以及完成的产品产量等。

(2) 价值标准,即货币标准,用来反映组织的经营状况,包括成本标准、收益标准和资金标准等。

(3) 时间标准,是指完成一定工作所需要花费的时间限度,如工时定额、交货期和工程周期等。

(4) 质量标准,是指工作应达到的要求,或产品与劳务所应达到的品质标准,如产品等级、合格率等。

对于不能定量衡量的标准也可以定性标准衡量,比如工作作风、道德标准和服务规范等。不管什么样的标准都应该是客观的、可以核实评价。控制标准必须简明、适用、可行,并且易于操作,才能保证控制工作的有效性。

2. 评估实际绩效

大多数组织都定期提供正式的、定量化的绩效报表供管理者审核。这些报表的内容应该与控制过程第一阶段所设立的绩效标准相关。通过报表数据管理人员随时可以了解公司是否在做它应该做的事情,是否在朝着正确的方向发展。同时,为了更有效地实施控制,管理人员在参考这些数据的基础上还应亲自深入到组织内部,了解组织的运行情况,对员工参与度和客户满意度等重要指标进行检查。通过亲自观察,管理者可以了解员工参与决策的过程和积累与分享知识的机会。

在实际中,应根据具体情况具体分析实际工作绩效的衡量方法,常用的衡量方法有以下几种。

(1) 口头汇报。口头汇报分正式汇报和非正式汇报两种。正式汇报往往在某些公众场合使用,如会议等;非正式汇报往往是一对一的情况通报和信息沟通式的,如电话交谈、个别交谈等。口头汇报的优点是方便快捷,能够得到立即反馈;其缺点是不便于存档查找和重复使用,而且汇报内容容易受到汇报人的主观影响。

(2) 书面汇报。书面汇报往往在计划结束后进行,是将实际工作中采集到的数据以一定的方法进行加工处理后得到的文字资料,如会计报表、经济报表等。书面汇报的优点是节省时间,效率高,而且易于保存;缺点是资料的应用价值受到原始数据真实性和全面性的影响。

(3) 直接观察。直接观察是由负责控制的人员亲临工作现场,通过观察、与工作人员现场交谈来了解工作的实际情况。这种方法给管理者提供了关于实际工作情况的第一手资料,从而避免了可能出现的遗漏和信息的失真。尤其是对基层工作人员的工作情况进行控制时，直接观察是一种非常有效的方法。但直接观察不能全面了解各方面的工作情况，比较耗费时间和精力。

衡量实际工作绩效实际上是一种信息的收集过程，因此，在利用上述方法衡量工作时，要特别注意所获取信息的准确性、及时性、可靠性和实用性。

3. 将实际工作绩效与标准进行比较并分析偏差

获得了实际工作绩效后，就需要将衡量结果与标准进行比较，并对比较的结果进行分析。比较的结果有两种可能：一种是存在偏差，另一种是不存在偏差。需要注意的是，只有实际工作与标准之间的差异超出了一定的范围，才认为存在偏差。偏差有两种情况：一种是正偏差，即实际工作绩效优于控制标准；另一种是负偏差，即实际工作绩效劣于控制标准。出现正偏差，表明实际工作取得了良好的绩效，应及时总结经验，肯定成绩。但正偏差如果太大也应注意，这可能是因为控制标准制定得太低，这时应对其进行认真分析。出现负偏差，表明实际工作的绩效不理想，应迅速准确地分析其中原因，为纠正偏差提供依据。

造成偏差的原因可归纳为以下三大类。

（1）计划或标准制定得不合理。计划目标制定得过高或过低，或者所制定的计划的行动方案不适应企业内外部环境时都会造成偏差。因此，管理者在制订计划时不能脱离实际，一旦不符合实际情况时就要及时进行调整，计划的调整不能凭一时冲动，随意更改，否则计划就失去了意义，很难进行有效控制。

（2）计划执行不到位。由于计划执行者的自身原因发生偏差，比如工作不认真、缺乏责任心、不执行相应的规章制度，或者是能力不够，不能胜任工作等，这时可采取重申规章制度、明确责任、按规定处罚有关人员，或调整工作人员、加强员工培训、改组领导班子等措施。

（3）外部环境发生重大变化。当外部环境发生重大变化，比如国家政策法规、经济环境以及自然界不可抗拒的灾害等，企业无法对其控制，只能采取一些补救措施或者是变化目标，将企业的运营调整到正常轨道上来。

4. 采取管理行动纠正偏差

当实际绩效偏离预期标准时，管理人员必须采取措施来予以纠正。在传统的自上而下的控制系统中，管理人员往往通过行使他们的正式职权来实施必要的变革。比如，管理者可以鼓励员工更加努力地工作，也可以重新设计生产流程。相反，运用参与性控制方法的管理者会选择与员工一起协作，共同确定可以纠正偏错的方法。所提出的控制措施、对策和办法必须建立在对偏差原因进行认真正确分析的基础上，不正确的归因会导致控制行动的低效、无效甚至负效果。纠正偏差的方法有以下两种。

（1）改进工作绩效。如果偏差分析的结果表明，计划或标准是符合实际情况的，偏差是由于实际工作绩效不理想所产生的，管理者就应该采取一定的纠正行动来有针对性地改善实际工作绩效。这种纠正行动可以是管理策略的调整、组织机构的变动和人事方面的调整等。

（2）修订标准。产生偏差的原因可能来自不合理的标准，标准制定得过高或过低都会造成偏差的出现。当控制标准不切实际时，管理者应仔细分析，并重新修订标准，使其符合实际情况，不切合实际的标准会给组织带来很大的危害。

控制是一个连续的过程，在多数情况下，实施控制既是一个管理过程的终结，也是一个新的管理过程的开始。控制的目的在于通过采取纠正措施，把那些不符合要求的管理活动引回到正确的轨道上来，使管理系统稳定地实现预定目标（见图4-5）。

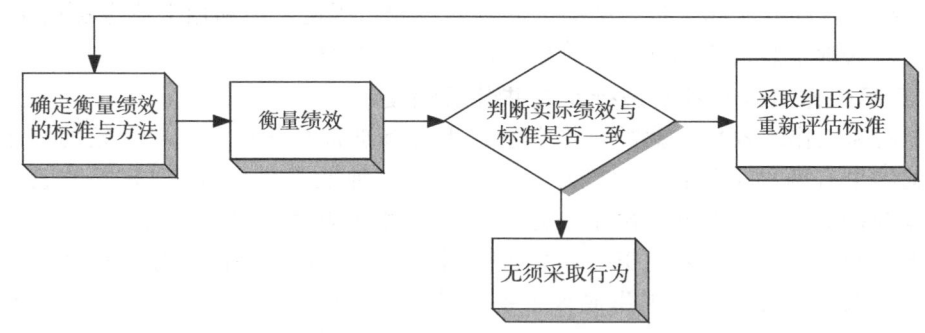

图 4-5　控制的过程

4.2　人员控制

组织员工的控制按照管理控制的正式化程度，可以分为正式控制和非正式控制。正式控制是书面的、从管理者出发的，能够影响员工或团队工作方式的控制，如计划、预算、制度和定额等。非正式控制是非书面的、从员工出发的，影响行为者个人或团队的机制。

4.2.1　人员的正式控制

正式控制在实施过程中，需要制定严格的考核指标和建立严密的组织体系，能够产生直接的控制效果，但员工感觉到的压力较为明显，容易与企业产生对立感。正式控制包括结果控制和过程控制。在结果控制中，管理者主要评价员工的工作结果，对员工工作过程监督和指导较少，员工可以以自己的方式实现最大业绩。结果控制的操作更为简单，给员工较大的权力，有利于充分发挥其积极性和创造性，可以减少企业的管理费用。结果控制的方式能够给员工带来压力和动力，有助于提升员工的业绩。但同时结果控制也存在一些弊端，由于缺乏企业对员工活动过程的指导和监督，导致员工注重短期利益，而忽视了长远利益。而且，仅仅采用工作结果对员工进行评价也是不公平的。

在过程控制中，管理者在收集信息的基础上，更加注重对员工工作过程的监督、指导和评价，并对员工的知识、能力、工作标准和工作量等有明确的规定。过程控制对员工的控制和评价更加注重长期性，有利于企业战略的执行。但由于控制所涉及的控制和评价指标较多，而且大部分指标都是定性指标，使得评价较为复杂和主观。由于主观性较强，管理者所制定的评价指标不能令员工信服，从而使员工产生不公平感。另外，过程控制所制定的统一工作程序和标准不一定适合企业的每一位员工，员工的创造性和自主性不能得到充分发挥。在完全的过程控制中，管理者可以要求员工对制定的行动过程负责，但不能要求员工对行为结果负责，因此为一些业绩差的员工提供了推脱责任的理由。

4.2.2　人员的非正式控制

非正式控制通过对员工的心理产生影响，提高其责任感和认同感。按照相互影响的聚集程度可以将非正式控制分为三类：自我控制、职业控制和文化控制。

1. 自我控制

自我控制定位在个人层次，是个人对自我行为的约束。在自我控制中，个人建立自己的目标、检测自己的成绩，如果行为偏离目标，自己调整。需要强调的是，自我控制并不是不控制，企业可以通过强化内在动机、增强自我效能感等方式影响员工的自我控制能力。

2. 职业控制

学习型组织理论的发展为职业控制的应用提供了理论支撑。学习型企业是美国麻省理工学院的彼得·圣吉于1990年在《第五项修炼》一书中首先提出来的，他不仅要求企业中的每个人都要终身不断的学习，不断获取新知识，不断超越自我，而且要求企业也要不断的学习和不断的超越。构建学习型组织包括自我超越、改善心智模式、建立共同愿景、团队学习和系统思考五个相互联系的环节。

通过员工之间的交流、相互合作、相互学习，能够实现经验和知识共享，有助于员工提出新的方法和方案，解决大家共同面临的困难和问题，形成一致性的目标，形成相互尊重的工作氛围，提升员工的工作能力。同时通过工作方法和工作绩效的比较，还会使员工互相监督和自我监督，形成良性竞争的格局，起到自我激励的作用。

3. 文化控制

文化控制定位在企业层次，是通过让员工接受企业价值观和企业理念来实现的。文化控制渗透于所有部门或整个企业中，定位在企业层次。企业文化是一个企业在长期的经营过程中所形成的，企业群体所共同认可的特有的价值观念、行为规范及奖惩规则等的总和。企业文化以改变员工的偏好来达到促使员工努力工作的目标。企业文化可以使员工激励内在化，将企业目标内在化成为员工个人的目标。

正式控制完全依存于经济利益的联系，这种联系往往会产生大量的利益冲突，从而存在潜在的导致无序的可能性。而文化通过一套规范来控制人们的行为，通过一套信念和价值观增强人们的凝聚力，使导致无序的严重利益冲突受到有效抑制，提高组织目标与个人目标的一致性程度。

4.3 财务控制

追求利润是企业的首要目标，因此，管理者要及时了解企业的财务状况，对支出进行控制。财务控制是指按照一定的程序和方法，确保企业及其内部机构和人员全面落实及实现财务预算的过程。它是财务管理的重要环节或基本职能，与财务预测、财务决策、财务分析与评价一起成为财务管理的系统或全部职能。

4.3.1 财务控制的含义

财务控制的含义包含以下几个方面：①财务控制不仅仅是财务部门的事情，也不仅仅是企业经营者的职责，而是整个管理体系内各组织结构共同参与的一项管理活动。一个健全的企业财务控制体系，实际上是完善的法人治理结构的体现。从控制的主体来看，财务控制可分为出资者财务控制、经营者财务控制和财务部门财务控制；从控制的对象来看，财务控制则可分为各责任中心财务控制。②财务控制的目标是企业财务价值最大化，是代理成本与财务收益的均衡，是企业现实的低成本和未来高收益的统一，而不仅仅是传统控制财务活动的现实的合规性、有效性。③财务控制的客体首先是人（经营者、财务经理等管理者、员工）以及由此形成的内外部财务关系，其次才应该是各种不同的企业财务资源（资金、技术、人力、信息）或现金流转。④财务控制的实现方式应该是一系列激励措施与约束手段的统一。为了降低成本，实现财务目标，仅仅依靠建立一些管理制度是远远不够的，设计一套完善的激励和约束机制是非常必要的。

4.3.2　财务控制的特征

财务控制具有以下特征：①以价值控制为手段。财务控制以实现财务预算为目标；财务预算所包括的现金预算、预计利润表、预计资产负债表等，都是以价值形式来反映的；财务控制必须借助价值手段进行。②以综合经济业务为控制对象。财务控制以价值为手段，可以将不同岗位、不同部门、不同层次的业务活动综合起来。③以现金流量控制为日常控制内容。由于日常的财务活动过程表现为组织现金流量的过程，因此，控制现金流量成为日常财务控制的主要内容。

4.3.3　财务控制的方法

财务控制常用的方法有比率分析法和预算控制法。

1. 比率分析法

在财务分析和财务控制过程中，仅靠某些反映经营成果的单个数据往往不能说明任何问题。利用财务报表提供的数据，通过财务比率和经营比率，可以对组织整体绩效进行检查。通常通过以下三个方面的评价来了解企业的运营状况。

（1）偿债能力评价。反映短期偿债能力的指标有流动比率、速动比率和现金比率，这几个指标反映了企业用于偿还流动负债的流动资产的充足程度。衡量长期偿债能力的指标有资产负债率、负债权益率、利息保障率和长期负债与营运资金比率。负债权益率是企业负债总额和股东出资总额的比率，一般认为，这一比率如果低于1.5，企业就没有过度负债。

（2）营运能力评价。衡量营运能力的指标有总资产周转率（次数）和总资产周转天数。总资产周转率（次数）是销售收入净值与平均资产总额的比率。总资产周转天数是从周转速度的角度来衡量企业全部资产的使用效率。总资产周转率越大，说明企业的资金利用效率越高，运营能力越强。

（3）赢利能力评价。赢利能力是企业偿债能力与营运能力的综合体现。通过企业的资产结构、资产运营效率和偿债能力等指标可以间接表现出来，衡量赢利能力的指标为总资产报酬率，总资产报酬率是指企业一定时期内利润总额与资产总额的比值。总资产报酬率越高，说明企业资产的利用效果就越好。

2. 预算控制法

预算是最常用的财务控制方法。预算把计划数字化为财务报表，并按组织机构将其分解成许多部分，使计划清晰化和条理化，从而使管理者清楚地知道资本的使用和费用的支出情况。预算为不同部门、组织的不同层次和不同时期的绩效衡量提供了依据。预算有四个主要目的：它能帮助经理人协调组织资源；有助于阐述已经确立的控制标准；为组织的资源和期望提供指导路线；使得组织能够评估经理人和组织单位的绩效。

预算按不同的内容可分为三种类型，分别是财务预算（financial budget）、经营预算

(operating budget) 和非货币预算 (nonmonetary budget)。表4-2总结了这些预算的特征。

表4-2 开发组织中的预算

预算的种类	预算说明
• 财务预算	• 现金的来源与使用
现金流或现金预算	每月、每周或每天所有现金收入和现金支出
资本支出预算	主要资产,如工厂、设备或土地的成本
资产负债表预算	当其他所有预算都实现时,预测组织资产和负债
• 经营预算	• 用财务术语描述的计划经营目标
销售或收入预算	正常经营下组织希望获得的收入
支出预算	在未来时期组织预计的支出
利润预算	销售收入与支出的预计差额
• 非货币预算	• 用非财务术语描述计划经营目标
劳动力预算	可以利用的直接工时
空间预算	不同职能部门可利用空间的面积
生产预算	未来时期生产的产品数量

财务预算显示组织在未来时期希望从哪里获得现金,以及如何利用这些现金。

经营预算关注的是组织内部的计划经营目标。

非货币预算是用非财务术语,如产出量、直接工时、机时或分配的面积等表述的预算。

3. 财务控制的其他工具

其他一些有用的财务控制工具包括财务报表和财务审计。

(1) 财务报表。财务报表是组织财务状况某些方面的概述。组织比较常用的财务报表有资产负债表、利润表和现金流量表。

资产负债表是反映企业在某一特定日期(月末、季末、半年末、年末)财务状况的会计报表。它是根据"资产＝负债＋所有者权益"的会计恒等式来设计的。资产负债表提供进行财务分析的基本资料,通过对资产负债表上有关项目进行分析,可以解释、评价和预测企业的短期偿债能力、长期偿债能力、财务弹性和企业的绩效,帮助管理部门做出合理的经营决策。

利润表是反映一定期间(年、月)生产经营成果的会计报表。利润表描述一段时期内企业的收入减去支出后的净收入(利润或亏损)。

现金流量表反映企业一定期间内现金流入和流出总量以及企业的现金净流量。

各个报表所提供的信息可以用来计算重要的财务比率。

(2) 财务审计。审计是对组织会计、财务和营运系统的独立评估。两种主要的审计类型是外部审计和内部审计。

外部审计是由非公司雇用的专家进行的财务评估,法律规定,公众持股公司需要定期进行外部审计,以此向投资者保证其财务报告是可靠的。外部审计是由外部会计人员进行的,而内部审计则是由组织的雇员进行的。其目的与外部审计相同,都是为了证实组织采纳的财务与会计流程的正确性。外部审计和内部审计都要审核财务与会计流程的效率及恰当性。由于指挥这些行动的是组织永久的组成部分,所以内部审计比外部审计更加昂贵。

总的来说,财务控制的方法有很多,但无论是哪一种,其目的都是为便于贯彻和落实财务预算,实现预算目标。这些方法可以在实践中不断完善、不断探索和创新。

4.4 风险控制

4.4.1 风险的含义

在现代经济学中，一般将风险定义为"事件或经济结果的不确定性"或"发生危险、损失、损伤或其他不利结果的概率和程度"。风险有以下几个特征：①风险是关于未来的；②风险具有不确定性；③有损益发生。

风险分为外在的商业风险和企业内部的管理风险。外在的商业风险是指经济大环境、法律法规和竞争对手等因素引发的风险，比如政策的变动、自然灾害等。企业内部的管理风险是指企业因管理和控制不善可能带来的损失，比如财务或人力资源方面的问题等。

4.4.2 风险控制的方法

风险控制主要包括两个方面：一是避免风险，二是排除风险。

1. 避免风险

避免风险就是放弃或者拒绝可能导致比较重大风险的经营活动或方案。这种方法在企业中会经常使用，比如企业如果认为某个投资项目经营决策风险太大，就可能自然放弃，不去从事这个项目或者不去从事这个经营。避免是一种被动的、消极的风险控制方法。避免风险是在风险事件发生之前，采用回避的方法完全彻底地消除某一特定风险可能造成的损失，而不是仅仅减少损失发生的可能性和影响程度，因此它比较彻底。

避免风险的一种基本方法是终止某些现有的高风险产品、服务的生产和新产品、新服务的引进，暂停正在进行的经营活动，挑选更合适的经营业务、经营环境。例如，保险公司可采取此方法来取舍特定的保险产品。如果有的保险品种风险过高，经常有客户索赔，而且可能存在恶意欺诈，从而导致该保险产品入不敷出，保险公司就可能考虑终止这种产品的销售。避免风险的另一种基本方法是改变生产活动的工作方法和工作地点等。例如，化工厂以惰性溶剂取代易燃易爆溶剂，可以避免爆炸的风险，从而避免潜在的和现存的风险。

避免风险有很大的局限性：一是人们难以对风险事件的具体状况做十分准确的估计，不能确定风险事件是否应该实施避免；二是即使有很大的风险，人们依然不愿放弃该风险事件可能包含的赢利，因此避免风险是一种消极的处理方式；三是风险避免在实践中很难完全实现。企业在经营活动中，风险是难免的。对于一些高风险的项目，企业可以采取避免法。但是对于绝大多数的经营决策，企业都不能采取避免法，因为存在风险的同时也存在利润。只有对于部分项目、部分风险、部分经营活动，因为它们的风险相对较高，企业可采取简单的避免方法，主动放弃经营。

2. 排除风险

排除风险是指在损失发生前，尽量消除损失可能发生的根源，减少损失发生的可能性，减少损失事件发生的概率。在风险事件发生后，减少损失的程度。

排除法的基本点在于遏制风险因素和减少风险损失，是风险管理中最积极主动也是最常用的处理方法，这种方法可以克服风险避免方法的种种局限。在这个过程中，企业并不放弃某一项特定的方案和战略等，而是把它们可能带来的风险发生的可能性降到最低，把风险发生之后可能带来的问题减少到最小。

排除风险一般要经过以下几个阶段：分析风险因素、选择控制工具、实施控制技术、对控制的后果进行评估等。风险因素分析是研究可能引发风险的因素，从而从源头对风险进行治理。选择风险控制工具是从技术层面选择风险控制的方法和手段。实施控制技术则包括在人财物各方面进行控制，是风险控制的执行阶段。对控制的后果进行评估，目的则是为了总结经验教训，进一步改善风险控制。

排除风险的措施有以下三种：

（1）调查措施，是指详细了解过去风险损失和经营事故发生的原因。调查和分析是风险管理的有效措施，目的是为企业风险控制、为企业决策提供一个科学的依据。

（2）损失防范措施，是指降低损失发生频率的措施。损失防范是一个贯穿于生产经营全过程的系统活动过程，在排除风险过程中具有十分重要的意义。控制法是避免风险的方法，它完全避免了风险发生；排除法仍然要承担一部分风险，它是对风险进行排除、控制，减少风险发生的概率，减少风险带来的负面影响。

（3）减少损失的措施，是指损失发生后采取各种控制措施，以减少损失的幅度和范围，尽可能保护受损财产。在企业风险管理中，减少损失还应包括为应付实际的损失而制定的应急防范计划。该计划包括抢救措施和企业在发生损失后继续进行各种业务的活动计划，目的是为了尽可能减少组织的财产损失，其实也是一种事后管理。

思考题

1. 控制的含义是什么？
2. 现代管理中控制的作用是什么？
3. 产生偏差的原因有哪些？
4. 前馈控制、同期控制和反馈控制有什么区别？
5. 实现有效的现场控制必须具备的条件是什么？
6. 如何制定切实可行的控制标准？
7. 全面质量管理的内容是什么？
8. 预算具有哪些特点？
9. 简述人员控制的方法和措施。
10. 简述财务控制的方法和应注意的问题。

案例分析

三鹿奶粉事件

三鹿集团是集奶牛饲养、乳品加工、科研开发为一体的大型企业集团，连续6年入选中国企业500强。20世纪90年代初，该公司开创了"奶牛+农户"饲养管理模式，曾为三鹿确立了为同行所效仿的奶源优势。2007年，集团实现销售收入100.16亿元，同比增长15.3%。但是，这种高增长背后隐藏的内部控制及其环境问题却被严重忽视。

2008年6月28日，位于兰州市的解放军第一医院收治了首例患"肾结石"病症的婴幼儿，据家长们反映，孩子从出生起就一直食用河北石家庄三鹿集团所产的三鹿婴幼儿奶粉。7月中旬，甘肃省卫生厅接到医院婴儿泌尿结石病例报告后，随即展开了调查，并报告卫生部。随后短短两个多月，该医院收治的患婴人数就迅速扩大到14名。此后，全国陆续报道因食用三鹿乳制品而发生负反应的病例一度达几百例，事态之严重，令人震惊！

2008年9月13日，党中央、国务院对严肃处理三鹿牌婴幼儿奶粉事件做出部署，立即启动国家重大食品安全事故一级响应，并成立应急处置领导小组。2008年9月15日，甘肃省政府新闻办召开了新闻发布会称，甘谷、临洮两名婴幼儿死亡，确认与三鹿奶粉有关。据医学专家介绍，三聚氰胺是一种低毒性化工产品，婴幼儿大量摄入可引起泌尿系统疾患。目前患泌尿系统结石的婴幼儿，主要是由于食用了含有大量三聚氰胺的三鹿牌婴幼儿配方奶粉引起的。

据估计，9.02亿元的巨额医疗费和赔款已经造成三鹿集团严重资不抵债。2008年12月25日，石家庄市委、市政府发布三鹿破产消息，一个曾经作为奶业龙头的企业一夜之间消失。究其原因，企业内部控制环境不佳是主要原因之一。

1. 公司治理与"内部人控制"现象

公司治理结构旨在形成科学有效的职责分工和制衡机制。公司治理不健全，公司必然缺乏一套有效的监督机制，无论设计多么完美的内部控制制度都会流于形式，难以达到既定的效果。因此，只有在良好的公司治理环境中，内部控制系统才能真正地发挥作用。三鹿集团的大股东是石家庄乳业有限公司，该公司96%左右的股份由900多名老职工拥有。三鹿集团的第二大股东是新西兰恒天然集团，持有三鹿集团43%的股权。董事长兼总经理田文华自1987~2008年任职长达21年。可见，该公司股权相当分散，董事长与总经理之间的制衡关系无从谈起，"内部人控制"现象不言而喻，治理机构的制衡机制失效，这为"毒奶粉事件"埋下了治理隐患，这种不良的内部控制环境成了管理层道德缺失的温床。

2. 内部监督流于形式

内部监督可以保证内部控制制度持续有效的运作。监督的过程，是由适当的人在适当的时间，评估控制的设计和运行，并采取必要的行动，不论是经营层或是其他控制人员，只要发现内部控制的缺陷，都应当及时地向适当的管理层报告，并使其得到果断处理。三鹿集团内部质量监督的具体做法是在养殖区建立技术服务站，派出驻站员，监督检查饲养环境、挤奶设施卫生、挤奶工艺程序的落实。驻站员作为内部监督的手段是内部控制中至关重要的一环。然而，实际执行过程中，驻站员监督检查等并没有严格实施，在原奶进入三鹿集团的生产企业之前，缺乏对奶站经营者的有效监督。

3. 风险预警缺失

风险管理和控制是企业内控的基本要求。建立风险预警机制既是现代企业内部控制的重要组成内容，更是企业风险管理的基础。企业的产业链越长，风险点就越多。对食品行业而言，质量监控无疑是风险控制的关键。通过预警系统，企业一旦有风险的苗头出现，即可进行防堵，把风险消灭在萌芽状态，以避免或减弱对企业的破坏程度。2008年6月28日，财政部等5部委联合发布的《企业内部控制基本规范》第37条规定："企业应当建立重大风险预警机制和突发事件应急处理机制，明确风险预警标准，对可能发生的重大风险或突发事件，制定应急预案、明确责任人员、规范处置程序，确保突发事件得到及时妥善处理。"可悲的是，风险控制不到位正是压倒三鹿集团的最后一根稻草，从2008年3月起，三鹿集团应对危机的方式是"推、拖、瞒"，导致事态日益恶化。

资料来源：http://www.chinalawedu.com/news, 2009.2.5。

案例思考题

1. 你认为三鹿集团破产的根本原因是什么？
2. 从三鹿事件的教训中，你认为应该怎样加强食品生产企业的内部控制问题？

本章知识结构图

本章主要内容和知识点归纳如下（见图4-6）。

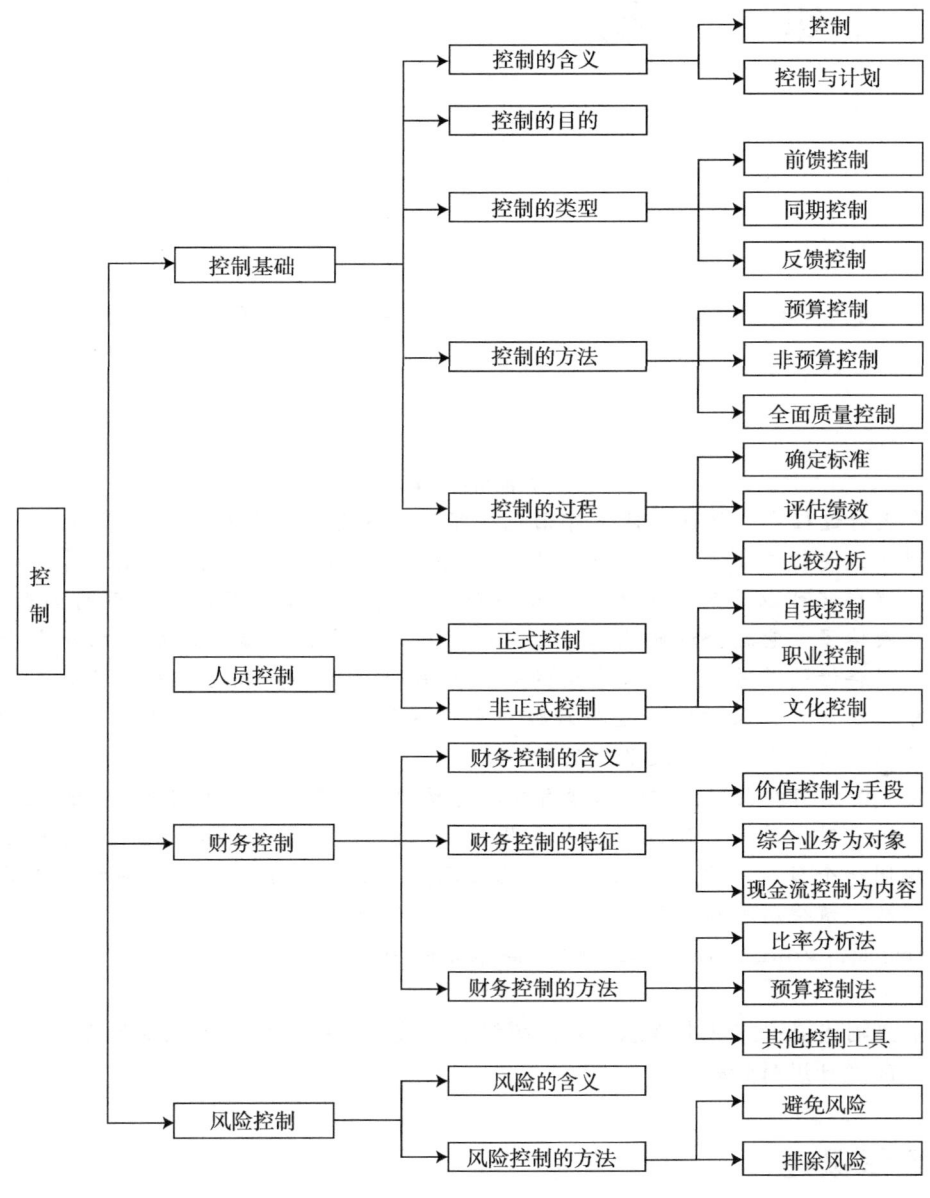

图4-6　本章主要内容和知识点

第 5 章 CHAPTER 5

组　　织

"谁都不是一座岛屿，自成一体，每个人都是广袤大陆的一部分。"

——约翰·多恩

大雁的故事

大雁在飞行过程中，往往保持 V 字形或一字形。这是为什么呢？科学家通过研究发现，大雁以这种方式飞行要比单独飞行多飞 12% 的距离。因为领头雁飞过之后，身后会出现一个低压区，这样就可以为后面的大雁减少飞行的阻力，还可以促使未成年的小雁不掉队。当带头的雁疲倦了，它就会退回队伍，由另一只雁取代它的位置，而后面的雁也会用叫声来鼓励它的同伴继续前进。更让人感动的是，当有一只雁生病或受伤时，就会有其他两只雁从队伍中飞出协助并保护它，这两只雁一直陪伴到它康复或死亡为止，然后它们自己组成队伍再开始飞行，或者去追赶原来的雁群。

雁群是优秀组织的典范。它们沟通有序、行动协调，有着共同的目标，彼此之间相互鼓励、相互促进。对于每一只雁来说，自己既在他人的帮助下向目标迈进，同时也在帮助他人共同实现同一个目标。更重要的是，彼此之间相互扶持，不抛弃。这样的组织必定是一支优秀的团队，值得所有人学习。

资料来源：http://space.itpub.net/12964083/viewspace-607898。

本章主要阐述组织的基本概念，并介绍组织环境、组织设计和组织变革等理论，并对管理的组织职能展开进行分析。

5.1　组织概述

5.1.1　组织的含义

每个人的生活都离不开组织，人从出生到死亡需要和各种组织打交道，如医院、学校、工厂、公司等组织。生活中的绝大多数物品，如电视、冰箱、洗衣机、家具和住房等一般都是组织生产的，社会的秩序和安全稳定的生活也需要组织（政府）来保证。很难想象现代人再过上鲁宾逊式的自给自足的生活，那需要非同一般的生存能力和丰富的资源，对于普通人来说很难做到，而且那样的生活也太孤独、太艰苦。所以，我们发现，组织是社会的基本单位，社会不是由一个个孤立的人组成的，社会是由各种各样的组织组成的。

我们一般在语言中提到组织这个词，是泛指各种各样的社会组织，如企业、机关、学校、医院、工会等。就其本质而言，什么是组织呢？首先，一个组织不能只有一个人，组织应该是一个群体，组织是与个人相对应的一个概念。但是，一个群体不一定就是一个组织，例如，城市中逛街购物的大量市民是无组织的。组织应该是有社会功能和作用的。所以，组织应该是有统一目标的群体。但有统一目标的群体也不一定就是组织，例如，电影院的观众都在看同一部电影，他们有同样的目标，但是没有分工和协作，没有固定的权责，也不是组织。以学校的班级为例，一个班不是一个严格意义上的组织，所有同学的学习任务都是一样的，没有分工，但是，班干部队伍就不一样，有班长、学习委员和团支书等成员，他们有固定而有差别的岗位和工作任务，既承担着责任又享受着权利，不能今天想干就干，明天不想干就不干。所以，某个班级的班干部队伍是一个组织。根据以上分析，我们给出组织的定义：组织是一个具有共同目标并存在分工和协作的权责结构的群体。

5.1.2 组织的结构

组织具有确定的权责结构，称为组织结构，是组成组织的个人、部门之间明确的权责关系。严格来说，组织结构是按照一定目的和程序而组成的一种群体的权责角色结构。权责角色可以理解为职务和部门，职务为个体承担，部门是职务的集合。职务和部门都是责任和权利的统一体，组织结构经常被比喻为人体的骨架，对人的生命系统起到支撑作用，组织结构对于组织也是如此。但两者不同的地方在于，骨架是自然形成的，是人长期进化的结果，是有效合理的结构；而组织结构是人的设计，有水平高低和优劣之分。

组织是一种系统，它具有系统的基本属性。系统是由有差异的组成部分构成，系统结构对于系统效率来说是至关重要的。我们都知道田忌赛马的故事，战国时期的齐王与田忌赛马，每次比赛有三局，分上等、中等和下等马三局比赛。田忌的上等、中等和下等马均不如齐王的同级别的马，所以每局必输、每赛必输。田忌不服，请孙膑帮助谋划，孙膑出了一计：改变马匹出场顺序，以下等马对齐王上等马，以中等马对齐王下等马，以上等马对齐王中等马。结果是三局两胜，田忌终于赢了。这个故事给我们的启发在于：赛马顺序的变化是一种系统结构的变化，因为系统组成元素未变，赛马还是原来的马，但系统整体力量发生了转变，所以可以反败为胜。这就反映了组织系统的整体加强性质。俗话说"三个臭皮匠顶个诸葛亮"，个人不能独立完成的工作可以依靠组织来完成，这就是组织的社会价值。但是，也会发生"一个和尚挑水吃，两个和尚担水吃，三个和尚没水吃"的故事，说明整体加强只是有效组织的特征，并不是所有组织都具备。有效组织的基础是合理的组织结构设计，从这个角度来看，组织内部责权分配制度的有效性是组织成功的关键。

具体来说，责权是指统一于职务、岗位和部门的职权和职责，其中，职权是经由一定程序所赋予某项职位的一种支配资源和指挥员工的权力，而职责是某项职务在工作中承担的责任，责任既包含道德的约束，也包含制度的压力，主要是一种负激励。如果工作失败，责任人可能会受到良心的谴责、社会的批评和制度的惩罚。关于多人之间的责任关系，我们需要提到负责关系。所谓负责，是反映不同主体之间的一种相互责任关系，例如，组织的上下级的负责关系是指：下级服从上级的指挥、指导和监督，并向上级汇报自己的工作绩效、提出意见和建议的义务和责任；上级对下级有指挥、指导、监督、支持和保护的责任。

5.1.3 组织的类型

企业关键部门的类型决定了企业的组织结构类型。一般来说,组织结构可以分为家长制结构、直线职能结构、事业部结构、矩阵结构和内部模拟市场结构(模拟分权结构)等类型,其中,以事业部为主要或核心部门的企业组织结构就是事业部结构。可以从发展的历程来考察组织结构类型,分析结构与组织规模的关系。在创业阶段,组织规模较小,可能采用家长制结构,由组织领导者采用直接管理和协调的领导方式管理组织成员。

1. 直线职能结构

随着组织的成长,组织会组建各职能或专业部门,并对职能不断深化专业分工和提高组织管理的规范化、标准化程度。例如,一般的生产企业都会组建生产、研发或设计、营销、人事、财务等关键职能或辅助职能部门,这种结构被称为直线职能结构(见图5-1)。在比较稳定的环境下,这种组织充分发挥了专业分工和规模经济的优势,具有很高的运行效率。但这种成功受到环境不确定性和组织规模等方面因素的制约,当组织环境变化较快、不确定性较强的情况下,需要信息的快速流通和比较分权的管理。然而,由于职能部门间常常存在专业壁垒或部门本位主义现象,这可能导致信息流通速度慢且失真度高。而且,在部门协作中,职能部门之间又经常会互相揽工推过或"推皮球"(推卸责任)。直线职能机构的产品、业务决策权主要在总经理和高层管理部门,这是一种比较集权的管理,不能适应变化的环境。另外,随着组织的发展和业务或产品决策工作量的增加,高层管理部门需要通过分权和放权来进行有效管理,但决策权下放给职能部门显然不合适。所以,需要新型部门(地区或产品部门)和综合管理人员分担高层管理部门的产品或业务战略管理的负担。而且,当职能部门扩张到一定程度时,由规模带来的优势会被快速增加的管理成本抵消,这主要是由部门扩张带来的官僚主义造成的。因此,职能部门的发展也存在着一定的规模限制。

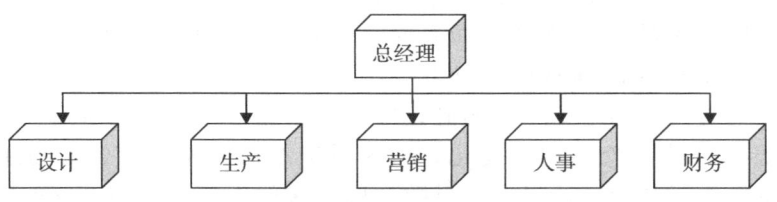

图 5-1 直线职能结构

2. 事业部结构

在企业组织结构的设计中,按照产品、地区组建的部门又被称为事业部。事业部最早出现在20世纪初的通用汽车公司,当时的总裁斯隆为了让公司扭亏为盈,采用了一种按照产品品牌组建部门的组织形式,并称其为"统一政策下的利润中心",结果大获成功。通用汽车公司的这次改组也成为当时美国的"管理运动"的标志性事件之一,通用汽车公司的主要汽车品牌,如别克、雪佛兰、凯迪拉克等品牌都有独立的事业部,这些都是按照业务、产品或品牌组建的事业部。另一方面,跨地域组织都会在各地组建独立地区部门,以应对不同地区环境的需要,如麦当劳在世界各地都有其分公司或子公司。

由于上述原因,当组织达到一定规模以后,直线职能结构的组织结构就可能不再满足组织的需要,事业部结构、矩阵结构和模拟分权结构将是组织结构可能的选择。事业部结构是大规模组织最常见的组织结构类型,通过组建产品部门和地区部门,组织将业务或产品经营战略的决策权和执行权下放到事业部,实现了更加分权的领导。事业部内部职能齐备,也有财务、人事、生产和研发等职能部门，因而在部门经营和运作上具有较强的独立性，甚至可以说，事业部脱离组织也能在社会中生存（见图5-2）。公司高层或总部对事业部一般是给予较为充分的经营自主权，由于事业部有完整的经营职能和独立的财务部门，总部可以通过考核利润来对事业部进行管理，而对事业部内部的职能部门的运作则委托给事业部主管进行管理。与直线职能结构的组织对职能部门的直接管理模式相比较而言，事业部的管理更加简单和轻松。事业部结构让管理高层从烦琐的产品决策和行政事务的管理中解脱出来，腾出更多时间和精力进行有效的公司战略管理，而这是高层管理者工作的重点和价值所在。事业部的主管与职能部门的主管相比，拥有更大的权力和更重要的责任，这有利于调动他们的工作积极性，也有更好的发挥空间。事业部主管涉及的工作包括生产、营销等各项职能，这有利于管理者掌握综合的管理技能和实现全面发展，很多公司高层经理都是从事业部经理中进行选拔。

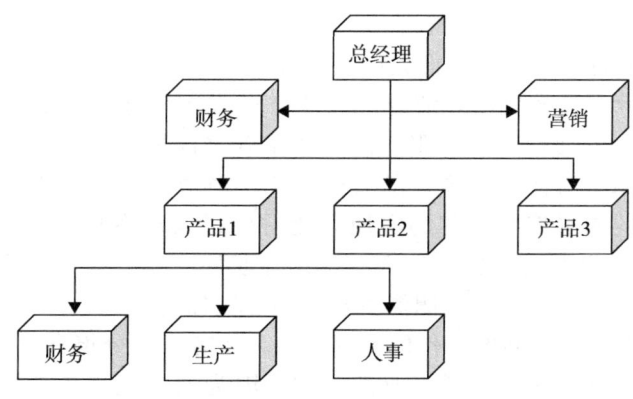

图5-2　事业部结构

事业部结构也存在缺点。首先，事业部结构在实现了事业部的独立性的同时，也造成了组织的职能重叠和规模的迅速扩张。这可能是建立事业部结构因为需要生产设备的投资、人力资源的投入，也可能是由于分散经营而降低了规模效率。其次，事业部之间的关系与职能部门之间的关系相比，协作关系不再密切，部门之间的沟通、协作效率因此下降，甚至会产生事业部门之间的恶性竞争和内耗。这样的情况在当年的日本松下公司出现过，公司事业部数量设置过多，总部对事业部放权过多，事业部之间在一些重叠或相关的市场相互竞争。

3. 矩阵结构

矩阵结构融合了直线职能结构和事业部结构的优点，但比直线职能结构更分权和更灵活，比事业部结构更精简和更有活力。在矩阵结构的组织中，主要的部门有两类：一类是职能部门，这与直线职能结构是一样的；另外一类是产品部门或地区部，这又同事业部相似。矩阵结构与事业部不同的地方在于，某产品部门或地区部门的员工同时也是某职能部门的员工，或者说这两类部门拥有同一批员工，员工同属于两类部门。例如，张三既是产品一部的员工，也是营销部的员工。这是一种多维指挥系统，一般是两维矩阵，如产品部门和职能部门；有时是三维矩阵，某个员工同时属于某个地区部门、产品部门和职能部门。这种结构虽然看起来比较复杂和混乱，但是实践证明其效率可能非常高（见图5-3）。

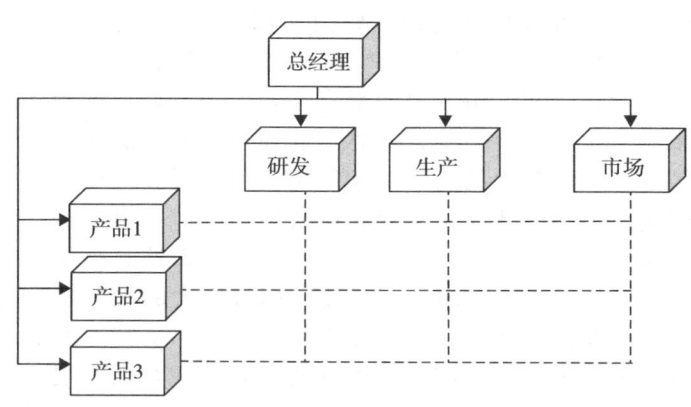

图 5-3　矩阵结构

　　在分析矩阵结构的特点之前，我们先讲一个故事。某个食品公司的组织结构采用的是直线职能结构，一直经营得比较成功。随着公司业务的发展和规模的扩大，公司老总越来越苦恼。主要原因有两个方面：首先，职能部门的主管之间的协作不好，互相之间总喜欢推卸责任，强调自己部门的贡献；其次，随着公司产品种类的争夺，老总的工作越来越忙不过来。因为某个产品的成本控制和利润实现只能由公司老总亲自来抓，作为直线职能结构的组织，产品战略的执行不能下放给生产、设计等职能主管，因为成本管理涉及设计、市场、采购等各个方面，这个工作某个职能主管是不能胜任的。

　　公司老总希望职能部门之间的协作能更密切，希望有人能分担自己的工作责任，让他有时间做更重要的工作。他首先想到了事业部结构，因为通过成立事业部，通过将产品或业务的管理权下放给事业部经理，就可以减轻他的工作负担。另外，事业部成立以后，原职能部门拆分到各事业部，在某个事业部内部，职能部门规模小了，而围绕特定产品的协作效率可能会得到提高。但是，事业部建立起来以后，原来的生产设备就不够用了，需要为各个产品事业部分别配置一套完备的生产设备。各个事业部成立以后，要比原来的组织需要更多的部门、管理者和员工，管理费用大大提高。另外，过去的推销工作是公司所有的产品一起进行，这样做成本低、效果好。但是，随着事业部的拆分，每个事业部的营销人员只推销本事业部的产品，产品的品种减少了，推销效率也下降了，而事业部之间的恶性竞争更是令人担忧。考虑到组建事业部的投入，老总觉得并不合算，而事业部可能带来的效率损失也让人难以接受。

　　一位朋友建议他采用这样一种结构：单独设立产品部门，并设置产品经理的岗位，而产品部门的员工则从各职能部门中抽调出来。这些员工并不脱离原属的职能部门，他们既属于产品部，也属于职能部。老总觉得这个结构比较适合他的公司，既能找到产品经理来分担自己的工作，又不需要建立事业部那么庞大和重叠的规模，而且，营销和生产工作还可以集中进行。因为不同产品部门负责生产或营销的员工仍然属于生产部和营销部，通过生产部一套设备就可以进行所有食品的生产加工，同属于营销部的员工可以一起推销不同产品部门的食品。这样的集中生产和销售具有规模经济性，也发挥了专业分工的优势，正是自己所需要的理想的组织结构。最后，老总将公司改组为这种很特别的组织结构，我们现在知道它就是矩阵结构，而后来公司的业绩也让老总非常满意。

　　通过上面的故事，我们了解到矩阵结构的一些特点。除此以外，矩阵结构最大的优势是灵活性。考虑到目前产品的生命周期越来越短，产品从进入市场到退出市场可能只有一两年的时间,如果产品是项目的形式,这个周期就可能更短。所以,产品部门的调整也越来越快、越来越频繁,如果是产品事业部调整,如关闭事业部,会裁减大量管理者和普通员工,这样的公司成本和社会成本会很高,也会影响公司的士气和员工的忠诚度。而在矩阵结构中,产品部门的调整非常容易,只需要将产品经理撤掉就可以了,部门调整成本非常低。所以,矩阵结构具有较强的组织柔性,在市场环境的变化日趋复杂和不确定的情况下,矩阵结构具有较强的应变能力和适应能力。

矩阵结构的缺点也很明显,多维指挥系统违反了统一指挥原则的唯一直接上级的要求,不利于指挥过程的完整性和统一性,不利于组织内部建立明确和一致的秩序。为了让矩阵结构发挥作用,需要做好多维指挥系统的指挥官之间的协调工作。在产品经理和职能经理之间,通过密切配合,在命令统一以后再下达给共同的下属。如两者有分歧,必须规定其中的一位具有最后决定权。例如,在很多国有企业中项目经理并没有多少实权,他们的主要工作是协调好各相关职能部门领导的工作,具体的决策权主要在职能部门手中,这就是权力倾向于职能部门的情况。

4. 内部模拟市场结构

对于像电力、钢铁行业的大规模企业,由于产品单一,也不具有跨地域的特点,因而并不适合组建事业部或矩阵制。这些企业一般都是采用直线职能结构,将不同生产流程划分为主要的职能部门。如传统的电力工业,采用的是垂直一体化的行业结构,一个电力公司拥有发电、输电和配电等部门。发电部门将一次能源转化为电能,输电部门将电能从发电厂远距离输送到负荷中心,配电部门将电能在一定的地区进行配送。由于规模庞大,所以,直线职能结构的缺陷在这些企业中就暴露得比较明显,如官僚主义严重、部门之间矛盾突出和管理效率低下等问题。为了进一步提高这类企业的效率,一些企业尝试采用建立内部模拟市场来提高组织效率。内部模拟市场结构是在直线职能结构基础上进行的改革尝试,又被称为模拟分权结构。以邯郸钢铁为例,为了应对市场竞争的压力,企业将生产流程中各环节或工序对应的部门看成是模拟市场主体,上下工序之间是模拟买卖关系,内部交易价格由企业管理层根据"成本倒推"的方法确定。例如,根据市场的情况,企业锁定确保赢利目标且具有竞争性的价格水平,并结合生产过程各环节的合理成本分析,锁定各部门的目标成本。具体而言,如果某部门负责产品的一道加工工序,负责上一道工序的部门将待加工的产品以每件3角钱卖给该部门,该部门加工完成后以每件4角钱的价格卖给后面工序的部门,每件产品的加工成本必须控制在1角钱以内才能获得模拟利润,而部门的赢利情况直接与员工的奖金和工资挂钩。在这种制度下,各部门员工有充分的动力去控制成本和质量,结果获得了很好的效果,很多国企也纷纷学习邯钢的成功经验,如各地的电力公司。

5.2 组织环境

组织环境是指影响组织行为的一切客观因素,组织的环境包括内部环境和外部环境。组织的外部环境包括组织的一般社会环境和任务环境。组织的一般社会环境包括组织所处社会的政治、经济、文化和技术环境。组织的政治环境对组织的态度是至关重要的,例如,社会主义政治制度不允许赌博行业的存在,而资本主义制度则可以,所以一国两制允许中国澳门开赌场,而中国内地则不行。组织的经济环境是组织经济生活所依赖的土壤,例如,由于中国的经济体制从过去的计划经济转变为市场经济,因而企业也需要建立现代企业制度去适应这种经济环境的变化。组织的文化环境是组织文化形成的土壤和源头,不同的文化环境孕育了风格迥异的组织文化。例如，欧美企业的基督教文化环境形成的以个人主义为核心的企业文化与东亚国家以儒家文化为核心的企业文化都各自有鲜明的宗教文化特征。技术的发展对组织尤其是企业意义重大，企业也越来越重视技术环境。以联想公司为例，联想对技术的态度是"嗅觉灵敏"和"闻风而动"，联想公司在美国硅谷建立了技术中心，主要目的是跟踪最新技术的发展。组织的任务环境是指组织外部环境中与组织运行密切相关的环境因素。作为一种组织，企业的采购商、政府主管部门、竞争对手和企业产品与服务的消费者等因素共同构成了企业的任务环境。组织的内部环境包括组织的内部资源与文化。所有这些内外部环境是决定组织结构的重要因素。

组织结构的有效性依赖于其对环境的主动适应能力。根据《宋史·岳飞传》记载，北宋名将岳飞曾经对恩师宗泽说过，"阵而后战，兵法之常，运用之妙，存乎一心。"岳飞年轻时好野战，宗泽提醒他应该排兵布阵。后来，岳家军通过苦练阵法，大大提升了战斗力。阵是一种空间组织结构，它不仅仅是静态结构，更是一种动态结构，它随战争环境的变化而变化，而阵结构的这种变化是战争制胜的关键，它是由指挥员的指挥水平决定的。组织结构虽然具有机械性，但组织结构更具有弹性和柔性。社会组织在社会中犹如生命在自然界中，同样遵守"适者生存"的规律。所以，组织的活力及其对变化的内外环境的适应力与学习能力是组织生存和发展的关键，根据一项相关调查显示，目前欧美的成功企业中90%都是学习型组织。组织结构对环境的适应不是被动的适应，而是主动的适应。这种主动适应可以表现为组织对环境的主动作用。例如，组织通过参与社会公益活动或商业广告塑造企业形象与企业品牌，从而改善企业的外部市场环境。

5.2.1 外部环境

1. 任务环境或特定环境

所谓组织的任务环境或特定环境，能够对组织决策和行动产生直接和快速影响，是与组织目标实现直接相关的外部力量或组织，一般包括消费者、供应商、竞争者和压力集团等方面。组织提供的产品或服务的消费者或客户是组织环境中的市场因素，其具有很大程度的不确定性和动态性，因为在变化节奏越来越快的社会环境中，消费者流行偏好或时尚潮流、消费者结构、消费者收入等因素在变化的方向和幅度上具有很大的不确定性，替代技术、替代产品和竞争对手的营销策略的变化也可能会日新月异，组织如果对这种变化反应迟钝，其后果将是组织提供的产品或服务因为不能跟上需求的变化而被淘汰。例如，通用汽车公司的凯迪拉克事业部经过调查发现，凯迪拉克轿车的主要客户都是平均年龄55岁以上的老人，这样的客户年龄结构反映出来的问题是不言而喻的，现在，事业部的经理正在为如何吸引中青年来购买凯迪拉克而烦恼。

供应者是任务环境中另一个重要因素，这里的供应者不仅仅包括设备和原材料的供应商，还包括外包业务提供商、提供资金的相关主体、提供劳动力的相关主体等。例如，迪士尼游乐中心的饮料、计算机、食物和鲜花等的服务提供商等外包业务是公司的供应者，公司的股东、银行、保险公司、投资基金、工会、学校和劳动力市场也是供应者。来自供应者的不确定性将会对组织产生直接的影响，例如，由于劳动力市场上熟练护士或餐厅熟练服务员的稀缺性，将导致熟练护士或服务员劳动力价格或薪水的提高，这会直接影响组织的运作成本，组织的战略决策也会受到劳动力市场这种波动和变化的制约，所以，组织应该采取积极的措施来应对这样的风险。例如，公司可以通过加大培训投入来实现组织内员工快速成长，或者通过与社会培训机构合作进行针对性培养来有效解决熟练员工不足的问题。

组织的竞争对手可以是同一行业的、提供同类产品或服务的组织，也可以是提供替代产品或服务的组织。例如，菜市场销售大白菜的菜贩子互相之间的竞争，或者是生产运动鞋的耐克和阿迪达斯之间的竞争，或者是邮政、快递、电子邮件、有线电话和无线电话之间的竞争，等等。竞争对手的变化也会有很大的复杂性和不确定性，例如，在美国的广播电视行业，过去主要是 ABS、CBS 和 NBC 三巨头之间竞争，而现在还要与电影、电视、网络、DVD 和录像带等进行竞争，而且竞争圈子从国内走向了国际。

压力集团是指能够给组织产生直接影响的特殊利益集团或组织，包括各种协会、社会组织和政府机构。例如，我国电力企业的价格主管和发展规制部门是国家发改委，市场行为监管和质量监管是国家电监会，行业协会是中国电力联合会，员工权益保护组织是各级工会和职代会，等等。

2. 一般社会环境

组织的一般社会环境包括经济环境、政治或法律环境、社会文化环境、人口环境、技术环境、全球化环境等多个方面，是影响所有组织绩效、决策和生存发展的共同环境因素，其对组织的影响作用未必是直接和快速的，但可能是复杂的、长期的和深远的。

组织的经济环境是指组织及其市场所处地域的宏观经济、产业经济和资本市场环境，例如，经济指标如利率、通胀率、可分配收入、证券价格水平、商业或产业周期、经济景气指数、就业率、收入水平等都可能是组织重点关注，能够影响组织战略、业绩和发展的重要环境指标。当然，制度层面的环境因素则更为重要，例如，改革开放以后，我国的经济体制从计划经济转向市场经济，很多国有企业通过建立现代企业制度从生产工厂转化为自主经营、自负盈亏的现代企业，这对企业来说是翻天覆地的变化。

组织的政治、法律环境是指组织及其市场所处地域的政治体制、意识形态和法律法规，例如，我国的经济是国有经济占主导地位，民营经济和外资为辅，在关乎国家政治经济安全和国计民生的领域和行业，以国有企业的规模化经营甚至是垄断经营为主，这是由我国的政治制度和意识形态决定的。无论是让国有经济缩小规模而私营经济扩大规模的"国退民进"，还是反过来的"国进民退"，都是由政府主导经济发展方向和总体趋势。在中央和地方进行财政分税制以后，地方政府在地方经济中发挥的作用越来越大，既是公共服务的提供者和市场秩序的维护者，又是一个有自身经济利益诉求的市场主体，在多个方面广泛而深入地影响地方的经济活动和产业发展。所以，政治体制环境对企业来说不容忽视。法律法规作为政治体系的一个组成部分，对企业活动的范围进行了明确的限制。例如，我国出台的新劳动法加强了对劳动者权益的保护，增加了劳动力成本和对劳动力流动性的限制，在涉及劳动者权益的规章制度的制定上，工会和员工代表有了一定的参与权，这对以珠三角地区中小企业为代表的国内众多的劳动密集型生产制造企业产生了一定的冲击。

组织的社会文化环境是组织生产的文化土壤，其在多个方面会影响组织的发展。例如，随着生活节奏的加快，快餐越来越受到年轻人特别是上班族的青睐，于是快餐业有了很大的发展，而快餐文化也反过来影响了年轻人的生活娱乐方式。随着生活水平的提高和社会老龄化程度的日益加深，人们也越来越重视健康，于是健身俱乐部、保健品行业及相关行业实现了跨越式的发展。在文化娱乐方面，由于受到欧美选秀文化的影响，国内媒体的各种选秀节目大行其道，使其成为新兴的文化产业市场。

组织的人口环境包括社会人口的性别结构、年龄结构、受教育程度、收入水平、家庭规模、地理分布等因素，是组织市场需要重点关注的因素。例如，美国的婴儿潮是指在第二次世界大战之后的 1946~1964 年美国出生的约 7 590 多万名婴儿，如今这群人正是美国社会的中坚力量,由于他们的人口规模和雄厚财力,他们这个群体往往成为商家关注的焦点。他们的住房需求经历了从追求豪宅到小户型、老年公寓的变化,而他们的汽车需求从开始喜欢的省油的日本车到追求越野功能的 SUV。在养生和保健方面,他们喜欢自我护理、自然食品和自然保健方式,这都对美国的汽车行业、房地产行业和医疗保健行业产生了巨大的影响。其他的群体还包括 X 一代,出生于 1965～1977 年,他们是美国历史上出现创业者最多的一代。中国的婴儿潮是从三年自然灾害结束后的 1962 年开始,到全面推行计划生育政策之后的 1980 年结束,此期间约有 4 亿多名婴儿出生,这一代人的特点是:愿意获得稳定的工作和安全的位置,喜欢简单的人际关系,喜欢储蓄、消费实现保守、依赖经验、注重商品价值,但实际消费喜欢攀比和炫耀。随着他们进入消费的高峰期,房地产、汽车、升级消费品、旅游、金融和健康产业获得蓬勃发展。进入 1986～1990 年,婴儿潮成家立业,进入生育年龄,又产生了新的婴儿潮,被称为回声婴儿潮,现在又有一个代名词"80后",他们的特点在于:性格上更加自信、开放,更愿意承担风险,经济上更加富有,行动上更加积极。他们将可能带来消费品市场新的机遇,如家电、旅游、房地产、汽车、婴幼儿用品等。

组织的全球化环境可以理解为全球化对组织行为的影响,例如,如果组织的产品、市场或组织结构是跨地域的,有差异的文化环境可能要求产品的本土化和组织文化的多元化。所谓全球化体系,就是指冷战结束后民族国家之间、民族国家与全球市场之间、个人与民族国家之间的平衡体系,世界各国奉行的开放的外交政策、各种世界贸易组织和联盟的形成、互联网和信息技术的发展等因素,都使得国家和地区之间的物质、资金、劳动力和信息的流动变得越来越容易,全球的生产资料市场、产品市场和劳动力市场一体化程度日益提高。例如,美国原油市场价格的飞涨可能会让国内众多的私家车车主忧心忡忡,而美国经济的次贷危机也可能会让国内众多的出口纺织企业危机重重,到了今天,全球化已经成为我们生活的一部分。

5.2.2　内部环境

组织的内部环境主要包括组织的文化和资源,这里我们主要分析组织的文化环境。组织文化是组织共同的价值观,会对员工的观念、态度和行为产生一定的影响。企业组织文化特征的分析可从这样一些方面入手:组织文化是关注行动细节还是行动结果;组织文化是个人导向还是团队导向;组织是鼓励大胆进取、勇于创新和风险承担能力,还是更看重谨慎、稳健和传统;组织文化是强还是弱等。组织文化的特质常常是由组织缔造者的价值观、追求和态度决定的,例如,比尔·盖茨对微软文化的影响,理查德·布兰森对维京集团文化的影响,英瓦尔·坎普拉德对宜家文化的影响,山姆·沃尔顿对沃尔玛文化的影响等。在国内热播的电视剧《亮剑》中的主人公李云龙曾经说过:"一个部队从它成立的第一天起,就有了属于它的性格,它的性格是它的首任指挥员赋予的;军队的性格是什么?是气质,是战斗意志,是'亮剑'精神,是不可战胜的军魂!"一支军队的军魂就是其组织灵魂,是组织文化的核心价值观,而这往往是由军队的缔造者自身的观念和性格造就的。

组织文化的保护和传承需要做很多的工作,例如,管理者在选择组织成员的时候,就会考察其性格、气质、观念和态度等是否能与组织融合,特别是担当重要岗位的管理者的挑选尤其如此。高层管理者在传承和发扬组织文化的过程中发挥着至关重要的作用,他们的言谈举止及表现出来的观念、态度和做事风格对于组织员工的影响广泛而深远。除了通过正式的培训外,组织员工对组织文化的学习方式主要是对其他组织成员的观察、学习和模仿，尤其是组织惯例和行为规范的学习。而在被模仿的对象中，管理者特别是高层管理者是员工关注的焦点和学习模仿的主要人物，所以，高层管理者的素质及其个人影响力对员工态度和行为风格具有重要的影响，所以会有人说"强将手下无弱兵"，也会有人说"兵熊熊一个，将熊熊一窝"。

很多优秀的管理者喜欢通过讲故事来宣传组织文化，例如，IBM 的创始人托马斯·沃森（Thomas J. Watson）讲的小男孩的新裤子的故事，在这个故事中，由于小男孩的奶奶、妈妈和姐姐在裁偏长的裤腿的过程中缺乏配合和协调，导致男孩的新裤子因为裁得过短而无法穿。这个故事给员工的启发就是虽然目标一致，员工之间如果缺乏有效协作，任何的组织工作都难以成功完成。组织文化的传播除了靠管理者的言传身教以外，还有很多其他方式。例如，星巴克咖啡会给新来的员工 24 小时左右的培训，让员工学习公司文化，具体也包括如何帮助顾客挑选产品等工作的技巧。初来的专业培训，通过公司的各种仪式和活动，通过装修风格、工作服饰等事物也是传播组织文化的重要方式。另外，组织专业术语的流行也是组织文化的表现形式，以微软为例，员工互相之间喜欢用所谓的微软术语进行交流，例如，face mail 表示面谈，death march 表示发布新产品的倒计时，这样的交流方式很容易使员工之间形成认同感和亲密感，也是组织文化渗透的一种渠道。其他的文化传播渠道还包括拓展训练、组织传统和典型事迹学习等方式。例如，很多公司通过各种拓展训练来培养队员之间的团队合作意识，增强队员相互之间的信任和依赖感。

在企业之间竞争日益激烈的今天，很多企业的组织文化都强调创新价值导向和客户服务。这样做的主要原因是：一方面，企业环境的动态性、复杂性和不确定性以及竞争加剧给企业带来压力和威胁；另一方面，产品市场发展的广阔空间给企业带来的机遇。另外，很多企业在组织伦理中越来越强调工作价值导向，就是在工作中寻找价值和意义，这包括：工作的使命感，工作对个人成长的意义，工作中相互信任的伙伴关系，员工被授权后在开展工作中获得的成就感和增强的社会责任感等。出现这样的发展趋势的原因之一是社会发展和员工生活水平的改善和个人素质的提高，他们不仅仅满足于低层次的物质需要，而日益看重工作的精神价值或伦理价值。如果能想到大多数人在工作年龄的清醒时刻与同事在一起的时间超过了与亲人相聚的时间，就不会再简单地认为工作的意义仅仅是薪水和待遇，应该还有更加重要的意义和价值在其中。

5.3　组织设计

组织设计是对组织结构的设计，组织结构的设计主要是对组织各职务或岗位分配责权，组织设计既包括分配各岗位的工作、对岗位进行分组管理、划分管理层次、明确责权关系等分工设计，也包括实现组织内部协作的协调机制设计。

5.3.1　传统组织结构设计

具体而言，建立组织结构的工作主要包括以下内容：
（1）在明确组织的目标和方向的基础上设计组织的职能、工作内容和工作岗位；
（2）根据工作岗位和职能设计组织部门；
（3）对组织部门和职务进行分层设计和权责设计；
（4）进行协作机制设计。

组织结构的设计是为组织目标服务的，而组织目标属于战略管理的范畴，这部分内容将在战略管理一章进行分析。组织目的和目标决定了组织所需要具备的职能，而组织设计就从职能设计开始。

1. 工作设计

工作设计是对组织需要具备的职能、工作内容和相应的岗位进行初步设计的过程,主要是基于专业分工原则,同时还要考虑工作的人性化设计与激励作用。

(1) 专业分工。专业分工原则是指:在组织分工的过程中,将职能、工作按照专业和工作性质分解成更加具体的职能、工作,并将其落实到具体的工作岗位或职务中,以实现更高的运作效率。任何组织目标的实现都需要组织具备一定的行为能力,而这样的行为能力是由多个方面的功能或职能组成的。例如,企业的目标是通过为社会生产产品和提供服务来追求利润,要实现这样的目标,企业一般需要具备研发、生产、营销等多个方面的职能,而其中任何一个职能的实现都是通过具体的工作设计和职务设计来完成的。而且,我们可以注意到,这些职能、工作内容、职务的设计基本上都是根据专业分工原则来进行的。

专业分工是工作设计的主要途径,同时,它贯穿在组织设计的多个层面。在目标设计层面,组织主要通过目标分解来建立目标体系。还是以企业为例,组织有社会目标和经济目标,经济目标又可以分解为市场目标、成本目标、研发目标和生产目标等,围绕这些目标,组织各项职能的目的就浮现出来了。而任何一个职能都可以层层向下分解,并具体到工作流程和岗位权责。为什么要采用专业分工的原则,其优势何在? 从工作设计的角度来看,通过专业分工可以使得复杂的工作变得简单;工作人员容易掌握相应的工作技能,并很快通过熟能生巧实现较高的工作效率,这样的功效是通过专注实现的。

流水线生产就是专业分工的一个典型的例子,分工的优势及其带来的问题在流水线生产方式上都体现得比较充分。以美国福特汽车公司为例,福特公司在 1908～1927 年生产的 T 型车因为价格低廉而取得了巨大的成功,而其成本优势主要来自于福特公司创始人亨利·福特的生产组织创新,即通过大规模生产、标准化制造和流水线作业来生产质优价廉的汽车以获得竞争优势。关于流水线作业,亨利·福特借鉴了屠宰场的流水线方式,这种作业方式是通过机械动力将宰好的猪或牛从切肉工人面前移动经过,每个工人只割下特定的部分。亨利·福特采用了这种流水线方式装配 T 型车,生产效率大大提高,在流水线作业前,组装一台磁石发电机需要 20 分钟,装配一个底盘需要 12 小时 28 分钟,而通过装配流水线,装配发电机只需要 5 分钟,装配底盘则缩短到了 1 小时 33 分钟。

组装或拆卸流水线生产的优点是很明显的,工人不需要搬动被组装或拆卸的对象,他们不用走动甚至不弯腰就可以连续生产,而每个工人都可以通过简单的动作就完成其工序。在员工的身体条件和技能水平的可承受范围之内,生产的速度可以通过流水线的速度进行控制和调整。在重复生产的过程中,工人很容易掌握简单任务的技能和技巧,产品质量的精确性和稳定性在这种标准化的生产方式中得到大大的提高。

但是,流水线作业的弊端也非常明显,这就是工人工作的机械化程度的提高对员工的心理产生的负面影响。在流水线上作业,工人就像是流水线上的组装机器,在组装过程中动作简单、连续、精确、重复,长期的这种枯燥的生产过程将使工人难以承受。福特汽车的工人由于忍受不了这种工作的辛苦,每天的缺勤率曾达到了 10%,每年的换人率曾达到了 300%～400%。为了留住工人并提高他们的工作积极性,亨利·福特将每日工资提高了 1 倍,达到了每天 5 美元,并将每天的工作时间从 9 小时减少到了 8 小时,这样才有效缓解了劳资矛盾。为了解决同样的问题,日本丰田汽车公司的办法是在流水线的每一个工位上按一个按钮,当工人觉得赶不上流水线的速度时,可以按一下这个按钮将流水线停住,这个措施发挥的心理作用大于实际的作用,很少有工人会去按这个按钮,但这个按钮让工人感受到了尊重，这有效改善了员工的工作态度。

所以，在职务设计中，仅仅考虑专业分工原则是不够的，片面强调工作效率而忽视人的心理感受可能会适得其反。毕竟，人不是机器。如果专业分工过细，就可能由于工作过于单调和枯燥，而使员工丧失对工作的兴趣，甚至可能对员工造成身心上的伤害，从而影响到工作态度和工作效率。例如，有一部好莱坞已故喜剧大师卓别林主演的电影叫《城市之光》，在这部电影中，卓别林扮演的角色是一位在一个自动化程度很高的工厂中工作的工人。这个工人每天的主要工作是在流水线上拧螺丝，他可能每天要重复这个非常机械地拧螺丝动作上千次。由于工作太枯燥，时间一长，他的精神崩溃了，他出现了幻觉，工友所穿的工作服上的圆形纽扣在他眼中变成螺丝，他拿着扳手就要上去拧这个"螺丝"。

从员工成长角度来看，过细的专业分工也可能带来严重的问题。如果员工只能干简单、重复的工作，虽然短时间就能实现效率，但从长期来看，员工从工作中学习到的知识将非常有限，因为工作中新的挑战往往是提高和锻炼的机会。另外，只有掌握了综合、全面的知识和技能，才能在事业上有所发展，而在这些方面，过于机械或过于细致的分工都可能成为员工成长的障碍，考虑到工作是员工学习和成长最重要的途径，而员工的成长就是组织的成长，所以，过细的工作设计不利于组织的长期发展。

俗话说"隔行如隔山"，任何的专业教育和专业工作都有一定的深度，而这种专业深度可能成为人与人之间交流的壁垒。例如，对于大学一、二年级同学，不同专业的同学交流学习问题不会有太大困难，但到了三、四年级，不同专业的同学就会发现交流专业问题很难。任何专业知识都是金字塔结构，越是走在高处，脚下需要的支撑就越多、越厚，没有共同的支撑平台沟通就自然会有问题，而专业壁垒就最终难以避免。在企业中也会存在所谓的"职能本位主义"，其根源之一就是不同工作性质和专业知识导致的沟通障碍，这种专业差异往往表现为思考问题的框架的不同。这个问题在我国的国有企业中较为严重，将各职能进行一定的一体化和整合是解决这个问题的一个思路。例如，宝钢在学习日本同行的经验以后，开始了职能大部的改革尝试，就是将数量众多、分得过细的职能科室合并为职能大部一体化设计，这一定程度提高了企业的行政效率。

（2）激励工作设计。为了避免专业分工原则可能带来的种种问题，在工作设计上，除了要考虑工作目标和工作效率以外，还应该考虑员工的心理和生理承受能力、对工作的兴趣、学习和成长的需要性、责任感和成就感等因素，这就是设计具有激励作用的工作。激励工作设计的主要方式是工作丰富化，就是通过丰富工作的内容和增加工作的自主权来调动工人的积极性的激励方式。以组装收音机为例，从专业分工的角度来设置工作，则工作面越窄、工作越简单越好，所以要求每个工人只是焊接一个或数个电子元件。但这样的工作过于简单、枯燥，管理层为了调动工人的兴趣，对工作重新设计，要求工人焊接一个收音机的部件。所以，激励工作设计原则与专业分工原则并不是相互替代，而是在专业分工的基础上进行的。

比尔·盖茨曾经说过："如果一个工作需要三个人，那我派两个人就够了。"这样的工作丰富化是增加工作的内容，也许有激励工作的考虑，但更主要的是为了组织精简设计。所以，工作丰富化不能简单地理解为单纯增加工人的工作负担和责任，如果是这样的工作设计，工人可能会对工作更加不满。专业分工过细导致的工作过于简单枯燥、工作面太窄不利于学习和协调、工作的程序化和标准化程度过高导致工人的创造性难以发挥等问题，工作丰富化是针对这些问题的设计，所以工作丰富化应该是拓宽工作的范围、增加工作的自主权、增加工作内容的变化及其带来的新鲜感、加强工作的整体性、提高工人对工作价值的认同、增强工人的责任感等方面的工作。

常见的工作丰富化方式有工作小组和岗位轮换，工作小组是团队工作方式，工作中往往采用民主管理的方式，小组对执行工作拥有一定的自主权，工作岗位可以调整和变化。岗位轮换是员工的工作岗位在一定的范围内进行周期性调整，如一条生产流水线上不同工位的调整，或者是一个部门内不同岗位的调整等，在日本的企业中，为了培养年轻人，让他们掌握全面的技能和加强岗位间的沟通，经常对新员工采用岗位轮换的工作安排。岗位轮换的优势何在呢？以仓库的工作为例，仓库的工作内容主要包括将运到仓库的货物从运输车辆中搬出或下车，将货物送入仓库指定位置或入库，对入库货物进行登记，对准备运出的货物送出仓库，将货物搬上车。如果严格采用专业分工，有专门的员工负责下车、入库、登记、出库和上车，入库的员工只负责入库，登记的员工只负责登记，工作没有重叠和交换。采用了岗位轮换制度以后，某个员工可能是周一下车、周二入库、周三登记……依次类推。每天的工作都在变化，工作有了新鲜感，不再枯燥。可以了解整个生产流程，掌握更多的工作技能，对工作的整体性、工作价值的认同会更高，工作的责任心会增强，也有利于个人成长。各个岗位都有了一定的了解，不同岗位的员工互相就有了共同沟通的基础，这样更容易互相理解和体谅。

工作丰富化是在专业分工的基础上实现的，是对专业分工原则的补充和完善。没有专业分工得到的简单业务和工作，就不可能实现从简单到复杂的工作丰富化；没有专业分工得到的业务和岗位设计，没有进行岗位轮换或工作小组的基础。专业分工从工作效率出发，是因事设职。工作丰富化是从人的角度考虑，是因人设职。有效的工作设计应该兼顾这两个原则，只片面强调因人设职或因事设职，都是不科学的。我国政府机关、国有企事业单位，也常常强调因人设职，主要是为有一定级别的干部安排岗位，所以常常会副职多、虚职多，这是我国的能上不能下、能进不能出的干部职称制度造成的，结果导致一些这样的单位冗员严重、人浮于事和效率低下。

（3）动态岗位。组织岗位的设置从长期来看，随着环境的变化，岗位结构是动态变化的。从短期来看，岗位也可由于灵活的人事制度而具有动态性。例如，麦当劳在一天不同时间段的服务人员的规模是不一样的。顾客多时服务人员也多，顾客少时服务人员也少，每个小时都有人上班和下班。这就是典型的动态岗位，而正是因为灵活的钟点工、临时工用人制度，使弹性岗位成为可能。在计划经济时代，我国政府机关和国有企业实际采用的是终身雇佣制度，这限制了人的流动，既降低了人力资源优化配置效率，也成为组织柔性管理和长期经营效率实现的障碍。

（4）因人设职和因事设职。在工作设计中经常会提到因人设职或因事设职的指导原则，专业分工就是因事设职的主要方法。职务设计的目的是从工作出发设计职务，以提高组织的运营效率。因人设职是设计职务从人出发，为了人的成长和工作激励。虽然从字面意思来看，这两个原则是相互矛盾的，但从某种角度来看，这两个原则也是一致的，因为工作效率的提高离不开人的努力。所以，合理的因事设职需要考虑工作的激励因素、个人目标的实现与成长，如激励工作设计就是因人设职。根据前面对专业分工和工作丰富化原则的分析，可以得到这样的结论：在实际工作中，工作设计应该是因人设职或因事设职这两个原则的结合，只是侧重或强调一个方面，可能会带来效率损失。

2. 部门设计

组织中的部门并不是指我国行政级别上的部、司、处、科，而是一个组织工作岗位或职务的集合。由于管理者能力的限制，他们能够直接管理的人员是有限的，所以，将职务或岗位分组管理才具有可行性。孙子说："凡治众如治寡，分数是也。"在这里的"分数"就是分组的意思，意思是通过分组管理，任何规模的组织都可以管理，而不受管理者能力限制。

部门设计的方法很多，最常见的有按人数、时间、产品、地区、服务对象或顾客、生产过程和设备等方法。军队的组织方式主要是按照人数组建部门，如10个人一个班，三个班一个排，三个排一个连，三个连一个营。按人数组建部门的逻辑在于：通过忽略每个人能力的差异性，强调劳动力的总体规模和数量优势，可以很容易将人组织起来。例如，大学中的专业分班可能是30个人分为一个班，因为综合考虑管理效率和成本，这样的规模比较合适。在紧急情况下，按人数组织可以迅速将人组织起来。例如，在抗洪救灾中，为了迅速动员某个片区的老百姓参与抗洪救灾的活动，比较理想的方法是简单地按片区、人数编组。这时，就不会考虑这个人是什么职业、学历、职称等因素，因为每个人在身体条件上差异不大，在体力劳动中的贡献应该相差不大。然而，随着社会分工的深化，这种简单组织方式已不能满足专业分工的需要，在正式的组织设计中的应用也越来越少。

轮班制度就是典型的按时间组织部门的方式。轮班制度产生的社会原因是某种产品的生产或社会服务的提供需要连续进行，不能中断。例如，火车站、机场、医院的急诊室等，这些场所由于社会服务的需要必须24小时开放。电力企业需要连续运转，这既是因为社会用电的需要，也是由电力设备连续运转的技术特点决定的。但人不是机器，人不能够连续运转而不休息，人有吃饭、睡觉等基本生理需要。例如，一个正常人一般需要每天8小时睡眠时间。人的身体条件的限制与社会服务不中断的需要之间的矛盾如何解决呢？群体协作是一种选择。按照时间分工的轮班制度就是这样的组织形式，如发电厂调度的三班倒、四班倒，或者企业常见的白班、夜班等。按时间分组的主要特点是，可以满足组织连续运转的需要。相比正常作息的"朝九晚五"组织，其劳动力规模则是数倍于这些组织，对应的管理人员、机构和费用也较高。考虑到像值夜班这样的特殊劳动时间，劳动力成本或费用较高，员工的工作效率也会受到生理条件限制带来的负面影响。一个人到了晚上就容易犯困，从白班倒夜班，或从夜班倒白班的时候，需要一个适应期，这些都会对组织效率产生影响。

按照服务对象、设备分组也是常见的组织形式。以大学为例，国内的大学一般设有学生处、研究生处、函授处或成教处这样的部门，分别针对统招本科、研究生、函授学生和脱产成教学生，这就是按照服务对象设置部门，在火车站设母婴候车室也是如此。按照服务对象组建部门，主要原因是为了对组织生产的产品的消费者或提供服务的对象进行细分，由于认识到消费者或服务对象偏好的差异性，为更好地服务对象，或者是为了提供更加个性化的服务，以增强组织的专业竞争优势。在大学中，会有计算机中心、各种专业实验中心或实验室，这是按照设备组建部门，这和在医院设置了B超室、CT室和心电图室的道理是一样的。这样设计的主要原因是，因为这些设备是稀缺资源，这样能提高使用效率和更好地提供服务。当然，围绕设备专门组建部门，也可以带来规模经济性。

3. 层次设计

（1）管理幅度。管理幅度（management span）是指一个主管人员有效地监督、管理其直接下属的人数限度，有时又被称为管理辖度或管理跨度。从字面意义来看，管理幅度是由管理者的管理能力决定的，但在实际中，管理幅度更需要考虑管理岗位的工作责任和工作性质，而岗位的工作性质也对在这个岗位上的管理者的管理能力有一定的要求。可以说，管理幅度基本上是由管理者的工作特征决定的。管理幅度的大小与管理层次相关，管理层次越高，管理的责任越大，管理的任务也就越复杂，管理的幅度因而也就越小。管理者及其下属所负责的工作标准化程度高，或者以常规性的事务为主，管理任务就相对简单，管理幅度可以放宽。相反，如果管理中例外问题多，管理的难度就大，管理幅度就小。管理者和下属在工作地点上是否相近也会影响管理幅度，跨国公司的老总可能与下属分别在不同的国家或城市办公，指挥和协调过程就会不那么方便，这时管理幅度就应该降低。当然，这与信息技术发展水平也相关，信息系统越发达，跨地域的沟通限制也就越小。在企业的组织文化中，是鼓励集权还是放权，这对管理幅度也有影响。组织越分权，在同样组织规模的情况下，管理幅度就越大。在管理者已经确定的情况下，管理者的协调能力越强，与下属的沟通越好，管理幅度也就越大。

在管理幅度确定的情况下，通过增加管理层次，组织的规模不再受到管理幅度的限制。孙子说："凡治众如治寡，分数是也。"意思是说，管理很多人和管理很少人的方法是一样的，就是将人分组，而管理幅度就决定了组的大小。在一定组织的总体规模下，管理幅度越大，需要的管理层次就越小，而管理岗位就越少，相应的管理费用就越低。

以某个拟成立的公司的组织规模设计为例，如表5-1和图5-4所示，根据该公司的业务和生产能力，该公司需要设置4 096个工作人员岗位。

表5-1　某公司的组织规模设计

管理幅度	4	8	16
组织层次	7	5	4
管理人员	1 365	585	273

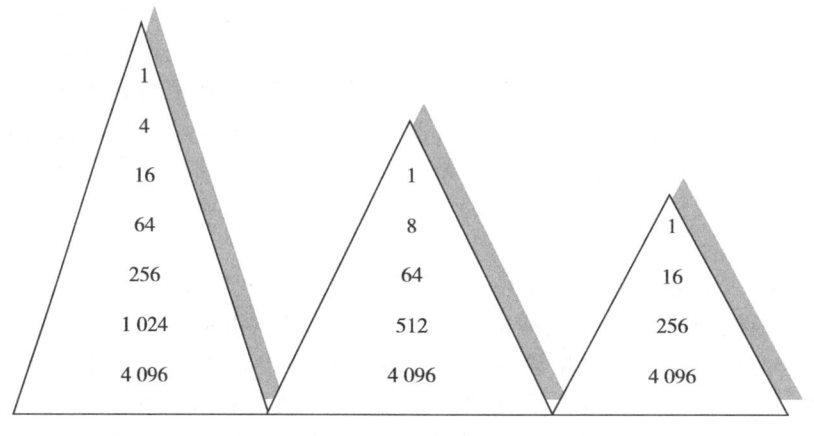

图5-4　某公司的组织规模设计

设计人员初步分析了该组织的管理岗位和规模，为简化问题，假设企业各管理岗位采用统一的管理幅度，并研究不同的管理幅度与组织规模、层次的关系。当管理幅度设为4时，也就是所有的管理人员带4个直接下属，管理层次为7，管理人员需要1 365人；当管理幅度增加到16时，管理层次削减了3个层次，管理人员减少为273人，管理规模和费用大大降低。通过这个例子，我们了解到组织规模、管理层次与管理幅度的关系，管理幅度越大，同样规模的组织管理层次越小，管理人员越少，管理费用越低。

（2）扁平型组织和瘦长型组织。根据管理幅度和管理层次的特点，可将组织分为扁平型组织和瘦长型组织。同样规模的组织，如果管理幅度大而管理层次少，这就属于扁平型组织；如果组织管理幅度小而管理层次多，就属于瘦长型组织。

对于扁平型组织，由于管理层次少，所以管理信息流通快且失真度低。正如前面的例子中所揭示的，与瘦长型组织相比，扁平型组织需要的管理人员和部门相对较少，管理费用也比较低。而且，由于管理层次少，上下级关系容易形成比较紧密和融洽的关系。由于管理幅度大，下属的人数多，管理者倾向于采用较分权的领导方式以提高效率。这也有利于激励下属，并由于下属拥有更多的自主权和发挥的机会，组织也会更有活力。传统的日本企业以扁平型组织居多，而组织扁平化则是欧美企业的组织发展趋势。其主要原因在于，组织面临的市场和技术环境变化的节奏越来越快，其不确定性也越来越强，而组织竞争力的核心是创新能力，这就需要更加宽松、分权和充满活力的组织文化，而扁平化趋势正是在这样的环境中形成的。组织扁平化的另外一个重要原因是信息技术的发展，壳牌石油和IBM在组织扁平化的过程中大幅削减中间管理层次，因为中层管理者的重要作用之一就是信息的上传下达，而信息系统的发展使中层管理者在这个方面的工作价值在降低。

以美国的通用电气（GE）为例，公司前任总裁杰克·韦尔奇被人称为"中子弹杰克"，因为他对通用电气公司的改组力度很大。在20世纪80年代，一批像通用电气公司这样具有上百年悠久历史的著名企业患上了所谓的"巨人症"，出现了机构臃肿、人浮于事、官僚主义严重和文山会海等组织衰老症状，通用电气有1/3企业在亏损，将近1/4企业到了破产的边缘。杰克·韦尔奇临危受命，采取了大刀阔斧的改革，公司员工从40万人削减到25万人，关闭了一大批部门和工厂。经过改革的阵痛以后，通用电气很快就取得了巨大的成功。当中国学者在GE调研的时候，他们发现一个奇怪的现象：部门的管理幅度常常是几十到上百，这似乎超出了一般管理者能够管理的人数限度。他们就向杰克·韦尔奇当面提出了质疑，认为这可能违背了有效的管理幅度原则，一个人如何直接管理这么多下属？杰克·韦尔奇大概是这样回答的："我就是要他们管不了，这样他们就会尽可能将手上的工作和权力下放给自己的下属，让拥有更多自主权的员工把他们的积极性调动起来，发挥他们的潜力和创造性。"杰克只是说出了组织分权设计这一个方面的原因，另外一方面的原因在于，杰克·韦尔奇希望在超大规模的通用电气公司创造无边界组织文化和小公司氛围，因为他很喜欢小公司内部管理层和员工打成一片和亲密无间的关系。如何实现这个目标呢？杰克·韦尔奇的办法是大幅削减管理层次，公司从原来的9个左右的管理层次削减到5个层次，从杰克·韦尔奇到普通家电销售人员中间只有3个层次。对比前面介绍的例子，一个4000多个工人的组织即便采用16为管理幅度，尚且需要4个管理层次，再考虑一下拥有二十几万人的通用电气公司只有5个层次，这的确让人惊讶，没有足够大的管理幅度是很难做到这一点的。于是我们发现，通过组织扁平化来创造无边界组织才是通用电气公司增大管理幅度的直接原因。

对于瘦长型组织，由于管理幅度小，可以实现较细致的指导和严格的监督，既有利于政策的统一性和内部的有力控制，又有利于规范化和制度化的管理。日本的企业中扁平型组织居多，而传统的欧洲家族企业更青睐于瘦长型组织。有人将瘦长型组织比喻为20世纪初美国出现的众多的摩天大楼，老总在第100层的顶层办公，而工人在底层忙碌着，这样的企业等级森严，信息传递要走漫长的路。可以说，瘦长型企业容易形成领导权威和严格的等级观念，有利于令行禁止和规范化管理。但是，这样的企业也容易滋生官僚作风，从而导致管理效率低下。

虽然组织扁平化是组织发展的总体趋势，但组织结构的设计需要考虑组织的实际情况，应该具体问题具体分析。以国内的宝钢为例，一般的钢铁企业在车间内部的管理层次只有车间和班组两个层次，但宝钢吸收了日本钢铁企业的成功经验，将车间内设置4个管理层次，这是车间结构的瘦长化，其好处在于：由于车间的生产规模大、自动化程度高和节奏快，一旦工人的操作出现失误并造成了生产事故，可能会给企业带来巨大的损失，所以对生产过程的可靠性的要求较高。为了保证生产质量和效率，需要加强对工人的指导和监督，而减小管理幅度和增加管理层次正是出于这样的考虑。

4. 权责设计

在确定划分职务、部门和管理层次的工作完成之后，接下来的组织设计工作就是对具体部门和职务分配具体的权力和责任。对于一定的部门和职务，责权要具有统一性，不能有权无责，也不能有责无权。前者会导致无事生非，后者可能造成消极怠工。分配权力、责任的基本方法是通过组织制度的权责分配完成静态分配，在组织制度中就会规定各部门的权责范围和相互负责关系；而在组织运行过程中，权责分配则主要通过上级对下级授权的方法进行权责动态分配。对组织内部权责分配的总体形态的评价，可以从权责的集中度和分散度的角度来进行分析，这就是组织的集权和分权问题。组织的权力具有不同的分类方法，从权力所属的部门和执行路线来看，权力可以分为直线职权和职能职权。

（1）授权。所谓授权，是主管人员将权力授予其下属人员的过程。在授权的过程中，管理者将属于自己的权力授予下属，让其承担相应的责任和工作任务，而这种责任常常与激励措施相关。授权具有重要的意义，从组织结构的总体来看，组织权力的执行过程都可以看成是授权过程。管理者根据上级制定的计划，通过授权的方式给下属分配任务，从而落实部门计划。所以，组织的工作可以看成是从授权开始。从具体的领导授权行为来看，一旦授权开始，组织权责分配状态就发生了变化，等到授权结束，权责分配才变回到初始状态。因此，授权也可看成是临时性改变组织权责的过程。

授权应该注意的问题有以下几个方面：首先，根据统一指挥原则，管理者应该向自己的直接下属授权，而不可越级授权。否则，就可能导致多重领导问题，破坏组织的秩序。其次，授予的权责必须明确，授权者对被授权者要承担指导和监督的责任，不能当甩手掌柜，更不能揽功推过。就像儿童的家长，作为监护人，他们要对儿童的行为负责。授权者对下属在学习和成长过程中的错误和过失要宽容一点，要学会保护下属，要鼓励下属创新和进取就不要怕承担风险。最后，授权双方必须相互信赖，就是所谓的"用人不疑"和"疑人不用"。从授权的角度来看，在授权的过程中，被授权者在执行权力的过程中需要被信任、尊重，并拥有一定的权力执行空间，授权者的不信任会挫伤下属的积极性，过多的介入和干涉会影响下属的工作效率。

（2）集权和分权。集权和分权是组织结构设计的一个重要问题，反映了组织权力的总体分配趋势。所谓集权，就是组织的重要权力主要集中在较高的管理层次。所谓分权，就是组织很多重要责权被系统地授予给了中下层管理层次。组织最集权的情形可能是，组织的最高管理者是一个绝对的独裁者，他垄断组织的一切资源和做出所有的决定或决策，所有其他组织成员都没有任何自主权。组织最分权的情况可能是，组织中每个人都有充分的自主权，都按照自己的意愿行动。一般而言，没有绝对的集权组织，也没有绝对的分权组织，更合适的说法是，所有组织都具有一定的集权程度或分权程度，集权和分权只是相对而言的。

虽然没有绝对的集权和分权，但我们可以比较两个组织的集权或分权程度，然后得到这样的结论：一个组织比另一个组织更集权，或者更分权。如何比较两个组织的集权（分权）程度呢？一个简单的判断方法如下：以组织中下层管理者的决策权作为判断指标，这个决策权可以根据决策范围和权限、决策参与部门的数目来衡量。当两个组织进行比较时，中下层的决策权大的组织更分权，相反则组织更集权。例如，通过对一个企业的基层部门办公设备的购买决定过程，可以观察这个组织的集权程度。这可以从两个角度来分析购买过程，第一个角度是考虑决策参与部门的数量，假设有两种情况：在第一种情况中，购买申请由部门主管签字就可以购买设备；在第二种情况中，购买申请不仅需要部门主管签字，还需要财务副总签字。显然，第二种情况基层决策参与部门多，部门拥有的购买设备的决策权较小。第二个角度是从决策权限和范围来看分权，还是以基层部门的采购为例，并从购买金额上限制来进行比较。这也可假设存在两种情况：在第一种情况中，该部门可以自主购买10万元以下的设备；在第二种情况中，该部门可以自主购买5万元以下的设备。很显然，第二种情况下该部门的决策权小。在这个例子中，无论是从决策权的范围还是从参与决策的部门来比较组织的集权、分权程度，都是第二种情况下基层部门的权力较小，所以此时组织就比较集权；而在第一种情况下，基层部门决策权大，则此时组织就比较分权。

组织如何安排其结构的集权程度或分权程度，可能需要考虑这样一些因素：

第一，组织对规范化管理、政策统一性和内部控制的要求越高，组织越集权。例如，麦当劳公司在快速扩张的同时，仍能在服务质量上保证一致性，这主要依靠的是公司高度标准化的生产服务过程和统一严格的管理制度，员工的自主发挥空间很小，这就是一种高度集权的管理。

第二，组织内部员工的信息分布情况和能力差异对集权、分权设计有重要影响。组织信息越分散，分布越均衡，员工具有的私人信息和知识越丰富，组织可能需要更分权。所谓知识就是力量，权责分配应该与知识、能力相匹配，既然每个人都有其信息优势，则应该有相应的自主权去发挥这种优势。反过来说，信息越集中，组织可能需要掌握信息优势的人、部门掌握主要的权责。在分析领导与下属的关系时，我们会注意到，当领导的知识、经验和能力与下属相比有较大优势的时候，领导的专制或集权可能是有效的。

第三，集权、分权设计与激励和组织活力有密切的关系，分权设计有利于激励下属，也会让组织更有活力。组织越分权，中层、基层管理者就拥有更多自主权，他们会承担更重要的责任，有更多的自由发挥的空间，有更多学习和创新的机会，这对调动他们的积极性和创造性都是有利的。

第四，组织需要通过分权来实现组织内部的制衡或制约，这种平衡的权力结构可以避免组织内部少数人的过失给组织带来的损失。人非圣贤，孰能无过。每个管理者都有可能犯错误，如有意的腐败或以权谋私的行为，或无意的过失和失误。也有人说，绝对的权力带来绝对的腐败。由于人性的弱点，在权力缺乏制约的情况下，人可能会由于意志薄弱、自我欲望膨胀而变得腐败堕落，如果这变成了普遍现象，我们就需要反思是不是制度环境出了问题。

组织需要通过分权设计来实现内部权力制约或制衡，可以有效避免这样的问题，或尽可能减少由此带来的损失，从而保证组织长期可靠的运作。例如，现代民主政治制度的三权分立，司法、行政和立法分别由不同的部门完成。股份有限公司的治理结构也是类似的设计，股东大会、董事会和监事会分别具有所有权、经营权和监督权。再举一个例子，在电网企业的电气开关操作过程中，由于是高压设备，如果操作失误会有生命危险。为了最大限度地保障人身、设备安全，要求计划、执行和监督完全分开，由一个人写操作过程（操作票），另一个人按操作票的内容操作，还有第三个人监督操作过程。

第五，组织分权设计可能与组织员工偏好的差异性或多元化程度有关，员工在文化传统和观念上的差异越大，组织可能越需要更加宽松、民主或分权的管理。例如，在全球化环境下，很多企业在世界各地都设置了机构或工厂，员工来自不同的文化背景。管理者需要了解和尊重本地文化，对文化差异采取一种宽容的态度，在管理制度的安排和领导过程中要给予更多的空间。

第六，从规模经济性的角度来看，组织的业务活动集中处理比分散处理成本更低，例如，企业的人力资源部门负责所有部门的人员培训，这可能比各部门单独培训成本更低，因为这存在规模经济性。在举办一个讲座的时候，如果教室够大，来听课的员工越多，单位培训成本越低。在企业的生产、营销、采购等各方面，都可能存在这样的规模经济性，统一采购和营销的讨价还价能力强，交易成本低，而集中生产可以更充分地利用厂房和生产设备等固定资产等。权责是统一的，活动的集中安排也就意味着权责的集中。以事业部结构为例，与直线职能结构相比，事业部结构将各项职能分散到各个事业部，分散活动使组织更分权，但降低了规模经济效率。要充分发挥规模经济优势，就需要更集中的职能或活动安排，也就需要更加集权的管理。

（3）直线职权和职能职权。组织的职能根据其重要性可以分为关键职能和辅助职能，如一般生产制造企业的研发设计、生产和营销都是关键职能，而财务和人事则是辅助职能。实现关键职能的部门又被称为直线部门，实现辅助职能的部门常常被称为职能部门。所谓的直线职权，是指在所有的直线部门和职能部门中，管理者对自己的直接下级所具有的决策权、指挥权和监督权。所谓的职能职权，是指职能部门的管理者对非直接下属的员工和部门所具有的决策权、指挥权或监督权。例如，人力资源部门统一管理企业各部门人员的招聘、培训等工作，财务部门统一管理企业各部门的财务活动等。职能职权的意义在于，通过这些辅助职能的归口管理，可以既发挥专业分工和规模经济性的优势，又可以保证企业经营财务活动的安全性。如果将这些活动分散到各个部门，每个部门都要自己负责招聘、培训和财务活动，会导致管理成本上升、职能重叠、专业水平下降和经营风险增加等问题。从专业分工的角度来看，职能部门的人员作为专业人员，其获得的职能权力来自于其专业技能与知识。例如，由于专业性比较强，财务部门的人员大都毕业于高校的会计和财务管理等相关专业，并具有相应的工作经验和职业资格证书，而财务部门的职能职权正是来自于这些员工的专业知识和技能。

从定义上来看，直线职权是根据统一指挥原则所赋予的管理者权力，属于管理者的基本权责，而职能职权有违背统一指挥原则的嫌疑，可能会带来多重领导。职能职权是一种特殊的权力，它不同于直线权力的地方在于，职能职权执行的范围超越了直接下属的范围，可能是整个组织所有部门的某个职能都由一个职能部门管理。为了避免多重领导带来的问题，职能职权的执行一般需要与相关直线部门协调配合，而且其缺乏完整性。这表现在职能职权的执行形式上，职能职权共有四种执行形式的类型：第一种类型是决定权，这类职能职权对执行对象具有完整的决策、指挥和监督权；第二种类型是共同决定权，执行这类职能职权的部门与相关直线部门共同拥有对执行对象的决策、指挥和监督权，所以权力执行过程中，需要双方协调一致以后才能下达和执行；第三种类型是强制协商权或审批权，各部门或员工的特定职能活动需要征求相关职能部门的意见，并经过该部门审批同意以后才能执行；第四种类型是建议权，职能部门有权对各部门特定的职能活动提出建议。这四种类型中，共同决定权和强制协商权的形式在实际组织中应用得比较多。例如，人力资源部门需要制订员工培训计划，在制定了培训人员的条件和要求以后，要求各直线部门根据培训人员的条件和本部门的情况上报培训人员名单。然后，人力资源部门根据各部门上报的人员制定培训计划，并向财务部门提出对计划的审批申请，财务主管对计划签字以后，人力资源部就可以开始执行该培训计划。在这个例子中，人力资源部实施的是共同决定权，财务部实施的是强制协商权。

5. 协调机制的设计

在组织设计中，工作岗位、部门、管理层次和权责设计都是组织分工设计，但分工的最终目的是进行协作，以实现组织运营的效率。实际上，在组织分工完成以后，基本的协作机制实际已经建立起来。例如，直接上下级之间具有垂直协作关系；平级职务和部门之间具有横向协作关系；职能部门在行使职能职权时和其他部门之间具有斜向协作关系；围绕业务流程，各部门职务之间具有业务协作关系；等等，这些都是企业的基本协作机制。

从协调的原理来看，主要有三种协调方法。第一种协调方法是相互调整，就是在协调对象较少，协调具有一定基础的情况下，协调对象之间通过直接沟通来实现协作。例如，在公园划船的过程中，如果是两个人划的小船，在刚刚开始划桨的时候，有可能两人划桨方向不一致，结果小船在原地打转。这时，两个人相互之间通过交流可以迅速调整划桨方向，使得小船向前行驶。这种协调机制适用的是需要协调的部门和职务数量较少的情况，且协调对象之间有一定的协作基础。

第二种协调方法是直接监督。当协作的对象比较多的情况下，相互调整就不再适用，这时，需要协调对象以外的独立协调者，此协调者应该对协作对象具有一定的影响力。还是以划船为例，如果船上划桨的人不是两个而是几十个人，通过相互交流来统一划桨的方向和节奏就可能比较困难。所以，在中国的赛龙舟比赛过程中，龙舟的划桨指挥过程是由船上的一个人喊号子来进行。这个人并不划桨，但划桨的人离不开他，因为他统一了大家的划桨动作，使比赛能够顺利完成。在交响乐的演奏过程中，指挥并不演奏乐器，但他的指挥棒实现了不同演奏乐器之间的配合，这些都是直接监督的例子。在组织中，管理者协调众多直接下属的工作时，采用的就是直接监督的方法，所以管理者就充当了协调者，因为他具有一定的领导权威。

第三种协调方法是标准化。在交响乐的演奏中，乐器演奏者除了要看乐队指挥的指挥棒以外，还要看摆在面前的乐谱，因为乐谱上规定了演奏的过程如何进行。所以，指挥棒和乐谱让不同的乐器之间可以进行完美的合奏。乐谱就是行为过程的标准化，它是在对乐队演奏行为总体协调的基础上制定的，在规定乐器演奏的标准的同时，也完成了不同乐器之间的协作。

标准化既有过程的标准化，也有产品的标准化以及知识和技能的标准化。产品的标准化包括产品规格、性能和质量的标准化，其具有重要的协调作用。例如，目前自己组装电脑的人越来越多。虽然电脑的配件来自于不同的厂商，如光驱是日本东芝的、主板是中国台湾华硕的、内存是韩国三星的，但由于各种配件的规格标准化，计算机组装过程非常容易。所以，产品的标准化实现了不同企业、部门和员工之间社会协作效率。

知识和技能的标准化是在知识的传播与技能培训过程中的标准化过程和结果，其主要标志是各种知识和技能的资格证书。如学位证、驾照、英语四六级证书、计算机等级证书等，这些证书可以证明持有者在某专业领域具有一定程度的知识和技能。知识和技能标准化的协作意义在于，组织中不同岗位的协作需要在各岗位上的员工具有相应的知识和技能，这种知识和技能的要求是不同岗位的员工沟通的基础。在招聘员工的时候，通过对岗位技能标准的要求，可以基本上保证员工具有一定程度的知识和技能。例如，某企业的某岗位招聘条件是大学本科毕业，所学专业为财务管理或会计专业，并要求英语四级等。再举一个例子，某医院准备做一个手术，但该医院没有合适的医生能做这个手术，所以主刀医生是从其他医院请来的。在手术过程中，该医生虽然事先并不熟悉手术室其他的医生和护士，但他们之间仍可配合默契，因为医生和护士可能都是从医学院和护校毕业的，这保证了他们都具有基本的专业知识与技能，而这是他们之间有效协作的基础。

组织内部协调机制的建立有很多方式，会议制度是常见的协调机制。组织通过定期的会议，在组织一定范围内进行内部协调。会议范围可以自由设定，如跨越部门和层次，会议制度可以定期召开，形成定时协调机制。联合办公也是一种横向协调机制，就是围绕一定的业务将相关职能部门集中在一起办公。如高校每年新生入学报到时,很多学校将各职能办公室集中在一个固定的场所办公,在固定的办公流程指导下,学生的入学手续办理可以非常方便。联合办公加强了部门之间的协作,也便于消除部门壁垒和偏见,在同一办公地点办公,会有更多的交流和互相理解。另外,也容易实现资源共享,如信息和办公设备。发现了联合办公的优点,有些组织就将联合办公制度固定下来,不同的职能部门在同一个比较大的办公室内工作,这就是所谓的大办公室制度。上述的协调机制都是对组织基本协调制度的强化和完善,在现实的组织中,还有各种各样的组织协调措施,这都是组织根据自己的实际情况对协调机制的创新。

5.3.2 现代组织结构设计

现代企业组织结构是指为了适应当代越来越复杂的组织环境,企业对组织结构创新的一些趋势和方向。在前面介绍的通用电气公司的例子中,杰克·韦尔奇提出要建立无边界组织结构(boundaryless organization structure),这就是现代企业组织结构发展的一种趋势。通过组织扁平化,可以消除或减少内部层次和壁垒;通过组织间建立在股权关系、契约上的战略协作与联盟,可以消除组织间壁垒。内外壁垒的减少,都有利于建立更加灵活和具有较强环境适应能力的组织形态,但组织间关系的新变化是重点。

虚拟组织就是一种现代社会组织形态,在虚拟组织中,除了核心全职成员以外,其他成员都是外聘的专业人员或专家。也就是说,组织内部的业务主要是由组织外部人员完成的,而对这些外部人员的管理和协调,都是通过签订契约的市场机制进行。例如,电影制作的过程中,制片人需要将编剧、导演、演员和摄影等职员组织起来制作影视作品,而这些职员可能都属于不同的演艺公司,或者不属于任何公司,他们之间的合作完全依赖的是合约。外部契约成为组织内部管理制度的一种替代机制,使组织的形成和变革越来越容易。组织业务的拓展,不再受到组织结构固定边界的限制,具有了更大的自由和创新空间。

虚拟组织主要是基于契约的员工之间的合作形态,而动态网络组织主要是基于契约的组织之间的合作。具体而言,动态网络组织是指不同的组织之间围绕产品或服务形成密切合作关系,其中的核心组织与外界组织群共同形成一个虚拟组织或网络组织,这是组织之上的组织。网络组织内部的核心组织将产品生产过程或服务提供过程进行业务分解,并将其中不属于自己组织的核心业务委托给其他组织来完成。动态网络组织的形成,是企业专业化战略发展的结果,企业将重心聚焦在特定的职能和业务,并以此作为自己的核心竞争力。在不同领域和职能具有竞争优势的组织可以围绕市场或技术创新形成网络组织,其中每个组织在其负责的业务中都能发挥自己的专长,不同组织之间进行分工协作和优势互补。信息技术的发展使不同地域和行业的组织可以形成紧密协作,这是动态网络组织形成的前提条件。耐克、锐步和思科等公司没有自己的工厂,这些公司的核心业务主要是产品研发、设计与市场营销,而产品的生产都外包给其他的企业,爱立信(Ericsson)甚至将部分研发任务外包给新德里、新加坡以及加州的公司。

模块化组织可以看成是动态网络公司的其中一种,它主要是产品生产过程中的组织合作形态。具体而言,生产企业通过外部企业完成生产部件或子系统的生产和组织,自己则在此基础上完成产品的总装。例如,大众汽车公司在巴西的一个模块化工厂,将部件和零配件的生产外包给12家供货商,如沃克公司生产发动机和传送系统,底盘是由巴西的Lochpe-Maxion公司生产,悬挂系统是由美国罗克韦尔公司生产,在这个有着1 400名工人的工厂中,其中有200人是大众汽车公司的员工,而其他都是供应商派来的。

5.4 组织发展

在整个组织的运营寿命中，组织不是一成不变的，这种动态变化可以从多个方面来予以分析。根据组织的演化理论的观点，组织的演化或进化犹如生物种群的进化，是一个自然的过程，但进化的速度受到自身努力和环境的影响，组织生命周期理论就是从这个角度分析组织的演化。组织在面临复杂多变的环境时，需要努力变革以适应环境的需要，这就有必要探讨组织结构对变革的影响。

5.4.1 组织生命周期理论

1972年，拉里·格雷纳（Larry Greiner）首先提出了组织进化理论，1983年，罗伯特·奎因（Robert Quinn）等人在此基础上提出了组织生命周期理论。所谓的组织生命周期，就是指一个组织的诞生、成长直至衰老、消亡的过程。在不同的生命周期阶段，组织的结构、领导风格和管理系统都具有其明显的特征。随着组织的成长，组织的规模也越来越大。组织的成长历程一般要经历创业阶段、聚合阶段、规范阶段和协作阶段，如图5-5所示。根据一项统计，在创业刚开始取得成功的企业，其中有84%的企业在5年内倒闭。因为这些企业不能成功实现从创业阶段转型进入聚合阶段，越是组织生命周期后期的几个阶段，实现组织转型就越困难。然而，一旦成功实现转型，组织将迎来一片新天地。

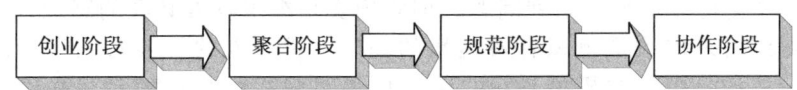

图5-5 组织的生命周期

1. 创业阶段

组织刚刚创立时，内部的管理不正规。组织的创建者被称为企业家，往往采用家长制或团队制的管理方式，对组织的主要业务采用较为集权的管理模式。组织的工作强度大，组织缔造者及员工的创造力是企业的竞争优势。随着组织规模的扩大，管理层面临的管理压力会越来越大，组织缔造者往往难以兼顾业务和内部管理两个方面的工作。他们可能需要重塑组织结构，或通过引入职业管理人来解决这个问题。在苹果电脑公司快速成长的过程中，由于乔布斯（Steve Jobs）和沃兹尼亚克（Stephen Wozniak）两个人都不胜任或不关注公司发展中遇到的管理问题，因此，马库拉（A. C. Markkula）被聘请作为苹果的新掌门人。

2. 聚合阶段

在解决了领导危机以后，组织的领导者开始明确组织经营目标和方向，并设置相应的职能部门。然后，建立管理层次，并进行权责分配。在初步的分工完成以后，员工就组织目标取得一致的认识。组织虽然有了一些正规的制度，但沟通和协调仍然以非正式方式为主。苹果公司在1978~1981年的快速成长期为聚合阶段。在组织发展的同时，管理者和员工也在成长。基层管理者在管理过程中，随着对工作的熟悉和了解程度的提高，需要管理高层越来越多的放权，以提高本部门的管理效率。这种现象发生的原因可能是：组织缔造者和高层管理人员从组织建立以来，一直都采用了较为集权的管理；他们可能是业务领域的专家，并不擅长管理，或对管理没有形成正确的理念，对下属不能充分信任；基层管理人员可能是外聘的相关管理领域的专业人士，如财务、人力资源或市场营销，与高层管理人员相比，他们的专业工作水平和技能更高，他们要求掌握工作的自主权，主要目的还是要提高部门的工作效率，避免"外行指挥内行"。另外，随着组织的发展，业务越来越多，管理事务越来越杂，过于集权的管理将大大降低组织的运作效率，这可能也是组织基层希望分权的一个重要原因。如果这样的矛盾处理不好，就会发生所谓的组织自主危机，由于高层不愿意放手，使得组织内部出现了信任危机和管理障碍，这会严重制约组织的发展。

3. 规范阶段

组织的规章制度逐步完善，部门和岗位之间的协作、沟通也越来越正规，工作的标准化、程序化程度逐步提高，组织的职能逐渐完备。随着业务的增加和规模的扩大，组织分工越来越细。组织规模到了一定程度以后，就会出现一些内部自治单位，即自主权较高、独立性强的部门，如事业部。苹果公司在20世纪80年代就处在规范化阶段。这个阶段的主要问题可能是过度的行政化、程序化，或文牍主义和官僚主义，各层管理人员和员工对程序、报告或形式的重视高于工作任务本身，从而丧失了对工作整体性和目标整体性的认识。组织行为的保守、僵化和教条会制约组织的创造力，如果上述问题严重的话，组织就可能患上所谓的"衰老症"或"巨人症"。这样的组织往往规模庞大，大部分部门效率低下，协调工作量大，出现了"文山会海"。曾经使得组织成功的管理体系已经僵化，需要进行组织创新才能重新焕发活力。目前，我国高校管理也存在过度行政化的问题，通过各种评估和考核标准运行的高教管理系统存在很多问题，这不符合高等教育的特点，会扼杀高校师生的创造力，也会滋生腐败和鼓励投机，并带来种种不好的社会影响。

4. 协作阶段

虽然组织正规化可能带来一系列问题，但它确实是组织发展必经的路径，具有一定规范化和标准化的组织管理体系是组织有效运作的基础，犹如人的骨架对人生命的意义。但组织的正规化部分更像是组织的机械系统，可以使得组织运行具有稳定和秩序，在应对常规任务和熟悉的情景时能游刃有余。但组织是复杂的社会系统，仅仅依靠规范化管理是不能满足其需求的，组织总体更像是生物的有机系统，光有机械系统是不够的。组织的有机体特征主要在于活力和创造力，而这两者主要来自于自由发挥的空间、学习的机会和强烈的成就导向。这需要组织分权、重视组织学习和激励性工作设计，根据系统的整体加强原则，群体创造力要远高于个体创造力的简单叠加，所以平等、融洽和密切的协作关系是形成群体创造力的关键。因此，要增加组织的创造力，就需要从通过协作机制和激励性工作机制的设计来实现。通过组织学习，加强员工的协作意识和调动员工的创新积极性。同时，也需要进行组织机构的创新，如工作小组和团队建设，增强员工的横向与斜向协作和沟通。在这样的协作机制中，基层管理者和员工获得更多的自主空间，员工之间的协作也更平等、更密切，工作整体性的加强也使得员工更容易认同工作的社会价值，从而进一步调动了员工的积极性。组织协作阶段的主要特征就是在原有规范管理体系的基础上，组织进行了加强协作和工作激励的管理体制创新。

经历了规范阶段的组织往往是具备一定规模的大的社会组织，如杰克·韦尔奇上台前的通用电气公司有45万人。通用电气公司在杰克·韦尔奇的改组下，要创建小公司文化，让管理层与员工的关系更紧密，这是通过精简机构、增加管理幅度和分权设计做到的，这时的通用电气公司就处在协作阶段。在协作阶段开始之前，组织可能已经患上了"衰老症"，组织为了扭转危机，可能要经历管理层的动荡。因为，企业再造需要组织的领导者具有企业家的素质，有开拓精神，像杰克·韦尔奇这样的人本身就很难找到。苹果公司在这个阶段前后更换了约翰·斯卡利（John Sculley）、迈克尔·斯平德（Michael Spindler）和吉尔伯特·阿米里欧（Gilbert Amelio）这几位首席执行官，最后，还是苹果公司的缔造者乔布斯（Steve Jobs）成为现任首席执行官，他使得苹果公司度过了危机，并进入了一个新的时代。

5.4.2 组织变革

组织像是生命的有机体,从社会环境的土壤中吸取营养得以生存和发展,而前提条件是组织能够满足社会的需要,具有社会价值。众多的组织在竞争社会有限和稀缺的资源,在复杂和多变的社会环境中,同生物种群的演化规律一样,也是"优胜劣汰、适者生存"。哪个组织能更好地适应环境的变化,其生存和发展的机会就更好。所以,社会环境要求组织具有一定的灵活性和创造力,组织通过持续不断的调整自身,以适应环境的变化,就是组织变革的过程。当今企业普遍面临的环境变化,如技术进步、全球一体化、成熟的发达国家市场、社会主义国家的转型等,都是推动企业进行组织创新和变革的重要因素。

1. 变革类型

组织变革有渐进式变革和激进式变革两种变革模式。渐进式变革表现为一系列持续的改进,但这些改进依然维持着组织的总体平衡。这种变革往往是从局部试验开始,并分阶段进行,目的是在完成改革的同时,尽可能保持组织的平稳运行,我们可以称之为"组织改良"。激进式变革是打破组织的基本运行规则,并创建新的组织结构和管理系统,使这个组织发生根本改变,这可以称之为"组织革命"。在我国计划经济向市场经济转型期间,国有企业建立现代企业制度和公司化运营就是一种激进式组织变革。杰克·韦尔奇被人称为中子弹杰克,因为他对通用电气的改革是对原管理系统的破坏,并建立截然不同的管理系统,这就是"先破后立",也属于激进式变革。

2. 技术变革

组织的变革主要包括技术变革、战略和结构变革等类型。技术变革指的是构成组织核心竞争力的知识和技能的变革,其目的是提高投入产出效率。战略和结构变革是指组织管理系统的各个方面的变革,如组织结构、战略管理、薪酬制度、沟通方式、信息系统、会计系统等,这种变革通常是由高层管理当局发起,是从上至下的改革。

这里首先需要考虑的一个问题是,如果要实现组织的技术变革,组织结构要如何实现变革?任何组织都有有机的一面,如活力、灵活性、创造力;任何组织也都有机械的一面,如各种规章制度和标准。从技术变革来看,组织的有机性对变革有利,组织的机械性对变革不利。组织的有机性往往给予员工宽松自由的空间,使得员工容易提出和采用新的构想,并鼓励从下至上的创新过程。由于有了提出新构想并进行试验的自由,因而源于中下层员工的创意才会源源不断。但对于常规性和大规模的常规性的产品和服务,组织的机械性能保证组织运作精确、稳定和可靠,所以,从效率的角度来说,组织的机械性比有机性更重要。

为了找到既能促进技术变革又能兼顾效率的组织结构,许多组织采用了两栖组织结构策略,实现组织内部的机械性和有机性的统一平衡。两栖组织结构的一个例子是福诺公司(Freudenberg-NOK),它是设在印第安纳州的一家汽车配件厂,该厂有许多由12人组成的轮班式团队,团队成员来自于不同的部门。每个团队有3天的活动时间,团队成员需要对工厂生产经营各方面提出降低成本及提高生产率的各种构想,3天以后,团队成员又回到原来的工作岗位,这时又轮换到其他团队开始类似活动。很多组织都有这些跨职能、层次的工作小组、团队,它们是组织的有机部分。小组或团队成员往往通过类似头脑风暴法的集体思考方法,提出各种创意和构想。而组织的机械性部分,如各职能部门的运作也同时在正常进行。

3. 管理变革

管理变革是指组织结构和管理系统的变革,包括结构重组、精简机构、团队建设、信息系统设计和部门变更等。任何组织都具有技术核心部门和管理核心部门,这种对组织的认识可以称之为组织双核心模式。技术核心部门和管理核心部门都各自拥有其员工、任务和环境范围,在组织的管理层次中,管理核心部门的层次高,技术核心部门的层次低。因为,管理总是从上至下的,而技术创新总是从下至上的。

机械性占据主导地位的组织可以称之为机械组织,如政府机关。有机性占据主导地位的组织可称之为有机组织,如高新技术企业。机械组织有利于管理变革,因为管理变革总是从上至下的。而且,机械组织的行政化管理往往强调集权、控制和纪律,组织管理系统的改弦易辙相对比较容易,规章制度、目标战略、信息系统和人事变革引起的阻力比有机组织小。有机组织比较分权,下属的自主权和自我意识强,管理改革的阻力也就较大。前面也谈到有机组织容易实现技术变革,因为技术变革是从下至上的,这适合员工拥有较大自由和自主权的有机组织来实现。如果有机组织要进行管理变革,如许多技术创新型企业被迫进行结构重组、裁减员工、改变薪酬制度、解散团队,或组建新的产品部门,相应的改革权责均由管理高层承担,而这经常发生在新的管理班子上台以后。如欧特克公司前总裁卡罗尔·巴茨(Carol Bartz)将公司从有机组织改造为机械组织,引入了管理层级制,并相信可以让企业扭亏为盈和走向正轨。但这样的变革遇到的阻力可想而知,精简机构和裁员也会给员工带来巨大的痛苦,在这样的变革过程中,高层管理者应当坚决果断,并保持绝对的权威。

思考题

1. 组织的外部环境主要包括哪些方面?组织对环境应该采取什么样的态度?
2. 专业分工原则的优势和劣势分别是什么?工作丰富化的内容和目的是什么?
3. 直线职能结构、事业部结构和矩阵结构分别具有什么特点?其适用的环境如何?
4. 管理幅度的设计需要考虑哪些因素?管理幅度、层次和规模之间的关系如何?
5. 扁平组织和瘦长组织各有什么特点?为什么组织扁平化是现代企业发展的一种趋势?
6. 授权的含义是什么?如何才能有效授权?
7. 组织的集权、分权设计需要考虑哪些因素?如何判断组织的集权、分权程度?
8. 职能职权是什么?其执行的形式有哪些?
9. 协调的基本方法有哪些?它们分别适用于什么样的情况?
10. 动态网络组织是一种什么样的组织形态?其特点如何?
11. 组织生命周期理论的主要观点是什么?
12. 什么是激进式变革?什么是渐进式变革?
13. 什么是组织的技术变革?什么样的组织结构有利于技术变革?
14. 什么是组织的管理变革?组织的管理变革与组织结构的关系如何?

案例分析

海底捞的分权管理

海底捞火锅的董事长张勇虽然管理着一家逾万名员工的餐饮企业,但张勇的生活闲适自在:大多数时候,他待在家乡四川简阳,"早晨睡到自然醒,陪陪家人和父母,下午和朋友喝喝茶、玩玩牌,有时也去爬爬山",不定期地也会来趟北京。

张勇是一个聪明的懂得充分放权的管理者。

1994年3月,海底捞第一家火锅城在四川简阳正式开业,刚开始做出来的火锅味道很一般，但优质的服务能够弥补味道上的不足，帮客人带孩子、拎包、擦鞋……无论客人有什么需要，海底捞的员工都努力让顾客满意。这样做了几年之后，海底捞在简阳已经是家喻户晓。

1999年，张勇决定将"海底捞"的牌子做到外地去，海底捞走出简阳的第一站，选在了西安，因为西安有人愿意和海底捞合作。但事与愿违，海底捞刚到西安头几个月都接连亏损，眼看就要把之前辛苦积攒下来的老本赔个精光，危急关头，张勇果断要求合伙人撤资，委托派张勇过去的得力助手杨小丽全权负责，重拾海底捞的核心理念——服务高于一切！短短两个月内，西安海底捞店居然奇迹般地扭亏为盈。

张勇的想法比较开明，没有"餐饮服务"的定见："什么能做，什么不能做。只要顾客有需求，我们就做。"海底捞管理层对每个店长的考核只有两项指标：一是顾客满意度，二是员工的工作积极性。而对于服务员，不可能承诺让所有的顾客都满意，只要做到让大多数顾客满意，那就足够了。张勇会邀请一些神秘嘉宾去店里用餐，以此对服务员进行考核。

被网友们热评的"火锅外卖"是海底捞的特色服务之一，起因是张勇在开会时提了一句："现在网络营销很火，咱们也可以尝试一下嘛！"实际上这一形式自2003年就开始了，受到"非典"的影响，餐饮行业陷入低谷，海底捞也未能幸免，营业额直线下降，往日宾客满座的火锅店变得冷冷清清。身为西安店的经理，杨小丽开始寻思对策："客人不愿进店就餐，可以给客人送上门去！"她马上就在报纸上发布了一条关于海底捞火锅外卖的消息。送火锅上门，这很新鲜，海底捞的订餐电话立刻响个不停。为了送货方便，海底捞将传统的煤气罐更换为轻便的电磁炉，前一天送餐，第二天再去取回电磁炉。记得这事当时还被"焦点访谈"栏目作为餐饮业在"非典"时期的重大创新进行了专题报道。现在海底捞在全国8个城市都开设了分店：沈阳、天津、北京、上海、南京、杭州、西安和郑州。这也是连锁餐饮业的特性：在大城市做好了，小地方一样也能做好，成功模式是可以直接复制的。

在财务上，张勇充分授权，没有资金需要他亲自审批，财务总监就是最后一道坎。"用人不疑，疑人不用"，这是张勇的用人原则。在海底捞公司，从管理层到普通员工，都拥有超过一般餐饮店员工所能得到的权力：200万元以下的开支，副总可以签字；100万元以下的开支，大区经理可以审批；而30万元以下的开支，各个分店的店长就可以做主。就连普通的一线员工，也有一定权限：他们可以赠送水果盘或者零食；如果客人提出不满，他们还可以直接打折，甚至免单。

管理层级上，也没有人直接向张勇汇报。公司设立了由7个部门领导组成的总经理办公会，每个月开一次会，没有特殊情况张勇都会参加。海底捞还有一个规定：这7个人当中如果有谁要离开，将得到800万元的补贴，800万元正好是海底捞开设一家新火锅店的费用。总经理办公会的几个成员现在都年薪百万，他们出去单干，能力是绝对没问题的，如果他们自己去开一家火锅店，一年肯定不止赚100万元，但他们都不愿意走，觉得留在海底捞发展挺好。

2009年，海底捞在全国接待了2 000万人次。2010年海底捞的销售额会达到十几个亿，员工总数也突破万人。

资料来源：张勇. 愉快管理学. 21世纪商业评论，2010-12-13，http://www.21cbh.com/HTML/2010-12-13/1OMDAwMDIxMDQ1OA.html.

案例思考题
1. 海底捞的分权管理为什么会成功？
2. 如果你经营一家像海底捞这样的餐厅，在组织结构设计的分权问题上，你会如何考虑？

本章知识结构图

本章主要内容和知识点归纳如下（见图 5-6）。

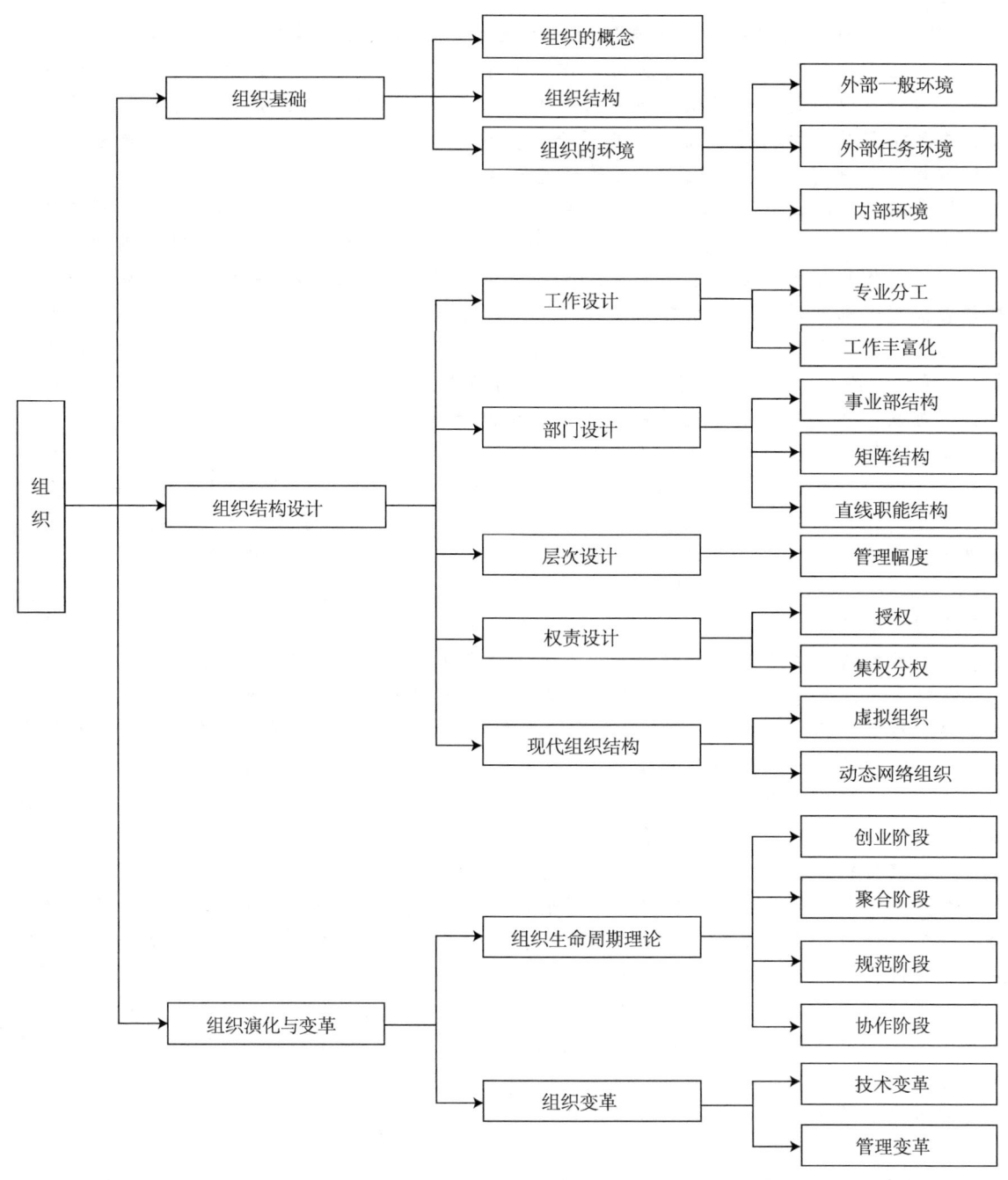

图 5-6 本章主要内容和知识点

CHAPTER 6 第 6 章

激 励

管理格言 >>>>>>

"你可以买到一个人的时间,也可以买到一个人到指定的工作岗位,还可以买到按时计算的技术操作,但你买不到热情,而你又不得不去争取这些。"唯一使人永无止境追求的是热情,热情似火,可以点燃干柴,可以融化冰雪。

——美国通用食品公司总裁 C. 弗朗克

管理故事 >>>>>>

清洁工的故事

某大型公司的一个清洁工,本来是一个最被人忽视、最被人看不起的角色,但就是这样一个人,却在一天晚上公司保险箱被窃时,与小偷进行了殊死搏斗。

事后,有人为他请功并问他的动机时,答案却出人意料。他说:当公司的总经理从他身旁经过时,总会不时地赞美他"你扫的地真干净"。

你看,就这么一句简简单单的话,就使这个员工受到了感动,并"以身相许"。

这也正合了中国的一句老话"士为知己者死"。

美国著名女企业家玛丽凯经理曾说过:"世界上有两件东西比金钱和性更为人们所需——认可与赞美。"

金钱在调动下属的积极性方面不是万能的,而赞美却恰好可以弥补它的不足。因为生活中的每一个人,都有较强的自尊心和荣誉感。你对他们真诚的表扬与赞同,就是对他们价值的最好承认和重视。而能真诚赞美下属的领导,能使员工的心灵需求得到满足,并能激发他们潜在的才能。

打动人最好的方式就是真诚的欣赏和善意的赞许。

资料来源:《激励下属的11个"便宜"手段》,牛津管理评论,2006年11月。

本章主要阐述了激励(motivation)的基本概念、激励的动因和激励的作用,介绍了激励理论,并从激励原则、激励方法和激励策略三方面分析了如何在实践中运用激励。

6.1 激励概述

人的积极性是一个巨大的内在潜力,激励就是通过科学的方法激发人的内在潜力,开发人的能力,充分发挥人的积极性和创造性,使每个人都感到力有所用、才有所展、劳有所得、功有所奖,自觉地努力工作。激励是领导的重要职能之一,在领导过程中,激励具有广泛的适应性和普遍性。

6.1.1 激励的概念

1. 激励的含义

激励是由动机推动的一种精神状态,起到对人的行动激发、推动和加强的作用。激励本是心理学的概念,从词义上看,激励就是激发鼓励的意思,是激发和鼓励人们朝着所期望的目标采取行动的过程。由于激励能使一个人产生一种内在的动力,有了这种内在的动力,人们就会积极主动地去工作,并最大限度地去发挥自己的聪明才智,因此,从20世纪20年代开始,国外许多管理学家、心理学家和社会学家都投入了大量的精力专门研究激励理论,并取得了一系列成果。

激励对于不同的人具有不同的含义,对一些人来说,激励是一种动力,对另一些人来说,激励则是一种心理上的支持,或者为自己树立起榜样。激励是一种抽象的东西,所以当我们试图解释它的含义及应用时总会有些困难。通过观察所导致的行为,人们已经提出了许多关于激励的假说,在这些假说和研究成果的基础上,形成了一些对激励的定义。

弗鲁姆(Vroom)把激励定义为,对于个人及低层组织就其自愿行为所做的选择进行控制的过程。激励是诱导人们按照预期的行动方案进行行动的行为。这些活动可能对被激励者有利,也可能对被激励者不利。

佐德克(Zedeck)和布拉德(Blood)认为,激励是朝某一特定目标行动的倾向。

爱金森(Atchinson)认为,激励是对方向、活动和行为持久性的直接影响。

盖勒曼(Gellerman)认为,激励引导人们朝着某些目标行动,并花费一些精力去实现这些目标。

沙托(Shartle)认为,激励是被人们所感知的从而导致人们朝着某个特定方向或者为完成某个目标而采取行动的驱动力和紧张状态。

多数定义似乎都强调了同样的内容,一种驱动力或者诱发力。基于此,我们对激励进行如下定义:

激励是指管理者运用各种管理手段,刺激被管理者的需要,影响人们的内在需求或动机,使其心理过程始终保持在兴奋的状态中,从而加强、引导和维持行为的活动或过程。激励的本质就是激发人的动机的过程。

可以从以下三个方面来理解激励这一概念。

(1) 激励是一个过程。人的行为都是在某种动机的推动下完成的。对人的行为的激励,实质上就是通过利用能满足人需要的诱因条件,激发行为动机,从而推动人采取相应的行为,以实现目标,然后再根据人们新的需要设置诱因,如此循环往复。

(2) 激励过程受内外因素的制约。各种管理措施,应与被激励者的需要、理想、价值观和责任感等内在的因素相吻合,才能产生较强的影响力,从而激发和强化工作动机,否则不会产生激励作用。

(3) 激励具有时效性。每一种激励手段的作用都有一定的时间限度,超过时限就会失效。因此,激励不能一劳永逸,需要持续进行。

作为管理手段的激励,通常是指管理者运用各种管理手段,利用人的需要的客观性和满足需要的规律性,激励刺激被管理者的需要,激发其动机,调动人的积极性和创造性,促使满足需要的行为朝着实现组织目标的方向运动。激励手段的运用,赋予了管理活动主动性的特征。因为激励是激发人的内在动力,使人的行为建立在人的希望、愿望的基础上的。这样一来,人的行为就不再是一种外在的强制,而是一种自觉自愿的行为。

2. 激励的对象

激励的对象主要是人，或者准确地说，是组织范围内的员工或领导对象。

激励基础是激发人的潜能。不论你采用何种激励方式，都应当了解激励的基础是激发人的潜能。潜能是与显能相对的，显能即在实践中已经表现出的能力，而潜能则是尚未表现出的能力。人的显能开发固然重要，但潜能开发则重于显能开发。研究表明，人类的潜能迄今为止至少还有80%以上处于沉睡闲置状态，一个智力正常的人，一生按60年计算，其大脑可以储存的信息相当于美国国会图书馆藏书量的50倍。有专家指出，如果人的潜能开发出50%，就可以轻松学会40种语言，拿到12个博士学位。这足以证明潜能的巨大和潜能开发的重要性。

潜能是影响人类各项表现的综合要素，它包含已发挥的和未发挥的、内在的和外在的，以及先天的与后天的要素，如口才、个性、领导能力、体能、记忆力等。有些人能将自己的这些特点发挥得淋漓尽致，有些人看不出有何特色，有些人天生具有某些方面的特殊才能，有些人经过后天的学习才崭露头角。但不论这些现象为何，潜能是可以经过后天的培养加以强化、转变和提升的。所以对于组织来说，激励中重要的一点是要针对员工的具体情况，采取合适的激励方式，激发员工的潜能，从而促使组织目标的实现。

6.1.2 激励的动因

心理学家认为，一切行为都是受到激励而产生。一切人类行为都有其一定的目的和目标，这种有目的的行为总离不开满足需求的欲望。心理学揭示的规律，动机欲望支配着人们的行为，而动机又产生于人的需要。需要是人的一种主观体验，是对客观要求的必然反映。人在社会生活实践中形成的对某种目标的渴求和欲望，构成了人的需要的内容并成为人行为活动积极性的源泉。得不到满足的需求是产生激励的起点。

麦格雷戈强调了激励与行为之间关系的重要性。

$$激励力 = 效价 \times 期望值$$

从心理学的角度分析，人的行为是由动机所支配的，动机是由需求引起的，动机引起行为、维持行为并指引行动去满足某种需求。

需求是指客观的刺激作用于人的大脑所引起的个体缺乏某种东西的状态。这里所说的客观刺激包括身体内部的刺激（如饥饿），也包括身体外部的刺激（如食物的香味、电视广告等）。个体缺乏的可能是个人体内维持生理作用的物质因素（如水、食物等），也可能是社会环境中的心理因素（如爱情、友谊、社会赞许等）。个人缺乏这些东西时，身心便会失去平衡，表现出紧张不安，感到不舒服，进而就会寻求满足需求的办法。因此，这种不安和紧张就成为一种内在的驱动力，促使个体采取某种行动。例如，饥饿会使人去寻找食物，孤独会使人去寻找关心。未满足的需求是形成人的行为动机的根本原因，一个人的行为总是直接或间接、自觉或不自觉地为了实现某种需求的满足。

人的动机是个体和环境相互作用的结果，它因时、因地、因情及其个人内部的身心状况不同而表现出不同的反应。

有的人之所以懒惰，不是他没有动机，而是因为他的动机没有被激发出来。人的行为在正常的情况下都是有动机的，动机的产生必然是因为有某种未被满足的需求。但反过来，并不是有需求就会产生引发行为的动机。一个人可能同时存在多种需求，在不同时期需求也会不同，人的行为产生和变化随人的需求变化而变化，当人的需求还处于萌芽状态时，它以模糊的形式反映在人的意识中，这时的需求是一种意向；当需求不断增强，人比较明确地知道是什么使其不安，并意识到可以通过什么手段来满足需求时，意向转化为欲望；

当人的心理进入欲望阶段后，在一定的外界条件刺激下就可能形成满足此种需求而行动的动机。因此，只有当人的欲望达到一定的强度时，动机才会形成。只有最强烈的动机，人们称之为优势动机，才可以引发行动。这一过程如图6-1所示。

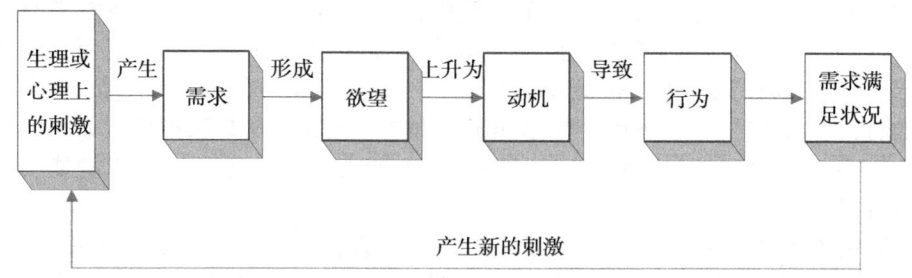

图 6-1　需求、动机、行为之间关系

激励产生的根本原因可分为内因和外因。内因由人的认知知识构成，外因则是人所处的环境，人的行为可看成是人自身特点及其所处环境的函数。显然，激励的有效性在于对内因和外因的深刻理解，并使其达成一致。

1. 外在性需要和激励

这种需要所瞄准和指向的目标，是当事者自身所无法控制而由外界环境来支配的。换句话说，外在性需要是靠组织所掌握和分配的资源（或奖酬）来满足的。能满足外在性需求的资源（或奖酬），就是外在性的资源（或奖酬），由这类资源所诱发的动机则是外在性动机，这样所调动起来的积极性便是外在性激励。

2. 内在性需要和激励

这种需要是不能靠外界组织所掌握和分配的资源直接满足的，它的激励源泉来自所从事的工作本身，依靠工作活动本身或工作任务完成时所提供的某些因素而满足。这些因素都是与工作有关的，它们都是抽象的、不可见的，要通过当事者自身的主观体验来汲取和获得。

与外在性需要相反，内在性需要与工作密切相关，其满足或激励源存在于工作之中，此时工作本身具有激励性而不再是工具性的了。可见，所谓"内在性"是指内在于工作之中，并非指内在于受激者自身之内，"内在"与"外在"都是相对于工作而言的。

内在性需求的满足取决于受激者自身的体验、爱好与判断，内在性激励由受激者自己控制和支配。从这种意义上说，内在性激励才是真正的工作激励，它不像外在性激励那样由组织控制的诱激物所牵引，而是由工作中的内在力量所推动。

外在性激励在外在诱激物消失时便会随之消退；内在性激励则不管环境如何变化，都能持续地坚韧地发挥作用，加之它基本上不另外增加成本，所以是很值得管理者重视、发掘和利用的有效激励手段。

6.1.3　激励的作用

激励的作用如下。

1. 激励有利于调动人的积极性和创造性

激励是调动员工创造性和积极性，使他们始终保持高昂的工作热情的关键。它的主要作用是通过动机的激发，调动被管理者工作的积极性和创造性，自觉自愿地为实现组织目标而努力，其核心作用是调动人的积极性。

激励的过程直接涉及员工的个人利益，直接影响到能否调动员工的积极性。一般来说，每一位员工总是由一种动机或需求激发自己内在的动力，从而努力去实现某一目标。当达到某一目标后，他就会自觉或不自觉地衡量自己为达到这个目标所做的努力是否值得。因此，绝大多数人总是把自己努力的过程看做是为获得某种报酬的过程。如果他的努力得到了相应的报酬，那么，就有利于巩固和强化他的这种努力。因此，激励的目的就是要调动员工的积极创造性，并使这种积极创造性保持和发挥下去。

2. 激励有利于发挥人的能动作用

激励作为一种管理手段，其最显著的特点就是内在驱动性与自觉自愿性。由于激励是起源于人的需要，它的功能就在于以个人利益和需要的满足为基本作用力，是被管理者追求个人需要满足的过程，因此，激励不仅可以提高人们对自身工作的认识，还能激发人们的工作热情和兴趣，使成员对工作产生强烈、积极的情感，并以此为动力，以自己全部精力为达到预定的目标而努力，有利于充分发挥员工的能动性。

3. 激励有利于挖掘人的潜力，提高工作效率

员工的积极性与组织的绩效密切相关，在组织行为学中有这么一个公式：

$$绩效 = f(能力，激励，环境)$$

从这个公式中可以看出，组织的绩效本质上取决于组织成员的能力、被激励的情形和工作环境条件。由此可见，激励是提高绩效的一种很重要的有利因素，当然，能力和环境也都是不可或缺的。

4. 激励有利于增强企业凝聚力

企业是由若干员工个体、工作群体组成的，为保证企业作为一个整体协调运行，除了用严密的组织结构和严格的规章制度进行规范外，还需通过运用激励方法，满足员工的多种心理需求，调动员工工作积极性，协调人际关系，进而促进内部各组成部分的协调统一，增强企业的凝聚力和向心力。

6.2 激励理论

激励主要是研究人动机激发的因素、机制与途径等问题，心理学家和管理学家进行了大量研究，形成了一些著名理论，这些理论大致可划分为三类：内容型激励理论、过程型激励理论和行为改造型激励理论。

下面着重介绍内容型激励理论和过程型激励理论。

6.2.1 内容型激励理论

该理论重点研究激发动机的诱因，主要包括马斯洛的"需要层次理论"、赫茨伯格的"双因素理论"、麦克利兰的"成就需要理论"等。

需要和动机是推动人们行为的原因，内容型激励理论就是专门研究人类需要结构，以及如何调动人们行为积极性的理论。其中，最有代表性的成果有需要层次理论、双因素理论、成就需要理论以及 X 理论 – Y 理论四种。

1. 需要层次理论

人为什么会有某种行为，是研究激励的一个关键性问题。行为科学认为动机是驱使人产生某种行为的 X、Y 内在力量，是由人的需求引起的。因此，研究人的行为及其规律必须研究人的需求。对于人的需求种类及其一般规律，许多人都有过研究，其中影响最大的是需要层次理论（hierarchy of needs theory）。

这一理论是由美国社会心理学家马斯洛提出的。其基本观点是：人是有需要的，只有尚未满足的需要能够影响行为；人的需要有高低层次之分，低层次的需要满足之后，高层次的需要才出现。

马斯洛的需要层次理论有两个基本论点。一个基本论点是人是有需要的动物，其需要取决于他已经得到了什么，还缺少什么，只有尚未满足的需要才能够影响行为。换言之，已经得到满足的需要不再起激励作用。另一个基本论点是人的需要都有层次，某一层需要得到满足后，另一层需要才出现。在这两个论点的基础上，马斯洛认为在特定的时刻，人的一切需要如果都未能得到满足，那么满足最主要的需要就比满足其他需要更迫切，只有前面的需要得到充分的满足后，后面的需要才显示出其激励作用。

（1）需要层次的基本内容。

第一，人是有需要的，并且是有层次性的。

第二，每个人都有五个层次的需要，这五种需要的重要性和其先后次序排列成一个需要层次，由低到高依次是生理需要、安全需要、社交需要、尊重需要和自我实现需要，如图6-2所示。

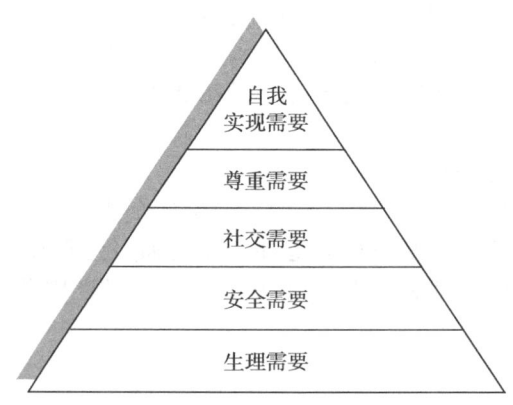

图6-2　马斯洛的需要层次

1）生理需要（physiological needs）。生理需要是指维持人类自身生命所必需的各种物质上的需要，包括人类的吃、穿、住、行、医、休息、性满足与生儿育女以及其他方面的生理需要。这种需要在人的需要中占有绝对的优势，是最基本的需要。马斯洛说："一个人如果同时缺少食物、安全、爱情和价值等，则其最强烈渴求当推对食物的需要。"一般来说，生理需要的满足都与金钱有关。他认为，只有生理需要被满足到维持人的生命所必需的程度后，人才会产生其他的更高需要。如果该需要得不到满足，人可能会失去理智，做出一些危害社会危害他人的事情。因此，这类需要是推动力最强大的需要。如果这些需要得不到满足，人类就无法生存，也就谈不上其他的需要。

2）安全需要（safety needs）。当一个人的生理需要得到一定满足之后，他就想满足安全需要，即保护自己免受身体和情感伤害的需要。它又可以分为两类：一类是现在的安全的需要，另一类是对未来的安全的需要。即一方面要求自己现在的社会生活的各个方面均能有所保证，另一方面希望未来生活能有所保障。安全需要包括人身安全、就业保障、工作和生活环境安全、经济上的保障等。马斯洛将各种形式的保险都统一归入这一需要之内。当一个人生活和工作在惊恐和不安之中时，其积极性是很难调动起来的。

3）社交需要（social needs）。当生理及安全需要得到相当的满足后，社交需要便成为一项重要的激励因素。社交需要包括友谊、爱情、归属、信任与接纳的需要。人们希望与别人交往，避免孤独，与人和睦相处、关系融洽、得到别人的友爱的欲望，以使自己在感情上有所寄托和归属。这种需要是感情和归属方面的需要，如在工作上，希望被组织上的人员所承认，能得到别人的帮助，得到友谊，也能对别人进行帮助等。这主要产生于人的社会性。马斯洛认为，人是一种社会动物，人们的生活和工作都不是孤立地进行的，只有在与别人交往的过程中，才能感觉到自身存在的价值。当剥夺相爱和交往的社会需要时，绝大多数人都会像饥饿的人被剥夺食物一样。这已由20世纪30年代的行为科学研究所证明。这说明，人们希望在一种被接受或属于的情况下工作，属于某一群体，而不希望在社会中成为离群的孤岛。这一层次的需要比前两个层次的需要更难捉摸。但是，对大多数人来说，它往往是一种极为强烈的需要。如果这一层次的需要得不到满足，可能会影响人的精神上的健康。

4）尊重需要（esteem needs）。尊重需要分为内部尊重和外部尊重。内部尊重因素包括自尊、自主和成就感；外部尊重因素包括地位、认可和关注或者说受人尊重。内部尊重是指在自己取得成功时有一种自豪感，是对地位、成就、权威、面向世界的自信心、独立和自由的渴望，它是驱使人们奋发向上的推动力。外部尊重，是指当自己做出贡献时能得到他人的承认，来自别人的尊重、赏识、注意或欣赏等名誉和声望的渴望。尊重需要的满足能使人产生自信，觉得自己活在世界上有价值。相反，如果满足不了，就会使人情感受挫，使人自卑，产生自己无能、软弱的思想意识。这类需要的满足程度有很大的差别，也难以得到全面的满足。

5）自我实现需要（self-actualization needs）。马斯洛认为这是最高层次的需求，他认为自我实现是这样一种欲望，即"希望能成就他独特性的自我的欲望，希望能成就其本人所希望成就的欲望"。也就是说人们希望完成与自己能力相称的工作，使自己的潜能能够充分发挥。自我实现需要包括成长与发展、发挥自身潜能、实现理想的需要。这是一种追求个人能力极限的内趋力。这种需要一般表现在两个方面。一是胜任感方面，有这种需要的人力图控制事物或环境，而不是等事物被动地发生与发展。二是成就感方面，对有这种需要的人来说，工作的乐趣在于成果和成功，他们需要知道自己工作的结果，成功后的喜悦要远比其他任何薪酬都重要。如科学家、艺术家等工作时往往把自己的工作看做一种创造性的工作，竭尽全力去做好它，并使自己从中得到满足。通常人们为了满足自我实现的需要会废寝忘食，夜以继日地拼命工作。因此，如果能满足人们自我实现的需要，就能极大地调动人的工作积极性。

马斯洛认为，对一般人来说，上述五种需要是由低级的需要开始逐渐向上发展到高级的需要。人的需要按重要性和层次可以排成一定的次序，从基本到复杂，从低级到高级。这五种需要有这样的递进规律，在较低层次需要未得到满足之前，人们一般不会考虑较高层次的需要，只有当较低层次的需要获得相对满足之后，下一个较高层次的需要才能产生，并占据主导地位，成为驱动人们行为的主要动力。从激励的角度来看，没有一种需要会得到完全满足，但只要其得到部分满足，个体就会转向追求其他方面的需要了。按照马斯洛的观点，如果希望激励某人，就必须了解此人目前所处的需要层次，然后着重满足这一层次或在此层次之上的需要。

（2）对马斯洛需要层次理论的评价。该理论的贡献体现在：

1）马斯洛从人的需要出发来研究人的行为与激励，找到激励的源头，为我们研究激励理论提供了一套正确的研究方法。

2）该理论将人类千差万别的需要归纳为五类，并指出人们的需要有从低级向高级发展变化的趋势，完全符合人们的心理发展过程，具有相当大的实用价值。

3）该理论将自我实现作为人类需要最高层次，并认为满足人的高级需要将具有更大的持久的激励力量，有其重要的指导意义。因为自我实现需要实质上是一种成就感需要，一个组织、一个国家有成就需要的人越多，这个组织、这个国家就越兴旺，这已从无数事实中得到了验证。

需要层次理论主要存在以下不足：

1）对需要层次的分析比较简单、机械。表现在需要层次的"递进规律"不太科学，理由是人类需要的发展不是非经过某一层需要才能有下一层的需要，即在某一特定环境下人的需要并不是一种，而是若干种。这几种需要同时产生动机，只是这种需要动机强、那种需要动机弱罢了。

2）认为人都是自私的。它以人本主义为其理论基础，认为人的需要都是本能的，生而具有的。生理需要是为了满足人的生存，安全需要是出于趋利避害，社交需要是为了人自己享受生活乐趣，自尊和自我实现的需要是为了出人头地，等等。总之，人的行为都是出于利己的本能，这显然是有些偏颇。

3）把人的需要归为五个层次也不尽完善。因为人还有为他人服务、为社会贡献的需要等。

（3）需要层次理论在管理实践中的应用。马斯洛所提出的五个需要层次是对人的需要的研究的重大创新，他提出了一个比较科学的研究架构，他不仅分析了人的基本需要，而且还把人的需要分为高低不同的层次，强调了人的需要结构的复杂性，这在某种程度上是符合客观实际和人类需要发展一般规律的；而且他既承认满足人的低层次需要在人的发展中的重要性，同时又强调对人的关心与尊重，既有理论意义，又有实践意义。

我们要正确认识被管理者需要的层次性。片面看待下属的需要是不正确的，应进行科学分析并区别对待。要结合本组织的特点，同被管理者的各层次需要联系起来，经过科学分析，找出被管理者的需要及其差别，然后，有针对性地满足被管理者的需要，才能取得良好的激励效果（见表6-1）。

表 6-1 需要层次在企业中的应用

需要层次	激励因素（追求的目标）	应 用
生理需要	工资和奖金、各种福利和工作环境	较高的薪金、舒适的工作环境、合理的工作时间、住房和福利设施、医疗保险等
安全需要	职业保障、意外事故的防止	雇佣保证、退休养老金制度、意外保险制度、安全生产制度、危险工种营养福利制度
社交需要	友谊、团体的接纳、组织的认同	建立和谐的工作团队、建立协商和对话制度、互助金制度、联谊小组、教育培养制度
尊重需要	名誉和地位、权力和责任	人事考核制度、职衔、表彰制度、责任制度、授权
自我实现需要	能发挥个人特长的环境、具有挑战性的工作	决策参与制度、提案制度、破格晋升制度、目标管理、工作自主权

2. 双因素理论

这种激励理论也叫"保健-激励理论"（motivation-hygiene theory），是美国心理学家赫茨伯格于20世纪50年代后期提出的。

通过对调查结果的综合分析，赫茨伯格发现，员工对工作感到满意和不满意的因素是各不相同的。引起人们不满意的因素往往是一些工作的外在因素，大多同他们的工作条件和环境有关。能给人们带来满意的因素，通常都是工作内在的，是由工作本身所决定的。使员工对工作感到满意的因素，他称之为激励因素，这类因素能对员工行为产生直接激励作用。还有一类因素，他称之为保健因素。这类因素虽不能对员工的行为产生直接激励作用，但若处理不当或者得不到满足，就会导致员工不满，甚至会严重挫伤员工的工作积极性。反之，这类因素处理得当，能防止员工产生不满情绪，但不能使员工有更高的积极性。由于该类因素还有预防性，只起保持人的积极性、维持工作现状的作用，因此称做保健因素。

因此，要调动员工的积极性，必须注意激励因素的满足，要赋予他们有挑战性的工作，使他们负有责任。目标管理中强调员工参与和自我控制就是这个道理。

(1) 双因素理论的内容。传统理论认为，满意的对立面是不满意，而据赫茨伯格提出的双因素理论，满意的对立面是没有满意，不满意的对立面是没有不满意。因此，影响人们行为的因素主要有两类：保健因素和激励因素。

1) 保健因素。所谓保健因素，就是那些得不到就会造成员工不满的因素，主要是指公司政策、行为管理和监督方式、工作条件、人际关系、地位、安全和生活条件等。一般与工作环境和工作条件有关。这类因素并不能对员工起激励的作用，只能起到保持人的积极性、维持工作现状的作用，所以保健因素又称为"维持因素"。当这些因素恶化到人们认为可以接受的水平以下时，就会产生对工作的不满意。但是，当人们认为这些因素很好时，它只是消除了不满意，并不会导致积极的工作态度。这就形成了某种既不是满意又不是不满意的中性状态。

2) 激励因素。所谓激励因素，就是那些得到就会使员工感到满意的因素，主要是指工作富有成就感、工作成绩能得到认可、工作本身具有挑战性、负有较大的责任、在职业上能得到发展等。一般与工作内容和工作本身有关。与激励因素有关的工作处理得好，能够使人们产生满意情绪，如果处理不当，其不利效果顶多只是没有满意情绪，而不会导致不满。这些因素能满足个人自我实现需要。当人们得不到这些方面的满足时，工作缺乏积极性，但不会产生明显的不满意；当人们得到这些方面的满足时，会对工作产生浓厚的兴趣和积极性，就能对人们有明显的激励作用。

赫茨伯格认为激励因素共有 6 个，保健因素共有 10 个，如表 6-2 所示。

表 6-2 激励因素与保健因素

激励因素	保健因素
成就	公司政策与行政管理
工作事业具有挑战性	技术监督系统、与监督者个人之间的关系
奖励	与上级的关系、与下级的关系
具有较大责任	工资、工作条件
晋升	个人生活、工作环境
成长	地位

激励因素和保健因素彼此独立，并以不同的方式影响着人们的行为。其表现在：当人们缺乏保健因素时会产生很大的不满足感，但有了它们也不会使人产生多大的激励作用；相反，当具备激励因素时，人们能产生巨大的激励作用和满足感，而缺乏它们时也不会产生太大的不满足感。因此，赫茨伯格认为，作为管理者，首先必须确保员工在保健因素方面得到满足，要给员工提供适当的工资和安全，改善他们的工作条件和环境等，它们能消除不满意，防止产生问题，但这些因素即使达到最佳程度，也不会产生积极的激励。因此，管理者必须充分利用激励因素，丰富工作内容，加强员工责任心，进行有针对性的激励，

让员工对所从事的工作本身满意,这样才能使人们有更好的工作成绩。

赫茨伯格注意到,激励因素和保健因素都有若干重叠现象,如赏识属于激励因素,基本上起积极作用;但当没有受到赏识时,又可能起消极作用,这时又表现为保健因素。工资是保健因素,但有时也能产生使员工满意的结果。

赫茨伯格的双因素理论实际上是分析了人的各种需求对行为的影响程度,并根据程度大小把人的需求进行了归类研究,以便更好地指导管理实践。这种理论与马斯洛的需要层次理论实际上是异曲同工,只不过马斯洛是针对人的需要和动机去探讨激励问题,赫茨伯格是针对满足需要的目标和诱因去探讨激励问题,两者的研究角度不同。

(2)对双因素理论的评价。赫茨伯格双因素理论在现代激励理论中是一个很重要的激励理论,该理论的主要贡献有:

1)该理论告诉人们,要调动人的积极性不进行激励是不现实的。但采取某些激励措施以后,并不一定就能使下属员工感到满意、劳动生产效率提高,即激励不当,也不能调动人的积极性。

2)人们对满足各种需要所引起的激励深度和效果是不一样的。满足人们的物质需要是必要的,如这一点做不到,人们就会不满意。但是即使做到这一点,它的激励作用也是有限的、不长久的。

3)工作本身的满足,是调动人们积极性的有效方法。工作本身的满足,是指通过工作内容的丰富化,本身的挑战性,能给人以成长、发展、晋升的机会等来满足人们的高层次如自尊、自我实现等需求。

上述贡献经阿尔德和格拉哈姆两人在美国、日本、芬兰、匈牙利、意大利五国的调查结果得到了强有力的支持,如表6-3所示。

表6-3 双因素理论的应用效果调查 (%)

国家	给员工带来对工作的满意度因素	
	激励因素	保健因素
美国	80	20
日本	82	10
芬兰	90	10
匈牙利	70	20
意大利	60	30

赫茨伯格双因素理论的重要意义,在于它把传统的满意-不满意(认为满意的对立面是不满意)的观点进行了拆解,认为传统的观点中存在双重的连续体:满意的对立面是没有满意,而不是不满意;同样,不满意的对立面是没有不满意,而不是满意。双因素理论促使企业管理人员注意工作内容方面因素的重要性,特别是它们同工作丰富化和工作满足的关系,因此是有积极意义的。赫茨伯格告诉我们,满足各种需要所引起的激励深度和效果是不一样的。物质需求的满足是必要的,没有它会导致不满,但是即使获得满足,它的作用往往是很有限的、不能持久的。要调动人的积极性,不仅要注意物质利益和工作条件等外部因素,更重要的是要注意工作的安排,量才录用,各得其所,注意对人进行精神鼓励,给予表扬和认可,注意给人以成长、发展、晋升的机会。随着温饱问题的解决,这种内在激励的重要性越来越明显。

有些西方行为科学家对赫茨伯格的双因素理论的正确性表示怀疑。有人做了许多试验,也未能证实这个理论。正如马斯洛的需要层次理论在讨论激励的内容时有固有的缺陷一样，赫茨伯格的双因素理论也有欠完善之处。像在研究方法、研究方法的可靠性以及满意度的评价标准这些方面，赫茨伯格这一理论都存在不足。在学术界，对双因素理论的意见来自于以下几个方面。

1）调查取样仅203人，且对象均是工程师、会计师。样本少，缺乏代表性。事实上，不同职业和不同阶层的人，对激励因素和保健因素的反应是各不相同的。

2）调查问卷的方法和题目没有考虑人们的一般心理状态及满意程度的概念，具有一定的缺陷，即缺乏普遍适用的满意度评价标准。一个人可能不喜欢他工作的一部分，但他仍认为这份工作是可以接受的。此外，评估者必须要对调查结果进行解释，但他们有可能会对两种相似的回答做出不同的解释，因而使调查结果掺杂偏见。

3）为了使这一研究更为有效，人们必须假定生产率与满意度之间关系十分密切。赫茨伯格认为满意就能产生激励，就能调动人的工作积极性，提高劳动生产率，事实证明情况并非如此。有时，满意和劳动生产率之间并没有必然的联系。即使员工满意度与劳动生产率之间存在一定关系，但他所用的研究方法只考察了满意度，并没有涉及劳动生产率。

4）赫茨伯格人为地将保健因素和激励因素截然分开是不妥的。首先，有些保健因素和激励因素有时并没有严格的界限，在一些地方认为是保健因素，在另一些地方可能则是激励因素。如工资，在美国等高度发达国家是保健因素，但在中国、印度及非洲等发展中国家，相当长的一段时间内可能仍是激励因素。其次，保健因素与激励因素是相互联系并可以互相转化的。保健因素也可以使员工满意，激励因素也能使员工不满意，两者作用都不是绝对的。

（3）双因素理论在管理实践中的应用。双因素理论的基本原理表明，作为管理者必须认真研究运用那些能让人们努力为组织工作的激励因素，设法加大激励因素的激励作用，防止激励因素向保健因素的转化。例如，每个企业都有奖金制度，但很多企业奖金发放并不具有激励作用，而是成为一种变相的福利。

如何在企业管理中应用双因素理论呢？

首先，在实施激励之前，应正确寻找并区分各种保健因素和激励因素。因为前者的满足可以消除员工的不满，后者的满足可以使员工产生满意、产生激励。对于保健因素（例如工作条件、福利等）要给予基本的满足，以消除下级的不满；要学会正确识别与挑选激励因素，善于抓住激励因素，进行有针对性的激励。例如，调整工作的分工、加强宣传工作、增加工作的挑战性、实行工作丰富化等来增加员工对工作的兴趣，千方百计地使员工满意自己的工作，从而收到有效激励的效果。

其次，在激励过程中，一定要注意激励的深度。即我们既要对员工重视各种内在的激励，又要重视各种外在的激励，还要重视内在激励与外在激励的综合使用。内在的激励，主要来自于工作本身给员工带来的赏识认同，它可以使员工产生荣誉感、成就感和自信心。外在激励主要来自于公司分配制度、用人制度、人际关系、职位升迁等的改善，只有两种激励并用，才能产生长期良好的激励效果。

最后，随着人们生活水平的不断提高，我们应将激励的重点放在内在激励上，因为这样可达到事半功倍的效果。在不同的国家、不同地区、不同时期、不同阶层、不同组织甚至是每一个人，最敏感的激励因素是各不相同的，有时差别还很大。因此，必须在分析上述因素的基础上，灵活地加以确定。例如，工资在发达国家的一些企业中，不是激励因素，但在我们国家的许多企业员工中仍是一个非常重要的激励因素。

3. 成就需要理论

成就需要理论又称"三种需要理论"（three needs theory），是由美国心理学家、哈佛大学教授麦克利兰及其学生于20世纪50年代提出的，他在这一理论中区分了三种需满足的社会性需求，即成就需要、权力需要和归属需要，这是人类行为的三种基本的驱策力。个人会因对这些需要的优先次序的不同而多样。很多工作行为可以用人们对成就、权利和归属的需要强度来解释，尤其是成就需要的高低对一个人、一个组织的发展和成长起着特别重要的作用。

麦克利兰侧重于社会原因来研究人的激励问题。他认为，人们有追求成就的需求，工作若能给人以发挥其技能的机会，或对人的能力提出挑战，则工作本身就可以使人感到满足。换句话说，完成任务，有所成就，这本身就具有激励性。那么，要激励员工，就必须赋予员工相应的有意义、富有挑战性的工作。

（1）成就需要理论的内容。麦克利兰等人认为个体在工作情境中有三种主要的动机或需要。

1）成就需要（need for achievement）是指人们追求卓越、追求成就的内驱力。一些人为什么总想将事情做得更加完善，使工作更有效率，希望自己不同凡响，出人头地，是什么驱动他们这样想这样做，其内在的驱动力就是成就需要。麦克利兰发现高成就需要者的不同之处在于：他们渴望把事情做得更完美。他们寻求那种能发挥其独立处理问题能力的工作环境；他们希望得到有关工作绩效的及时明确的反馈信息，从而了解自己是否有所进步；他们喜欢设立具有适度挑战性的目标。高成就需要者不是赌徒，他们不喜欢凭运气而获得成功。他们愿意接受困难的挑战，并能承担成功与失败的责任，但他们不愿使结果受运气或他人的左右。也就是说，他们不喜欢接受那些在他们看来特别容易或者特别困难的工作任务。

高成就需要者有强烈的成功愿望，同样也强烈担心失败。他们会不断奋斗，不怕困难的工作，敢于接受挑战，敢于冒风险，对自己树立有一定难度（但不是不能实现）的目标，想方设法去实现自己的人生理想，把追求成就和成就的取得看成人生的最大乐趣。对待风险采取一定现实主义的态度，宁愿承担所做工作的个人责任，对他们正在进行的工作情况，希望得到明确而迅速的反馈。他们一般喜欢表现自己。对他们而言，当成败可能性均等时，才是一种能从自身的奋斗中体验成功的喜悦与满足的最佳机会。

2）权力需要（need for power）是指影响和控制别人的一种愿望或驱动力。权力需要出于影响控制支配他人的愿望，具有高度权力欲的人对施加影响和控制他人表现出极大的兴趣和关怀。具有这种需要的人对谋求领导职位、影响和控制他人表现出极大的关心；这样的人一般寻求领导者的地位，他们坚强、坦率、冷静、善争辩，健谈，常好教训别人。高权力需要者喜欢"承担责任"，喜欢竞争性和地位取向的工作环境。

3）归属需要（need for affiliation）是指建立友好亲密的人际关系的愿望。麦克利兰分离出的第三种需要是归属需要，也就是寻求被他人喜爱和接纳的一种愿望，这种需要一直未能引起研究人员的足够重视。具有这方面需要的人，通常是从友情、人与人之间的社会交往中得到满足。他们乐于交友，帮助别人，积极参加各种社交活动，并时时刻刻表现出友善。有高度归属感的人，常常因被人喜爱而感到快乐，并尽力避免因被某个团体或社会组织的拒绝而带来的痛苦；作为个人他们往往关心维持融洽的社会关系，欣赏人与人之间的亲密和相互了解的乐趣，乐于和他人交往，喜欢安慰和帮助有困难的人，并喜欢与他保持友善关系。高归属需要者渴望友谊，喜欢合作而不是竞争的环境，希望彼此之间的沟通与理解。

以上三种需要在现实中，人们都有不同程度的要求，只是各人对各种需要的要求满足的强弱程度不同罢了。麦克利兰和他的同行们研究发现：作为企业家，一般都怀有很高的成就需要和较高的权力需要，但对归属需要要求很低。管理者一般都对成就需要、权力需要要求较高，而对归属需要要求较低。另外，根据大量事实，具有高成就需要的人对组织、对国家都大有建树，这类人越多，事业发展速度越快，组织、国家越兴旺发达。所以，我们应采取一切有效办法来激励人们去努力工作，不断做出新的更大的成就。

（2）成就需要理论的延伸。怎样辨别一个人是高成就需要者还是其他类型呢？麦克利兰通过投射测验进行测量，他给每位被试者一系列图片，让他们根据每张图片写一个故事，而后麦克利兰和他的同事分析故事，对被试者的三种需要程度做出评估。

按照麦克利兰的理论，正如我们以上所提及的，人们会对那些对他们最有意义的需要产生偏好。这三种驱策力是和管理特别有关系的，其中成就需要是最为重要的。

一些人具有获得成功的强烈动机，他们追求的是个人成就而不是成功的报酬本身。他们有一种使事情做得比以前更好或更有效率的欲望，这种内驱力就是成就需要。通过对成就需要的研究，麦克利兰发现高成就需要者与其他人的区别之处在于他们想把事情做得更好。他们在从事某项挑战性的工作以前，往往是经过一番盘算，然后确定一个在他们看来不太难、经过努力能够达到的目标。如果目标太高，难以达到，固然不能满足他们的成就需要；如果目标太容易，轻易就达到了，也不能满足他们的成就需要。所以他们往往把工作及其条件做恰当的安排，使自己不断地获得一定的成就。

在大量研究的基础上，麦克利兰对成就需要与工作绩效的关系进行了十分有说服力的推断。虽然对于权力需要和归属需要的研究相对较少，但其结果是较为一致的。首先，高成就需要者喜欢能独立负责、可以获得信息反馈和中度冒险的工作环境。在这种环境下，他们可以被高度激励。不少证据表明，高成就需要者在企业中颇有建树，如在经营自己的企业、管理大公司中的一个独立部门及处理销售业务等方面。其次，高成就需要者并不一定就是一个优秀的管理者，尤其是对规模较大的组织而言。比如，普飞瑟公司（Pfizer）中的一名高成就需要的推销员，并不一定就会成为优秀销售经理。同理，大型组织（如埃克森公司、AT&T公司、西尔斯公司）中的优秀管理者，也未必就是成就需要很高的人。再次，归属需要与权力需要和管理的成功密切相关，最优秀的管理者是权力需要很高而归属需要很低的人。最后，员工可以通过训练来激发他的成就需要。如果某项工作要求高成就需要者，那么管理者可以通过直接选拔的方式找到一名高成就需要者，或者通过培训的方式培养自己原有的下属。

麦克利兰的激励理论是否具有普遍性还值得研究，权力需要、成就需要不一定是每一个人的需求。

（3）增进人们的成就需要的方法。对于领导而言，怎样才能增进人们的成就需要呢？麦克利兰认为有以下方法：

1）以成功人士为榜样，有意识地大力宣传他们取得高成就的过程，以激发下属取得成功的动机，增强其成就感。

2）对下属取得的成绩和进步及时加以肯定，对每次成功都给予适当奖励。

3）改变对下属的看法。相信每个下属通过自身努力都能获取成功，增强自信，最终成为一个有高度事业心与责任感的人。

4．X 理论 - Y 理论

麦格雷戈提出了有关人性的两种截然不同的观点：一种是基本上消极的 X 理论（theory X）；另一种是基本上积极的 Y 理论（theory Y）。通过观察管理者处理员工关系的方式，麦格雷戈发现，管理者关于人性的观点是建立在一些假设基础之上的，而管理者又根据这些假设来塑造他们自己对下属的行为方式。

（1）X理论以下面四种假设为基础：

1）员工天生不喜欢工作，只要可能，他们就会逃避工作。

2）由于员工不喜欢工作，因此必须采取强制措施或惩罚办法，迫使他们实现组织目标。

3）员工只要有可能就会逃避责任，安于现状。

4）大多数员工喜欢安逸，没有雄心壮志。

（2）与这些消极的人生观点相对照，麦格雷戈还提出了Y理论，它基于这样的假设：

1）员工视工作如休息、娱乐一般自然。

2）员工对某项工作做出承诺，他们就会进行自我指导和自我控制，以完成任务。

3）一般而言，每个人不仅能够承担责任，而且会主动寻求承担责任。

4）绝大多数人都具备做出正确决策的能力，而不仅仅管理者才具备这一能力。

麦格雷戈的人性观点对于激励问题的分析具有什么意义呢？这一问题在马斯洛需要层次的框架基础上进行解释效果最佳：X理论假设较低层次的需要支配着个人的行为；Y理论则假设较高层次的需要支配着个人的行为。麦格雷戈本人认为，Y理论的假设相比X理论更实际有效，因此他建议让员工参与决策，为员工提供富有挑战性和责任感的工作，建立良好的群体关系，这都会极大地调动员工的工作积极性。

遗憾的是，并无证据证实某一种假设更为有效，也无证据表明采用Y理论的假设并相应改变个体行为的做法，更有效地调动了员工的积极性。在现实生活中，确实也有采用X理论而卓有成效的管理者案例。例如，丰田公司美国市场运营部副总裁鲍勃·麦格克雷（Bob Mccurry）就是X理论的追随者，他激励员工拼命工作，并实施"鞭策"式体制，这在竞争激烈的市场中，这种做法使丰田产品的市场占有份额得到了大幅度的提高。

6.2.2 过程型激励理论

作为管理人员，不仅要判断人的动机，还需求知道动机是如何转化成组织所希望的行为，即掌握基本的激励过程。这种侧重研究激励过程的理论有期望理论、公平理论和强化理论。

过程型激励理论是以人们所进行的行为过程作为研究对象，并提出激励方法的一套理论。其代表性理论有公平理论、期望理论和强化理论三种。

1. 公平理论

公平理论是由美国心理学家亚当斯在1965年首先提出来的，也称为社会比较理论。这种理论的基础在于：员工不是在真空中工作的，他们总是在进行比较，比较的结果对于他们在工作中的努力程度有影响。

该理论强调报酬的公平性对人们工作积极性的影响。

一个人做出了工作成绩时，他不但关心自己所得报酬和奖赏的绝对量，还关心相对量，他会进行各种比较，即用他所得报酬与投入进行比较，同其他人的报酬与投入进行比较，若有不同，他就会产生减少不公平状况的行为。对认为报酬过低的人来说，他可能减少投入或降低工作质量。一般在计时工资制度下，他会减少工时或降低质量，在计件工资制度下他就会采取降低质量的行为。

公平理论要求管理者应消除个人的私心和偏见，准确地度量各人的工作绩效和评定报酬。公平理论的基本观点是客观存在的，但公平本身是一个相当复杂的问题，因此，公平只能是相对的。

（1）公平理论的内容。亚当斯认为，人们内心深处都有希望得到公平报酬的愿望。因此，人都会把个人的所得报酬与所做的贡献之比和他人的所得报酬与所做的贡献之比进行比较，如果两者之比相等，就认为分配公平、合理，内心就会感到满意，从而心情舒畅，努力工作。否则，就会感到不公平，而心存怨气，影响情绪，进而影响工作积极性，这就是公平理论的内容。

公平理论认为，人们的工作动机，不仅受到其所得的绝对报酬的影响，而且更受相对报酬的影响，因此，每个人都会不自觉地把自己所得的报酬以及自己付出的代价，与他人所得报酬及他人付出的代价进行社会比较，以此来确定自己所获报酬是否合理，比较的结果将直接影响今后工作的积极性。根据亚当斯的理论，有关工作成果方面的报酬应包括工资报酬、组织对其的承认和尊重的程度、职位的提升、人际社会关系的变化及其心理上的报酬（感到被承认、更安全、更快乐）等；在工作中所付出的代价包括时间、教育、经验、努力程度和负责精神等。

亚当斯指出，人们将通过纵向和横向两个方面的比较来判断其所获薪酬的公平性。

其中，纵向比较是指把自己目前投入的努力与目前所获得报酬的比值，同自己过去投入的努力与过去所获报酬的比值进行比较，用公式表示为

$$O_p/I_p = O_h/I_h$$

式中，O_p 是自己对现在所获报酬的感觉；O_h 是自己对过去所获报酬的感觉；I_p 是自己对个人现在投入的感觉；I_h 是自己对个人过去投入的感觉。

当上式为不等式时，可能出现以下两种情况：

第一种情况，$O_p/I_p < O_h/I_h$。当出现这种情况时，人会有不公平的感觉，这可能导致工作积极性下降。

第二种情况，$O_p/I_p > O_h/I_h$。当出现这种情况时，人不会因此产生不公平的感觉，但也不会觉得自己多拿了报酬从而主动多做些工作。

横向比较是指在同一时间内将自己获得的"报酬"（包括金钱、工作安排以及获得的赏识等）与自己的"投入"（包括教育程度，所做努力，用于工作的时间、精力和其他无形损耗等）的比值与组织内其他人作社会比较，只有相等时，他才认为公平。这种比较的思想用公式表示如下

$$O_p/I_p = O_c/I_c$$

式中，O_p 是自己对所获报酬的感觉；O_c 是自己对他人所获报酬的感觉；I_p 是自己对个人所做投入的感觉；I_c 是自己对他人所做投入的感觉。

当上式为不等式时，可能出现以下两种情况：

第一种情况，$O_p/I_p < O_c/I_c$。在这种情况下，有两种办法，第一种办法是他可能要求增加自己的收入或减小自己今后的努力程度；第二种办法是他可能要求组织减少比较对象的收入或者让其今后增大努力程度以便使右方减小，使等式趋于相等。此外，他还可能另外找人作为比较对象，以便达到心理上的平衡。

第二种情况，$O_p/I_p > O_c/I_c$。在这种情况下，他可能要求减少自己的报酬或在开始时积极主动地多做些工作，但久而久之，他会重新估计自己的技术和工作情况，最后觉得他确实应当得到那么高的待遇。

在公平理论中，员工所选择的与自己进行比较的参照对象（referents）是一重要变量，我们可以划分出三种参照类型："他人"、"制度"和"自我"。

"他人"包括同一组织中从事相似工作的其他个体，还包括朋友、邻居及同行。员工通

过口头、报刊及杂志等渠道获得了有关工资标准、最近的劳动合同等方面的信息，并在此基础上将自己的收入与他人进行比较。

"制度"指组织中的薪金政策与制度以及这种制度的运作。对于组织层面上的薪金政策，不仅包括那些明文规定，还包括一些隐含的不成文规定。组织中有关工资分配的惯例是这一范畴中主要的决定因素。

"自我"指的是员工自己在工作中付出与所得的比率。它反映了员工个人的过去经历及交往活动，受到员工过去的工作标准及家庭负担程度的影响。

特定参照对象的选择与员工所能得到的有关参照对象的信息，以及他们所感知到的自己与参照对象的关系有关。基于公平理论观点，当员工感到不公平时，他们可能会采取以下几种做法：①曲解自己或他人的付出或所得；②采取某种行为使得他人的付出或所得发生改变；③采取某种行为改变自己的付出或所得；④选择另外一个参照对象进行比较；⑤辞去他们的工作。

公平理论认为组织中员工不仅关心从自己的工作努力中所得的绝对薪酬，而且还关心自己的薪酬与他人薪酬之间的关系。他们对自己的付出与所得和别人的付出与所得之间的关系进行比较，做出判断。他们以对工作的付出，如努力程度、工作经验、教育程度及能力水平等为根据，比较其所得，如薪金、晋升、认可等因素。如果发现这种比率和其他人相比不平衡，就会感到紧张，这样的心理是进一步驱使员工追求公平和平等的动机基础。

（2）公平理论的应用。公平理论给管理者有重要启示：加强体制改革，贯彻效益优先、兼顾公平、按劳分配、多劳多得、奖勤罚懒的原则，建立公平公正的人力资源政策和制度。另外，激励时应力求公平，使等式在客观上成立，尽管有主观判断的误差，也不致造成严重的不公平感，因为公平感是员工的主观感受，应经常注意了解员工的公平感，注意对被激励者公平心理的引导，对于有不公平感的员工应予以及时的引导或调整报酬，使其树立正确的公平观。

具体而言，公平理论对报酬分配提出了以下四点建议：

第一，按时间付酬时，收入超过应得报酬的员工的生产率水平，将高于收入公平的员工。按时间付酬能够使员工生产出高质量与高产量的产品，以增加自己收入 – 付出比率中的付出额，保持公平感。

第二，按产量付酬时，收入超过应得报酬的员工比那些收入公平的员工来说，产品生产数量增加不多，而主要是提高产品质量。计件付酬的方式将使员工为实现公平感而加倍付出努力，这将促使产品的质量或数量得到提高。然而，数量上的提高只能导致更高的不公平，因为每增加一个单位的产品导致了未来的薪酬更多，因此，理想的努力方向是指向提高质量而不是提高数量。

第三，按时间付酬对于收入低于应得报酬的员工来说，将降低他们生产的数量或质量。他们的工作努力程度也将降低，而且相比收入公平的员工来说，他们将减少产出数量或降低产出质量。

第四，按产量付酬时，收入低于应得报酬的员工与收入公平的员工相比，他们的产量高而质量低。在计件付酬后，应对那些只讲产品数量而不管质量好坏的员工，不实施任何奖励，这种方式能够产生公平性。

大量研究支持了公平理论的观点：员工的积极性不仅受其绝对收入的影响，而且受其相对收入的影响。一旦员工感知到不公平，他们会采取行动纠正这种情境，其结果可能会降低或提高生产率，改善或降低产出质量，提高或降低缺勤率或自动离职率。

通过以上的讨论，我们发现公平理论也存在一定的问题，该理论在一些关键问题上并不十分明了。例如，员工如何来界定付出与所得？他们对二者又是怎样衡量的？公平理论的不足之处在于员工本身对公平的判断是极其主观的，这种行为对管理者施加了比较大的压力。因为人们总是倾向于过高估计自我的付出，而过低估计自己所得到的薪酬，而对他人的估计则刚好相反。因此管理者在应用该理论时，应当注意实际工作绩效与薪酬之间的合理性，并注意留心对组织的知识吸收和积累有特别贡献的个别员工的心理平衡。不过，尽管存在诸多问题，公平理论仍不失为一个颇具影响力的理论，它有助于我们进一步深入研究员工的激励问题。

目前，国内外许多企业都十分重视这一理论的运用。例如，日本企业长期以来采取所谓的"年功序列工资制"，把年龄、工作成绩等因素作为工资分配的主要内容，目的就是使员工的工资收入能够随时间而保持一个不断增长的势头，进而提高员工的公平感。另外，有的企业采取秘密发奖、使员工相互之间无法了解别人的收入状况，以免员工进行横向比较而产生不公平感，进而影响员工的积极性。

2. 期望理论

期望理论是美国耶鲁大学教授、心理学家、行为科学家弗鲁姆在1964年出版的《工作与激励》一书中提出的。这是一种通过考察人们的努力行为与其所能获得的最终报酬之间的关系来说明激励过程，并以此来考虑选择合适的行为，最终达到奖酬目标的理论。它是研究人的需要与工作目标之间的关系的一种激励理论。

（1）期望理论的内容。该理论认为，人的行为过程实际上是一种决策过程，人们在从事一种工作或做出某种行为之前，总是要对这项工作的意义、行为会产生的结果以及行为结果对个人会带来何种报酬等问题进行估计，人们对行为的结果将会带来的满足寄予期望，这种期望激发起人们采取行动的动机，并着手寻求行动方案。当人们有需要，又有达到这个需要的可能时，人们才会做出努力，行为的积极性就高。激励效果（即产生的激发力量）主要取决于目标对于满足个人需要的价值（又称效价）和采取某种行为可能导致的绩效与满足需要的概率（又称期望值），用公式可以表示为

$$M = V \times E \text{（激发力量 = 效价 × 期望值）}$$

式中　M——激励力量即激励效果，是直接推动或使人们采取某一行动的内驱力。这是指调动一个人的积极性，激发出人的潜力的强度。它的大小表现在人们工作积极性的大小和持续性两个方面，它可以表明一个人为达到设置的目标而努力的程度。

　　　　V——效价，指达成目标后对于满足个人需要其价值的大小，它反映个人对某一成果或奖酬的重视与渴望程度，一般取值在 ±1 之间。

　　　　E——期望值，是指根据以往的经验进行的主观判断，达成目标并能导致某种结果的概率，是个人对某一行为导致特定成果的可能性或概率的估计与判断，其值一般在 0~1 之间。

由公式可以看出，激发力量的大小与效价、期望值有着十分重要的关系。效价越大，期望值越高，激发力量也就越大，反之亦然。如果效价或者期望值为零，激发力量也就为零，这就为我们解释了为什么有时非常吸引人的目标，却无人问津的原因。

上述公式实际为我们提出了三种调动人们积极性的基本方法。

第一种，设置合理的目标。人都希望通过一定的努力能够实现其预期的目标。一旦个人主观认为通过自己努力实现预期目标的可能性很大，人就会有信心，就会激发很强的工作力量加倍努力去实现目标。如果人认为目标太高，通过自身全部努力还不可能实现时，人就会泄气，失去内在工作动力，变得消沉。这就告诉我们在设置目标时，一定要考虑其合

理性要求。

第二种，搞好各种奖励。人都有取得成绩后，希望及时得到奖励的愿望。这种奖励是广义的，即有工资、奖金、住房、汽车等物质方面的奖励，也有表扬、授予荣誉称号，得到同事信任、领导赏识，成绩、才能等被认可的精神方面的奖励。如果一个人取得成绩后，能及时得到他应该得到的那份合理的奖励，就有可能持续他的工作热情，干好要干的工作。否则，他可能从此就再没有积极性。

第三种，奖励因人而异。人总是希望自己获得的奖励能满足自己某方面的需要。但是由于年龄、性别、资历、社会地位和经济条件等的不同，人们的需要总是千差万别、千变万化的。所以对于不同的人，采用同一办法给予奖励，不可能满足每个人的内心需要，也就不可能产生很好的激励效果。

期望理论认为，一个人从事某项活动的动力（激励力量）的大小，取决于"该项活动成果的吸引力的大小"和"获得预期成果的可能性（即概率）的大小"这两项因素（见图6-3）。

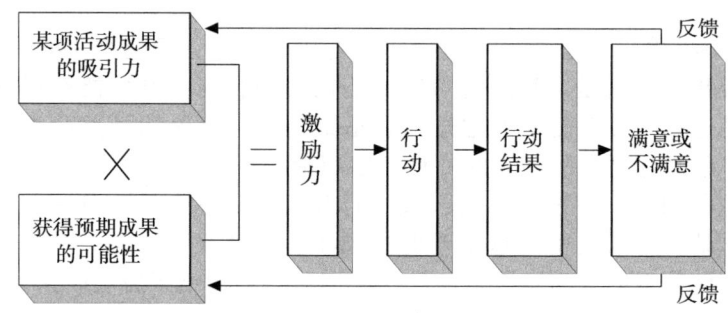

图 6-3　期望激励模式示意图

"某项活动成果的吸引力"指一个人对某项活动所可能产生的成果的主观评价，这种力量的大小因人而异。例如，一位员工从上级的暗示或自己的估计中发现，如果自己在工作中做出突出的成绩，会立即得到提升。在这里，"提升"就是预期结果。同样是这种成果，对不同人所产生的吸引力的大小可能很不一样。对一个很想得到提升的员工来说，吸引力无疑是巨大的；对一个把提升看做无所谓的人来说，吸引力可能为零；而对一个不愿被提升或不愿承担责任只图清闲的人来说，吸引力则可能是负数。某项活动成果对一个人吸引力的大小会激励他采取不同的行动，或积极从事并努力完成这项活动，或不予以关心，或极力排斥这项活动。

"获得预期成果的可能性"，即期望值，指一个人对完成某项活动并获得预期成果可能性大小的主观估计。这往往要取决于自身条件和其他因素。同样是上面的例子，人们除了上述考虑之外，可能还会考虑这样的问题：预期成果是否为自己能力之所及，即自己尽最大的努力之后是否能做出突出的成绩，自己做出了突出的成绩是否真的会得到提升，会不会出现意外情况，等等。对这些问题回答不同决定了主观估计值的大小也会不同。

"激励力"是促使一个人采取某一活动的驱动力的强度，是某项活动成果的吸引力和可能性估计值的乘积。单有高度的吸引力或很大的可能性都不足以产生强大的激励力量，要提高激励效果就必须同时提高这两方面因素的强度。

人的行为是一个较为完整的过程。激励力量促使行为得以产生，采取某种行为会取得一定的成果。接着，人们会对行为结果进行评价，并得到一种满意或不满意的态度，进而影响到今后的行为。

期望理论认为，只有当人们预期到某一行为能给个人带来有吸引力的结果时，个人才会采取特定的行动。它对于组织通常出现的这样一种情况给予了解释，即面对同一种需要以及满足同一种需要的活动，为什么不同的组织成员会有不同的反应：有的人情绪高昂，而另一些人却无动于衷呢？期望理论认为有效的激励取决于个体对完成工作任务以及接受预期奖赏的能力的期望。

根据这一理论的研究，员工对待工作的态度依赖于对下列三种联系的判断（见图6-4）。

①努力－绩效的联系。员工感觉到通过一定程度的努力而达到工作绩效的可能性。如需要付出多大努力才能达到某一绩效水平？是否真能达到某一绩效水平？概率有多大？人们总是希望通过一定的努力达到预期的目标，如果个人主观认为达到目标的概率很高，就会有信心，并激发出很强的工作力量，反之如果他认为目标太高，通过努力也不会有很好绩效时，就失去了内在的动力，导致工作消极。

②绩效－奖赏的联系。员工对于达到一定工作绩效后即可获得理想的奖赏结果的信任程度。如当达到某一绩效水平后，会得到什么奖赏？人总是希望取得成绩后能够得到奖励，当然这个奖励也是综合的，既包括物质上的，也包括精神上的。如果他认为取得绩效后能得到合理的奖励，就可能产生工作热情，否则就可能没有积极性。

③奖赏－个人目标的联系。如果工作完成，员工所获得的潜在结果或奖赏对他的重要性程度。如这一奖赏能否满足个人的目标？吸引力有多大？人总是希望自己所获得的奖励能满足自己某方面的需要。然而由于人们在年龄、性别、资历、社会地位和经济条件等方面都存在着差异，他们对各种需要要求得到满足的程度就不同。因此，对于不同的人，采用同一种奖励办法能满足的需要程度不同，能激发出的工作动力也就不同。

期望理论的基础是自我利益，期望理论认为每一员工都在寻求获得最大的自我满足。期望理论的核心是双向期望，管理者期望员工的行为，员工期望管理者的奖赏。期望理论的假说是管理者知道什么对员工最有吸引力。期望理论的员工判断依据是员工个人的知觉，而与实际情况关系不大。不管实际情况如何，只要员工以自己的知觉确认自己经过努力工作就能达到所要求的绩效，达到绩效后就能得到具有吸引力的奖赏，他就会努力工作。

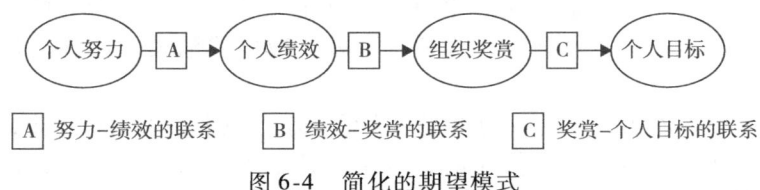

图6-4 简化的期望模式

（2）期望理论的启示。期望理论作为一种主要的激励理论，它给我们以下重要启示。

1）管理者激励下属时，不要采取泛泛的一般性的激励措施，而应当抓住多数组织成员认为效价最大的激励措施。

2）设置某一激励目标时，应尽量加大其效价的综合值，如每月的得奖情况和奖金多少能与年终奖、工资升级、职位升迁、获得先进等挂钩，就会大大提升起每月奖金的效价综合值，人们就会努力超额完成每一个月的工作任务。

3）奖罚分明，适当拉大组织希望行为与不希望行为之间的收入差距，也能很好地激励人们努力去完成自己的任务。

4）适当控制期望概率和实际概率的差距。一方面努力做到实际概率大于平均个人期望概率，使大多数人能够经过努力实现之，另一方面做到实际概率与效价相适应，一般情况下，效价大，实际概率可小些；效价小，实际概率可大些。

这种理论模式具有较强的应用性。管理者要让员工积极从事某项活动并努力工作，一方面应使员工了解这项活动成果的吸引力，并尽量加大这种吸引力；另一方面要采取措施帮助员工提高获得预期成果的能力，提高他们对获得预期成果的可能性估计，以便提高激励力和激励效果。激励过程的期望理论对管理者的启示是，管理人员的责任是帮助员工满足需要，同时实现组织目标。管理者必须尽力发现员工在技能和能力方面与工作需求之间的对称性。为了提高激励，管理者可以明确员工个体的需要，界定组织提供的结果，并确保每个员工有能力和条件（时间和设备）得到这些结果。根据期望理论，应使工作的能力要求略高于执行者的实际能力，即执行者的实际能力略低于（既不太低又不太高）工作的要求。

对期望理论的应用主要体现在激励方面，这启示管理者不要泛泛地采用一般的激励措施，而应当采用多数组织成员认为效价最大的激励措施，而且在设置某一激励目标时应尽可能加大其效价的综合值，加大组织期望行为与非期望行为之间的效价差值。在激励过程中，还要适当控制期望概率和实际概率，加强期望心理的疏导。期望概率过大，容易产生挫折，期望概率过小，又会减少激励力量；而实际概率应使大多数人受益，最好实际概率大于平均的个人期望概率，并与效价相适应。

3. 强化理论

强化理论是美国心理学家和行为学家斯金纳（B. F. Skinner）提出的，又叫做"行为修正理论"。斯金纳是哈佛大学的心理学教授，他在20世纪30年代设计出了第一部教学机器，并参与研究和制定循序渐进的程序学习方法，50年代初期对慢性精神病患者的行为形成问题进行了研究。他研究的目的在于预测和控制人的行为而不去了解人的内部心理活动过程和状态，他认为人的内心活动过程是一个"黑匣子"，是无形的、不可见的，对此很难进行清楚的分析，即使分析也只能凭借某些因素进行推测。但是人的行为是外在性的，是可以分析和预测的。所以激励就应通过对人的行为特征进行分析之后，借助各种因素或力量对行为的发展施加影响，最终使人的行为符合管理者的意图和实现组织的目标要求。1938年，他出版了《有机体的行为》一书，在书中，他提出了一种"操作条件反射"理论，认为人或动物为了达到某种目的，会采取一定的行为。当这种行为的后果有利时，这种行为就会在以后重复出现；不利时，这种行为就会减弱或消失。这就是强化理论产生的理论根据。

根据上述分析可以看出，人的行为重复频率的大小，或者说人的行为走向，取决于人们对以往行为结果价值的主观认识，但人的这种主观认识可以被改变。例如，当一个人某种行为结果受到领导和同事的一致称赞时，他会突然感到他的行为很有价值；而当行为结果受到别人的指责时，他自己可能也会认为他的行为是不良的。这种改变力量就是强化。

（1）强化理论的内容。该理论主张对激励进行针对性的刺激，只看员工的行为及其结果之间的关系，而不是突出激励的内容和过程。斯金纳认为，人的行为是其所受刺激的函数。如果这种刺激对他有利，则这种行为就会重复出现；若对他不利，则这种行为就会减弱直至消失。因此管理要采取各种强化方式，以使人们的行为符合组织的目标。这里的强化就是指通过不断改变环境的刺激因素来达到增强、减弱或消失某种行为的过程。根据强化的性质和目的，强化可以分为以下三种类型。

1）正强化。所谓正强化，就是奖励那些符合组织目标的行为，以使这些行为得到进一步加强，从而有利于组织目标的实现。这是一种积极的强化行为。当某种有利于组织目标和个人才能发展的良好行为出现时，立即用物质的、精神的东西来鼓励，在这种情况下，个体会感到他们行为是正确的，被人许可并赞扬的，就会增强其行为反应的频率，这就是正强化。通常正强化所用的手段有表扬、赞赏、增加奖金、工资、发放奖品、让其干更有意义的工作等。

为了使强化达到预期的效果，还必须注意实施不同的强化方式。有的正强化的方式是连续的、固定的正强化，譬如对每一次符合组织目标的行为都给予强化，或每隔固定的时间给予一定数量的强化。尽管这种强化有及时刺激、立竿见影的效果，但久而久之，人们就会对这种正强化有越来越高的期望，或者认为这种正强化是理所应当的。管理者需要不断加强这种正强化，否则其作用会减弱甚至不再起到刺激行为的作用。另一种正强化的方式是间断的、时间和数量都不固定的正强化，管理者根据组织的需要和个人行为在工作中的反应，不定期、不定量实施强化，使每次强化都能起到较大的效果。实践证明，后一种正强化更有利于组织目标的实现。

2）负强化。所谓负强化，就是惩罚那些不符合组织目标的行为，以使这些行为削弱甚至消失，从而保证组织目标的实现不受干扰。当发现某种行为不利于组织目标实现和个人做出成就时，即以某种带有强制性、威胁性的结果令其取消个体的不良行为。负强化常用的手段有批评、降薪、降职、罚款、开除、追究刑事责任等。实际上，不进行正强化也是一种负强化，譬如，过去对某种行为进行正强化，现在组织不再需要这种行为，但基于这种行为并不妨碍组织目标的实现，这时就可以取消正强化，使行为减少或者不再重复出现。同样，负强化也包含着减少奖金或罚款、批评、降级等。实施负强化的方式与正强化有所差异，应以连续负强化为主，即对每一次不符合组织的行为都应及时予以负强化，消除人们的侥幸心理，减少直至消除这种行为重复出现的可能性。

3）自然消退。自然消退又称衰减，即对某种行为采取不予理睬的态度，长期如此，就会使某种行为自然消失。这是指对行为取消正强化，以表示对该种行为的某种程度的否定。一种行为如果长期得不到正强化，就会逐渐自然消退。

对于所不希望发生的行为，除了直接惩罚外，还可以从"冷处理"或"无为而治"的角度使这种行为自然消减。如开会时，管理者不希望下属提出无关或干扰性的问题，可以当他们举手要发言时，无视他们的表现，这样举手行为必然会因为得不到强化而自行消失。从某种意义上说，撤销原来的正强化也是一种冷处理。

总之，强调行为是其结果的函数，通过适当运用即时的奖惩手段，集中改变或修正员工的工作行为。强化理论的不足之处，在于它忽视了诸如目标、期望、需要等个体要素，而仅仅注重当人们采取某种行动时会带来什么样的后果，但强化并不是员工工作积极性存在差异的唯一解释。

(2) 强化理论的应用。在运用强化理论进行激励时，除了考虑强化类型外，还应考虑强化方式，根据下属的行为情况的不同，通常可以采取连续性强化和间断性强化两种方式。所谓连续性强化是指对每次发生的行为都给予强化，间断性强化则不是对每次发生的行为都进行强化。具体应用时，间断性强化又有间隔固定性强化（如月度奖、计时工资、年终奖）、间隔变动性强化（如临时卫生检查、工作检查等）、比例固定性强化（如计件工资等）、比例可变性强化（如分等综合奖等）四种。这些强化方法在激励过程中所起的作用效果是不一样的，因此，管理者应根据实际情况合理选择。

强化理论是控制和塑造员工行为方式的一种强有力的管理工具，为提高激励效果，斯金纳提出了实施强化时应注意的几个问题。

第一，必须针对行为结果给行为当事人以及时、明确的信息反馈。一方面，强化必须是及时的。对一般人来说，当他采取某种行动并产生一定后果时，首先要做的事情往往就是评价自己行为的结果，就像我们费很大力量完成某项工作之后，首先想了解别人的看法一样,人在这时最需求激励,所以必须给予及时的信息反馈。另一方面,反馈给行为当事人的信息一定要明确,而不能模糊不清。我们之所以运用强化理论,是因为行为当事人对来自外界的强化力量很重视,并能在今后的行为过程中体现出这些强化力量的作用。所以必须给予明确性的信息,否则容易给当事人带来某种错误的认识,产生不良后果。

第二,强化的时间选择或安排十分重要。例如,斯金纳通过调查发现,间断性强化比连续性强化更加有效。

第三,正强化和负强化的作用不仅表现在对行为发生频率的调整差异上,还表现在激励效果的明显不同,一般来说,正强化比负强化的激励效果要好得多,要尽量少用负强化。这是因为,正强化可以给人一种满意和愉快的刺激,能给人带来更多的激励信息,例如赞扬一个人的工作做得好,这不仅意味着说他的工作是正确的,还意味着对他的尊重和承认,也许还会使他产生领导者对自己偏爱的感觉。这些愉快的刺激使人们产生一种强大的进取效应,做出更大的贡献。相反,负强化给予人们的是不愉快的刺激,而人们对不愉快的刺激往往天生就具有一种抵触情绪。事实上,当人们第一次接受负强化时,可能会认真分析自身的不足,进而改进。当人们多次接受负强化时,便往往不从自身找原因,而可能认为自己本来没有错,是领导者在故意刁难自己。这时便会极力为自己辩解、开脱责任,甚至有的人会想办法学习逃避负强化的方法和途径,如想办法调离、装病等。负强化有其不足,但这并不是说在激励过程中就不能用负强化了,只要注重运用方式,负强化仍然是一种很有效的激励措施。例如,有的领导者在要批评下属之前,往往先肯定他的成绩,予以表扬一番,使对方解除防范心理,然后再诚恳地指出对方的错误,并帮助他分析原因,鼓励他改进,进而收到了很好的激励效果。美国女企业家玛丽·凯在《掌握人性的原理》一书中反复强调"赞美使人成功"。她建议说,即使批评他人也应像三明治一样,把批评夹在两层赞美之间,或者像对待不愿吃药的病人那样在药里加糖,或者把药放在饭里,这样病人易于接受。

强化理论在实际应用中,还应注意以下原则。

1)因人而异。因人而异即按照强化对象的特点不同采取不同的强化措施。人们的年龄、性别、职业、学历、经历不同,需要就不同,强化方式也应不一样。如有的人更重视物质奖励,有的人更重视精神奖励。这就要求具体分析强化对象的情况,针对他们的需要特点确定强化物。只有这样,才能达到强化的目的。

2)不断强化。为了有效地鼓励人去前进,就应不断强化人的行为,使人的行为总是指向一定目标,所以理想的做法是设立可分步实现的目标体系,然后不断强化人的行为,就能长期保持员工奔向长远目标的积极性。小步子前进,分阶段设立目标,并对目标予以明确规定和表述。要确定强化的目的或目标,明确预期的行为方向,使预期的行为方向同组织的目的或目标一致。同时,强化的目标应尽量明确、具体,使人易于理解,又便于衡量,才能激发起人的行为动机,起到强化的作用。从企业拟订目标来讲,既要制定一个切合实际的总目标,又要把这个总目标分解成一些阶段性的目标。在完成每一阶段性的目标后即予以正强化,促使逐步实现总目标。

3)及时反馈、及时强化。即把工作结果及时告诉给员工,对好的行为要及时表扬、肯定,不良的行为要及时批评、纠正,这样就能及时鼓舞员工的士气,克服不良行为。一个人在实施了某种行为以后,如果没有及时得到反馈,领导者没有注意到这种行为,这种行为重复发生的可能性就会减小以致消失。所以,必须利用及时反馈作为一种强化手段。

4)奖惩结合,以奖为主。在运用强化手段时,应以正强化为主;同时,必要时也要对坏的行为给予惩罚,做到奖惩结合。斯金纳发现,"惩罚不能简单地改变一个人按原来想法去做的念头,至多只有教会他们如何避免惩罚"。过多地运用惩罚,往往会造成被惩罚者心理上的创伤,引起对抗情绪,乃至采取欺骗等手段来逃避惩罚。但是,有时又必须运用惩罚的方式。为了尽可能避免惩罚所引起的消极作用,应把惩罚与正强化结合起来。

强化理论有助于对人们行为的理解和引导。因为,一种行为必然会有后果,而这些后果在一定程度上会决定这种行为在将来是否重复发生。那么,与其对这种行为和后果的关系采取一种碰运气的态度,就不如加以分析和控制,使大家都知道应该有什么后果最好。但是强化理论只讨论外部因素对行为的影响,忽略人的内在因素和主观能动性对环境的反作用,具有机械论的色彩。

6.3 激励运用

6.3.1 激励原则

1. 参与原则

当部属参与的时候,他们达成任务的使命感会增强,甚至把工作当做自己的工作。

现代人力资源管理的实践经验和研究表明,现代的员工都有参与管理的要求和愿望,创造和提供一切机会让员工参与管理是调动他们积极性的有效方法。毫无疑问,很少有人参与商讨和自己有关的行为而不受激励的。因此,让员工恰当地参与管理,既能激励员工,又能为企业的成功获得有价值的知识。通过参与,形成员工对企业的归属感、认同感,可以进一步满足自尊和自我实现的需要。

2. 沟通原则

当员工知道工作的意义时,他们对于成果就有关联感,管理者获得的支持就会增加。现代企业管理以人本管理为主流,有效沟通成为平衡和调节员工心理的有力杠杆,是激励的重要原则。

对员工进行有效沟通不仅仅能传递信息,还能使员工对领导的想法加以理解并让双方达成共识。在企业的实际经营管理中,有效的沟通所起的作用是显而易见的。

3. 肯定原则

对于员工的成就予以肯定,可以加强他对工作的投入,利用赞美来激励他投入。

管理者应该清楚地了解到,人们都希望获得赞美,所以激励的一个原则就是——尽一切可能去认可他人、肯定他人。赞美使人成功,肯定使人加倍努力,更使员工意识到自己身上有很多潜能,同时也能够通过对他人的肯定来帮助别人提高信心、发挥潜力。

4. 授权原则

权与责相对,管理者授权,员工卖力。值得注意的是,授权必须具有足够的范围,以使分派的职责得以完成。权力太小,授权形同虚设,往往会使下级在决策之前必须请示上级,延误决策;而授权范围过大,会使权力失控。所以必须根据职责的大小授予权力。

6.3.2 激励方法

1. 物质激励

物质激励是指以物质利益为诱因,通过调节被管理者物质利益来刺激其物质需要,以激发其动机的方式与手段。物质激励主要包括以下具体形式。

(1) 奖酬激励。钱并不是唯一能激励人的力量,但在现实生活中,金钱作为一种很重要的激励因素是不可忽视的。无论采取工资的形式,还是采取其他鼓励性报酬,如奖金、优先认股权、红利、公司支付的保险金，或在人们做出成绩而给予的其他东西等形式，金钱都是重要的因素。虽然在知识经济时代的今天，人们生活水平已经显著提高，金钱与激励之间的关系渐呈弱化趋势，然而，物质需要始终是人类的第一需要，是人们从事一切社会活动的基本动因，所以，物质激励仍是激励的主要形式。要使金钱能够成为一种激励因素，管理者应该记住下面几点。

1）对于不同的人，金钱的价值不一。相同的金钱，对不同收入的员工有不同的价值。作为金钱，对于需要抚养家庭、生活负担重的人来说，金钱总是很重要的，这是他们满足低层次需要的主要手段；而对另外一些在金钱方面需要已不再是很迫切的人来说，金钱就并不那么重要了。

2）金钱激励必须公正。用奖酬作为激励手段，必然涉及刺激量的问题。奖酬刺激量一是表现为绝对量，即工资、奖酬的绝对数量的大小；二是表现为相对量，即工资奖金同一时期不同人的差别以及同一个人不同时期的差别。一个人对他所得的报酬是否满意不是只看其绝对值，而更主要的是看其相对刺激量，即要进行社会比较或历史比较，通过相对比较，判断自己是否受到了公平对待，从而影响自己的情绪和工作态度。这正体现了公平理论的要求。在实际工作中，既要有选择地进行重奖，以期引起奖励效应，同时又要防止引起员工产生不公平心理。

3）金钱激励必须反对平均主义、平均分配等无效激励。要使金钱成为一种有效的激励因素，则对于在各种职位上的人，即使是级别相当，给予他们的薪水和奖金也必须能反映出他们个人的工作业绩。在现实中，除非员工的奖金主要是根据个人业绩来发放，否则企业尽管支付了奖金，对他们也不会有很大的激励。据调查，实行平均奖励，奖金与工作态度的相关性只有20%，而进行差别奖励，则奖金与工作态度的相关性能够达到80%。

4）物质激励应与相应制度结合起来。制度是目标实现的保障，因此，物质激励效应的实现也要靠相应制度的保障。企业应通过建立一套制度，创造一种氛围，以减少不必要的内耗，通过利益驱动引导下属朝工作目标努力，使组织成员都能以最佳的效率为实现组织的目标多做贡献，以实现组织目标。例如，物质奖惩标准在事前就应制定好并公之于众，且形成制度稳定下来，而不能靠事后的"一种冲动"，想起来则奖一下，想不起来就作罢，那样是达不到激励的目的的。

（2）处罚。激励并不全是鼓励，它也包括许多负激励措施，在经济上对员工进行处罚，是一种管理上的负激励，属于一种特殊形式的激励。按照激励中的强化理论，激励可采用处罚方式，即利用带有强制性、威胁性的控制方法，如批评、降级、罚款、降薪、淘汰等来创造一种令人不快或带有压力的条件，以否定某些不符合要求的行为。

现代管理理论和实践都指出，在员工激励中，正面的激励远大于负面的激励。越是素质较高的人员，处罚对其产生的负面作用就越大。它易给员工造成工作不安定感，同时还会使员工与上级主管之间的关系紧张，同事间关系复杂等。因此在应用这种方式时要注意，在进行处罚时必须有可靠的事实根据和政策依据，做到令人信服；处罚的方式与处罚量要适当，既要起到教育作用，又不能激化矛盾；同时要与思想政治工作相结合，注意疏导，尽可能减少其副作用，化消极为积极，真正起到激励作用。

2．精神激励

物质激励自身也存在一些缺陷。美国管理学家汤姆·毕德士（Tom Peters）曾指出重赏会带来副作用，它会使大家彼此封锁消息，影响工作的正常开展。而精神激励是在较高层次上调动员工的工作积极性，其激励深度大，维持时间也较长，所谓精神激励，就是对员工精神上的一种满足和激励，让员工能够感觉到来自企业的关怀，精神激励的方法有许多，比如尊重、关爱、赞美、宽容员工；给员工提供公正的竞争环境；让员工明确自己应该奋斗的目标；帮助员工规划自己的职业发展蓝图；等等。这里着重论述以下四种精神激励方式。

(1) 目标激励。目标激励就是确定适当的目标，诱发人的动机和行为，达到调动人的积极性的目的。目标作为一种诱因，具有引发、导向和激励的作用。员工在管理中的自觉行为，都是追求目标的过程，当每个人的目标迫切地需要实现时，他们就对企业的发展产生热切的关注，对工作产生强大的责任感，能自觉地把工作搞好，管理者就是要将每个人内心深处的这种或隐或现的目标挖掘出来，并协助他们制定详细的实施步骤，在随后的工作中引导和帮助他们努力实现目标。这种目标激励会产生强大的效果。可用以激励的目标主要有三类：工作目标、个人成长目标和个人生活目标。

1) 尽可能地增大目标的效价。根据期望理论，激发力量的大小取决于期望值和效价。因此，管理者在设计目标时，一是要使所选择的目标尽可能多地满足下级的需要。二是要使目标的实现与奖酬、晋升等挂钩，加大目标实现的效价。三是要将企业目标进行宣传，使员工更加了解企业，了解自己在目标的实现过程中应起到的作用。四是应注意把组织目标和个人目标结合起来，宣传两者的一致性，使大家了解到只有在完成企业目标的过程中，才能实现个人目标。个人事业的发展、待遇的改善与企业事业的发展、效益的提高休戚相关。

2) 增加目标的可行性。只有通过努力能够实现的目标，才能真正地起到激励作用。因此，在设计目标水平时要先进合理，要具备相应的实施条件和可操作性，使下级能充分认识到目标实现的可能情形。

(2) 工作激励。按照赫茨伯格的双因素理论，对人最有效的激励因素来自于工作本身，即满意于自己的工作是最大的激励。日本著名企业家稻山嘉宽在回答"工作的报酬是什么"时指出"工作的报酬就是工作本身"，这也表明工作本身所具有的激励力量。因此，为了更好地发挥员工工作积极性，管理者要善于调整和运用各种工作因素，进行"工作设计"，如使工作内容丰富化和扩大化，并创造良好的工作环境，还可通过员工与岗位的双向选择，使员工对自己的工作有一定的选择权等，通过一系列措施，使工作本身变成更具有内在意义和更高的挑战，让下级满足于自身的工作，给员工一种自我实现感，以实现最有效的激励。

(3) 参与激励。所谓参与管理是指在不同程度上让员工和下级参与组织决策和各级管理工作的研究和讨论，调动员工和下级的积极性和创造性。现代人力资源管理的实践经验和研究表明，现代的员工都有参与管理的要求和愿望，创造和提供一切机会让员工参与管理是调动他们积极性的有效方法。让下属或员工参与管理，有利于集中群众意见，防止决策失误；有利于满足下属或员工的归属感和受人赏识的心理需求，可使员工或下级感受到上级主管的信任、重视和赏识，从而体验到自己的利益同组织的利益及组织发展密切相关而产生的责任感；有利于员工对决策的认同，从而激励他们自觉地去推进决策的实施。同时主管人员与下属在商讨组织问题时，对双方来说都是提供了一个取得别人重视的机会，从而给人一种成就感。因此，让员工恰当地参与管理，既能激励员工，又能为企业的成功获得有价值的知识。通过参与，形成员工对企业的归属感、认同感可以进一步满足自尊和自我实现的需要。

支持下级和员工参与管理时，首先要增强民主管理意识，建立科学合理的参与管理机制；其次要真正授权于下级或员工，使其能真正地参与决策和管理过程；最后有效地利用多种参与形式，鼓励全员参与。

事实证明，参与管理会使多数人受到激励。正确地参与管理既对个人产生激励，又为组织目标的实现提供了保证。

(4) 荣誉激励。荣誉是众人或组织对个体或群体的崇高评价（如发奖状、证书、记功、通令嘉奖、表扬等），是满足人们自尊需要，激发人们奋力进取的重要手段。它可以调动人们的积极性，形成一种内在的精神力量。从人的动机看，人人都有荣誉感，具有自我肯定、光荣、争取荣誉的需要，因此管理者要设法让员工感觉到、认识到荣誉感的崇高性。

精神激励主要体现在：让每个人充分发挥出聪明才智，真正做到人尽其才，为他们创造发挥才能的机会，激发其献身精神，满足其成就感；同时荣誉激励成本低廉，但效果很好。对于一些工作表现比较突出、具有代表性的先进员工，给予必要的荣誉奖励，是很好的精神激励方法。美国IBM公司有一个"百分之百俱乐部"，当公司员工完成他的年度任务，他就被批准为"百分之百俱乐部"成员，他和他的家人被邀请参加隆重的集会。结果，公司的雇员都将获得"百分之百俱乐部"会员资格作为第一目标，以获取那份光荣。这一激励措施有效地利用了员工的荣誉需求，取得了良好的激励效果。

设定荣誉是管理者的一个工作职责，而这种荣誉既对单位有效，对同行业其他部门也有作用。例如，尽管王进喜是大庆油田的先进工人，但是在整个石油系统，甚至在全国他的榜样作用都是有效的。

在实施精神激励时要注意其针对性。目前，员工受社会、企业、家庭等因素的影响，思想波动的因素很多。在这种情况下的激励工作必须与个人特点相结合，根据不同层次、不同类别，采取不同方法。作为管理者必须具有体察人心的能力，要保证经常而及时地与员工进行思想交流和相互交往，形成集体内部人与人之间亲密、融合、协调的关系，调动他们潜在的积极性，从而推进事业发展。同时在实施精神激励时，还要注意对集体的荣誉激励，即通过给予集体荣誉，培养集体意识，从而产生自豪感和光荣感，形成一种自觉维护集体荣誉的力量。企业制定的各种管理和奖励制度，都要有利于集体意识的形成，形成竞争合力。

当然在荣誉激励上，部分企业存在着评奖过滥过多的不正确现象。如评优中的"轮庄法"、"抓阄法"等，都使荣誉的"含金量"大大降低，使典型的榜样示范作用大打折扣，这是必须要大力加以纠正的。

6.3.3 激励策略

企业的活力源于每个员工的积极性、创造性。由于人的需求具有多样性、多层次性、动机的繁复性，因而调动人的积极性也应有多种方法。企业应综合运用各种动机激发手段使全体员工的积极性、创造性、企业的综合活力，达到最佳状态。

1. 了解员工的真实需要和动机

马斯洛把人的需要分为五个层次，对每个个体而言，各种需要的强度在不同时期和不同发展阶段是不尽相同的，企业管理者应对所属员工的需要进行细致分析和划分，从而找到激励的切入点。有效的激励必须有针对性，否则就会事与愿违。只有针对性地抓住员工需要的特点，对其最强烈的需要进行激励，才能使员工产生最强的动机，解决激励不足的问题。为此，企业内部应实施有弹性的激励机制，根据本企业实际情况，针对不同员工的需要和动机，制定分类激励的措施。

2. 物质奖励与精神奖励相结合

人的多样性和需求的多样性决定了单一激励措施的效果是有限的。员工需要精神和物质的混合激励因素。物质利益固然是发挥积极性的基本因素，如果仅靠物质方面的激励，如果总是采用物质激励，员工工作中只会一切向"钱"看，对于企业的前途和发展漠不关心，更不会提出创造性的见解，企业很快就会失去吸引力。而精神需求是一种巨大的推动力，是较物质需求更高层次的需求，另外，马斯洛的需要层次理论也认为，人在其较低层次的需要满足后,就会渴望另一高层次的需要,如社会需要、尊重需要、自我实现需要等,这也正是精神文明的范畴。通过精神激励,使员工产生与企业荣辱与共的感觉,从而可以持久地起作用。对于企业来说,将两者有机的结合就更为重要。因此,企业既要有物质方面的鼓励,也要给予他们适当的精神激励。

3. 短期利益与长期效果相结合

企业在发挥员工的积极性、注重工资加奖金的短期激励的同时,不要只顾眼前利益而忽视了他们的长远发展,还要重视他们的长期性培养,为长期发展准备力量和资源。这也是一个两难的问题。强调现时的表现和业绩,会使员工产生短期行为;强调长期的积累和蓄积,又会导致对现时业绩的轻视和忽略。因此,企业应考虑运用适当的长期激励措施,将员工的切身利益与企业的经营业绩联系起来。一些企业推行股票期权、员工持股和参股计划,使员工拥有劳动者和投资者的双重身份,更加具有关心和改善企业经营成果的积极性,激励效果明显。

4. 个人目标与组织目标相结合

由激励理论可知,组织目标的实现是通过各个群体以及个体的共同努力来实现的。个人目标及个人利益是员工行动的基本动力,激励是个体需求满足的过程,在满足员工需求的情况下,才能调动积极性,但它们与企业的组织目标和总体利益之间既有一致性,又存在着诸多差异。当二者发生矛盾时,个人目标往往会干扰组织目标的实现。因此,在企业向目标奋斗中,要注重个人目标与组织目标相结合。进行激励时,应以个人利益和需要的满足为基本作用力,引导员工将个人目标统一于组织的整体目标,促进个人目标与组织目标的共同实现。企业管理者可以把目标按阶段分解为若干子目标,在子目标的实现过程中,管理者采用适当的激励方式,以促进总体目标的实现。像微软公司对科技人员推行"内部企业家"制,高层关键科研人员拥有公司股票,成为内部企业家,有很多的自由,也就会更加全身心地投入工作。

5. 激励与约束相结合

组织目标实现过程中,对个体行为进行正向强化的同时,也要进行负向约束,即对符合组织目标的行为给予适当的奖励,对有悖于组织目标实现的行为进行修正,对阻碍组织目标实现的个体行为进行适当处罚。要建立一套完善的激励与约束机制,做到奖罚分明,有理有据。激励与约束并用,并不是将二者并重,而是应以奖为主,以罚为辅。

思考题

1. 激励的实质是什么?
2. 激励的作用有哪些?
3. 马斯洛需要层次理论的主要观点是什么?如何评价?
4. 激励理论与需求理论之间存在着什么样的内在联系?
5. 简述内容型激励理论。
6. 简述过程型激励理论。
7. 简述 X 理论 – Y 理论的内容。
8. 简述双因素理论的内容。
9. 简述期望理论的内容。
10. 简述强化理论的内容。
11. 简述常用的激励方式。

12. 激励的动因有哪些?
13. 公平理论对管理者的启示是什么?实际应用中应注意哪些问题?
14. 比较内容型激励理论和过程型激励理论在实际运用中有何不同。
15. 除金钱外,还有哪些因素会对人们产生激励作用?注意按激励作用大小顺序排列。
16. 了解本章介绍的各种激励理论的主要内容,如何在管理实践中运用这些激励理论?

案例分析

工程师的经历

助理工程师黄大佑,一个名牌大学高材生,毕业后工作已 8 年,于 4 年前应聘调到一家大厂工程部负责技术工作,工作诚恳负责,技术能力强,很快就成为厂里有口皆碑的"四大金刚"之一,名字仅排在厂技术部主管陈工之后。然而,工资却同仓管人员不相上下,夫妻小孩三口尚住在来时住的那间平房。对此,他心中时常有些不平。

罗厂长,一个有名的识才的老厂长,"人能尽其才,物能尽其用,货能畅其流"的这句孙中山先生的名言,在各种公开场合不知被他引述了多少遍,实际上他也是这样做了。4 年前,黄大佑调来报到时,门口用红纸写的"热烈欢迎黄大佑工程师到我厂工作"几个不凡的颜体大字,是罗厂长亲自吩咐人秘部主任落实的,并且交代要把"助理工程师"的"助理"两字去掉。这确实使黄大佑当时工作更卖劲。

两年前,厂里有指标申报工程师,黄大佑属于有条件申报之列,名额却让给一个没有文凭、工作平平的老同志。他想问一下厂长,谁知,他未去找厂长,厂长却先来找他了:"黄工,你年轻,机会有的是"。去年,他想反映一下工资问题,这问题确实重要,来这里其中一个目的不就是想得高一点工资,提高一下生活待遇吗?但是几次想开口,都没有勇气讲出来。因为厂长不仅在生产会上大夸他的成绩,而且,曾记得,有几次外地人来取经,罗厂长当着客人的面赞扬他:"黄工是我们厂的技术骨干,是一个有创新的……"哪怕厂长再忙,路上相见时,总会拍拍黄工的肩膀说两句,诸如"黄工,干得不错"、"黄工,你很有前途"。这的确让黄大佑兴奋,"罗厂长确实是一个伯乐"。此言不假,前段时间,他还把一项开发新产品的重任交给他呢,大胆起用年轻人,然而……

最近,厂里新建好了一批员工宿舍,听说数量比较多,黄大佑决心要反映一下住房问题,谁知这次罗厂长又先找他,还是像以前一样,笑着拍拍他的肩膀:"黄工,厂里有意培养你入党,我当你的介绍人。"他又不好开口了,结果家没有搬成。

深夜,黄大佑对着一张报纸的招聘栏出神。第二天一早,黄厂长办公台面上放着一张小纸条,写着:

罗厂长:

您是一个懂得使用人才的好领导,我十分敬佩您,但我决定走了。

黄大佑于深夜

资料来源:摘自管理学案例分析,http://media.openonline.com.cn/media_file/rm/dongcai2003/guanlixue/relating/lianfenxi.htm。

案例思考题

1. 在本案例中,根据马斯洛的理论,住房、评职称、提高工资和入党对于黄工来说分别属于什么需要?
2. 根据公平理论,黄工的工资和仓管员的不相上下,是否合理?为什么?
3. 如果你是罗厂长,你将根据什么激励理论,采取什么激励措施来留住黄工?

本章知识结构图

本章主要内容和知识点归纳如下（见图6-5）。

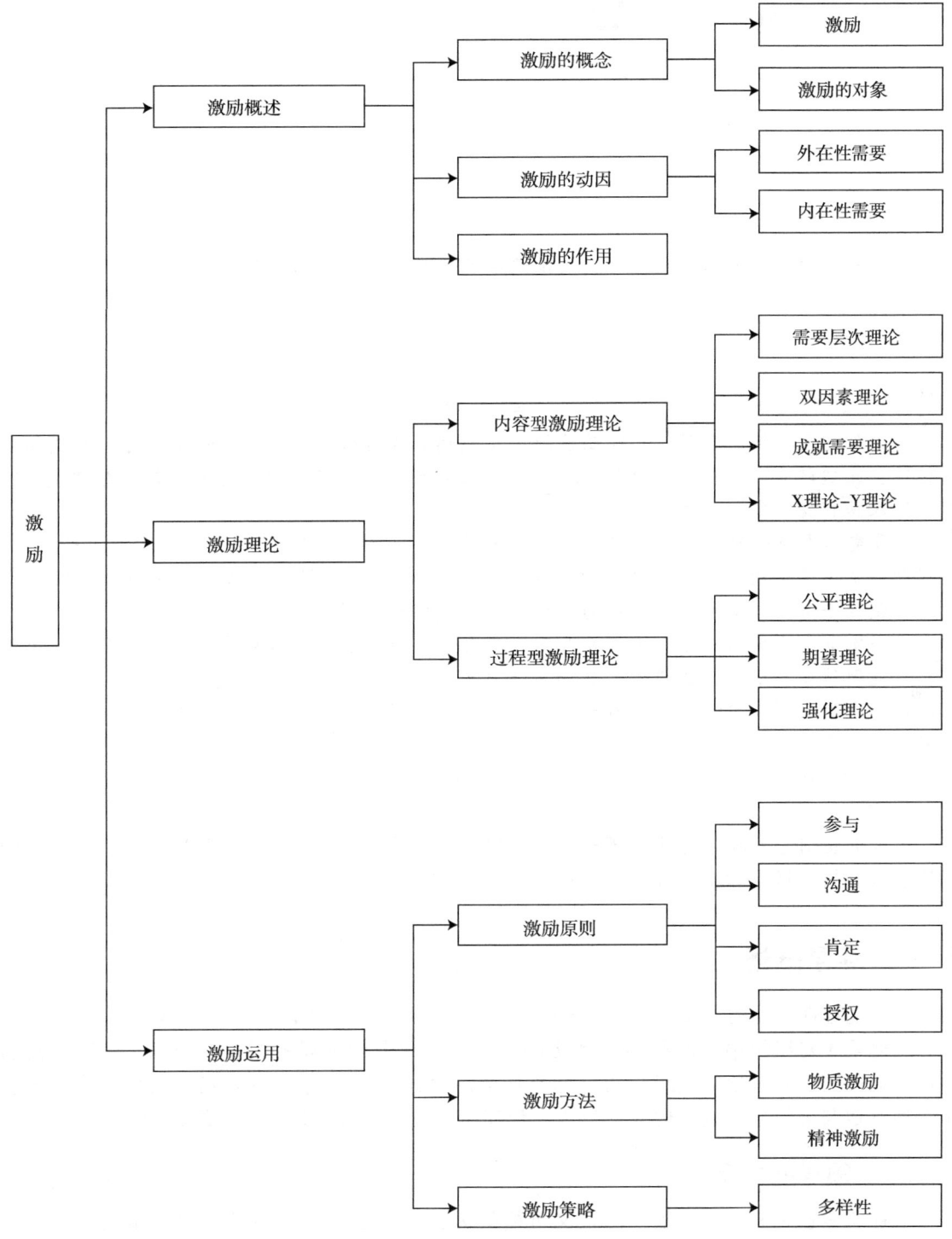

图6-5　本章主要内容和知识点

第 7 章 CHAPTER 7

领　导

管理格言 >>>>>>

作为领导者，一个人必须具有表达清楚准确的自信，确信组织中的每一个人都能理解事业的目标。

管理故事 >>>>>>

鹦　鹉

一个人去买鹦鹉，看到一只鹦鹉前标：此鹦鹉会两门语言，售价200元。另一只鹦鹉前则标道：此鹦鹉会四门语言，售价400元。该买哪只呢？两只鹦鹉都毛色光鲜，非常灵活可爱。这人转啊转，拿不定主意。

结果突然发现一只老掉牙的鹦鹉，毛色暗淡散乱，标价800元。这人赶紧将老板叫来：这只鹦鹉是不是会说八门语言？店主说：不。这人奇怪了：那为什么又老又丑，又没有能力，会值这个数呢？店主回答：因为另外两只鹦鹉叫这只鹦鹉老板。

这个故事告诉我们，真正的领导人不一定自己能力有多强，只要懂信任、懂放权、懂珍惜，就能团结比自己更强的力量，从而提升自己的身价。

相反许多能力非常强的人却因为过于完美主义，事必躬亲，认为什么人都不如自己，最后成不了优秀的领导人。

资料来源：摘自http://www.bailiren.com/tech/18_1409_zh.html。

本章主要阐述了领导的基本概念、领导权力和领导风格，并对领导特质理论、领导行为理论、领导权变理论和新领导理论进行了分析。

7.1　领导概述

领导是管理活动的重要方面，管理过程学派认为：领导职能是管理职能的基本组成部分，它侧重于对组织中人的行为施加影响，发挥领导者对下属的指挥、协调、激励和沟通作用，以便更加有效地完成组织的目标与任务。领导工作具有人与人互动的性质，领导者正是通过他与被领导者的双向互动过程，促使组织成员更有效地实现组织目标。

7.1.1　领导的概念

从管理学意义上来讲，领导的定义可概括为：领导是指管理者依靠其影响力，通过激励、沟通、指挥等手段，带领被领导者或追随者，去实现组织目标的活动过程。其基本含义可以从以下几个方面理解。

第一,领导包含领导者和被领导者两个方面。领导者是指能够影响他人并拥有管理的职位权力、承担领导职责、开展领导工作的人。领导者一定要有领导的对象,如果没有被领导者,领导的工作就失去意义,领导职能也就不复存在。在领导过程中,下属都甘愿追随领导者并接受领导者的指导。

第二,领导是一种活动,是引导人们的行为过程,是领导者带领、引导和鼓舞下属去完成工作、实现目标的过程,是管理的一项重要职能。

第三,领导的基础是领导者的影响力。领导者拥有影响被领导者的能力或力量,既包括由组织赋予的职位权力,也包括领导者个人所具有的影响力。一个领导者如果一味地行使职权而忽视社会和情绪的影响力,就会使被领导者产生逃避或抵触行为。当一个领导者的权力不能使下属跟随领导者时,领导工作是无效的。

第四,领导施加影响力的方式或手段主要有激励、沟通和指挥。其中,激励是指管理者通过满足下属需要来激发其动机、推动其行为的过程。激励的具体形式包括能满足人的需要,特别是心理需要的种种手段。激励具有自觉自愿性、间接性和作用持久性等特点。激励是管理者调动下属积极性,增强群体凝聚力的基本手段。沟通是指管理者为有效开展工作而交换信息、交流感情、协调关系的过程,其具体形式有信息的传输、交换与反馈、人际交往与关系融通、说服与促进态度(行为)的改变等。这是管理者保证管理系统有效运转,提高整体效应的经常性手段。指挥是管理者凭借权力,直接命令或指导下属行事的行为,其形式有部署、命令、指示、要求、指导和帮助等。指挥具有强制性、权威性、统一性等特点。指挥是管理者最经常使用的领导手段,其前提和条件是权力。

第五,领导的目的是为了实现组织的目标。不能为了领导而领导,不能为了体现领导的权威而领导。领导的根本目的在于影响下属为实现组织的目标而努力。

7.1.2 领导的作用

领导的作用主要体现在实现组织目标和在满足组织需要的同时尽可能地满足组织成员的需要,其具体表现在以下几个方面。

1. 指挥引导

领导者是领导活动的主体,对领导活动的成败起着决定性的作用。领导活动启动的标志是领导目标的确定,而领导目标及其实施方案主要是在领导者提出和指导下制定的。有了明确的方向,就可以在领导者的领导下,为实现目标而努力奋斗。领导者作为领导活动的组织者和指挥者,在领导活动启动后,要把领导目标和方案变成现实,必须通过被领导者的实践活动,充分发挥人的能动性和首创精神,这就需要领导者进行组织和指挥,统一思想和行动,形成一股强大的合力,才能顺利实现领导目标。

2. 协调作用

领导协调是指领导者为实现领导目标,采取一定的措施和办法,使其所领导的组织同环境、组织内外人员等协同一致,相互配合,高效率地完成工作任务的行为过程。简单地说,领导协调是实现领导活动中的人与人、人与事、事与事之间协调配合,发挥最佳整体效能的活动。领导协调的本质在于解决各方面的矛盾,使整个组织和谐一致,使每个单位、部门和组织成员间既定的领导目标保持一致。

领导协调一般由四个要素构成,即领导者、协调对象、协调手段和协调目标。通过协调可以减少内耗、增加效益,实现组织巩固、人员团结,同时也能有效地调动员工的积极性。

3. 激励作用

领导激励是指领导者通过科学的方法来激发人的动机，开发人的能力，充分调动人的积极性和创造性，使被领导者焕发出旺盛的工作热情的活动过程。

首先，激励是调动人的积极性的重要方法。美国哈佛大学的心理学家威廉·詹姆士在对员工激励的研究中揭示，按时计酬的员工仅能发挥其能力的 20%～30%，如果受到充分激励的员工其能力可发挥至 80%～90%，其中 50%～60% 的差距是激励的作用所致。其次，激励是提升人的价值的有效措施，从心理学的一般理论来讲，人的需要和动机是有层次的，一般是由低层次向高层次发展的。领导者的任务，就是通过有效的激励，提升人们的价值观，实现人的价值的最大化。最后，激励是增强组织凝聚力的根本途径。领导者运用正确的激励，可以培养组织成员的集体荣誉感，增强组织的向心力和凝聚力。

领导激励的过程包括满足需要、激发动机、鼓励行为和引导目标四个方面。

当然，作为领导者在发挥领导的作用时，首先必须坚持原则。最成功的领导者首先是坚持原则的领导者，如人文领域中的公正、服务、平等、正义、诚实、完美和信任等不可违背的规律的遵循。只有一个人或组织坚持原则，他才能成为其他人或其他组织的典型或模范，才能最大限度地发挥领导的作用。

7.1.3 领导与管理的关系

1. 领导与管理的联系

从行为方式看，两者都是一种在组织内部通过影响他人的协调活动，实现组织目标的过程。从权力的构成看，两者也都是组织层级的岗位设置的结果。

2. 领导与管理的区别

管理者是被任命的，他们拥有合法的权力进行奖励和处罚，其影响力来自于他们所在的职位所赋予的正式权力。相反，领导者则可以是任命的，也可以是从一个群体中产生出来的，领导者可以不运用正式权力来影响他人的活动。在理想情况下，所有的管理者都应是领导者。但是，并不是所有的领导者必然具备完成其他管理职能的潜能。两者的具体区别如表 7-1 所示。

表 7-1　领导与管理的区别

比较项目	管理	领导
从职能上看	管理的范围大	领导行为是属于管理的范围
从岗位上看	管理者未必是领导者	领导者必定是管理者
制订计划	为达成目标，制定出详细的步骤和计划进度，进行资源分配	展现未来的前景与目标，指明达到远景目标的战略
组织和人员配备思路	组建所需组织结构及配备人员，规定权责关系，制定具体政策和规程，建立一系列制度监督下属的工作状况	重在指导人员。同协作者沟通，指明方向、路线。帮助人们更好地理解目标、战略及实现目标后的效益。引导人们根据需要组建工作组、建立合作伙伴关系
执行	在执行中强调采用控制的方式来解决问题。通过具体的、详细的计划监督进程和结果	一般采取鼓动和激励的方式。在思想上动员和鼓励人们克服工作中的障碍与困难，推动各项工作顺利开展
效果	一般只能发挥组织成员的现有能力	可充分挖掘组织成员的潜在能力

7.2 领导权力

7.2.1 权力与权威

1. 权力

(1) 权力的概念。"权力"一词,源于拉丁文"autorias",意思是指权力主体凭手中拥有的权力,从而使权力客体服从于自己的一种社会力量。领导者的权力是领导者为实现既定的组织目标,在实施领导的过程中,对被领导者所实施的具有强制性的影响力、约束力或控制力。其实质是领导者为实现自己的组织目标所必需的一种工作条件。权力是领导者在领导活动中,对被领导者施加影响和控制的主要手段。

(2) 权力的构成。领导是一种影响力,影响力来源于权力。权力在组织中分为两大类共七种。

1) 职位权力。职位权力是在组织中担任一定的职务而获得的权力,主要有合法权、奖赏权和惩罚权。

合法权:指一个人占据了组织等级中正式职位而拥有的权力,它代表一个人通过组织中正式层级结构中的职位所获得的权力。

奖赏权:就是领导者决定提供或取消奖赏的权力。奖赏权是与强制权相反的一种权力。人们服从于一个人的愿望或指示是因为这种服从能给他们带来益处。

惩罚权:是指通过精神、感情或物质上的威胁,强迫下属服从的一种权力。

2) 非职位权力。非职位权力是指与组织的职位无关的权力,主要有专长权、个人魅力权、背景权和感情权等。

专长权:源于专长、技能和知识,人们往往会听从某一领域专家的忠告,接受他们的影响。知识与专长实际上就是一种权力。谁掌握了知识和专长,谁就拥有了影响他人的专长权。

个人魅力权:是一种无形的,很难用语言来描述或概括的权力。它是建立在对个人素质的认同及其人格的赞赏这一基础之上的。领导者个人的魅力构成了他的权力,激起了追随者的忠诚和热忱。

背景权:是指那些由于辉煌的经历或特殊的人际关系背景、血缘关系背景而获得的权力。

感情权:是指一个人由于和被影响者感情融洽而获得的一种影响力。

(3) 权力的特征。

1) 法定性。法定性是指领导权力是通过法律、法令的程序,接受任命后才有效力的一种法律上的认定,并受法律的约束和保护。权力的法定性,赋予了领导者一定的权力,也明确了领导者的相应责任。

2) 强制性。强制性是指被领导者对所不愿接受的事务所表现的对领导者权力的被动和服从。它主要体现在由领导者职位权力而产生的权威上,往往表现出对下属的要求、命令的强迫性和不可抗拒性。

3) 普遍性。普遍性是指权力是人类社会的一种普遍现象,领导权力几乎是无所不在地渗透到社会生活的每一个方面。

4) 层次性。层次性是指一个组织系统按照纵向划分为若干个层次,每一个层次都有相应的领导权力。

5）阶级性。阶级性是指在阶级社会中，权力受统治阶级的政治思想、法律制度以及道德、哲学等意识形态的支配，它体现着统治阶级的利益和意志，为统治阶级的利益服务，阶级性是权力的根本特征。

2. 权威

权威的基础是权力。"权威"含有尊严、权力和力量的意思。在我国的《辞海》里，"权威"是指权力和威势。权威是一种特殊的社会关系，即领导和服从关系，领导权威就是管理者在领导过程中所拥有的权力与威信，是职务权力与个人权力的总和。

由于权威是一种以职位性权力为基础或以个人拥有的特殊资源（如出生、业绩、品德和名望等）为基础而形成的一种影响力，因此我们也可将权威分为职位性权威和人格性权威。职位性权威是指依靠职权所奠定起来的权威，作为信息和权力资源的职位为领导者提供了许多优势。这一权威类型又可以分为两种类型：一是积极职位权威，二是消极职位权威。所谓积极职位权威，是指人们对领导者的职权有一种合法化的认可，故领导者的行为就可以起到积极的效果。在这种权威类型中，人们实现了内在化认可与外在化服从的统一。所谓消极职位权威，是人们对领导者的职权没有一种合法化的认可，故领导者只能应用强制手段去支配下属，其结果必然是消极的、被动的，在这种权威类型中，被领导者只能被动服从。所谓人格性权威是建立在个人魅力、知识、才能、资历等要素之上的，它带动的是被领导者自觉服从和主动追随。

职务权力是一种法定权力，是由管理者在组织中所处的地位赋予的，并由法律、制度明文规定，领导者必须用权得当，才能得到下属的理解和支持。下属对职务权力的服从是领导者建立权威的前提。个人权力是一种自然影响力，是由于领导者个人的品德、才能和成绩而带来的对他人的心理和行为影响力，在相当程度上属于威信范畴。一个领导者，如果在品德或作风上有缺陷，不但不会产生积极影响，还往往起副作用。因此，要建立有效的领导权威，构成权威的两种权力都不能忽视。

领导权威，对于一个集体或组织来说是组织功能体现出的影响力，对于个人而言是领导者的职位及其威望所形成的影响力。一个集体、一位领导干部，有没有领导权威，直接关系到其领导行为是否科学和富有成效，直接关系到事业的兴衰成败。

树立领导权威，必须高度重视内因——领导成员素质的提高。从一定意义上说，领导成员素质的高低决定了领导权威的大小。力求博学多才、见多识广，克服盲目性和片面性，创造性地开展工作，而且要有一定的专业特长，掌握领导工作范围内的专业知识，成为本职工作的内行。卡尔·雅斯贝尔斯说：权威并不是有意而为之的事情，他只能从传承的深度去发现和更新自己的形象，只能从当下的本原中去重新认识其不断变化的内容。所以领导权威从侧面反映着领导者的人格魅力，他可以给人亲切感，也可以给人幽默感，可以表现出很高的从容度，也可以流露出作为个体的独特性。

7.2.2 权力的来源

1. 权力的来源

领导者要进行有效的领导，必须拥有权力。那么权力从何而来？这是每一个领导者必须搞清楚的问题。对于权力来源的代表性的观点如下。

（1）约翰 P. 科特认为权力有四个方面的来源。他在《权力与影响力》认为：权力的第一个来源是知识，"知识就是权力。"第二个来源是良好的工作关系，即领导者与下属建立在相互尊敬、羡慕、了解、义务和友谊基础上的良好工作关系。第三个来源是良好的业绩和较高的威望。第四个来源是应用上述三种权力来源的技能，包括认识能力、人际交往能力，同时还有各种各样的施加影响的技能，以及与特定的部门和特定的业务相关的技术能力。

（2）费伦奇和雷文的权力基础论。费伦奇和雷文认为，权力的基础包括：一是合法权，即具有法律和有关规章所给予的权力，或者需要相应的组织和个人根据一定的程序才能授权。二是领导者能够控制被领导者的奖惩，并且具备采取惩罚措施迫使被领导者就范的能力。三是领导者在某一方面具有特别的专长。

（3）伯恩斯的主张。伯恩斯认为权力的来源主要有两个方面：资源与动机，即对资源的占有以及对资源安排与使用的技能。

关于权力的来源。在人类历史发展的不同社会生产力水平和领导体制下产生不同的主张，除了以上的代表观点外，历史上还有以下几种观点。

神权论：这是关于权力来源的愚昧主张，认为权力来源于上帝，进而创造出"神权论"或"君权神授论"，为封建专制统治辩护并服务。

德仁说：这一学说主张权力是一种来自道德教化的影响力。中国古代孔子的"德治"、孟子的"仁政"等思想，都属于此类学说。

智慧说：古希腊思想家苏格拉底、柏拉图提出了权力应该来源于知识的"哲学王"学说；近代英国思想家培根提出的"知识就是力量"及现代学者提出的"科技治国论"等主张，都属于此类学说。

暴力论：这一观点主张权力应以法律、军队等暴力工具为依托。中国古代的韩非、西方中世纪末思想家马基雅维里是该主张的重要代表。

契约论：这一观点的主要代表者为卢梭与孟德斯鸠等人。他们认为，国家是人类根据自己的需要，通过契约建立起来的。国家的权力来自人民，而人民的权力则是天赋。人民主权学说进而成为资产阶级民主共和国制度的理论基础。

资源说：这一学说把权力的来源归结为对组织资源的拥有与控制。这里的资源包括金钱、信息、武力、社会地位、立法权、投票权等。人们只要掌握了一定的资源，便具有了影响他人的力量。

接受论：这一观点是由巴纳德第一次系统地阐述的，他认为"应从组织成员是否接受一项命令、指示或建议的角度来考察权力"。此外，在西蒙的权威论中也有接受论的主张。

以上关于权力来源的学说，除了"神权论"外，其他主张都有一定程度上的合理性，说明权力起源是多种因素的作用与影响。

2．权力的获取

（1）要尽可能地展现自己的能力。"领导是成长起来的，而不是创造出来的"，将你自己的能力展示在组织和众人面前，赢得人们的信赖和支持，才会成为领导者的人选和被追随者。

（2）同有权势的人形成联盟。通常的优势联盟有三种：与上层领导者形成的联盟，与其他重要部门的领导者形成的联盟，以及与离权力中心很近看似并无实权的人（如领导者的秘书、至亲好友）结成的联盟。获得他们的支持，就具有了巨大信息与资源优势。

（3）争取最关键的工作。在从事关键工作过程中，应尽量施展自己的才华，将工作做得尽可能圆满。这不仅可以在上层领导者心中增加你的砝码，而且是你赢得他人的尊重和佩服的绝佳机会。

（4）建立良好的人际关系。良好的人际关系可以获得更多的帮助和支持，更有利于收集信息、分析情况、发现机会并做出准确决策。

7.2.3 权力的影响

领导权力的影响即领导权力主体立足于有序的组织结构，遵循特定的原则与规章制度，采取有效的方法手段对领导权力客体施加控制与影响，从而使领导权力客体按照领导权力主体意愿采取行动，进而共同实现组织目标的过程。这一过程主要包括计划、组织、用人、指挥、执行、控制、监督与反馈等一系列具体环节。

领导权力的影响是以领导权力的合理划分与配置为前提的，因为领导权力的行使必须首先立足于有序的组织机构，即所谓的"在其职，谋其政"。

1. 领导权力的合理划分与配置

（1）宏观层面上领导权力的合理划分与配置。宏观层面上领导权力的合理划分与配置主要是从与社会大系统诸要素的互动中探索领导权力的合理划分与配置。

1）领导权力的合理划分与配置必须服从于国家的政治制度；
2）领导权力的合理划分与配置必须有利于公民权利的充分享有；
3）领导权力的合理划分与配置必须与社会经济结构相适应；
4）领导权力的合理划分与配置必须考虑民族传统文化的因素。

（2）微观层面上领导权力的合理划分与配置。微观层面上领导权力的合理划分与配置主要是从行政系统内部各要素的联系中寻求领导权力的合理划分与配置。

1）组织职能的配置是领导权力的合理划分与配置的基础；
2）组织是领导权力的合理划分与配置的载体；
3）组织人员是领导权力行使的主体。

总之，领导权力的划分与配置必须与社会大系统相适应，并充分考虑领导系统内部的各种要素，从而把各种要素相互融合与协调，才能达到领导权力划分与配置的科学化与合理化。

2. 领导权力影响的原则

（1）依法性原则。依法性原则就是指领导者要在法律、制度、政策规定的范围之内，正确地运用权力。它要求领导者注重法制，依法用权。

（2）实效性原则。领导者行使权力必须注重权力行使的实效性原则，一要知人善任，作有效决策；二要合理利用时间，提高工作效率；三要精兵简政。

（3）正当性原则。正当性原则就是要求领导者在行使权力的过程中，根据自己的职责范围，尽职尽责，充分行使权力，用权为公，全心全意为人民服务。

（4）廉洁性原则。廉洁性原则就是指领导者在运用权力时，要奉公守法，廉洁自律，不以权谋私，运用权力更好地为人民服务。

（5）可行性原则。可行性原则就是要求领导者在行使权力的过程中，充分考虑组织内外、主客观环境、实现的基础、组织的原则和社会道德规范等制约因素，确保行使权力的可行性。

（6）民主性原则。民主性原则就是指领导者在行使权力的过程中，要发挥集体领导作用，实行民主决策。

（7）灵活性原则。领导者在行使职权时必须时时注意权力行使的灵活性，即根据不同的环境和条件，审时度势，变换行使权力的方法及手段，以确保计划和目标的最终实现。

（8）适度性与适时性相结合的原则。

1）适度性，即把握行使权力的分寸，做到恰如其分、恰到好处，既不过分又无不及。
2）适时性，就是把握行使权力的时机。能否抓住时机，对用权效果有很大的甚至是决定性的影响。

(9) 集中性与分散性相结合的原则。

1) 集中性,也就是集权制,就是说领导者在行使权力的过程中必须坚持一个权力中心,即由上级领导决定一切重大事情,下级只能根据上级的指示处理事情。

2) 分散性,也就是分权制,即上级领导授予下属一定权力和责任,使下属有相当的自主权,在自己管辖范围内,能独立处理问题和决策,而领导者只实施监督和控制。

(10) 强制性与非强制性相结合的原则。强制性与非强制性是指领导者行使权力过程中相辅相成的两种方法,该强制的必须强制,该说服的必须说服,对同一对象一般应"先说服然后再强制"。

3. 领导权力影响的方法

(1) 授权。授权的真正含义,是要充分发挥个人的才能、创意、潜力和创造力,并将组织的意图、任务和个人的意图、任务融合起来,让他们去做必要的、符合原则的事情,在做的过程中,实现其自身的价值、理想和任务。

授权是指领导者根据工作的需要,将自己所拥有的一部分权力委授给下属去行使,使下属在一定制约机制下放手工作的领导方法和艺术。

(2) 必须坚持贯彻民主集中制。建立社会主义市场经济体制,是中国有史以来最深刻、最复杂的社会变革,必然会触动各方面的利益,各种利益关系的矛盾冲突、调整必然要求强有力的集中统一领导,而解决这一问题的核心就是坚持贯彻执行民主集中制,在此基础上行使正确的领导权力,领导权威也正是在民主与集中的过程中产生的。

(3) 正确运用权力。慎重用权、公正用权、例外处理。领导者必须维护规章制度的严肃性,但也有权进行例外处理。例外处理不是为了破坏规章制度,而是为了使规章制度更加合理,更能得到员工的拥护和执行。进行例外处理的事务,必须有充分的正当理由,必须光明正大,必须坚持组织的基本工作原则,强化员工的"期望行为"。通过实施例外处理,要使员工知道领导者是通情达理的,同时又要使员工对领导者期望自己表现出何种行为产生明确的认识。

7.3 领导风格

7.3.1 人性假设理论

对人性的基本看法,从根本上影响着领导方式,所以,对人性问题的研究,几乎是伴随着领导科学的产生和发展进行的。19 世纪末以来,随着管理科学的长足发展,先后出现了人性假设理论:19 世纪末 20 世纪初,出现了以泰勒为代表人物的"经济人"的人性假设理论;20 世纪 30 年代出现了以梅奥为代表人物的"社会人"的人性假设理论。下面我们对管理学的人性假设理论做逐一介绍。

1. "经济人"假设

(1) "经济人"假设的思想。"经济人"假设又称"唯利人"假说,该理论认为人的行为就是为了追求最大利益,工作的目的就是为了物质上的报酬。"经济人"假设认为:人生来就是懒惰的,不愿意负任何责任,宁愿让别人领导与指挥,参加工作都是为了自己的生理和安全需要,只有金钱和物质利益才能刺激他们工作。其代表人物是泰勒。

(2) 关于"经济人"假设的评价。"经济人"假设的优点在于提出了一切管理都不能单凭个人的经验、个人意见来决定,而应依据科学实验和科学分析。这种理论也存在一些致命的弱点：它忽视了人在生产过程中行为活动的心理动机，把工人当成机器的一部分；它忽视管理组织的作用，低估了统一指挥在整个管理过程中的作用。与"经济人"假设这种人性相适应，管理者采用的是"胡萝卜加大棒"的管理方式，注重物质刺激，并实行严格的监督和控制。

2. "社会人"假设

（1）"社会人"假设的思想。社会人又称"社交人"。该假设认为人是社会人，调动人的工作积极性最重要的因素不是物质利益，而是工作人的社会心理需要的满足程度；组织成员的"士气"是提高生产率最重要的因素；重视人际关系的协调；重视非正式组织的影响，鼓励组织成员参与管理。

（2）关于"社会人"假设的评价。"社会人"假设注意到了员工的心理方面的需要，这和"经济人"假设相比是一个重大的进步，使人得到了尊重。这种假设要求管理者在管理过程中要营造一种和谐的人际关系氛围，使组织成员在良好的社会关系中积极工作。

3. "自我实现人"假设

（1）"自我实现人"假设的思想。"自我实现人"是指每个人都需要发挥自己的潜力，表现自己的才能，只有自己的才能表现出来，自己才能得到最大的满足。"自我实现人"假设认为，人生来就是勤劳的，不但愿意工作而且积极主动地工作；在工作中能进行自我监督和控制。

（2）"自我实现人"假设的评价。"自我实现人"假设比"社会人"假设又前进了一步，它更关心员工的高层次需要和自我价值的体现，这是人本理论的进一步发展。在这种假设下，管理人员要给下属提供施展才能的机会和舞台。

4. "复杂人"假设

（1）"复杂人"假设的思想。"复杂人"假设认为，人的需要是复杂多样的，而且是随着人的发展和生活条件的变化而发生变化的，并且需要的层次也不断发生改变；人在组织中的生活条件和工作是不断变化的，因而不断会产生新的需要和动机。

（2）"复杂人"假设的评价。由于人的需要多种多样，并且还不断发生改变，所以，在管理方式上，就不会有固定的、普遍适用的模式，而应该因时、因地、因环境而宜。

通过对上述人性假设理论的分析，可以得出以下几方面观点。

1）领导者应树立正确的人性观念。改革开放以来，随着经济的发展和向国际惯例的靠拢，中国人的人性观念也在不断地变化。现阶段的中国人性，其实质仍然是市场经济范畴属性的反映。人们的价值观、思想和行为免不了被打上市场经济的烙印，人的利益首先是经济利益。因此，正确认识中国现阶段的人性，必须从个人的独立经济利益角度出发。现阶段除了个人的利益关系之外，我国的经济制度是以公有制为主导的多种经济成分并存制度，其本质上决定了现阶段存在的国家、集体、个人之间的相互关系。如何将公共利益内在化，进而变为个人行为的动力，是目前关心的焦点问题。中国传统文化的精髓集中表现为个人对社会和集体的依赖，把握中国的人性问题不能离开中国的传统文化。在与国际惯例靠拢上，在人性方面，人们更注重如何激发人的潜能，以个人利益为诱导，进而达到为社会公共利益服务的目的。

2）在充分考虑人性的基础上制定企业管理制度。研究人性，是为了指导我们的企业管理工作，对企业而言，制度是企业的生命。制定科学合理的制度，严格执行制度，是保证企业有序、高效运转的前提。任何制度都是人定的，但要使制定的制度科学合理，必须尊重人性，满足人的需求；只有这样，制度才有生命力，才能促进人的发展，并进而促进企业的发展。

3）形成企业文化。企业文化就是企业思维和行动的习惯，是一个企业的灵魂。企业要塑造核心竞争力，把员工的积极性和才干与企业的目标结合起来，归根结底就是要塑造企业独特的企业文化，而企业文化中最重要的内涵就是对人的态度。如果企业把人的利益看做第一利益，把人的满足、发展、成就看做第一需要，就会得到员工、顾客和社会各阶层的赞同，就会在企业运营过程中不自觉地得到支持与肯定，进而有利于企业文化的形成、深入和传播。

4）树立正确的人生信念，培养良好的工作态度。人与人是有差别的，从内心的期望到外在的表现各不相同。不同的内心期望导致不同的信念，信念决定态度，态度导致行为，行为形成习惯并导致结果。按照系统理论，要想改变系统的输出，就必须改变系统的结构和输入。人要改变外在的现状，就必须改变内在的自我，树立积极的人生信念。

7.3.2 领导的方式

领导方式指领导者与被领导者之间发生影响和作用的方式。按照不同的标准可对领导类型进行不同的划分。

1. 按权力控制程度划分

按权力控制程度划分，可分为集权型领导、分权型领导和均权型领导。

1）集权型领导是工作任务、方针、政策及方法，都由领导者决定，然后布置给下属执行。

2）分权型领导是领导者只决定目标、政策、任务的方向，对下属在完成任务各个阶段上的日常活动不加干预。领导者只问效果，不问过程与细节。

3）均权型领导是领导者与工作人员的职责权限明确划分。工作人员在职权范围内有自主权。这种领导方式主张分工负责、分层负责，以提高工作效率，更好地达成目标。

2. 按领导重心所向划分

按领导重心所向划分，可以分为"以事为中心"的领导、"以人为中心"的领导和"人事并重式"的领导。

1）"以事为中心"的领导者认为，是以工作为中心，强调工作效率，以最经济的手段取得最大工作成果，以工作的数量与质量及达成目标的程度作为评价成绩的指标。

2）"以人为中心"的领导者认为，只有下属是愉快的、愿意工作的，才会产生最高的效率、最好的效果。因此，领导者尊重下属的人格，不滥施惩罚，注重积极的鼓励和奖赏，注意发挥下属的主动性和积极性，注意改善工作环境，注意给予下属合理的物质待遇，从而保持其身心健康和精神愉快。

3）"人事并重式"的领导者认为，既要重视人，也要重视工作，两者不可偏废。既要充分发挥主观能动性，也要改善工作的客观条件，使下属既有饱满的工作热情，又有主动负责的精神。领导者对工作要求严格，必须按时保质保量地完成工作计划，创造出最佳成果。

3. 按领导者的态度划分

按领导者的态度划分，可分为体谅型领导和严厉型领导。

1）体谅型领导是领导者对下属十分体谅，关心其生活困难，注意建立互相依赖、互相支持的友好关系，注意赞赏下属的工作成绩，提高其工作水平。

2）严厉型领导是领导者对下属要求十分严厉，重组织、轻个人，要求下属牺牲个人利益服从组织利益，明确每个人的责任，执行严格的纪律，重视监督和考核。

4. 按决策权力大小划分

按决策权力大小划分,可分为专断型领导、民主型领导和自由型领导。

1)专断型领导是领导者把决策权集于一人手中,这种领导方式可以说是权威式的以行政权威推行工作,下属无权参与,没有自主权,完全处于被动的地位;重视行政手段,严格规章制度,缺乏灵活弹性。由于决策错误或客观条件变化,贯彻执行发生困难时,不查明原因,多归罪下级。对下级奖惩缺乏客观标准,只是按领导者的好恶决定。

2)民主型领导是一种权力集中在集体,重大决策和政策均由集体成员参与讨论决定,共同执行的领导方式。领导者同下属互相尊重,彼此信任。领导者通过交谈、会议等方式同下属交流思想,商讨决策,注意按职授权,注重使下属能自主发挥应有的才能。奖惩有客观标准,不以个人好恶行事。

3)自由型领导是一种自由放任、各行其是、各自为政的领导方式。这种领导方式是领导者对工作关心不多,任其自然,所以,又称放任型领导方式。领导者有意分散领导权,给下属以极大的自由度。

7.3.3 领导者素质

领导者素质是指一个领导者应具备的各种条件、能力在质量上的综合。一个优秀的领导者到底应该具备哪些素质条件呢?研究探讨这个问题不仅有利于我们选拔优秀的领导人才,而且也有利于培养和塑造优秀领导人才。

1. 西方学者的研究成果

关于领导者素质研究,西方学者起步较早。他们认为一个优秀的领导者有其独特的性格特性。所以,只要研究一些成功领导者的性格特性,就可以正确地培养和挑选领导者。这种观点就是领导特性理论。一个优秀的领导者应当具备哪些特性呢?不同的研究者有不同的说法。

(1)斯托迪尔的个人品质论。斯托迪尔经过研究,发现与领导才能有关的特性共有40种。其中,身体特征5种,如年龄、身高、相貌、体重等;智能特征4种,如判断力、办事果断、知识、口才好等;个性特征16种,如机警、自信、正直、热情、进取等;与工作有关的特征6种,如干劲、毅力、使命感、责任感等;社会特征9种,如愿与人合作、人际关系好等。

在这40种特征中,有些特征对领导者来讲至关重要。如在社会背景方面,斯托迪尔研究表明,具有较高社会经济地位的人,容易取得领导地位;在智能方面,他认为凡是具有较好的判断力,明确果断的办事作风,知识面广而且口才好的领导者,很受群众欢迎,相应领导效果较好;在工作方面,凡具有很强的使命感、责任心的领导者一般工作主动性强、干劲大,任务完成得也好。显然,斯托迪尔的研究对于我们研究领导特性有一定的参考价值。

(2)吉赛利的特征论。美国管理学家吉赛利认为,一个优秀的领导者通常具备8种个性特征和5种激励特征。其中,8种个性特征是指:

1)才智。其表现在语言文字方面的能力比较强。
2)首创精神。其表现在不甘寂寞,有开拓创新的愿望和能力。
3)督察能力。其表现在指导监督人的能力比较强。
4)自信心。其表现在自我评价高,对所做一切都有把握,敢于负责。
5)适应性。其表现在能适应各种环境,能与各种人打交道,善于处理各种事情,善于与下属建立感情等。

6）判断能力。其表现在决策判断能力强，处事果断，不拖泥带水。

7）性别。其表现在有些工作岗位适合男性领导，而有些工作岗位则适合女性领导。

8）成熟程度。其表现在思考问题、分析问题、处事等方面都很成熟。

5 种激励特征，具体包括：①对工作稳定的需要；②对物质金钱的需要；③对指挥别人权力的需要；④对自我实现的需要；⑤对事业成就的需要。

吉赛利经过进一步的研究，还发现了各种特征对一个优秀领导者的重要程度（见表7-2）。

表 7-2　吉赛利领导特征重要性分类表

重要性	特征
非常重要	督察能力、事业、成就、才智、自我实现、自信、决断能力
一般重要	对工作稳定的需求、适应性、对物质奖励的需求、成熟程度
最不重要	性别

（3）美国管理协会的调查结论。20 世纪 70 年代，美国管理协会花了 5 年时间对 1 800 名事业上取得成功的领导者进行了调查和研究，结果发现成功的领导者一般具有 20 种能力（见表 7-3）。由于该结果是从成功领导者经验总结而得，因而对现实更有启发和指导意义。

表 7-3　成功领导者应具备的能力

1. 工作效率高	11. 善于利用谈心做工作
2. 主动进取，总想不断改进工作	12. 热诚关心别人
3. 逻辑思维能力、分析能力强	13. 能使下属积极而乐观地工作
4. 概括能力强	14. 能实行集体领导
5. 判断能力强	15. 自我克制能力强
6. 自信心足	16. 能自行独立地做出决策
7. 能帮助下属提高工作能力	17. 能客观地听取各方面的意见
8. 能以身作则，模范带头	18. 能正确估价自己、取长补短
9. 善于用权	19. 勤俭
10. 善于调动下属的积极性	20. 具有一定的技术与管理知识

（4）鲍莫尔的 10 大条件论。鲍莫尔是美国普林斯顿大学的教授，经过悉心研究，他认为作为领导者必须具备 10 大条件，这就是：

1）合作精神。愿意与人合作共事，合作积极大方、热诚。

2）决策能力。能依据客观事实，凭借科学的思维方式及决策方法做出正确决策，决策具有前瞻性、科学性。

3）组织能力。能因时利势科学合理地调动组织资源，及时发掘下属才智，使物尽其用、人尽其才。

4）精于授权。精于授权即能根据组织具体情况合理处理集权与分权的关系，做到大权独揽，小权分散，最大限度地调动各方面的积极性。

5）善于应变。善于应变即机动灵活，善于根据环境的变化，捕捉各种机遇，为组织的发展创造各种有利条件。

6）敢于创新。敢于创新即敢于通过观念创新、技术创新、制度创新等来迎接各种挑战，这要求领导者必须要对新事物、新环境和新观念有敏感的感受能力。

7）勇于负责。勇于负责，即对上级、对下级、对用户、对社会、对国家都有很强的责任感和高度的责任心。

8）敢担风险。敢担风险即敢于承担组织发展中存在的各种风险，在困难面前毫不畏惧，有克服困难、开创局面的气魄和信心。

9）尊重别人。能平等待人，静心听取和接纳下属的合理化建议，从不独断专行。

10）品德高尚。重视品德修养，以高尚的品德感召下属。

关于领导者素质的研究，西方学者还有一些研究成果，但从以上介绍的几种成果来看，这些研究大都是描述性的，并没有说明一个领导者应在多大程度上具备某种品质。另外，并非每一个领导者都必须具备这些品质。事实上，许多不是领导的人也可能具备这些品质的大部分甚至全部。尽管如此，西方学者关于领导者素质的研究成果还是非常有用的。特别是个人的才智、管理能力、勇于开创、敢于负责、自信、品德、有强烈的成功欲望是一个优秀领导者的基础的观点，对于我们培养、选择和考核领导者有很大的帮助。

2．我国关于领导者素质的研究

从20世纪80年代初开始，随着改革开放，我国也对领导者的素质进行了一系列研究，并取得了一系列极其丰富的研究成果。但概括起来，我国专家、学者和人事部门的领导同志普遍认为，一个优秀的领导者的素质应该包括政治素质、知识素质、能力素质和身心素质四大方面。

（1）政治素质。政治素质主要指政治品质和工作作风。一个优秀的领导者，必须具备良好的政治品质和工作作风。其具体表现在能坚持四项基本原则，坚持改革开放，自觉执行党的方针、政策；维护人民利益、国家利益和集体利益；思想作风过硬，事事出于公心、不谋私利；待人谦虚谨慎，能上能下；在工作方面，积极主动，勇于开拓；以工作为主，善于听取各方意见，讲究方式方法等。

（2）知识素质。作为一名领导者具备一定的知识既是工作的需要，也是树立个人权威的需要。就工作而言，领导者所从事的工作是管理，而管理对象是人、财、物、技术与信息等，这就需要领导者掌握马克思主义理论，有关社会科学、自然科学和管理科学等方面的知识，并形成合理的知识结构。这里的知识结构包括：

1）专业知识。要求各级领导管什么懂什么，即成为自己主管的那个部门、单位或者行业的内行。

2）管理知识。要求领导者既懂得现代管理理论，又懂得管理方法，既要懂得对财、物、技术、信息的管理，更要懂得对人的管理。否则，领导者就不能胜任工作。

从领导者个人权威来讲，领导者知识越丰富，水平越高，越容易引起下属的敬佩，其信任感和影响力就越能树立。所以，领导者应勤于学习、善于学习各种有用知识，以提高自己的知识素质。

（3）能力素质。能力是知识和智慧的综合体现。能力高的领导者容易获得下属的认同、尊重和支持，能力高也利于领导者提高其工作效率，实现其领导目标。对领导者的能力要求一般较高，通常领导者的能力包括：

1）策划与决策能力。领导者应具有战略头脑，有一定的筹划与运作能力，有分析问题、解决问题的能力。特别是高层领导者遇到问题善于及时做出正确的决断，并能有效地控制局势。

2）组织指挥能力。能在兼顾国家、集体和个人利益的同时，善于科学组织人、财、物等资源，并利用组织的力量，制定规章制度，建立企业文化，采取合理的激励措施来激励组织员工有效地实现组织的目标、任务。

3）人际交往能力。领导者是组织活动的代表者、带头人，必须善于交往，善于同各种人打交道，善于同外界公众、下属进行沟通，要尊重人、理解人、关心体贴人，要善于倾听他人的意见，真正关心他人，为他人着想，要与他人建立良好的人际关系。

4）知人善任能力。知人善任能力即领导者应具备识人、选人、合理用人的能力。知人善任既是任人唯贤，充分发挥每一个下属聪明才智，极大调动他们的工作积极性，展示他们才干的需要，也是领导者培养各级干部合理授权以腾出更多时间研究大事的需要。所以，每一个领导者都应该具备这种能力。

5）应变适应能力。在复杂多变的环境中，领导者应具备能及时审时度势，沉着冷静地处理各种问题的能力，即适应主客观条件变化的能力，包括变中求不变和不变中求变的能力。变中求不变是指客观条件变化了领导者主观上要以不变的原则适应；不变中求变是指客观条件似乎没有变，但领导者主观上能不断变化以适应客观的需要。应变适应能力当然也包括对突发意外事件的反应与处理能力等。

6）改革创新能力。改革创新能力指领导者针对经常出现的新环境、新事物、新问题，要有很敏感的接受能力，并能及时地提出新观念、新方案和新方法。这就要求领导者要思想活跃，具有超人胆识，不受权威、过时的观念、条条框框限制，敢想、敢说、敢干，在工作中不断创新，不断开拓进取。

（4）身心素质。身心素质主要指领导者要有健康的身体，良好的心理状态，能始终保持精力充沛，满足繁忙工作需要的能力。

总之，现代领导者的素质，根据我国的现状，应是在政治品德好、身体健康的前提下，努力追求知识、能力的不断提高。

7.4 领导理论

领导活动要讲究效益，即以较少的投入获得较大的产出，有效性是领导活动的主要衡量标志，它反映了领导的总体水平。在企业管理中，领导有效性是指通过领导活动实现企业预定目标的程度，其反映形式包括：①下级的支持；②相互关系；③员工的评价；④激励程度；⑤沟通的效果；⑥工作效率；⑦目标的实现。领导理论研究的目的就在于探讨什么样的企业领导者素质、领导方式方法更能提高领导工作的有效性。

领导理论是把领导活动纳入到科学的研究过程中，通过一些实证式的研究和逻辑化的推理，得出一些普遍性的结论，是西方领导理论的重要特色。在领导理论的形成和发展中有以下三种对领导的不同理解。

第一种，从领导特质的角度去理解领导。以领导者为中心，探讨领导者不同于其他人的特质，成为人们理解领导的历史起点和理论起点。

第二种，从人际关系、感情因素的角度去观察领导。持这种观点的人认为，领导是对组织内群体或成员施加影响的活动过程，是一门促使下级满怀信心地完成任务的艺术，是一种说服他人热心于一定目标的努力。

第三种，从组织所处的环境这一角度去观察领导。持这种观点的人认为，领导是如何使行政组织有效地适应外在环境以维持存续和发展的一项活动。

由于对领导的理解不同，因而形成了领导理论研究的三种类型，即"特质论"、"行为论"和"权变论"。

（1）特质论。领导素质理论是研究领导者的个人素质与其影响力和领导有效性的关系的理论。早期的领导素质理论假设：不管在什么样的情境下，所有的领导者都具有相同的素质，所以，有效领导者具有相同素质与特性，在很大程度上是先天的、与生俱来的，不具备天生领导者素质的人是不能当领导的，我们把这个时期的领导素质理论称为"天才论"或"伟人论"。

特质论继承了20世纪初出现的"天才论"的许多传统，但它在研究方法上因为拥有心理学的支持，从而超越了天才论。特质论对领导者先天具有和后天养成的独特性给予了充分的研究，以此探讨领导的有效程度。特质论抓住了领导现象中最为基本的要素——领导者，因此，特质论的研究几乎贯穿领导学发展过程的始终。

（2）行为论。领导行为论是研究领导者的领导行为及其结构、组成要素与领导有效性的关系的理论。

行为论主要体现在美国的俄亥俄州立大学和密歇根大学的研究成果之中。其大致观点是，有效的领导者应该是那些适应性强的人，就是那些能考虑到自己的能力、下属的能力和需要完成的任务，而将权力有效下放的人。

（3）权变论。20世纪60年代之后，进入"权变论"阶段。提出这一理论的弗雷德·菲德勒认为无论领导者的人格特质或行为风格如何，只有领导者使自己的个人特点与领导情境因素相"匹配"，他才能成为一个优秀的领导者。权变论把客观情况与领导行为的相互作用视为领导活动能够成功的关键所在。

对于领导活动来说，并不存在一种永恒的、永远处于决定性地位的要素。领导既是一门科学，又是一门艺术。领导活动的成败取决于多重要素在特定状态下的有机组合。

研究有关领导问题的理论可以归结为三大类，即领导特性理论、领导行为理论和领导权变理论。

7.4.1 领导特性理论

特性理论是最古老的领导理论。管理学家长期地进行了对领导者特性的研究，他们关注领导者个人性格，并试图确定能够造就伟大管理者的共同特性。这实质上是对管理者素质进行的早期研究。

管理学家的研究主要集中在三个方面：①身体特征，如领导者的身高、体重、体格健壮程度、容貌和仪表等；②个性特征，如领导者的魅力、自信心和心理素质等；③才智特征，如领导者的判断力、语言表达才能和聪慧程度等。

尽管一些杰出的领导者的特性差异很大，很难确定几条完全统一的公认特性，但到20世纪90年代，特性理论研究者还是提出了一些反映有效领导者特性的个性特点。

（1）努力进取。成功的领导者必须具有对成功的强烈欲望，勇于进取，奋斗不息。领导者表现出高努力水平，拥有较高的成就渴望，他们进取心强，精力充沛，对自己所从事的活动坚持不懈，并有高度的主动精神。

（2）领导愿望。领导者有强烈的愿望去影响和领导别人，他们表现为乐于承担责任。有强烈的权力欲望，在领导他人取得成功的过程中满足和自我激励。

（3）诚实与正直。领导者通过真诚与言行高度一致而在他们与下属之间建立相互信赖的关系。领导者必须胸怀正义，言行一致，诚实可信。

（4）自信。面对挑战与困境，领导者都能充满自信，并能坚定其下属的信心。领导者为了使下属相信他的目标和决策的正确性，必须表现出高度的自信。

（5）智慧。领导者需要具备足够的智慧来收集、整理和解释大量信息，并能够确立目标、解决问题和做出正确的决策。

（6）与工作相关的知识。高水平的领导必须有很高的业务素质。

有效的领导者对于公司、行业和技术拥有较高的知识水平，广博的知识能够使他们做出富有远见的决策，并能理解这种决策的意义。

一项调查表明，与领导有效性相关的特性的比例如下：高智慧（75%）、高度支配他人（57%）、外向性（63%）、有领袖魅力的领导者会拥有更好的下属和组织（72%）、会被认为更有效率（89%）、下属会更满意（90%）。

第七，感知别人的需要与目标，并具备善于有针对性地调整自己领导方式的能力。

7.4.2 领导行为理论

领导行为理论认为，领导者最重要的方面不是领导者个人的性格特征，而是领导者实际在做什么。其主要理论有坦南鲍姆和施米特的领导行为连续统一体理论、利克特的管理新模式、美国俄亥俄州立大学的研究人员的领导四分图理论、罗伯特·罗杰斯·布莱克和简·莫顿的管理方格理论、PM 型领导行为理论（P、M 分别是 Performance-Directed 与 Maintenance-Directed 的首字母，代表两种典型的领导方式）等。下面主要介绍领导行为连续统一体理论、管理方格理论、领导四分图理论和利克特的管理新模式。

1．领导行为连续统一体理论

该理论是由坦南鲍姆和施米特提出来的。这一理论认为，领导方式是一个连续变量，从"独裁式"的领导方式到极度民主化的"放任式"领导方式之间存在着多种领导方式，不能抽象地讲某一种领导方式好，而另一种不好。好与不好只是相对而言，具体要取决于各种客观的因素。这一理论从"独裁式"的领导方式到极度民主化的"放任式"领导方式之间列举出了七种有代表性的模式，分别是：

（1）经理做出决定并宣布。
（2）经理说服下级接受决定。
（3）经理提出计划，但征求意见。
（4）经理提出初步的决策方案，同下级交换意见。
（5）经理提出问题，征求意见，然后做出决定。
（6）经理规定界限，请小组做决定。
（7）经理允许下级在上级规定的界限内行使职权。

上述这些模式不能简单抽象地认准哪一种模式好或不好，而应根据具体情况来选用。

2．管理方格理论

该理论是由布莱克和莫顿提出来的。这一理论采用两种因素的不同组合来表示领导者的行为，这两种因素分别是对生产的关心程度和对人的关心程度。将这两种因素用二维坐标来表示，横坐标表示对生产的关心程度，纵坐标表示对人的关心程度，作图后就形成了管理方格图。这张方格图有 81 种领导方式，其中最具代表性的有 5 种，如图 7-1 所示。

（1）1.1 型，贫乏式领导，领导者付出最小的努力完成工作。
（2）9.1 型，任务式领导，领导者只重视任务效果而不重视下属的发展和下属的士气。
（3）1.9 型，关系式领导，领导方式只注重去创造一种良好的人际关系环境，让组织中的每一个人都感到轻松、友好和快乐，很少去关心其工作和任务的完成情况及存在的问题。
（4）5.5 型，中庸式领导，这种领导方式对人和生产都有中等程度的关心，其目的是维持正常的生产效率和人际关系。
（5）9.9 型，集体式领导，这种领导方式无论对于人员还是生产都表现出最大可能的献身精神，通过协调、综合等活动来提高生产和组织士气。布莱克和莫顿认为，只有这种领导才是真正的"集体的管理者",他们能够把企业的生产需要同个人的需要紧密地结合起来。

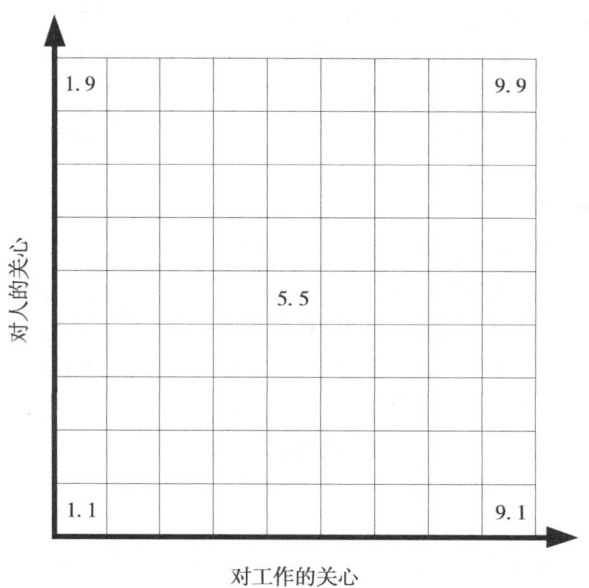

图 7-1　管理方格图

3. 领导四分图理论

领导四分图理论也叫二元理论,是美国俄亥俄州大学研究小组在大量调查研究的基础上,于 1945 年提出的一种领导方式理论。他们在研究过程中,将 1 000 多种描述领导行为的因素最终归结为对人的关心—体谅和对组织效率的关心—主动状态两大类。领导的体谅行为主要表现为尊重下属意见,重视下属的感情和需要,强调建立相互信任的气氛。领导的主动状态行为主要表现为重视组织设计,明确职责关系,确定工作目标和任务。这两类行为的不同组合,就构成了四种不同的领导方式。

从图 7-2 中可以看出:Ⅰ 型领导既不关心人,又不重视组织效率,是最无能的领导方式。Ⅱ 型领导对组织的效率、工作任务和目标的完成都非常重视,但忽视人的情感和需要,是以工作任务为中心的领导方式。Ⅲ 型领导对人十分关切,对组织效率却缺乏关心,是以人为中心的领导方式。Ⅳ 型领导把对人的关心和对组织效率的关心放在同等重要的地位,既能保证任务的完成,又能充分满足人的需要,是最为理想的领导方式。"领导四分图理论"的提出者认为,一位两方面都高的领导人,其工作效率与领导的有效性必然较高。

4. 利克特的管理新模式

利克特的管理新模式以密歇根大学社会研究所自 1947 年以来进行的数十项研究成果为依据,总结了美国企业经营管理环境的变化趋势和部分成绩出众的管理特点,提出了一种"新型管理原则",并且比较详细系统地阐述了"支持关系理论"和以工作集体为基本单元的新型组织机构。在此基础上,利克特于 1967 年提出了领导的四系列模型,即把领导方式分为四类系统:剥削式的集权领导、仁慈式的集权领导、协商式的民主领导和参与式的民主领导。

（1）剥削式的集权领导。权力控制在最高一级,下属无任何发言权。管理者对其下属

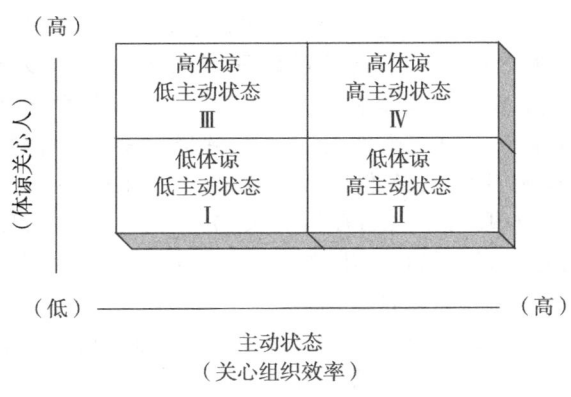

图 7-2　领导四分图

不信任。决策与组织目标的设置，大致均由管理阶层做出，然后下达一系列命令，必要时并以威胁及强制方式命令执行。上下级之间极少的交往在互不信任的气氛下进行，下级被恐惧和不信任所笼罩，不能满足其生理上、安全上的低层需要。机构中若有非正式群体，则对正式组织的目标通常持反对态度。

（2）仁慈式的集权领导。权力控制在最高一级，但授予中下层部分权力。管理者对其下属有一种类似主仆间的信任，有一种较谦和的态度。一般决策是由高层管理人员所制定，但下级也可做出一定限度的决策。下级还有恐惧警戒心理，交往是在上级屈就和下级畏缩的气氛中进行，采用奖惩进行激励。机构中的非正式群体，对正式组织的目标基本上持反对态度，但有时也不反对。

（3）协商式的民主领导。重要问题的决定权在最高一级，中下层在次要问题上也有决定权。管理者对下属有相当程度的（但不是完全的）信任。上下级之间具有双向的信息沟通，大致均能互相信任。采用奖惩进行激励，也实行某种程度的参与制定计划。机构中的非正式群体有时对正式组织的目标表示支持，有时也会做出轻微的对抗。

（4）参与式的民主领导。让员工参与管理，管理者对下属有完全的信任，上下级处于平等地位，有问题互相民主协商讨论。决策是以各部门广泛参加的形式进行，但由最高领导做出最后决策。不仅有上下之间的双向沟通，还有平等沟通。在激励方面，让员工参与制定经济报酬，设置目标，改进方法，评估目标的进展。

利克特认为只有第四类系统——参与式的民主领导才能实现真正有效的领导，才能正确地为组织设定目标和有效地达到目标。

7.4.3　领导权变理论

权变理论又称情景理论，是在特性理论与行为理论的基础上发展起来的，反映了现代管理理论发展的重要趋势。权变理论认为，世界上不存在一种普遍适用、唯一正确的领导方式，只有结合具体环境，采取因时、因地、因事、因人制宜的领导方式，才是有效的领导方式。有影响力的领导权变理论主要有：菲德勒权变模型、赫塞-布兰查德的情景理论、罗伯特·豪斯的路径-目标理论、阿吉利斯的不成熟-成熟理论、科曼的领导生命周期理论、菲德勒的随机制宜领导理论。

1．菲德勒权变模型

菲德勒权变模型（Fiedler contingency model）由菲德勒提出：群体绩效的最大化取决于与下属相互作用的领导者的风格和情境对领导者的控制和影响程度之间的合理匹配，即群体绩效＝领导风格＋情境，菲德勒理论的第一个基本假设是，领导者所领导的组织具有好的工作表现时，其领导是有效的，而不是通过领导者的所作所为及其本人来判断。菲德勒的第二假设是，领导者通过不可能改变其领导方式，并且当领导者的领导方式与适宜的情景一致时，其领导会非常有效。第三个假设是，对领导者有利的情景取决于领导者对其下属行为的影响程度。菲德勒开发了最难共事者问卷（least preferred co-worker questionnaire，LPC），用以测量个体是任务取向型（LPC 得分＜57 分）还是关系取向型（LPC 得分＞64 分），当然，还有处于两者之间，很难说出这些人的个性特点。另外，他还分离出三项情境因素（权变变量）用以确定领导有效性：

（1）领导者与成员关系。它指领导者被成员所接受的程度，即信任、喜爱、尊重、忠诚和愿意追随的程度，以及领导者对下属的吸引力。

（2）任务结构。它指工作任务是否明确，即成员对组织任务的理解程度（结构化或非结构化）。

（3）职位权力。它指领导者拥有的权力变量（如雇用、解雇、晋升和加薪）的影响程度。

通过操作这三项因素能产生与领导者行为取向的恰当匹配。菲德勒把领导者所处的情境从最有利到最不利，共分为八种不同的情境类型，他认为，三项因素齐备是领导最有利的情境，三者有一项或两项具备是领导的一般情境，三者都缺的是最不利的情境。菲德勒通过对 1 200 个团体进行调查分析得出结论：当个体的 LPC 分数与三项权变因素的评估分数相匹配时，则会达到最佳领导效果。

（1）在极为有利或不利的情况下，任务导向性是有效的领导类型，效果较好。

（2）在一般的情况下，关系导向型是有效的领导类型，效果较好。

按照菲德勒模式，个体的领导风格是稳定不变的，因此要提高领导者的有效性，或替换领导者以适应情境，或改变情境以适应领导者。所以，如果一个单位的情境因素最好或最坏，就要选择以关心工作任务为中心的领导人；反之，应选择以关心人为中心的领导人。但是，该模型也存在一些缺点，如变量较少，LPC 问卷只是一份简单的心理测验，LPC 分数并不稳定，权变变量过于复杂和困难。

菲德勒领导类型与情境变量之间的关系如表 7-4 所示。

表 7-4　菲德勒领导类型与情境变量之间的关系

对领导者的有利性	情景类型	领导者与被领导者的关系	任务结构	职位权力	有效领导类型
有利	1	良好	有结构	强	任务导向型
	2	良好	有结构	弱	任务导向型
	3	良好	无结构	强	任务导向型
中间状态	4	良好	无结构	弱	人际关系型
	5	不良	有结构	强	人际关系型
	6	不良	有结构	弱	人际关系型
	7	不良	无结构	强	任务导向型
不利	8	不良	无结构	弱	任务导向型

2. 赫塞-布兰查德的情境理论

赫塞和布兰查德开发了情境领导理论（situational leadership theory），这是一个重视下属的权变理论，即依据下属的成熟度水平选择正确的领导风格会取得领导的成功。无论领导者做什么，其效果都取决于下属的活动。

赫塞和布兰查德将成熟度（maturity）定义为：个体对自己的直接行为负责任的能力和意愿，它包括两项要素：工作成熟度与心理成熟度。前者包括一个人的知识和技能，工作成熟度高的个体拥有足够的知识、能力和经验完成他们的工作任务，而不需要他人的指导。后者指的是一个人做某事的意愿和动机，心理成熟度高的个体不需要太多的外部鼓励，他们靠内部动机激励。赫塞-布兰查德将成熟度划分为以下四个阶段。

第一阶段 M1，这些人执行某任务既无能力又不情愿。他们既不胜任工作又不能被信任。

第二阶段 M2，这些人缺乏能力，但愿意从事必要的工作任务。他们有积极性，但目前尚缺乏足够的技能。

第三阶段 M3，这些人有能力却不愿意干领导者希望他们做的工作。

第四阶段 M4，这些人既有能力又愿意干让他们做的工作。

赫塞和布兰查德将任务行为和关系组合成以下四种具体的领导风格。

（1）指导（高任务-低关系），领导者告诉下属应该干什么、怎么干以及何时何地去干。

（2）推销（高任务-高关系），领导者同时提供指导性与支持性的行为。

（3）参与（低任务-高关系），领导者与下属共同决策，领导者的主要角色是提供条件与沟通。

（4）授权（低任务-低关系），领导者提供极少的指导或支持。

图 7-3 概括了情境领导模型的各项要素。当下属的成熟度水平不断提高时，领导者不但可以不断减少对活动的控制，还可以不断减少关系行为。在第一阶段中，下属需要得到明确而具体的指导；在第二阶段中，领导者需要采取高任务-高关系行为，高任务行为能够弥补下属能力的欠缺，高关系行为则试图使下属在心理上"领会"领导者的意图；在第三阶段中运用支持性、非指导性的参与风格可获最佳解决；第四阶段中，领导者不需要做太多事，因为下属既愿意又有能力担负责任。

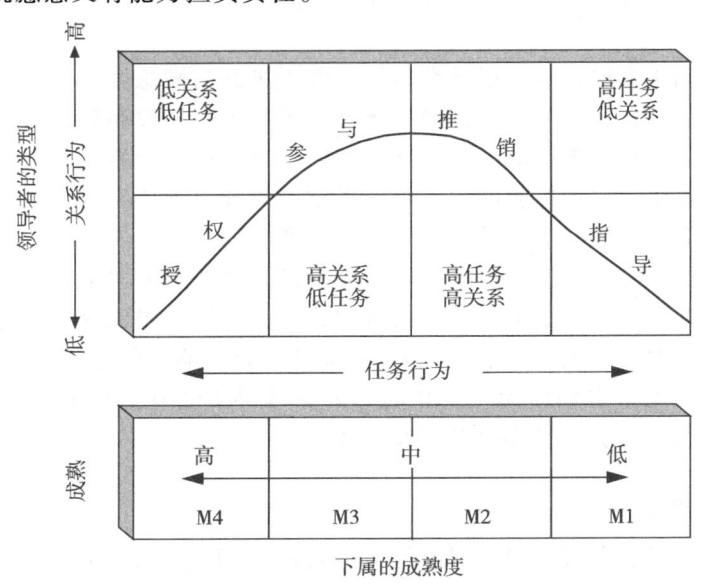

图 7-3 情境领导模型

赫塞和布兰查德的四种领导风格与管理方格论的四个"角"极为相似,二者的主要差异只是将9.9型的内容("一种适合于所有情况的风格")做了改动,认为"正确的"风格应与下属的成熟度相联系。赫塞和布兰查德否认了这种看法,认为管理方格论强调的是对生产和员工的关注,是一种态度维度,而情境领导模式却相反,强调的是任务与关系的行为。尽管赫塞和布兰查德这样辩驳,但它们之间确实差异很小,如果认为情境领导理论是在管理方格论基础上的改进,它反映出了下属成熟度的四个方面,则更易于加深对它的理解。

3. 路径-目标理论

路径-目标理论是豪斯开发的一种领导权变模型,该理论认为,领导者的工作是帮助下属达到他们的目标,通过明确指明实现工作目标的途径来帮助下属,提供必要的指导和支持,为下属清理各项障碍和危险,以确保各自的目标与群体或组织的总体目标相一致。

按照路径-目标理论,领导者的行为被下属接受的程度取决于下属是将这种行为视为获得满足的即时源泉,还是作为未来获得满足的手段。领导者行为的激励作用在于:①使下属的需要满足取决于有效的工作绩效;②提供有效绩效所必需的辅导、指导、支持和奖励。为了考查这些陈述,豪斯确定了以下四种领导行为。

(1) 指导型领导者让下属知道期望他们的是什么,以及完成工作的时间安排,并对如何完成任务给予具体指导。

(2) 支持型领导十分友善,并表现出对下属需求的关怀。

(3) 参与型领导则与下属共同磋商,并在决策之前充分考虑他们的建议。

(4) 成就导向型领导设定富有挑战性的目标,并期望下属实现他们的最佳水平。

与菲德勒的领导理论相反,豪斯认为领导者是灵活的,同一领导者可以根据不同的情境表现出任何一种领导风格。

如图7-4所示,路径-目标理论提出了两类权变变量作为领导行为-结果关系的中间变量,它们是下属控制范围之外的环境(任务结构、正式权力系统和工作群体)以及下属个性特点中的一部分(控制点、经验和知觉能力)。以下是由路径-目标理论引申出的一些假设范例:

- 当任务不明或压力过大时,指导型领导导致了更高的满意度。
- 当下属执行结构化任务时,支持型领导导致了员工高绩效和满意度。
- 对知觉能力强或经验丰富的下属,指导型领导可能被视为累赘多余。
- 组织中的正式权力关系越明确化,领导者越应表现出支持型行为。
- 控制点为内部的下属,对指导型风格更为满意。
- 当任务结构不清时,成就导向型领导将会提高下属的努力水平。

对这些假设的验证性研究结果是令人振奋的,也就是说,当领导者弥补了员工或工作环境方面的不足,则会对员工的绩效和满意度起到积极的影响。但是,当任务本身十分明确或员工有能力和经验处理它们而无须干预时,如果领导者还花费时间解释这些任务,则下属会把这种指导型行为视为累赘多余甚至是无用。

7.4.4 新领导理论

我们列出了三种观点来概括领导理论的最新看法(即新领导理论),分别是领导的归因理论,领袖魅力的领导理论以及事务型与变革型领导。

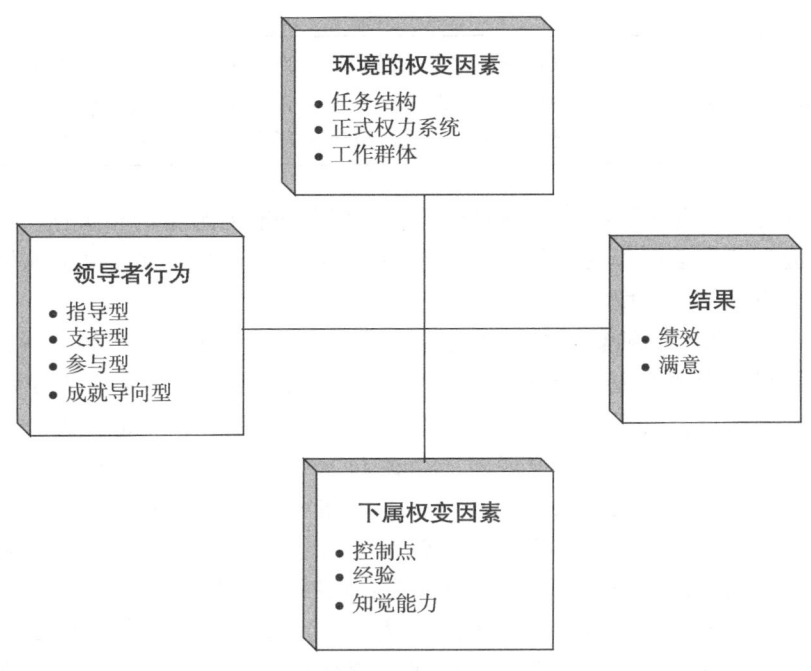

图 7-4 路径-目标理论

1. 领导的归因理论

领导的归因理论（attribution theory of leadership）指的是，领导主要是人们对其他个体进行的归因。运用归因理论的框架，研究者发现，人们倾向于把领导者描述为具体这样一些特质，如智慧、随和的个性、很强的语言表达能力、进取心、理解力和勤奋。与此相似，人们发现俄亥俄研究中的高-高模型与人们对什么因素创造了好领导的归因相一致。也就是说不论情境如何，人们都倾向于高-高型领导者知觉为最佳。在组织层面上，归因理论的框架解释了人们为什么倾向于把组织中绝对消极或绝对积极的工作绩效归因于领导；它还有助于解释当组织承受严重的财政危机时，首席执行官的敏感性，无论他们是否与此事有关；它澄清了为什么这些首席执行官都会因为极好的财政状况而赢得人们的好评，不管他们的实际贡献是大是小。

2. 领袖魅力的领导理论

领袖魅力的领导（charismatic leadership）理论是归因理论的扩展，指的是当下属观察到某些行为时，会把它们归因于伟人式的或杰出的领导能力。大部分领袖魅力的领导理论研究，主要是确定具有领袖气质的领导者与无领袖气质的领导者之间的个性特点（见表 7-5）。

表 7-5 有领袖魅力的领导者的关键特点

1	自信	对他们自己的判断和能力有充分的信心
2	远见	有目标，认为未来定会比现状更美好。目标与现状相差越大，下属越有可能认为领导者有远见
3	清楚表述目标	他们能够明确地陈述目标，以使其他人都能明白，成为一种激励的力量
4	坚定信念	具有强烈奉献精神，愿意从事高冒险性的工作，承受高代价的损失，为了实现目标能够自我牺牲

(续)

5	不循规蹈矩的行为	被认为是新颖、反传统的。当获得成功时，这些行为令下属惊诧而崇敬
6	作为变革的代言人出现	他们被认为是激进变革的代言人而不是传统现状的卫道士
7	环境敏感性	他们能够对需要进行变革的环境约束和资源进行切实可行的评估

有领袖魅力的领导者与下属的高绩效和高满意度之间有着显著的相关性，为有领袖魅力的领导者工作的员工，会因为受到激励而付出更多的工作努力，而且由于他们喜爱自己的领导，也表现出更高的满意度。

人们是否可以学做有领袖魅力的领导者呢？或者说具有领袖气质的领导者天生就具有这些气质吗？尽管仍有少数人强调领袖魅力不可能被学到，但大多数学者专家认为个体可以经过培训而展现领袖魅力的行为。比如，研究者使商学院在校学生成功地"扮演"了有领袖魅力的角色，他们指导学生清晰地表述一个极高的目标；向下属传达高绩效的期望，对下属达到这些目标所具备的能力表现出很有信心，重视下属的需要；学生练习表现出有能力、自信和动作的形象，并使用富有魅力的迷人语调。为了进一步捕捉领袖魅力的动作和生动特征，这些学生还被训练使用领袖魅力的非言语特点，他们或者坐在自己的办公桌上，或者在桌边漫步，身体向前倾向下属，保持直接的目光接触，以及呈现放松的姿态和生动的面部表情。研究发现，这些领导者的下属比无领袖魅力的领导者的下属表现出更高的工作绩效、对任务的适应性，以及对领导和群体的适应性。

最后一点是有领袖魅力的领导者对于员工达到高绩效水平来说并不总是必需的，当下属的任务中包含观念性要素时最为恰当。然而，当危机和剧烈变革的需要减退时，有领袖魅力的领导者事实上可能会成为组织的负担，因为有领袖魅力的领导者过分的自信常常导致许多问题，他们不能聆听他人所言，受到有进取心的下属挑战时会十分不快，并对所有问题总固执地坚持自己的是正确的。

3. 事务型领导与变革型领导

本章介绍的大多数领导理论都讲的是事务型领导者，这些领导通过明确角色和任务要求而指导或激励下属向着既定的目标活动。但是还有另一种领导类型，他们鼓励下属为了组织的利益而超越自身利益，并能对下属产生深远而不同寻常的影响。他们是变革型领导，这其中包括有限零售连锁店的莱斯利·威克斯纳和微软公司的比尔·盖茨。他们关怀着每一个下属的日常生活和发展需要；他们帮助下属以新观念看待老问题从而改变了下属对问题的看法；他们能够激励、唤醒和鼓舞下属为达到群体目标而付出更大的努力。

我们不应认为事务型领导与变革型领导采取截然对立的领导方法处理问题。变革型领导是在事务型领导的肩膀上形成的，它所获取的下属的努力和绩效水平比单纯事务型好得多。此外，变革型领导也更具领袖魅力。

思考题

1. 如何理解领导的概念、原理和作用？
2. 如何认识领导与管理的区别与联系。
3. 何为权力？如何正确运用权力？
4. 简述领导在组织中的基本作用。
5. 简述不同的人性假设理论的主要观点。

6. 简述什么是领导特性理论。
7. 简述什么是领导行为理论。
8. 有领袖魅力的领导者应具备哪些特点？
9. 利用相关的领导原理，联系实际分析你所钦佩的一位领导者的特质和领导风格。
10. 论述管理方格理论中的不同典型风格。
11. 领导理论中的权变理论的核心思想是什么？
12. 事务型领导与变革型领导有什么区别？
13. 领导四分图理论的要点是什么？该理论对于我们今天的管理工作有什么指导作用？
14. 你能从本书所列举的有关领导者素质理论中学到什么？人能否通过学习成为有效的领导者？
15. 你如何看待领导的特质理论，你认为有效的领导者是天生的还是后天造就的？

案例分析

哪种领导类型最有效

张子昂在某大型家电产品公司工作，前几年因为工作特别突出被从基层职员提拔为西区的大区经理。他现在管理着10个人。

张子昂认为自己是"富有人情味的人"，但他的下属工作效率并不高。张子昂的下属出现了分化，一部分人有能力而且积极地完成工作，而另一些人则显得对工作漠不关心且难以完成工作。这有两个典型：王强和吴力。王强已经工作四年，是个靠得住的人，平时关心顾客，工作有效率。张子昂与王强处得很好，而且他相信王强能在没有监督的情况下完成工作。

吴力的情况则完全不同，他在这个岗位上的时间还不到一年。在张子昂看来，吴力在与同事的交往上花了太多的时间。每天吴力都是第一个下班的人，他几乎没有完成过规定标准75%的工作量。张子昂经常找吴力谈话，明确地告诉他应该达到的目标和标准，但没有什么效果。

在一次沟通技巧培训课程结束后，张子昂决定对每个人要更加友善和坦诚，尤其是对吴力和其他表现差的人，他要更关心他们的生活、理解他们的感受。因为从前他给了他们太多的压力，要求他们取得更高的绩效并建立有纪律的工作习惯。他希望吴力（还有其他人）会逐渐成长并进入良好的工作状态。

两个星期后，张子昂坐在自己的办公室里，心情沮丧。他在自己领导风格方面所做的改变显然是不成功的，不仅吴力的绩效没有提高，而且其他雇员（包括王强在内）的工作业绩与以前相比，都出现了下滑。假日购物黄金季节正处于关键时刻，张子昂的老板正不断地向他施加压力，要求他马上进行改进。

张子昂想知道：到底哪里出了问题呢？

资料来源：摘自做好情景领导，http://www.4oa.com/office/748/934/200712/137224.html。

案例思考题

（1）你认为张子昂到底哪里出了问题呢？他采取什么样的领导方式？这些方式都是建立在什么假设的基础上的？

（2）每一种领导方式在特定的环境下是否都有效？为什么？

本章知识结构图

本章主要内容和知识点归纳如下（见图 7-5）。

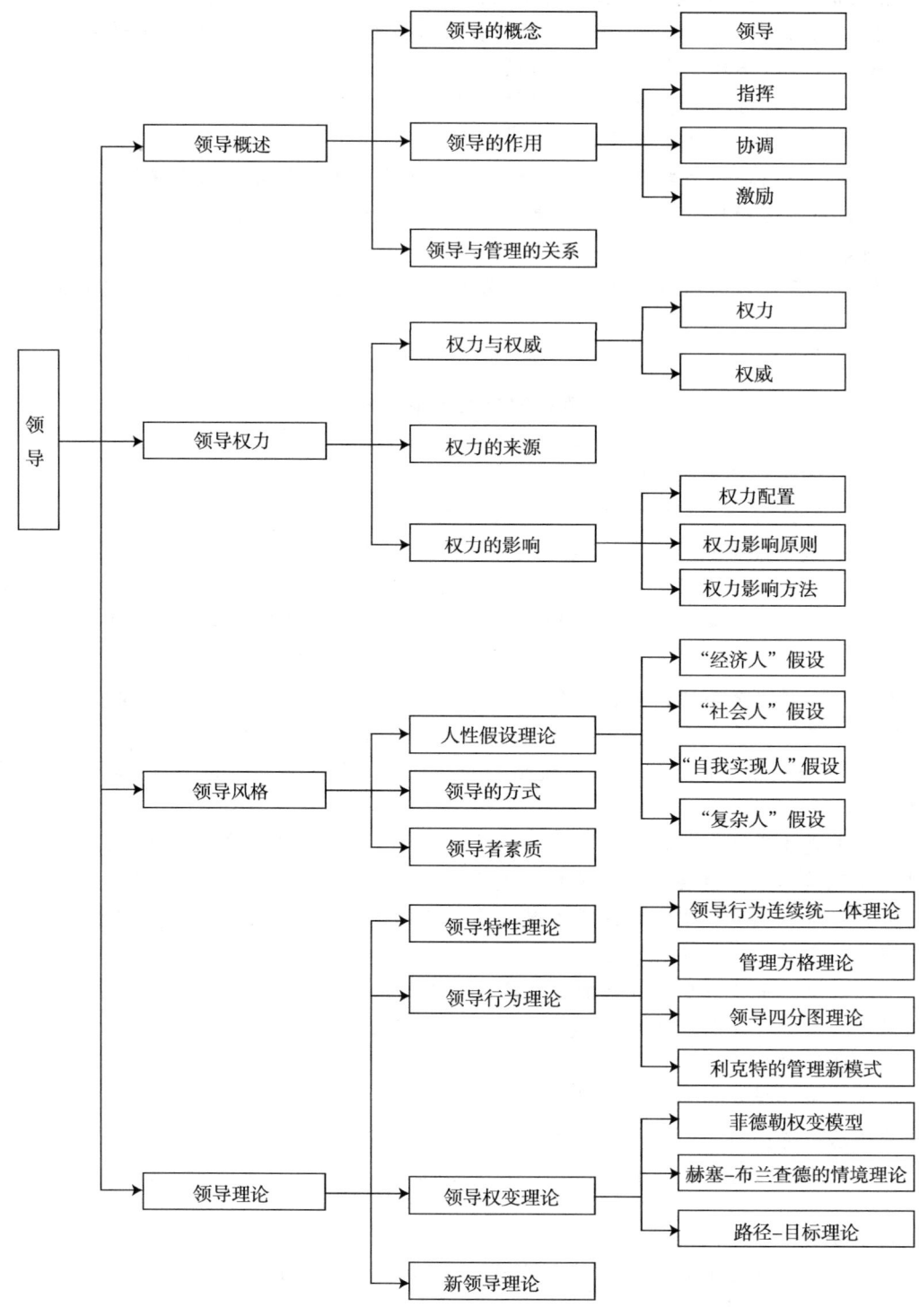

图 7-5 本章主要内容和知识点

CHAPTER 8 第 8 章

危 机

管理者必须进行问题管理,而不是危急管理。

——海尔集团 CEO 张瑞敏

蔡桓公的死亡

扁鹊见蔡桓公,立有间,扁鹊曰:"君有疾在腠理,不治将恐深。"桓侯曰:"寡人无疾。"扁鹊出,桓侯曰:"医之好治不病以为功。"居十日,扁鹊复见,曰:"君之病在肌肤,不治将益深。"桓侯不应。扁鹊出,桓侯又不悦。居十日,扁鹊复见,曰:"君之病在肠胃,不治将益深。"桓侯又不应。扁鹊出,桓侯又不悦。居十日,扁鹊望桓侯而还走。桓侯故使人问之。扁鹊曰:"疾在腠理,烫熨之所及也;在肌肤,针石之所及也;在肠胃,火齐之所及也;在骨髓,司命之所属,无奈何也。今在骨髓,臣是以无请也。"居五日,桓侯体痛,使人索扁鹊,已逃秦矣。桓侯遂死。

蔡桓公死亡的主要原因在于其没有危机意识,扁鹊多次提醒,他仍然无动于衷。

当企业出现危机时,如果不及时将其抑制并扼杀在摇篮中,将会招致灭顶之灾,正如蔡桓公一样,遭到病在骨髓、司命之所属的下场。

资料来源:博维咨询.68个经典管理小故事[M].北京:华夏出版社,2008.

近年来,国内外许多企业,包括一些具有百年历史的跨国公司都遭到了种种危机,随着经济全球化、无边界化的信息技术的迅速发展,企业发生危机的频度和危害程度与日俱增。本章首先介绍了危机的基本概念和特征;接着分析了危机管理的要素和具体措施;最后对我国企业在危机管理方面存在的问题进行了分析,并提出了相应的解决对策。

8.1 危机概述

随着人们经济联系和社会生活联系的日益加强,影响经济和社会生活的不确定性因素也在不断增加,不同国家、不同地区发生的经济和社会危机会快速影响到相关国家和地区。全球化使得世界成了一个"全球化的风险社会",全球化时代的风险是很难控制的,基本上也是不可预测的,这使得每个企业随时都有危机发生的可能。同时,我国当前的发展阶段正处于人口、环境、效率、资源和社会公平等方面的社会矛盾相互约束最为困难和严重的时期,比较容易造成经济发展不稳、社会秩序不安、人们的心理不平衡等问题的产生,这些都将对企业产生巨大的影响。战场上没有常胜将军，商场中也没有永远一帆风顺的企业，任何一个企业都有遭遇危机的可能。

8.1.1 危机及其特征

许多研究者对危机进行了定义，但是由于危机本身是一个情境性很强的概念，很难用统一的定义进行概括，从不同的学者对危机的定义，总结得出危机的含义。

危机是指对一个企业正常经营行为及其存在构成严重威胁，并且在时间压力和不确定性极高的情况下必须对其做出关键性决策的事件。危机具有以下特点。

1. 突发性

危机事件常常会在人们注意不到的时间和地点发生，危机的突发性给企业的决策者留下的时间很少，要求其在很短的时间内做出判断、选择和应对的策略。

2. 破坏性

危机所造成的损失往往是非常严重的，危机会影响企业的声誉，对企业经营带来极具杀伤力的破坏。

3. 不确定性

危机怎么来的，将会怎样发展，未来的走向如何，这些通常都很难确定。

4. 危机的信息不充分

在危机过程中，信息的不充分与危机的突发性和不确定性有关。因为管理者对突发的危机情境缺乏认识，也没有时间去收集信息。在危机中，人们处于惊慌状态，人们因为过度紧张而造成信息失真的比率会大幅提高，使得管理者接收到的信息比正常情况下的信息更加复杂，此时，对危机管理有用的信息就显得很不充分。

5. 资源严重缺乏

一般情况下，用于解决危机的资源是非常有限的。在危机中，人们对资源的需求量非常大，即使有充分的资源准备，也难以满足危机反应和恢复的需要，尤其是能够解决危机的人力资源就显得更加紧缺。

8.1.2 危机的发展

危机事件通常遵循一个特定的生命周期。根据危害可能造成的威胁、实际危害已经发生、危害逐步减弱和恢复三个阶段，可将危机事件总体上划分为预警期、爆发期、缓解期和善后期四个阶段（见表8-1）。

表 8-1 危机事件的四个不同阶段

分　期	发生阶段	能力要求	主　要　任　务
预警期	事前	预警预备	防范事件的发生，尽可能控制事态发展
爆发期	事中	快速反应	及时控制危机事件并防止其蔓延
缓解期	事中	恢复重建	保持应急措施的有效并尽快恢复正常秩序
善后期	事后	评估学习	从危机中学习

8.1.3 危机的类型

不同类型的危机，处理的方法存在着很大的差异。在处理危机前，企业首先应该确定危机的类型，以便于有针对性地采取对策。企业组织面临的危机主要有八种：信誉危机、决策危机、经营管理危机、灾难危机、财务危机、法律危机、人才危机和媒介危机。

1. 信誉危机

它是企业在长期的生产经营过程中，公众对其产品和服务的整体印象和评价。企业由于没有履行合同及其对消费者的承诺，而产生的一系列纠纷，甚至给合作伙伴及消费者造成重大损失或伤害，企业信誉下降，失去公众的信任和支持而造成的危机。

2. 决策危机

它是企业经营决策失误造成的危机。企业不能根据环境条件变化趋势正确制定经营战略，使企业遇到困难无法经营，甚至走向绝路，如巨人集团涉足房地产项目——建造巨人大厦，并一再增加层数，隐含着经营决策危机，决策失误没有能够及时调整而给企业带来了灭顶之灾。

3. 经营管理危机

它是企业管理不善而导致的危机，包括产品质量危机、环境污染危机和关系纠纷危机。

（1）产品质量危机。企业在生产经营中忽略了产品质量问题，使不合格产品流入市场，损害了消费者利益，一些产品质量问题甚至造成了人身伤亡事故，由此引发消费者恐慌，消费者必然要求追究企业的责任而产生的危机。

（2）环境污染危机。企业的"三废"处理不彻底，有害物质泄漏、爆炸等恶性事故造成环境危害，使周边居民不满和环保部门的介入而引起的危机。

（3）关系纠纷危机。由于错误的经营思想、不正当的经营方式忽视经营道德，员工服务态度恶劣，而造成关系纠纷产生的危机。如运输业的恶性交通事故、餐饮业的食物中毒、商业出售的假冒伪劣商品、银行业的不正当经营的丑闻、旅店业的顾客财物丢失、邮政业的传输不畅、旅游业的作弊行为等。

4. 灾难危机

它是指企业无法预测和人力不可抗拒的强制力量，如地震、台风、洪水等自然灾害、战争、重大工伤事故、经济危机、交通事故等造成巨大损失的危机。危机给企业带来巨额的财产损失，使企业经营难以开展。

5. 财务危机

企业投资决策的失误、资金周转不灵、股票市场的波动、贷款利率和汇率的调整等因素使企业暂时资金出现断流，难以使企业正常运转，严重的最终会造成企业瘫痪。

6. 法律危机

它指企业高层领导法律意识淡薄，在企业的生产经营中涉嫌偷税漏税、以权谋私等，事件暴露后，企业陷入危机之中。

7. 人才危机

人才频繁流失所造成的危机，尤其是企业核心员工离职，其岗位没有合适的人选，给企业带来的危机也是比较严重的危机现象。

8. 媒介危机

真实性是新闻报道的基本原则，但是由于客观事物和环境的复杂性和多变性，以及报道人员观察问题的立场角度有所不同，媒体的报道出现失误是常有的现象。一是媒介对企业的报道不全面或失实。媒体不了解事实真相，报道不能客观地反映事实，引起的企业危机。二是曲解事实。由于新科技的引入，媒体还是按照原有的观念、态度分析和看待事件而引起企业的危机。三是报道失误。人为地诬陷，使媒体蒙蔽，引起企业的危机。

8.1.4 危机的识别

当系统受到外部环境或内部因素变化的影响无法保持稳定时,系统就可能出现失控和突变现象。外部或内部因素的影响,称之为干扰力量,它与维持系统正常循环的力量是相互冲突的。当干扰力量超过一定程度、使得系统失控的变量由量变转化为质变时,系统将无法正常循环。

影响危机的因素分别是:①日益提高的机器的复杂性;②使用者认知能力的局限性;③日益增强的极限竞争市场环境;④日益紧密的利益相关。由以上4种危机因素的相互作用,将会产生4种冲突:①人机互动冲突;②供求关系冲突;③市场环境冲突;④商业策略冲突。危机影响因素之间的关系如图8-1所示。

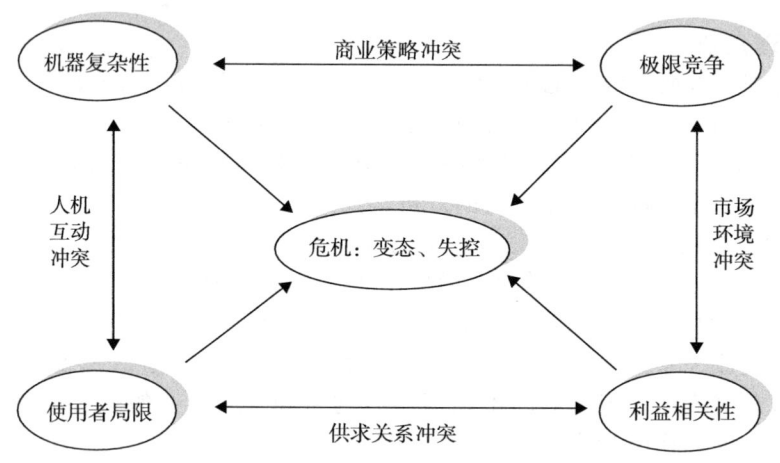

图 8-1 系统危机因素图

资料来源:鲍勇剑,陈百助.危机管理[M].上海:复旦大学出版社,2002.

一个稳定的商业系统在运行时要求有较为稳定的运营环境、和谐的人机互动关系、较为平衡的供求关系以及相配套的商业策略。当四种关系中的一种或多种发生冲突时,系统现有的流程可能会受到干扰,出现失控或变态,如果不能迅速地进行处理,危机就会产生。四种危机因素以及它们互动而产生的冲突关系形成了危机与危机预防的必然性和长期性。危机识别的途径很多,大到经济形势的走向,小到企业员工的一言一行,都有可能是危机早期的征兆。

8.1.5 危机的影响

危机一旦发生,势必给企业带来不同程度的不利影响。轻者影响到企业正常的生产经营活动,重者可能导致企业对内对外形象的覆灭,在各个利益相关者心目中失去应有的地位,更严重的会导致企业破产倒闭。具体来说,危机对企业有以下影响。

1. 对企业整体战略的影响

危机发生后,对企业的整体发展战略会产生严重影响,甚至迫使企业放弃原有发展战略而选择稳定战略或防御战略。危机必然造成企业核心竞争力的减退和消失,竞争优势难以维持,因此不得不在相当长的时间内选择休养生息的稳定战略。有的则迫使企业花费巨大的代价重新配置资源或被迫变革经营领域。严重的危机会影响到企业战略环节的协调性和持续运作性，阻碍企业战略使命顺利实现，甚至导致企业破产。

2. 危机对企业职能战略的影响

企业职能战略是指企业各个职能部门为保证企业整体战略和竞争战略的顺利实施所采用的方法和手段，主要涉及企业市场营销、财务、生产组织、人力资源、研究开发和管理团队等活动。当企业发生危机时，这些职能战略的实施会受到明显影响具体表现如下。

（1）企业声誉受到伤害。危机信息在很短时间内会"淹没"企业，不及时与利益相关者沟通、消除危机影响，就必然损害企业声誉和形象。

（2）企业信用严重受到损害，继而严重影响企业市场营销、物资采购以及资金信贷，导致企业经营活动成本和费用加大，出现恶性信用记录，造成信用度进一步下降。

（3）企业销售量急剧下降，市场经济条件下，顾客有更多的选择余地，当危机发生后，会造成顾客和经销商的不信任，销售量必然急剧下降。

（4）利润减少、经营状况恶化。企业危机使企业难以从正常渠道获取经营要素，且获取成本上升，加之危机过程中人财物的损失，必然导致很长一段时间内利润减少、经营恶化。

（5）员工士气下降。员工思想混乱，大批优秀员工流失，生产效率降低，进一步加大危机程度。

（6）产品结构发生变动。危机造成企业失去市场或为维持市场占有率付出沉重代价，迫使企业放弃原有某些产品和服务项目，重新构建新的产品结构。

（7）对管理层的不利影响。危机对高层管理者影响非常大，比如高官辞职或被起诉，中层管理者大量流失，给他们带来沉重的精神压力和心理阴影。

8.2 危机管理

危机管理是企业为应对各种危机情境所进行的规划决策、动态调整、化解处理及员工培训等活动过程，其目的在于消除或降低危机所带来的威胁和损失。危机管理是专门的管理科学，它是为了应对突发的危机事件，抗拒突发的灾难事变，尽量使损害降至最低点而事先建立的防范、处理体系和应对的措施。在西方国家的教科书中，通常把危机管理（crisis management）称为危机沟通管理（crisis communication management），原因在于，加强信息的披露与公众的沟通、争取公众的谅解与支持是危机管理的基本对策。

8.2.1 国外主要危机管理理论

1. 公共关系理论

该理论主要从行政管理和公共关系的角度研究政府和决策者管理危机的方法。著名公共关系学教授詹姆士·格鲁宁（Jams E. Grunig）将公共关系定义为：具备管理、沟通、组织、面对公众、全球化运作等功能，主动影响公众，为组织与公众建立良好关系，协助组织更有效运作。如1981年美国联邦政府印刷局出版了众议院能源与商务委员会的报告《未来战略：预测明天的危机》，研究了能源政策与经济稳定、社会安定、环境政策以及政府危机管理等问题。同年，美国储蓄机构营销学会的传媒关系专家小组出版了《危机状态下的传媒关系管理》，研究了储蓄与贷款、家庭危机管理、危机公共关系、广告在化解危机中的作用等问题。公共关系理论主要侧重在危机发生后维持良好的组织与公众关系，树立企业的积极形象，有效化解组织与公众之间可能发生的冲突等。与危机管理相关的职能有环境监测、危机公关和关系管理，即与相关利益集团保持长期的、平等的、互利的双边关系，改善企业的经营环境和舆论环境。

2. 危机处理理论

危机处理主要指事件发生后的一些技术性的决策和措施，例如管理者选择正确的决策、人员的调配、善后的处理等。格雷厄姆·阿利森（Graham T. Allison）将危机处理看成是决策论的一个分支，在《决策的实质》中提到了危机与决策的关系以及决策的模式。杰弗里·史密斯（R. Jeffrey Smith）借助心理学的相关理论，在《压力下的危机处理》中提出紧张情境下个人的心理危机处理。危机处理的作用是：在最短的时间之内，以适当的成本解决危机，与媒体进行有效沟通，与消费者和公众及其他相关群体进行有效沟通，控制事态的恶性发展势态，保护企业自身的合法利益。这方面的研究主要是迈克尔·查尔斯（Michael T. Charles）在《危机管理：案例研究》中将危机管理分为四个阶段，即事件爆发前的舒缓期（mitigation phase）、事件爆发前的准备期（preparedness phase）、事件爆发中的反应期（response phase）、事件爆发后的恢复期（recovery phase），并以案例研究的方法探讨了如何进行危机管理的问题。

3. 危机管理理论

现在，危机理论发展到了全面的、系统的危机管理阶段。西蒙·布思（Simon A. Booth）在《危机管理战略：现代企业的竞争与变化》中提出新的竞争环境下企业的危机管理问题。企业要有效应对来自企业内外部环境变化引起的威胁，就要建立一个危机决策体系，从企业组织结构到内控制度以及企业的组织文化都要做出相应改变。因而，全面的危机管理从时间上可分为三个阶段：事前的防范、事中的控制以及事后的恢复。

4. 业务持续管理（BCM）理论

它是当今国外企业危机管理的一种新模式。业务持续管理（business continuity management，BCM）与传统的危机应对策略不同，作为欧美国家企业经营管理的一环，主要关注在企业日益依赖于信息技术的背景下，如何使现代企业在灾难事故发生时依然保障业务的持续运行，其目的是最终实现政府部门和企业事业的稳定和可持续发展。"9·11"事件发生后，英国、美国、澳大利亚、新加坡等国加快了对BCM研究与实证分析的步伐，出台了一系列有关BCM的国家标准规范。其中具有代表性的是：英国业务持续协会于2002年制定的《业务持续管理：行为规范》；美国国家消防协会出台的《灾害事故/应急管理及业务持续计划标准2004年版》；2005年，新加坡政府贸易产业省"标准、生产力与创新局"颁布的《技术参考（TR19）》等。

8.2.2 危机管理的要素

1. 危机监测

危机管理最主要的就是对危机进行监测，在企业顺利发展时期，企业就应该有强烈的危机意识和危机应变的心理准备，建立一套危机管理机制，对危机进行检测。企业越是风平浪静的时刻越应该重视危机监测，因为在平静的背后往往隐藏着杀机。

2. 危机预警

许多危机在爆发之前都会出现某些征兆，危机管理关注的不仅是危机爆发后各种危害的处理，而且要建立危机警戒线。企业在危机到来之前，把一些可以避免的危机消灭在萌芽之中，对于另一些不可避免的危机通过预警系统也能够及时得到解决。这样，企业才能从容不迫地应对危机带来的挑战，把企业的损失减少到最低的程度。

危机预警，是危机管理的第一道防线，它对于及时地规避、转移风险，或迅速采取措施，使危机的风险降到最低限度，具有重要的意义。在突发危机结束后，并不意味着危机管理过程已经完结，危机管理的善后管理与评估机制是整个危机管理运行机制中的重要环节。它对危机后不稳定的状态起到缓解和消除的积极作用，也可以为组织提供一个至少能弥补部分损失和纠正混乱的机会。在现实社会中，突发危机事件往往是组织变革的主要促进因素。如果组织能够把握危机的契机，迅速对危机发生诱因、危机管理过程进行细致分析，总结经验教训，在组织机构的运作程序、管理技术等方面进行改进，也有利于改善组织的绩效，维持组织的活力。

3. 危机决策

企业在调查的基础上制定正确的危机决策。决策要根据危机产生的来龙去脉，对几种可行方案进行对比优缺点后，选择出最佳方案。方案定位要准、推行要迅速。

4. 危机处理

第一，企业确认危机。确认危机包括将危机归类、收集与危机相关信息、确认危机程度以及找出危机产生的原因，辨认危机影响的范围和影响的程度及后果。第二，控制危机。控制危机需要在确认某种危机后，遏制危机的扩散使其不影响其他事物，紧急控制如同救火刻不容缓。第三，处理危机。在处理危机中，关键的是速度。企业能够及时、有效地将危机决策运用到实际中化解危机，可以避免危机给企业造成的损失。

美国《危机管理》一书的作者菲克普曾对《财富》杂志排名前500强的大企业董事长和CEO所做的专项调查表明，80%的被调查者认为，现代企业面对危机，就如同人们必然面对死亡一样，已成为不可避免的事情。其中有14%的人承认，曾经受到严重危机的挑战。普林斯顿大学的诺曼R.奥古斯丁教授认为，每一次危机本身既包含导致失败的根源，也孕育着成功的种子。发现、培育，以便收获这个潜在的成功机会，就是危机管理的精髓。而习惯于错误地估计形势，并使事态进一步恶化，则是不良的危机管理的典型。简言之，如果处理得当，危机完全可以演变为"契机"。

8.2.3 危机管理的原则

1. 制度化原则

危机发生的具体时间、实际规模、具体态势和影响深度，是难以完全预测的。这种突发事件往往在很短时间内对企业或品牌产生非常恶劣的影响。因此，企业内部应该有制度化、系统化的有关危机管理和灾难恢复方面的业务流程和组织机构。这些流程在业务正常时不起作用，但是危机发生时会及时启动并有效运转，对危机的处理能发挥重要作用。国际上一些大公司在危机发生时往往能够应付自如，其关键之一就是具有制度化的危机处理机制，从而使其在危机发生时可以快速启动相应机制，全面有序地开展工作。因此，企业应建立成文的危机管理制度、有效的组织管理机制、成熟的危机管理培训制度，逐步提高危机管理的快速反应能力。

2. 诚信形象原则

诚信的形象是企业的生命线。危机的发生必然会给企业的诚信形象带来负面影响，甚至危及企业的生存。矫正形象、塑造形象是企业危机管理的基本思路。在危机管理的全过程中，企业要努力减少对企业诚信形象所产生的负面影响，争取公众的谅解和信任。只要顾客或社会公众由于使用了本企业的产品而受到了伤害，企业就应该在第一时间向社会公众公开道歉以示诚意，并且给受害者相应的物质补偿。对于那些确实存在问题的产品应该不惜代价迅速回收，立即改进企业的产品或服务，争取赢得消费者的信任和忠诚，维护企业的诚信形象。

3. 信息应用原则

随着信息技术的广泛应用，良好的管理信息系统对企业危机管理的作用也日益明显。在信息社会时代，企业要生存和发展，就必须持续获得准确、及时的信息资料。预防危机必须建立高度灵敏、准确的信息监测系统，随时搜集各方面的信息，及时加以分析和处理，从而把隐患消灭在萌芽状态。在危机处理时，信息系统有助于有效诊断危机产生的原因、及时汇总和传达相关信息，并有助于企业各部门统一口径，协调作业，及时采取补救的措施。

4. 预防原则

危机管理最重要的要求就是防患于未然。危机管理的重点应放在危机发生前的预防，预防与控制是成本最低、最简便的方法。因此，企业应建立一套规范、全面的危机管理预警系统。现实中，危机的发生具有多种前兆，几乎所有的危机都是可以通过预防来化解的。危机的前兆主要表现在产品、服务等存在缺陷，企业高层管理人员大量流失，企业负债过高，长期依赖银行贷款，企业销售额连续下降和企业连续多年亏损等。因此，企业要从危机征兆中透视企业存在的危机，越早认识到威胁，越早采取适当的措施，危机进一步恶化的可能性就越小。

5. 企业领导重视与参与原则

企业高层的直接参与和领导是有效解决危机的重要措施。危机处理工作对内涉及从后勤、生产、营销到财务、法律、人事等各个部门，对外不仅需要与政府和媒体打交道，还要与消费者、客户、供应商、渠道商、股东、债权银行、工会等方方面面进行沟通。如果没有企业高层领导的统一指挥协调，各个部门之间很难做到口径一致、步调一致、协作支持并快速行动。由于中国企业更多趋向于人治，企业高层如果不重视则往往会直接导致整个企业对危机麻木不仁、反应迟缓。这一点在中国表现得尤为突出。因此，企业应组建危机管理领导小组，担任危机领导小组组长的一般应该是企业的一把手，或者是具备足够决策权的高层领导。

6. 快速反应原则

速度是解决危机的关键。当危机降临时，当事人应当沉着冷静，迅速采取有效措施隔离危机，要在第一时间查出原因，找准危机的根源，以便迅速、快捷地消除公众的疑虑。同时，企业必须以最快的速度启动危机应变计划并立刻制定相应的对策。如果是内因就要下狠心处置相应的责任人，给舆论和受害者一个合理的交代；如果是外因要及时调整企业战略目标，重新考虑企业发展方向。同时，在危机发生后要时刻同新闻媒体保持密切的联系，借助公证、权威性的机构来帮助解决危机，并且给予公众必要的精神和物质方面的补偿，做好恢复企业的事后管理，从而迅速有效地解决企业危机。

8.2.4 危机管理的阶段

危机管理是危机尚未爆发前的预防工作，是企业防止危机发生的重要阶段。危机管理是一个化险为夷、转危为安的跨学科专业领域。从广义上说，危机管理包含对危机事前、事中、事后所有方面的管理。通过寻找危机根源、本质及其表现形式，分析它们对组织所造成的冲击，就能更好地进行危机管理。危机是由不平衡和混乱状态引发的特殊情况。企业危机的形成和发展，大致可分为四个阶段：潜伏期、爆发期、后遗症期和解决期。相应地，企业的危机管理可分为三个重要阶段：事前（潜伏期）、事中（爆发期）、事后（后遗症期或解决期）。有效的危机管理要做到：首先，转移或缩减危机的来源、范围和影响；其次，提高危机事前管理的地位；最后，要改进对危机的事中管理，完善修复管理，迅速有效地减轻危机造成的长期损害。

1. 危机的事前预防

首先要进行危机的风险评估，确认危机的来源和潜伏的风险，评估危机对企业可能会造成的威胁和危险。比如竞争对手日益强大、库存增加、产品积压、客户投诉索赔增加、财务指标恶化以及人力资源费用负担过重等都是危机发生的预警信号。另外，销售额的变化、媒体的负面报道、对组织不利的传闻和谣言以及产品质量等方面的问题往往也是危机爆发的前奏。如果能够正确地判断企业的风险状况，就可以防患于未然。

2. 危机的处理与化解

尽管在危机的识别与控制阶段采取了多种防范措施，有时候仍然无法彻底避免危机的发生。危机一旦爆发，就必须妥善处理与化解，需要及时做好隔离、转嫁、分散、消除不良后果等工作，减少危机所造成的损害，使企业能够在激烈的市场竞争中生存发展和壮大。

危机处理的主要步骤有：

（1）确认危机，通过搜集各种信息，对危机的类型、来源以及可能造成损害的严重程度等做出判断。

（2）编制并不断修正危机处理计划。危机处理计划是为了指导危机处理活动，使其有计划有步骤的进行。危机处理计划主要包括信息发布、沟通善后工作等，危机处理计划要明确、具体、针对性强，并形成书面文件。

（3）隔离危机。隔离危机是限定危机造成损害的范围，将引发危机的部分与整体区分开来，减少危机扩散的程度。

（4）分散和转嫁危机。将危机进行隔离后，就要对引发危机的根源采取措施，将危机分散或转嫁出去，常用的方法有：一是注销严重亏损的分支；二是停止滞销产品的生产；三是推出新产品；四是将投资转向其他行业或领域；五是减薪与裁员；六是转移目标受众等。同时可以通过债务重组、向责任人或保险公司索赔、进行多元化投资等方式进行危机的转嫁。

（5）消除危机后果。可以通过媒体及其他的公关活动，将企业的态度和所进行的努力告知消费者，消除其误解，同时展现企业良好的产品与服务，以实际行动重新赢得公众的信赖。

3. 危机的事后管理

危机发生后，首先，要针对所发生的危机进行总结，调查问题产生的根源、原因，采取必要的措施，防止危机再次发生；其次，针对组织的危机管理进行总结，反思检查组织应对处理整个危机的全过程，检查组织在应对危机过程中所做的决策和所采取的行动，进而发现组织危机管理方面的不足之处，进一步完善组织的危机管理程序和制度。

8.2.5 危机管理的措施

1. 危机的预防

大多数危机的产生都有一个变化的过程，如果能够及时察觉，采取有效的危机防范措施，完全可以避免危机的发生，或使危机造成的损害和影响尽可能减少到最低程度。因此，预防危机是危机管理的首要环节。

在预防危机时，首先要将所有可能的突发危机事件列举出来，考虑其可能发生的后果，估计预防所需的开支并且做到谨慎、保密，这对于防范某些组织危机至关重要。最后，引入危机管理框架结构。以前，人们总是在危机发生时建立一个危机管理小组来协调和控制危机，但这种小组是临时组建的，不具备行使一些特定任务所必备的各种技能，同时挑选小组成员也要花费很多时间。因此，可以尝试建立危机管理组织框架结构，这种危机管理框架结构，不管应付何种类型、规模与性质的危机，都清楚地限定了每一个部门的工作和目标。

2. 建立危机预警机制

危机是管理工作中不可避免的，所以必须为危机做好多方面的准备，比如行动计划、通信计划、建立重要关系等。要逐一分析危机发生的可能性，并制定相应的危机预案，对发生概率高的事件应倍加重视。其具体步骤是：第一，组建危机管理小组，小组领导由企业最高领导者来担任，以企业各职能部门负责人为主，兼收部门基层员工介入；第二，企业领导要详细了解企业的防灾体系，定期进行企业运营危机与风险分析。

3. 危机的控制

当企业遇到危机时可以从以下几方面入手进行控制：第一，以最快的速度启动危机处理计划，如果初期反应滞后，将会造成危机的蔓延和扩大。由于危机的产生具有突变性和紧迫性，任何防范措施也无法做到万无一失，因此应针对具体问题，随时修正和充实危机处理对策。第二，应把公众的利益放在首位。要想取得长远利益，企业从危机爆发到危机化解应更多地关注消费者的利益而不仅仅是企业的短期利益，尽量为受到危机影响的公众弥补损失，这样有利于维护企业的形象。第三，开辟高效的信息传播渠道。危机发生后，应尽快调查事情原因，弄清真相，尽可能地把完整情况告诉新闻媒体，避免公众的各种无端猜疑。第四，选择适当的危机处理策略，如危机中止策略、危机隔离策略和危机排除策略。需要企业根据既定的危机处理措施，迅速有效地消除危机带来的负面影响。要善于利用正面材料，冲淡危机的负面影响，如通过新闻界传达企业对危机后果的关切以及为减少危机所带来的负面影响而采取的措施。

4. 进行危机的总结

危机总结是危机管理的最后一个重要环节，它对制定新一轮的危机预防措施有着重要的参考价值，所以，应对危机管理进行认真而系统的总结，系统地调查分析引发危机的成因及预防、处理措施的执行情况。对危机管理工作进行全面的评价，包括对预警系统的组织和工作程序、危机处理计划、危机决策等各方面的评价，要详尽地列出危机管理工作中存在的各种问题。对危机涉及的各种问题综合归类，分别提出修正措施，改进企业的经营管理工作，并责成有关部门逐项落实，完善危机管理内容。危机并不等同于企业失败，危机之中往往孕育着转机。企业应将危机产生的沉重压力转化为强大的动力，驱使自己不断谋求技术、市场、管理和组织制度等系列创新，最终实现企业的腾飞与发展。

5. 做好危机恢复管理

在危机得到基本控制后，危机管理的重点就转向了危机恢复管理，危机恢复管理的目的是弥补危机所带来的损害，同时抓住危机所带来的机会进行重组，从而使组织获得新的发展。

一般来说，危机造成的损害都会打断组织的正常运营，影响组织运作的连续性，甚至威胁到组织的生存。在进行危机恢复管理时，首先要清楚危机事件所产生的损失，评价恢复的价值和组织恢复的能力，确定恢复工作的方向。当危机损害程度太大，而组织的恢复能力有限，生存出现困难时，恢复工作主要是维持生存，等待组织的重新崛起。研究发现，只有29%的小企业在大危机发生两年后仍然能够维持经营，大量小企业由于直接的损失、破坏的渠道、缺少维持运作的物质支持、劳动力的减少、客户的流失等原因而破产。当危机所造成的损失对组织生存有关键性的作用时，组织就要极力弥补危机造成的损失，维持组织的连续性，甚至可以牺牲组织未受危机影响的部分。如果危机所造成的损失对组织生存没有太大的影响，其他部分则根据组织的能力来定，有能力恢复的就进行恢复，没有能力恢复的可以放弃恢复或进行剥离出售。

危机恢复管理并不是简单地再现危机前的局面，而是应该抓住时机力争使组织获得新的发展。危机往往会打破旧的均衡，给组织带来新的发展机会。如果企业能够以此为动机，抓住机会对企业进行变革和再造，将会最大限度地减少危机所造成的损失；恢复危机管理可以促进企业的同心协力，使企业内部更加团结。同时还可以利用组织内部自我反省的机会，对一些潜在的问题进行反思。危机往往是新闻媒体、公众和利益相关者关注的焦点，组织的良好表现可以向社会展现积极的形象，从而消除危机所带来的负面影响和偏见。

制定危机恢复计划用以指导具体的危机恢复行动。危机恢复计划包括以下几个部分：①危机恢复对象总论。危机恢复对象的类型，并且对其重要性进行排序。②每种危机恢复对象资源的分配。每种危机恢复对象可以得到哪些资源，资源如何进行储备，如何提供给危机恢复人员，供应的时间表如何制定等。③每种危机恢复对象的人员配置。明确每种危机恢复对象由哪些人负责，主要负责人的权利和责任是什么。④补偿和激励。危机恢复人员的激励政策，额外付出可以得到的补偿等。⑤危机恢复的预算。各种危机恢复对象的预算约束、危机恢复的分阶段预算等。⑥危机恢复个人与团队之间的协调和沟通政策等。

8.2.6 建立危机预防管理体系

建立危机预防管理体系是消灭危机的根本保障，危机预防系统就是运用一定的科学技术方法和手段，对企业生产经营过程中的因素进行分析，并在可能发生危机的警源上设置警情指标，及时捕捉警讯，随时对企业的运行状态进行监测，对危害自身生存发展的问题进行事先预测和分析，以达到防止和控制危机爆发，将危机消灭在萌芽状态的目的。危机预防措施流程图如图8-2所示。

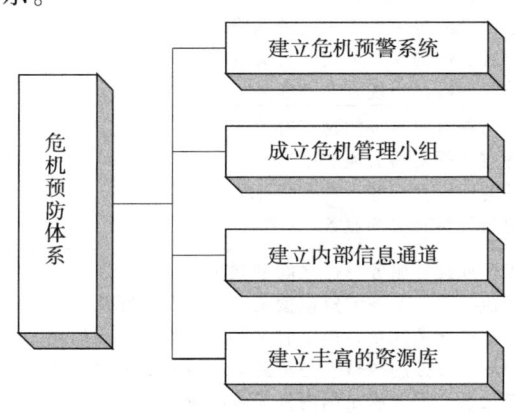

图8-2　危机预防措施流程图

1. 组建危机管理团队

这个团队不是临时组建的，组织必须授予其在危机处理时的特殊权利，一般由以下三部分构成。一是决策人员：它通常是由总裁、公司所有者或有较大权限的中级或基层管理者担任，负责处理危机的全面工作。二是信息人员：主要负责对外收集信息，全面清晰地预测各种危机情况，并对所收集的信息进行整理和评估鉴定；分析危机的影响并提出改善的建议，同时将一些重要信息及时向企业高层报告。三是运作人员：负责制定或审核危机管理指南及危机处理方案，清理危机险情。一旦危机发生，及时遏止，减少危机对企业的危害。

根据日本危机管理的权威机构研究成果，危机管理团队的涵盖面要具有广泛性，应该包括总务、对外联络、宣传、保险、法规、补给、制造、修理和当地派遣等方面。各个细分小组的具体职责如表8-2所示。

表8-2 危机管理小组的职责分工

负责领域	职 责
总务	（1）与紧急对策有关的设施等的维修、管理及安全保护 （2）取得各负责区域人员的电话及其他联络方式 （3）取得和统一管制一般电话和临时电话 （4）当地派遣小组成员的出差手续 （5）车辆、飞机、直升机等可能要用到的运输工具的准备 （6）因紧急对策而随之发生的出纳业务及紧急支用物品的筹措及管理 （7）为公司内外相关人员提供饮食、住宿等与生活有关的服务的准备 （8）负责危机小组因危机而产生的其他事务
对外联络、宣传	（1）掌握与该危机有关的资讯，并彻底执行 （2）向公司内外发布的信息口径一致 （3）撰写对外发布的相关声明等公文 （4）与客户、供货商及其他关系人之间的联系 （5）给大众传媒提供资讯，准备、举行记者沟通会 （6）与行政机关的联系 （7）接待外来者 （8）与受害者家属之间的联络 （9）应对与其他紧急情况有关的宣传业务
保险、法规	（1）决定保险处理方针 （2）与保险公司之间的联络 （3）与法律顾问等关系人之间的联络 （4）与损害赔偿的支付及索赔有关的业务 （5）其他与保险、法规有关的业务
补给	（1）准备与取得原料等的物资补给 （2）准备与取得货物流通的渠道 （3）产品的保管及对客户的送货业务 （4）其他与补给有关的业务
制造	（1）与工厂或提供服务单位之间的联络 （2）关于执行制造业务的资讯搜集、分析及实际状态的掌握 （3）在制造或服务现场，提供有关制造或服务方面的建议及指示 （4）针对制造业务的执行，与消防队等行政机关之间的联络 （5）取得代替产品及满足国内外需求的资源体制 （6）其他与制造方面有关的业务

（续）

负责领域	职　责
修理	（1）对工厂提供与应急和修理有关的建议及指示 （2）选定和储备修缮工作者 （3）估计损伤程度和筹措修理的资财 （4）其他与修理有关的业务
当地派遣	（1）任命危机爆发地的总指挥 （2）与销售有关的组织 （3）实施对策，以救助人命、避免财物损失为优先处理顺序 （4）与总指挥联络之后，赋予当地一切权力的权限 （5）执行其他当地业务

2．建立危机预警系统

危机管理专家普遍认为，大多数危机都有一个从量变到质变的过程，通常经历潜伏期、爆发期、处理期和解决期四个阶段，而社会领域危机事件的发生一般是由对"信息非对称"所产生的认识不确定而引起的，具有突发性、隐蔽性和偶然性等特征。因此，最好的危机管理就是对危机事件进行预警，以避免危机发生或态势的发展进一步恶化。

危机预警是危机管理的基础和重要组成部分，是指管理者采用一定的手段和技术，对可能引起危机的相关因素及其环境变化征兆的信息进行全面搜集、监测和跟踪，从中对每一个细小的变化做出分析判断，并提前发出警报信号的机制和信息预报过程，是危机管理的核心和关键。

要对企业生产经营过程中各职能部门以及外部环境的潜在危机因子进行分析，并在可能发生危机的因子上设置警情指标，确定其正常的范围，及时收集相关信息并加以分析、研究和处理，超出这个特定的范围，及时采取必要措施予以纠正，从根本上减少乃至消除发生危机的诱因。一旦发现异情，马上进行处理。

（1）危机预警系统的类型。预警系统可以从不同角度来分类，从预警系统的状态角度可以分为动态或静态的预警系统、移动的或固定的预警系统。从系统的物质属性角度可以分成电子预警系统和指标预警系统。

电子预警系统主要借助于电子手段来进行信息采集、分析、决策和发出警报。电子预警系统是自动的预报系统，它要求危机信息和危机之间有着比较明确的关系，比如火灾中烟雾和温度的关系。指标预警系统用于危机信息和危机之间没有明确的关系，不能简单地将信号与危机的发生直接联系起来的情况。这就需要对原始的危机信号进行加工，使之转化为一系列的指标，然后通过综合性的指标体系来判定。比如，企业技术创新风险预警系统就是从环境因素、市场因素、技术因素、资金因素和管理因素五个方面来构造的综合指标体系。其中，技术因素又包括企业技术力量、技术的熟练程度、技术领先度和技术难度以及技术前景等。建立预警指标系统要选择合适的指标体系，指标不仅要能及时地反映危机的发生，而且还要有相对稳定的内涵和可持续性。动态预警系统可以通过激活周围的系统或其支持系统来巡视周围环境的发展变化，对不利变化做出及时的反应。静态预警系统不关注系统的发展变化，但它简单、操作方便，并且价格便宜。移动预警系统具有可移动性，可以根据需要调整位置。固定预警系统只能对特定的地方进行监测。混合型系统就是混合使用静态和动态、固定和移动的预警系统。混合型预警系统价格便宜，使用面广，因此被大多数组织所采用。但它覆盖面不完整，可能会出现盲区，系统失灵的可能性比较大。

（2）危机预警系统的建立及其应用中的问题。危机预警系统的建立过程一般可以概括为以下六个步骤。第一步，确定对哪些危机建立预警系统；第二步，评估危机风险源、危机征兆、危机特征与危机发生之间的关系；第三步，根据评估结果确立危机监测的内容和指标，并确定危机预警的临界点；第四步，确定建立什么样的危机预警系统，采用什么样的技术、设备、程序，需要为危机预警系统配备哪些资源；第五步，为危机预警系统的使用和维护配备人员，并制定相应的规章制度，确定使用和维护人员的责任、权利和义务；第六步，向需要接收危机警报的人员说明危机预警系统，使他们能了解系统的特性，理解危机预警警报，并在收到危机警报时能做出正确的反应。

在危机预警系统使用过程中存在以下问题：①危机预警系统由于在系统设计上的缺陷或维护不当，从而使系统在运行过程中出现失灵，对即将来临的危机没有发出或不能及时地发出警报。②危机预警系统将不是危机发生的信号识别为危机发生的信号，在没有危机威胁时发出危机警报。③预警接受的不确定因素会造成人们对危机警报的反应迟钝。一般来说，不确定性主要来自：预警信息来源是否具有权威性；预警信息是否清晰、连贯；危机预警系统是否具有权威性以及组织效率和社会文化的影响等。④警报太多，大量警报的刺激会带来许多不利的影响。危机管理的经验表明，被预警的区域中存在 20% 的人去做出与预警相悖的选择。这 20% 的人包括：未能接受到预警信息的人；喜欢自己亲自证实信息的人；害怕结果的人；自认为懂得很多的人；等等。管理者要采取合作策略来控制好这些人，并配有预备抢救方案来解决这 20% 的人的实际危机。

3. 建立畅通内部信息通道

对内，组织结构设计应保证企业内任何信息均可通过组织内适当的程序和渠道传递到合适的管理层级，传递到组织各部门和人员的信息必须得到及时的反馈。同时，确保组织内各个部门和人员权利明确、责任清晰，杜绝相互推诿或争相处理现象。组织内信息通畅，责权清晰，无论预警系统发生任何危机先兆，均能得到及时的传递与妥善的处理，而不至于引发真正的危机。对外，保持与股东、客户、债权人、监管机构、媒体等主要的利益相关者信息沟通渠道通畅，由于该通道具有高度面向公众的性质，高层管理人员需要经常和坦诚地介入到沟通工作中，这一点是至关重要的。

4. 建立丰富的资源库

资源包括人力资源、信息资源和财力资源三个部分。人力资源是其中最为关键的因素。处理危机事件，关键在人。这种人力资源既要有企业内部的人力资源也要充分利用社会上的人力资源即外部人力资源。企业内部的人力资源主要包括产品技术精英、生产专家、售后服务专家、法律顾问、人力资源专家和谈判能手等；而外部人力资源包括行业专家、学者、媒介精英、政府官员和专业人士等。信息资源包括企业背景材料、对危机的预案处理、危机案例管理、危机管理培训资料、企业员工信息和企业利益相关者信息等，这些资源信息要不断根据最新材料予以更新和充实，为企业危机管理中的预警系统、决策人员以及运作人员提供重要的信息保障。总而言之，一家企业要长久地持续生存下去，就必须要有效地管理经营中将要面临的种种危机，企业的经营者对"居安思危"的观念应该时刻铭记在心。

8.3 中国企业的危机管理

危机无处不在，无时不有。无论是国内知名企业还是全球跨国公司，都会随时遭遇危机。但同样是危机,最终的命运却不一样。在国内,有时一个危机事件就能把一个看似十分强大的企业击倒。比如,因为"三聚氢氨"事件而破产的三鹿集团。三鹿集团是集奶牛饲养、乳品加工、科研开发为一体的大型企业集团,破产前连续6年入选中国企业500强。2007年,集团实现销售收入100.16亿元,同比增长15.3%。但是,这种高增长背后隐藏的内部控制及其环境问题却被严重忽视。从2008年3月起,三鹿就陆续接到一些患泌尿系统结石病儿童家长的投诉,但并未引起高层管理的足够重视,也未加强企业内部控制,导致事态日益恶化。终于在2008年12月25日,三鹿集团这个曾经辉煌的奶制品企业宣布破产。类似的案例不胜枚举,媒体报道的"八瓶三株口服液喝死一个老汉",便使一个年营业额80亿元、当年缴税10亿元的中国最大的保健品企业三株集团一夜之间消失;还有南京著名老字号冠生园食品公司,被媒体披露生产"陈馅月饼",不久这家公司就倒闭了。同样的类似事件,世界著名的跨国公司却能安全渡过危机,甚至会变得更强大,比如,美国快餐业巨子肯德基在中国遭遇的苏丹红事件;日本东芝公司因赔偿标准问题遭遇的笔记本电脑事件;宝洁公司的SK-Ⅱ高级化妆品铬和钕超标所引发的退货事件;等等。可这些跨国公司并没有被击垮,而且还发展得很好。从正反两方面的例子可以看出,企业危机管理在当今企业管理中起着举足轻重的作用。

8.3.1 企业发展各阶段所存在的问题

1. 企业初创期的危机问题

初创企业遇到的危机管理问题主要表现在两个方面:首先,初创企业缺乏系统化的制度约束。企业刚刚创建,一切处于起步阶段,通常情况下,企业尚未建立起一套完整的、系统化的规章制度,管理上往往缺乏明确的行动方针、系统的奖惩制度和健全的预算体系,许多行动无章法可循。企业非常脆弱,容易受挫折。其次,初创企业缺乏科学化的授权体系。从企业创办开始,到规模逐渐扩张,创业者通常不放心将权力授予下属,这种不愿意和不敢授权的做法,将导致企业决策权利集中、独断,不利于调动下属的积极性,而且阻碍信息交流,助长组织中的官僚主义。这就使得企业的发展潜伏着危机。

2. 企业成长期的危机问题

成长期的企业往往以利润为导向,将资本源源不断地注入短期赢利较大的某一产品、某一行业领域。这个阶段企业遇到的危机管理问题主要表现在:一是见"机"行事,短期行为严重。成长期的企业往往重视短期利益,容易被眼前的机会所驱使,而不重视长远战略。因为过分专注于追逐眼前的赢利机会,从而做出许多非理性的决策。尽管某些决策短期内可能使企业获得不菲的收入,但也使企业的经营充满风险。二是容易陷入"多元化陷阱"。成长期的企业有了比较雄厚的资本,一般都涉足其他行业,进行多元化经营。那些在某领域获得成功的企业,因为受到社会的广泛关注,在其他领域也会有很多机会,经营者往往会果断地将大量经营资源投向新的领域。而急需资金注入的主营业务由于资源被抽走而无法支撑高速成长的需要,新领域的运作因无法实现与主业的一体化整合而影响其发展,由此使企业陷入困境而无法自拔。也有的企业搞多元化经营是为了分散经营风险,但是多元化经营很可能使自己迈进了一个并不熟悉的领域。不同领域的经营方略是有很大差异的,很少有人能把几个领域的业务同时运作好,因此使企业陷入困境和危机的概率增大。

3. 企业兴盛期的危机问题

兴盛期企业的灵活性和可控性达到平衡,体现出企业运作理想化的特点。但这个阶段的企业往往会遇到以下危机问题：一是企业控制权的争夺。在企业前景看好的时候，企业内部的居功情绪开始增长，在高层管理人员中开始争夺企业的控制权。另外，从外部新进入企业的管理人员与创业者之间对控制权的争夺也会导致矛盾激化。二是新旧企业文化的冲突。企业能发展到兴盛期，内外环境都发生了很大变化，原来的企业文化在发展壮大的企业中开始变得不合时宜，甚至成为企业前进的绊脚石。这时，进行企业文化的变革就十分必要。而新的企业文化必然会对旧的企业文化产生强烈冲击，创业者会感到威胁，原来的企业员工会不适应新的企业文化，往往会产生冲突，冲突的结果会导致企业频繁更换领导阶层。三是企业骄傲自满情绪滋生。创业的成功使企业沾沾自喜。企业上下可能都会认为自己已经度过了最为艰难的时期，步入了稳中有升的发展时期，难免会滋生骄傲自满的情绪。企业领导者好大喜功，员工安于现状，创新意识减弱，奋斗精神衰退，企业往往是表面繁荣，暗藏危机。

4. 企业衰退期的危机问题

这个阶段企业遇到的危机问题主要表现在：一是企业的某些关键人物相继离开公司，带走了大量的技术资料和客户资源；二是企业的产品或服务的市场开始不断萎缩，甚至消失；三是企业组织自然老化，如官僚主义横行、本位主义泛滥、创新精神缺失以及应变能力下降等。

8.3.2 企业在危机管理方面所存在的问题

1. 危机管理意识淡薄

据零点公司《京沪两地企业危机管理现状研究报告》显示，京沪两地半数企业处于危机状态。这项报告还显示，我国企业中高层管理人员普遍存在危机识别能力和危机处理能力低的问题。在被访者中，危机识别能力低的占72.7%，一般的占9.4%，仅有18%的被访者危机识别能力较强。

2. 漠视成长危机

产生企业危机的主要因素来自于企业内部，比如，产品质量事故、销售行为与售后服务不当、员工素质低下与管理体制不健全、对于成长的盲目乐观，以及出现问题后企业危机公关的错误决策，等等。

3. 不注重企业信誉

不注重企业信誉是企业各种"危机"中最为常见的一种。企业由于在产品质量、包装、性能、售后服务等方面与消费者产生纠纷，甚至给消费者造成重大损失或伤害，使企业整体形象严重受损，进而被提出巨额赔偿甚至被责令停产，从而使企业陷入危机。

4. 经营决策失误

企业在选择投资方向、投资规模时如果没有对市场进行全面深入的了解，就会造成经营决策失误，企业在战略、策略上的失误及管理不善都有可能造成严重危机。尤其是战略决策方面的失误，将会使企业犯方向性的错误，给企业带来直接的利益损失和深远的不良影响。

5. 媒体失实报道

在信息化时代，媒体报道深刻地影响着政府的管理和公众的信任。但由于客观事物和环境的复杂多变，市场信息的不对称及立场角度不同，媒体报道有时可能会出现失误。这种失误可能会在媒体竞相抢发独家新闻的氛围中被无形夸大，致使企业名誉一落千丈。

6. 缺乏有效的危机公关

目前，不少企业缺乏有效的危机公关，出现危机后没有专门负责与外界进行沟通交流的公关人员，即使设有危机公关部门及相应的人员，但多数危机公关人员缺乏危机沟通技巧，当企业处于危机状态时，要么是比较消极被动地应对媒体的报道，要么是对于媒体不利于自己企业的报道采取过激的行为，导致与媒体间关系紧张，难以控制危机局面。

8.3.3 中国企业提高危机管理水平的对策

1. 预防危机

企业要从以下几个方面预防危机的发生：一是树立全员危机意识。企业的全体员工，从高层管理者到一般的员工，都要居安思危，将危机的预防作为日常工作的组成部分，全员的危机意识增强了，就能提高企业抵御危机的能力，有效地防止危机产生。要把预防危机作为一项重要工作列入管理程序，做到统筹安排，防患于未然。二是加强危机教育，营造危机氛围。面对激烈的市场竞争，企业经营者和所有员工要充满危机感。要加强对管理人员和员工关于企业危机的教育和培训，用危机理念来激发员工的忧患意识和奋斗精神，不断拼搏，不断改革和创新，不断追求更高的目标。三是建立危机预警系统。建立危机预警系统是为了能尽早地感应危机来临的信号，并判断这些信号与危机之间的关系，通过对危机风险源、危机征兆进行不断的监测，从而在危机来临时及时向企业领导人发出警报、采取行动。

2. 识别危机

危机产生是一个由量变到质变的过程，而量变必须经过一定的机制才能转化为质变，也就是说量变和质变之间有一定的规律可循。因此，要尽早发现危机是由哪些因素的量变引起的，这些因素的量变又是通过什么样的机制完成质变的。可以通过科学实验、统计调查或归纳总结等手段研究危机产生的机制或危机发生的表现。同时，通过学习他人的经验或研究成果，总结自己在危机中的亲身体验，提高对危机的认识。

3. 控制危机

控制危机可从以下三方面着手：一是控制危机爆发。当发现危机威胁已经出现时，首先应该判断危机是否可以阻止，如果认为危机可以阻止，就要立即采取行动；如果认为危机被阻止的可能性很小，就不要浪费时间试图去阻止危机。因为在危机发生过程中时间是非常宝贵的，可以用来延迟危机爆发或降低危机爆发的强度。二是延迟危机爆发。如果无法阻止危机或阻止失效，也可以延迟危机爆发的时间，这对于做好危机反应准备具有重要意义。如果能延迟危机爆发，可为减少危机损失争取到一些时间，使危机反应行动更加有效，从而间接地降低危机所带来的损失。三是开展公关活动，树立企业形象。当出现严重异常情况，特别是出现重大责任事故、公众利益受损时，企业必须勇于承担责任，安抚公众，缓和局面，真心诚意地取得他们的谅解。因此，对外要加大透明度，在危机初露苗头时，要稳定社会公众的情绪，并做出承诺，使危机能够顺利化解。

4. 化解危机

企业要以主动积极的姿态面对危机，变危机为转机，促进事物的质变，这是企业有目的、有计划的一种进取型策略。从高层次看，在企业面对危机时，能看到危机中蕴涵的机遇，化危机为转机，推动企业向前迈进；从中层次看，就是采用科学的危机处理措施，预防、控制和化解危机，恢复正常生产；从低层次看，就是采用一些补救措施使危机造成的损失降到最小。

思考题

1. 危机的含义和特征是什么？
2. 简述组织危机的特征和发展过程。
3. 试用例证来说明危机对组织的影响。
4. 简述危机管理的措施和方法。
5. 简述危机预防管理体系的具体流程和主要内容。
6. 讨论如何处理好危机反应和危机恢复管理工作？
7. 举例说明中国企业如何进行危机防范与管理。

案例分析

小小"陈馅月饼"砸倒70多年老字号

冠生园品牌创始人是1918年到上海经商的广东人冼冠生，最早经营粤式茶食、蜜饯、糖果。1934年，其品牌月饼即聘影后胡蝶为形象代言人，打出广告词"惟中国有此明星，惟冠生园有此月饼"，产品一时名倾大江南北。作为一家百年老号，冠生园素以童叟无欺、货真价实作为经商的理念。其所生产的各类食品、糕点不但享誉中华，在整个东南亚以及日、韩等国都很有口碑。

2001年9月3日，距离中国的传统节日中秋节还剩不到一个月时间。就在这个平常不过的日子里，南京冠生园大量使用霉变及退回馅料生产月饼的问题被媒体曝光了。消费者愤怒了。

就在曝光两小时之后，江苏省和南京市卫生防疫部门、技术监督部门即组成调查组进驻该厂。南京卫生监督所到冠生园进行了采样，采集了十多种月饼进行化验。该厂的成品库、馅料库全部被卫生监督部门查封，各类月饼2.6万个及馅料500多桶被封存。

9月6日，南京冠生园被有关部门责令全面停产整顿。

一波未平，一波又起。其后不久，冠生园的一位老师傅又向媒体透露了南京冠生园用冬瓜假充凤梨的内情。原来自1993年冠生园合资后就用冬瓜假冒凤梨，被曝光前，厂里每天有一二十位员工专职削冬瓜皮，切成条后加糖腌制，再加上凤梨味香精，批发价仅两角一斤的冬瓜就变为一元左右的凤梨，以每天生产1万个凤梨月饼零售价3元估算，就是3万元的销售额。据了解，每年月饼生产旺季，该厂要进四五十吨冬瓜。

南京冠生园在公众眼里彻底失去了信誉。

尽管有关部门后来通知商家南京冠生园的月饼经检验"合格"，可以重新上柜，但心存疑虑的消费者对其产品避之唯恐不及，冠生园月饼再也销售不动了。信誉的缺失使多年来一直以月饼为主要产品的南京冠生园被逐出了月饼市场，公司的其他产品，如元宵、糕点等也很快受到影响，没人敢买。南京冠生园从此一蹶不振。

2002年2月1日，春节即将到来之际，南京冠生园以"经营不善、管理混乱、资不抵债"为由向南京市中级人民法院申请宣告破产，法院受理此案，并依法组成了合议庭。2004年7月，曾经叱咤全国食品行业、辉煌一时的南京冠生园走完了凄凉破产路。

资料来源：http://finance.sina.com.cn/nz/yb/index.shtml。

案例思考题

1. 冠生园在破产之前企业内部管理存在什么样的危机？
2. 作为食品生产企业，如何建立一套危机预警系统？
3. 作为冠生园的管理者，有没有办法挽救这次危机？

本章知识结构图

本章主要内容和知识点归纳如下（见图 8-3）。

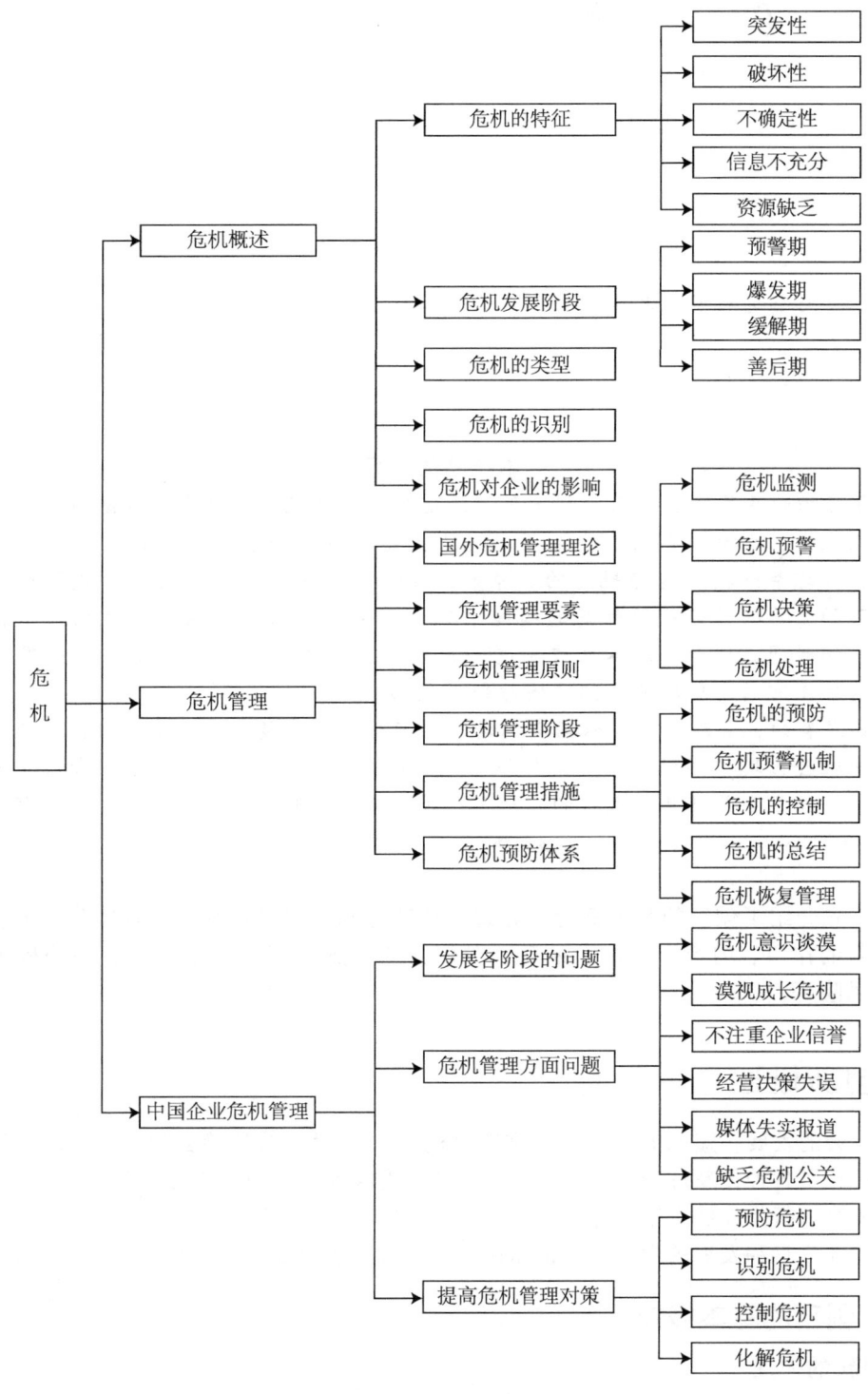

图 8-3　本章主要内容和知识点

第9章 CHAPTER 9

创　　新

管理格言 >>>>>>

创新是做大公司的唯一之路。

——管理大师杰弗里·蒂蒙斯

管理故事 >>>>>>

不拉马的士兵

一位年轻的炮兵军官上任后，到下属部队视察操练情况，发现部队操练时有一个共同的情况：在操练中，总有一个士兵自始至终站在大炮的炮筒下，纹丝不动。经过询问，得到的答案是：操练条例就是这样规定的。原来，条例因循的是用马拉大炮时代的规则，当时站在炮筒下的士兵的任务是拉住马的缰绳，防止大炮发射后因后坐力产生的距离偏差，减少再次瞄准的时间。现在大炮不再需要这一角色了，但条例没有及时调整，出现了不拉马的士兵。这位军官的发现使他受到了国防部的表彰。

公司是发展的，管理者应当根据实际动态情况对人员数量和分工及时做出相应调整。否则，队伍中就会出现"不拉马的士兵"。如果队伍中有人滥竽充数，给企业带来的不仅仅是工资的损失，而且会导致其他人员的心理不平衡，最终导致公司工作效率整体下降。

资料来源：http://www.iccun.com 世界咨询师。

本章首先介绍了创新的基本概念、方式、特征与基本内容；其次，具体分析了管理创新和组织创新的作用、内容和方法；最后，对创新的实施过程进行了介绍，并分析了如何应对创新的风险等。

9.1　创新概述

随着社会的发展，知识的积累，思维能力的提高，竞争的日趋激烈，创新的速度日益加快，进而形成了各种创新理论，人们也从被动创新进入到自觉创新状态，创新性行为也从少数的、零星的个人行为发展成千百万人的社会活动。创新不仅是民族进步的灵魂，国家强盛的源泉，也是企业生存和发展的生命线。正如托马斯·彼得斯所说的"只有创新，才有超越"。

9.1.1　创新的基本概念

1. 创新的内涵

创新，从哲学范畴看，是一种积极的辩证的否定，是"扬弃"旧事物、生成新事物的过程。创新是人类历史发展的原动力，是人类生存进化的内在客观需求，是人类社会文明与进步的必然选择,是经济发展的唯一途径。

从广义上去理解,即凡是非重复性的思考、行动及其成果,都可以称之为创新。从这一层面上去理解,创新是一个十分宽泛的概念,它表现于人类活动的各个方面、各个层面,既包括大的创举,也包括日常生活中的创意。可以说,人人有创新,处处有创新,时时有创新。从狭义方面去理解,创新是指首创前所未有的事物,是比较显著的创造,要求做到见人之所未见,思人之所未思,行人之所未行,以获得全新的概念、理论、方法、发明或发现。

从高层次、高水平上去衡量,创新又不是人人所能为之的,因为这类创新需要具备许多条件。

一是需要有较高的知识水平。不同知识层次的人站在不同的层面进行着创新。高知识层次的人有条件站在学科的前沿或特定领域去思考和解决科技、经济、社会发展中的一些重大问题,而这类问题的创新,须具有较高的知识水平。如农业生产中一种新品种的培育,工业生产中一种新的工艺方法、一种新产品的开发,缺乏相应的知识水平就难以达到这种高层次的创新。

二是需要有强烈的创新意识。创新的本质特征就是别出心裁、独具匠心、标新立异,创新思维即是求异性思维,它要求创新者具有独立思考、勇于开拓的精神。缺乏创新意识无所谓创新,同时缺乏一定知识背景的创新意识也难以有大的创举。

三是需要付出艰巨的劳动。创新不是一蹴而就的事,一个重大的发明和发现,一个新产品、新理论的创造,往往是凝集着创新者几年、十几年乃至毕生的精力,而有些大的创造需要许多人共同努力才能完成。

四是需要有相应的条件。创新是一个过程,并往往与实际应用相结合,因此,重大的创新有别于小发明和一般的创意。现代科技的一些重大创新,需要相应的仪器设备、研究经费及相关支持,缺少这些条件,难以做出大的创新。

2. 创新的常用方法

随着创新实践的发展,针对创新的方法的研究也不断深入。自从 1939 年美国 A. F. 奥斯本第一种创新方法——头脑风暴法提出以来,经过各国创造工程学家的共同努力,目前已经有上百种创新技术应用于世界各国。其中,最具代表性的方法有头脑风暴法、形态方格法和综摄法。

(1) 头脑风暴法。头脑风暴法(brain storming)又称智力激励法、BS 法、自由思考法,是由美国创造学家奥斯本于 1939 年首次提出 1953 年正式发表的一种激发思维的方法。此法经各国创造学研究者的实践和发展,至今已经形成了一个发明技法群,深受众多企业和组织的青睐。头脑风暴法又可分为直接头脑风暴法(通常简称为头脑风暴法)和质疑头脑风暴法(也称反头脑风暴法)。前者是利用专家群体决策尽可能激发创造性,产生尽可能多的设想的方法,后者则是对前者提出的设想、方案逐一质疑,分析其现实可行性的方法。

奥斯本为实施头脑风暴法提出了四条原则:①对别人的意见不允许反驳,也不要做出结论;②鼓励每个人独立思考,广开思路,不重复别人的意见;③意见或建议越多越好,允许相互之间的矛盾;④可以对已发表的意见加以补充,使其更具说服力。头脑风暴法的目的在于创造一种利于自由思考的环境,诱发创造性思维的共振和连锁反应,产生更多的创造性思维。

(2) 形态方格法。形态方格法(morphological grids)又称形态综合法或棋盘格法。它是美籍瑞士人、加州理工学院天体物理学家 F. 茨维基(F. Zwicky)教授提出的一种具有系列组合特征的思考方法,他发现,很多创新成果并非都是全新的东西,而只是旧因素的新组合。进而想到,如能将旧有事物加以系统地分解组合,定能大大提高创新的可能性。其核心思想是"旧因素的新组合"。

形态方格法的实施步骤为：①搞清所要解决的问题；②确定影响给定问题的创新的重要独立要素（也称变数），列出上述各要素的所有可能形态；③将独立要素及其可能形态排列成矩阵形式；④从每一要素中各取出任意可能状态做任意组合，从而产生出解决问题的可能构想；⑤对众多的可能构想加以比较和评价，从中选择出符合评价标准的相对最优构想。[一]

（3）综摄法。综摄法（synectics）又称类比思考法、类比创新法等，是由美国麻省理工学院教授威廉·戈登（W. J. Gordon）于1944年提出的一种利用外部事物启发思考、开发创造潜力的方法，它是以外部事物或已有的发明成果为媒介，并将它们分成若干要素，对其中的元素进行讨论研究，综合利用激发出来的灵感，来发明新事物或解决问题。

戈登主张：为了打开思路、探索新的构想，要在一段时间内暂时抛开原问题，通过类比探索得到启发。为此，将综摄法的思考原则分为两个步骤：①异质同化，即把问题分为若干小问题，以便深入理解问题的实质，然后再分析出哪些小问题才是创新的关键所在；②同质异化，即通过各种类比方法的运用，暂时离开问题，从陌生角度进行探讨，得到启发后回到原问题上来，通过强制联想把类比得到的结果应用于解决原问题，这一步也是综摄法的核心。

9.1.2 创新的方式与特征

1. 创新的方式

创新的形式是多种多样的，可以从对象、层次上做出多样性的分类，但从创新的本质来看，主要可以划分为以下四种类型。

（1）突破创新。突破创新是根据一定的目标和任务在一个领域开创出一种全新的、前所未有的理念或者实物。理论上的突破性则是提出独特的基本观点、基本概念、基本原理，如相对论、量子论，各种新兴的学科等，而一项突破性的发明或发现及其推广应用，往往是一系列独创性之链的延伸。如汽车的发明，早在1769年，法国人尼古拉斯·居诺就研制成功了装有蒸汽机的三轮蒸汽车，是世界上第一辆用机器作动力的车辆。但用汽油作动力的汽车则是1885年由德国的卡尔·本茨研制成功的，并于1886年1月29日获得了专利，这一天被称为世界首辆汽车诞生日。但是，汽车的流水线生产是美国的亨利·福特实现的。1908年福特生产了4缸20马力的T型汽车，这种汽车采用封闭车身，舒适性和安全性都有很大提高，广受人们欢迎。到1913年，福特建立了世界上最早的汽车装配流水线，进行了成批生产。继福特之后，汽车的研制和生产仍伴随许多创新，从而形成了现今异彩纷呈、各具特色的汽车世界。

（2）移植创新。突破创新是以独有的科学理论或技术原理作支撑，特定方向的全新的创造，但有些技术原理可以外推，从而实现新的创造。如火车、轮船的发明，则是蒸汽动力技术的移植而实现的。蒸汽机早期的发明主要是用于矿井排水及为纺织机械提供动力的，到了18世纪末，有人就试图将蒸汽机用于推动船舶，虽然也曾制造过能行驶的汽船，但因不适用而告失败。世界上第一艘实用轮船是1807年由美国工程师罗伯特·富尔顿建造成功，其后航运业便迅速发展起来。蒸汽机在船舶上广泛应用的同时，人们也注意到陆上交通的改进。英国人特里维西克在1802年制成了第一部蒸汽机车，但真正实用的蒸汽机车是由英国发明家史蒂文森设计制造的，1829年在一次蒸汽机车比赛时，史蒂文森的"火箭号"蒸汽机车获胜。因此，史蒂文森被称为铁路蒸汽机车的发明者。

[一] 王龙. 管理学基础［M］. 北京：机械工业出版社，2009：337.

（3）融合创新。融合或组合创新是将不同领域的知识、概念、理论或技术因素通过巧妙的结合而实现新的创造。科学、技术发展的特点一是沿其特定的方向突破、推进，二是将不同领域的知识、技术进行融合集成，从而形成新的创造物。这种创新在自然科学、社会科学、技术发明中都普遍存在。

牛顿力学就是对开普勒的"天上的力学"和伽利略"地上的力学"进行了有机的融合，建构了经典力学的体系。在牛顿力学体系中，不仅三定律是在具体分析伽利略惯性定律和开普勒的天体运行三定律的基础上高度结合的结果，牛顿还创造性地把开普勒关于月球绕地球运动的描述和伽利略关于物体落地加速度有关的描述进行抽象概括，实现了近代自然科学的第一次大综合。随着信息时代的到来，融合创新的发展很快，大量综合性学科、交叉性学科，如环境科学、城市科学、生态学、科学学、未来学等都是融多种单一学科知识为一体。

（4）推广应用创新。一般而论，突破创新、移植创新、融合创新的难度较大，尤其是重大的创新，需要很高的积累、很好的条件和很强的创造性思维。这些重大的创新就其数量而言是有限的，因此，那些创新的成果常常和创造者的名字联系在一起，作为多数的情况，主要是对已有的成果创造性地加以应用。

推广应用创新包含有两层含义，第一层含义是对创新的成果进行完善、改进使之被社会、被市场所接受。如第一台实用的蒸汽提水机是在1698年由英国的工程师萨弗里发明的，同年申请了专利，并在一些地方得到应用，但只能应用在浅矿井中或水库旁作短程提水之用，并且由于耗能高、功效低、不安全而制约了大范围的推广。此后，蒸汽机又经过纽可门、瓦特等人的一系列不断改进，逐渐克服了以上的一些缺陷，蒸汽机才得到广泛的应用。第二层含义是从原创新地扩散到其他国家或地区，或是一些国家或地区引进已有的创新成果，需要创造性地加以推广和应用。欠发达地区引进发达国家的创新成果，从技术上看，有几种情况。一是引进的技术能正常使用或投入生产，并生产出符合需要的技术产品，产生预期的经济效益。这是推广应用的最低标准，如果只限于此，就有可能处于"引进、引进、再引进"循环。二是学会并消化引进技术中所包含的知识和技能，并根据具体的条件予以改良，使之适应新的环境和发展的需要，这其中包含了部分的创新。三是在引进、消化、吸收的基础上进行创新，发展出自己的新技术，实现由引进到自主开发乃至技术输出的质的飞跃。这便实现了"引进、消化吸收、创新推广应用、技术返销"的良性循环。这种创新方式，是落后国家后来居上的有效途径。日本的成功，便是得益于推广应用中的不断创新。中国的高速铁路技术也是如此，高速铁路技术的原创者是日本、德国和法国，我国在吸收了前者技术优点的同时，发明创新了给钢筋加上绝缘外衣的方法，又先后攻克模具精度控制、钢筋交叉点绝缘、模板及预埋件的安装等一系列技术难点。

2. 创新的特征

创新不同于一般的实践活动，它是一种特殊的社会实践活动，它的任务和目的在于创造出新的理论、观点、方法、思想，创造出新的技术原理和手段，揭示出未知的自然奥秘，以推动人们认识世界和改造世界向深度和广度拓展，因此，与一般的社会实践活动相比，创新具有以下一些特点。

（1）创造性。创新的本质在于创和新，在于解决前人所未能解决的理论实践问题，因而其成果必然是相对于过去有突破性的质的提高。

创造性可分为全新的创造和继承性创造。如我国"863"计划、建立特区经济、棉花新品种"鲁棉一号"的研发，这些创新的理论、实践及技术，都是前所未有的，属于全新的创造。又如我国国家级高新技术开发区的建立、国有大中型企业的改制等，其中既包含过去所没有的新的因素或成分，又保留了原来的一些优点部分，属于继承性创新。

（2）收益性。从社会效果的角度看，创新需具有相应的社会价值，包括学术价值，推进或拓宽人们的认识；实用价值，对社会发展、经济建设等产生相应的效益；精神价值，满足人们陶冶情操、娱乐观赏的需要。从企业的角度看，创新的目的是要增加企业的经济效益和社会效益，以促进企业发展。反之，不能产生一定的收益，创新就失去了它存在的意义。

（3）风险性。创新的过程涉及许多相关环节和影响因素，从而使得其创新结果存在一定程度的不确定性，具有一定的风险性。创新的全过程需要大量的投入，这种投入能否顺利地实现价值补偿，受到来自技术、市场、制度、社会、政治等不确定因素的影响。同时，竞争过程的信息不对称，竞争者也在进行各种各样的创新，但其内容我们未必清楚，因而我们花费大量的时间、金钱、人力等资源研究出来的成果，很可能对手已经抢先一步研制成功或早已超越这一阶段，从而使我们的成果失去意义。而且创新作为一个决策过程，无法预见许多未来的环境变化情况，所以，创新具有一定的风险性。

（4）系统性。创新是一个涉及战略、调研、预测、决策、研发、设计、安装、调试等一系列行为的活动，这一系列活动是一个完整的链条，其中任何一个环节出现失误都会影响创新的效果。同时，创新的系统性还表现在创新往往是很多人共同努力的结果，它通常是远见与技术的结合，需要众多参与人员的相互协调和相互作用，只有这样才能产生系统的协同效应，使创新达到预期的目的。

（5）时机性。时机是时间和机会的统一体，任何机会都是在一定的时间范围内存在的。如果我们正确地认识客观存在的时机并能充分利用时机，就有可能取得成功；反之，如果我们错过了时机，努力就会事倍功半，甚至出现危机。创新同样具有这样的时机性，创新者在进行创新决策时，必须根据市场的发展趋势和社会的技术水平进行方向选择，并识别该方向的创新所处的阶段，选准切入点。㊀

9.1.3 创新的基本内容

从前面所述创新的内涵方法等内容可以看出，创新的内容几乎涉及社会发展与人类生活的各个方面，如手机和互联网的发明、金融证券制度的改革等，在管理学方面，创新的主要内容则包括以下几个方面。

1. 管理创新

管理创新是一种有目的的能动性实践活动，是管理者根据内外环境的变化而采用的一种新的更有效的资源整合和协调方式，以促进企业管理系统综合效率和效益目标顺利进行。

2. 组织创新

组织是通过制度结构、层级结构使组织成员的行为具有一定程度的可预测性，在企业活动过程中对这些成员的不同时空的努力进行引导与整合。制度层级的结构受企业经营环境、企业在经营过程中所选择的技术以及企业活动的规模等因素的影响，所以，组织创新是保证组织适应内外部条件变化的必要选择。

3. 思维创新

思维创新是一切创新的前提，任何人若思维成定势，就会严重阻碍创新。有些国有企业提出不换思想就换人，就是这个道理。有的公司不断招募新的人才，重要原因之一就是期望其带来新观念、新思维，不断创新。

4. 观念创新

观念创新也是一个不可忽视的创新领域，它倡导提出新的经营管理思想并付诸实践。观

㊀ 聂锐，芈凌云，吕涛. 管理学 [M]. 北京：机械工业出版社，2008：270.

念创新对于发展经济推动社会进步意义十分重大。从企业管理的发展历史来看,泰勒提出的管理是一门科学的思想,梅奥提出的人际关系学说,美国AT&T总裁Vaii提出的公用事业民营化的观点,日本公司提出开展零缺陷运动,美国学者提出重视企业文化建设的思路等,都对经济发展和社会进步做出了巨大贡献。

5. 技术创新

熊彼特(J. A. Schumpeter)在1912年《经济发展理论》中指出,技术创新是指把一种从来没有过的关于生产要素的"新组合"引入生产体系。这种新的组合包括:①引进新产品;②引用新技术,采用一种新的生产方法;③开辟新的市场(以前不曾进入);④控制原材料新的来源;⑤实现任何一种工业新的组织,例如生成一种垄断地位或打破一种垄断地位。

通过技术创新可以提高企业的市场占有率和服务水平,获取超额利润。

6. 营销创新

营销创新是我国企业与国际竞争环境接轨的必然结果,也是企业在竞争中生存与发展的必要手段,主要包括营销策略、渠道、方法、广告促销策划等方面的创新。企业通过营销创新,科学合理地整合各种资源,可以增强企业市场竞争力,提高产品的市场占有率。

7. 文化创新

企业从它诞生的那一天起,就在创造自己的文化,不同的文化也以不同的方式塑造着不同的企业,差异性是企业文化的特征。虽然企业文化各有不同,企业文化创新的内核却存在着共性。这种共性便是在企业长期经营过程中,逐步培育和发展起来的独特创新的企业价值观、企业精神、行为准则,如果这些价值观、精神、准则能够适应时代和市场的潮流,推动企业创新并实现从优秀到卓越,则将成为企业核心竞争力的基础,这就是所谓的文化创新。企业文化在未来一个十年内很可能成为决定企业兴衰的关键因素,美国和日本很多优秀的企业管理者都在努力营造本公司良好的企业文化。

8. 环境创新

环境是企业经营的土壤,同时也制约着企业的经营。企业与环境的关系,不是单纯地去适应,而是在适应的同时去改造、去引导甚至去创造。环境创新不是指企业为适应外界变化而调整内部结构或活动,而是指通过企业积极的创新活动去改造环境,引导环境朝着有利于企业经营的方向变化。

环境创新的主要内容是市场创新,判断创新成功与否的重要标志是其市场创新的程度。市场创新是指企业从市场上获取技术、经济、商业信息,产生动力和激励机制,形成有竞争力的新产品、新工艺、新服务,再通过市场销售并实现企业商业利益的创新过程,同时也是企业开拓新市场、创造市场新组合,提高企业市场应变能力的过程。

在这么多的创新中,本章着重介绍管理创新和组织创新。

9.2 管理创新

管理创新就是根据不断变化的市场和社会,重新调整人才、资本和科技要素,以创新适应市场,满足市场需求,同时达到自身的效益和社会责任的目标的过程。

9.2.1 管理创新的作用

随着知识经济的到来,市场需求的差别化、细分化、个性化不断加强,科学的飞速发展使产品开发周期大大缩短,信息化使企业与市场的联系更为紧密,这些都要求企业管理实现创新制度化、日常化和持续化。

1. 管理创新的意义

管理是对组织的资源进行有效整合，以达到组织既定目标与责任的动态创造性活动。这个定义的核心是有效整合组织资源以达成组织的既定目标与责任。有效整合组织资源涉及许多方面的因素和问题，而组织的既定目标和责任也涉及许多方面的因素和问题，这些问题的解决过程就是管理过程，这些问题本身的处理就是管理。因此，管理创新可以理解为用新的更有效的方式来整合组织资源以更有效地达成组织的目标与责任。创新如果不能提供使用价值更高、相对成本更低的新产品和新方法，那么这个创新就失去了意义。基于效率和效益的要求，管理创新将是一个全面涉及企业各个部门、各个方面的问题，也就是说，管理创新是个系统问题。

管理创新是企业发展的重要创新之一。管理创新在企业发展中具有多方面的作用，具体归纳如下。

（1）提高企业经济效益。管理创新的最终目标是提高企业有限资源的配置效率，即提高企业的经济效益。提高企业经济效益分为两个方面，一是提高目前的效益，一是提高未来的效益即企业的长远发展。管理诸多方面的创新，有的可以提高前者，如生产组织优化创新，有的可以提高后者，如战略创新。无论是提高当前的效益还是未来的效益，都是在增强企业的实力和竞争力，从而有助于企业下一轮的发展。

（2）降低交易成本。管理上的协调可以对商品的流量进行有效的安排，使生产和分配过程中使用的设备和人员得到更好的利用，从而得以提高生产率并降低成本。此外，管理上的协调还可以使现金的流动更为可靠稳定，付款更为迅速。由此可见，管理创新对企业发展和企业效益提高的重要意义。

（3）促进企业的稳定与发展。企业管理的有序化、高度化是企业稳定与发展的重要力量。常有人说管理与技术是企业发展的"两个轮子"，倘若管理是如此的话，管理创新自然更是如此。管理创新为企业提供了更有效的管理方法和手段，对稳定企业、推动企业发展有重要意义。

（4）有利于企业的市场拓展。企业在进行市场竞争和市场拓展时，将遇到众多竞争对手即厂商和顾客。因此，这一竞争过程实为多个博弈对象的动态博弈过程，一个企业若能在这一过程中最先获得该博弈的均衡解，即管理创新具体方案，便能战胜对手，获得博弈的胜出。这个解无非是在能预见对手的相应对策条件下寻找出最佳的、新的市场策略的运行方式而已，这就是一种管理的创新。

（5）有助于企业家阶层的形成。这是现代企业管理创新的重要意义之一，按照钱德勒的看法是形成了一支支新的职业经理即企业家阶层，这一阶层的产生一方面使企业的管理处于专家的手中，从而提高了企业资源的配置效率。另一方面使企业的所有权与经营管理权发生分离，推动了企业更健康的发展。钱德勒曾指出："当多单位工商企业在规模和经营多样化方面发展到一定水平，其经理变得更加职业化时，企业的管理就会和它所有权分开。"

2. 管理创新的必然性

（1）知识经济的需求。信息技术的日新月异，使人们的生产方式、生活方式和价值观念发生着深刻的变革，以"知识密集"为特征的新兴产业蓬勃兴起。目前，已经进入知识经济的发达国家对包括我国在内的各发展中国家形成了巨大压力，但知识经济的发展向世界上最穷国家和最富国家都提供了全新的机会。因此，现代企业面临知识带来的机遇和挑战，为了适应不断变化和发展的形势，必须适时做出管理变革和创新。

（2）市场竞争的要求。"以产促销"的计划经济时代已经过去，信息化使企业在产品生产和提供方面的地理概念、时间概念都大大淡化，资金流通与商品流通日趋市场化、全球化。这些变化既给企业带来了机遇和挑战,又给企业带来了更高的要求与更残酷的竞争。市场上,商品已越来越趋于同质化,企业要想占有更多的市场份额,只能凭借自身的经济实力与企业的管理创新,在质量、价格和服务上占有优势,才能战胜竞争对手。

(3) 深化改革的需要。当今我国企业正处于生产力大发展、生产关系大变革的环境之中,要提高企业的经济效益,经济增长方式必须从粗放经营转到集约经营上来。这些转变又表现在:一是生产技术从"高耗型"向"节约型"转变;二是生产方式从"分散性、单向性、传统性"向"规模化、多元化、标准化"转变。因此,我国企业迫切需要通过管理创新,深化体制改革,提高企业生产力。

(4) 创新主体的创新需求。在管理创新行为中,创新需求是管理创新主体的内在影响因素,是创新行为发生和持续的主要原因。创新主体的创新需求并不是单一的,而是多元的,这既与创新主体的价值取向有关,也与企业的文化背景有关。一般而言,创新主体的创新需求包括以下内容。

1) 创新心理需求。创新心理需求是指管理创新主体对某种创新目标的渴求或欲望。它是由自己对个人成就、自我价值、社会责任、企业责任等的某种追求而产生的,具体来说则是在各种管理创新刺激的作用下产生的。

2) 成就感。成就感是成功者获得成功时为所取得成就而产生的一种心理满足。许多管理创新主体进行创新的直接动机就是追求成就和成就感,因为他们把自己的成就看得比金钱更重要。

3) 责任心。管理创新主体在其工作范围内是一个责任人,要对其所做工作负责,责任心会使管理创新主体在思想意识中产生一种使命意识,促使管理创新主体坚持不懈地努力,最终获得创新成功。

9.2.2 管理创新的内容

1. 经营思想和管理理念的创新

经营思想和管理理念的创新主要有:企业经营者的思维方式要从追求个人政绩转变为承担盈亏责任和社会责任;从不计成本消耗的粗放经营转变为建立计算投入、产出和资金使用效率的投资回收观念;从家长专断型的随意管理转变为建立基于广泛咨询的、科学的决策程序和管理流程;从事无具细的越级干预转变为注重决策和预算的权责明确的层级管理;从对员工的形式化约束转变为建立互动式自我教育与激励型行为规范;从眼睛向内练服从型"内功"转变为盯住市场练创新型"内功"和以市场开拓意识导向的"市场功"。凡此种种,都是从小生产意识向社会化分工协作型经营观念的革命性转变。

2. 经营战略和战略管理的创新

战略管理是企业在市场机制下的自主行为,对战略管理的行政干预会造成不顾管理整合的战略性失误且又不承担责任。企业战略大体分为三个层次:发展战略是公司层从结构和财务角度对整个经营范围的资源配置;竞争战略是公司内某些战略经营单位的产品开发或服务在特定市场层次上的竞争;经营功能性战略是企业经营层不同职能企业的管理创新,如营销、融资和制造等如何为其他各级战略服务。经营者需要具备市场意识和对环境与管理的敏感性,采取战略分析、战略选择和战略实施的步骤,通过优势、劣势、机会、威胁比较,对投资收益、风险、利益相关者反应和可行性做出评价,并能领导、组织、管理好战略变革的过程。

3. 组织结构和管理结构的创新

过去有的企业违反管理规律,混淆投资中心、利润中心、成本中心的层次,划小核算单位,搞层层承包,造成管理涣散和组织瓦解。当前既有几十人的"集团",又有通过行政拼凑臃肿的"集团公司",企业规模往往存在盲目膨胀和结构不规范的问题,主要表现为注重形式却忽视效率,研究组织变革规律迫在眉睫。无论设立公司还是从作坊式工厂向现代公司转变,都有相应的法律规范,例如,合伙公司、有限责任公司、股份有限公司等等有其股权结构特点。公司形态和规模的变化会引起组织结构的变化,需要进行企业管理系统设计,根据发展战略的需要设置简单型结构、职能型结构、事业部结构、控股公司结构、矩阵结构或集团组织。在管理结构中对经理人员的配置,应该精简、合理和减少层级。公司规模从小到大,应该有一个渐进发展的过程。小有小的优势,大有大的好处。结构的复杂性越高,越影响管理的效率和经营的灵活性,越需要从集权走向分权,越需要建立决策支持系统和改进决策程序。

4. 管理规范和业务流程的创新

过去企业的职能设置比较粗糙,管理环节之间缺乏明确的程序,规章制度往往停留在纸面上,员工民主管理流于形式。企业转轨过程中,既需要对科学管理和行为激励在一定程度上进行"补课",又需要根据经营战略,对管理规范和业务流程进行调整和动态更新,使企业从采购、研发、生产、销售、财务以及后勤保障等各个环节,都建立起合理的规范和工作流程,在整体上适应市场竞争的要求,并用书面描述予以明确,并严格实施。尤其是信息技术和计算机管理的引进,要求公司内部的信息传递和对信息的编纂整理具有更高水准,通过合理设置管理职能、管理程序和信息流程,形成企业完整健全的管理网络。

5. 管理方法和技术的创新

改革开放以来,国内企业比较重视引进先进的管理方法和技术,例如,全面质量管理、定置管理等在全国都产生过广泛的影响,然而由于缺乏制度性保证,有些已经流于形式。近年来,物料资源规划、制造资源规划、企业资源规划、计算机集成制造系统、计算机辅助技术等都得到一定程度的应用,并结合企业实际情况创造了许多新的管理方法。企业引进或创造的管理方法能否得到持续、有效的运用,是对企业管理创新的新挑战。

6. 管理机制和模式的创新

我国经济体制改革的实践表明,企业产权制度的改革不能代替企业管理的创新,必须将建立现代企业制度与管理创新结合起来,才能从根本上提高我国企业的管理水平。随着管理机制的转换,管理模式也应做出相应的创新。由传统的僵化管理模式转向动态管理模式,即制定适应环境发展变化的战略和策略。要从实际出发,实事求是地制定、调整战略和策略,在不同情况下应用不同的管理方法,确立"以变应变、因地制宜"的管理模式,在动态中解决问题。

7. 人力资源的开发和管理素质的提高

管理创新活动需要在企业制度适宜的条件下通过组织行为来实现,其关键是建设领导班子和带好员工队伍,在实践中培养具备创业精神和合作本领的高层经理是企业发展的重要条件。一方面,要抓紧实现企业高层经理面对市场竞争进行企业管理创新研究的观念转变和知识更新。另一方面,要积极实施德才兼备的领导梯队建设和专业人才开发。通过必要的管理教育和激励措施,使企业的企业管理创新具备人力资源和管理素质上的保证。

9.2.3 管理创新的方法

1. 管理创新的途径

(1) 重视战略管理。战略管理关乎企业的发展方向,树立战略思维是企业管理创新的灵魂和核心。面对世界经济一体化进程的加快、信息技术的迅速发展和知识经济兴起所带来的外部环境的巨大变化,企业要想在激烈的市场竞争中立于不败之地,必须在战略创新方面下工夫。企业战略创新首先是指企业战略的制定和实施要着眼于全球竞争，今后企业的竞争态势将是国内竞争国际化和国际竞争国内化。另一方面，企业战略的制定和实施要在捕捉外部环境和机遇的基础上更多地立足于企业核心竞争力的形成，使自己永远走在前列。

（2）注重思维转变。人们在进行思维活动的时候，总是按照一定的模式进行思维，由此形成决策并采取行动，这种现象又称为思维的心智模式。心智模式一旦形成，就会使人自觉或不自觉地以某种固定的思维方式去认识和思考问题，并用习惯的做法去解决问题，它是阻碍我们进行管理创新的一个主要因素。所以，要进行管理创新，必须打破现有的心智模式的束缚，有针对性地进行诸如系统思维、逆向思维、开放式和发散式思维的训练。

系统思维方式可以尽量避免和克服这些不足，它有助于我们看清事物的整体和发现症结所在，并有利于我们摆脱狭隘的和短期的利益，还有利于我们了解事物之间的相互联系和矛盾所在。要进行管理创新，首先要看清事物表象背后的真正原因和矛盾，提出突破性的解决方案，而不仅仅是按经验办事。系统思维已成为管理创新最基础和最重要的思维方式。

学会逆向思维。所谓逆向思维是指在思考问题时，思维逻辑与一般人的相反，善于从新的视角看问题。具有逆向思维方式的人，往往具有敏锐的观察能力和喜欢思考问题的特点，也正因为如此，他们才会对遇到的问题进行进一步的深入思考，把问题想得更透。

打破常规，训练开放式、发散式思维方式。人们在思考问题的时候，总是受原有的心智模式的影响，很难打开思路，缺乏想象力，所以我们要注意提醒自己，敢于大胆想象，打破常规，这样才可能产生创新。

通过综合多学科的知识，进行管理创新。多学科知识的综合是指通过把各相关学科的知识交叉运用并加以综合，从而得到新的意向，实现管理创新。目前，多学科的综合运用和互相渗透的趋势已越来越强，通过这种方式来进行的管理创新也越来越多，因为根据系统思维的观点，各个学科的知识之间本来就有相通之处，多学科的交叉和运用，可以碰撞出智慧的火花，产生新的成果。通过对原有管理理论方法的改进和突破，实现管理创新。改进原有的管理方法是指在现有的管理基础上，进行有创意的提高和改进，通过这种方式，更容易产生管理创新，这也是现实中用得最多的一种创新途径。它可以是在自己特有的管理的基础上，也可以是在别人的先进管理思想的基础上进行延伸、提高或通过否定他们而建立新的管理模式。

（3）构造良好"企业生态"环境。企业生态是指企业生存和发展的和谐环境。管理大师彼得·德鲁克说过："企业之间的生存发展如同自然界中各种生物物种之间的生存与发展一样，它们均是一种生态关系。"面对经济全球化、信息化、知识经济兴起所带来的企业经营环境的剧烈变化，企业必须具备"共生"的意识，形成和谐的"企业生态"。构建"企业生态"首先是开展协同竞争，企业必须摆脱传统竞争模式，以合作代替对抗，在竞争中合作，在合作中竞争，通过一定程度的合作和资源共享来寻求竞争优势，即实现"双赢"。其次是开展绿色经营，面对可持续发展和国际绿色贸易壁垒的挑战，顺应世界绿色浪潮的趋势，企业必须改变只顾自身经济利益而忽视对社会和环境可能产生影响的狭隘发展模式，实现经营绿色化，建立绿色企业。这就要求企业不仅要承担起促进经济发展的责任，而且要担负起推动社会发展和生态发展的责任。

（4）深化"人本管理"。人本管理是20世纪60年代提出的，到了80年代已受到国内外企业的普遍重视。许多企业在实践中提出的管理组织的柔性化、战略决策的柔性化、市场营销的柔性化、视觉标志设计的柔性化等，都使管理刚柔相济，科学灵活，体现了人本管理的真谛，说明了优秀的企业，首先是优秀人才的集合体。企业的管理创新是以人为本，依靠人完成的创新活动，是以企业家为主导的职能型创新，以企业员工为主体的全员型创新。

在人本管理普遍推行的今天，企业员工已成为企业管理活动的主动参与者，没有企业员工的理解、支持与参与，企业管理创新是无法取得成功的。可以采取以下措施促进员工的学习创新欲望，形成一种集体的创新能力。

首先，在人力资源开发过程中，要从传统的人事管理进一步转变为人才开发管理。传统的人事管理视人力为成本，往往以事为中心，注重现有人员的管理；而人力资源开发把人视为一种稀缺的资源，是以人为中心，强调人和事的统一发展，特别注重开发人的潜在才能。人才开发管理除具有人力资源开发的特征外，更加注重人的智慧、技艺和能力的提高与人的全面发展，尤其是人的智力资源开发。未来企业的资本不仅仅是金钱，而是要求发挥人才智能资本的作用。

其次，加强员工培训和继续教育，注重智能资本投资，开发员工的创造力。企业需要具有创造力的能人治理。美国通过开发人的创造力得出结论，那些受过创造力开发训练的毕业生，其发明创造和取得专利要比未经训练的人多3倍。智能资本比一般的人力资本投入会带来更长期的收益，它是指企业花费在教育培训等再提高人综合素质方面的开支所形成的资本。现代企业的发展不仅需要一定素质的劳动者，而且需要超出常人的高素质的综合智能。用丰富的人才资本优势替代物质资本、自然资源和技术的优势势在必行。

最后，培育企业精神，把建设企业文化和塑造企业形象的活动引向深入。企业文化和形象建设是20世纪80年代以来企业管理理论丛林中分化出的一种新理论，被人们称为管理科学发展的"第四次革命"或新阶段。一些西方学者已认定，"21世纪革新企业经营模式"的重要方向之一是"文化革新的方向，企业文化的创造与渗透"。企业文化与形象建设的深化，主要应在以下方面努力：一是致力于企业价值观的塑造；二是注重突出本企业的气质个性。

2. 管理创新的趋势

（1）战略化趋势。随着经济全球化进程的加快，社会生产日趋复杂，社会环境变幻莫测，组织与环境的联系日益密切，管理所涉及的因素日益增多、日趋复杂，组织（尤其是企业）间竞争日趋激烈，企业战略管理的重要性日益增加，组织能否制定和实现正确的战略目标，决定着该组织在市场环境中的位置和生存状态，直接关系到组织的兴衰成败。企业要适应全球市场的激烈竞争，必须有自己清晰的切实可行的企业发展战略，要在彻底了解和准确把握企业内部条件和外部环境变化的同时，结合本企业的特点，制定出最佳的企业发展战略，才能合理配置资源，保证竞争制胜和可持续发展。在现代经营环境下，一个企业无论条件多么优越，运作如何高效，一旦选错了方向和目标，则只能是南辕北辙永远不会成功。战略说到底是一种差异性选择，其实质是摆脱自由竞争，实现战略竞争，推进组织的跨越式发展。战略的制定具有前瞻性、主观性和独特性三大特色，其核心是以"与众不同"来换取未来收益。现代竞争是理性竞争，企业在竞争中不仅要选择做什么，更重要的是学会放弃什么。有战略的竞争就是要"与对手做不同的事情"，即创新。在创新的基础上，谁找到并实施未来的战略，谁就是战略管理的最大受益者。现代企业竞争正从价格竞争、质量竞争、服务竞争、品牌竞争进一步转向战略竞争。因为没有战略的竞争，就如同在一个没有赢家的跑道上赛跑，最终会导致企业的整体衰退。

（2）信息化趋势。企业信息化就是将信息技术应用于企业产品的研究、开发、生产、销售和经营之中，不断提高信息资源开发效率，获取信息经济效益的过程。随着信息技术和网络的快速发展，企业办公网络化、自动化、电子化，实现信息共享已是大势所趋，并逐渐成为企业竞争优先级的竞争优势。信息是企业不可或缺的重要资源。全面、及时、准确的信息是企业快速决策的前提，一个企业能否在激烈的竞争中求得生存和发展，它的产品和服务能否符合市场的需要，首先在于该企业能否及时掌握丰富和准确的信息，能否准确地加工和处理信息，能否迅速地在员工之间传递和分享信息，特别是能否把信息融合到产品的生产和服务过程中，融合到企业的整个经营和管理工作之中。企业信息化由于大量采用了信息技术，改进和强化了企业物流、资金流、人员流及信息流的集成管理，对企业传统的经营思想和管理模式产生了强烈冲击，带来了根本性的变革。信息技术与企业管理的发展和融合，促使企业管理不断创新，企业竞争力不断提高。目前，美国等发达国家已将信息技术引入企业的生产和经营管理之中，创立了一种在互联网信息技术基础之上的全新竞争战略，并在英特尔公司、日本电气公司（NEC）等企业得到成功应用，成为企业竞争优势的来源。事实上，信息化管理已成为企业竞争取胜的重要法宝。

（3）人格化趋势。在工业经济时代，企业生产是以机器为中心，人只是生产过程中可以替换的零部件，管理的最大特点是以"资"为本，管理的中心是物。20世纪中期以后，规模巨大的资本积累和科学技术的飞速发展，促使资本变得更加普遍、更加容易流动和更加容易替代，因而不再是稀有之物，而知识却取代资本成为企业重要的短缺资源，组织中人的作用越来越重要。客观的现实促使管理部门日益重视人的因素，管理工作的重心逐渐由物转向人，从而形成人格化管理的模式。人格化管理是以"人本思想"为指导，以谋求人的全面自由发展为终极目标的管理活动。人格化管理的逻辑思路是，企业的灵魂是员工，员工的生理需要、安全需要、社会需要、尊重需要和自我实现需要得到了满足，会促进员工强烈的工作意愿和最大能力的发挥，从而形成"员工努力→员工发展→企业兴旺→员工更高层次的发展"的良性循环，实现员工和企业的双赢。人格化管理的核心是员工的需要，管理的目标是满足员工的合理需要，管理的方式是尊重员工的价值和创造性，更多地通过鼓励、激励、情感等柔性方法，调动员工的积极性和能动性，达到人力资源的优化和合理配置。

（4）精细化趋势。伟大出于平凡的积累，成功来自细节的关注。纵观中外许多知名企业，都把各种各样的小事作为加强内部管理的大事来抓，并且上升到企业形象、品牌战略的高度来认识，从而产生意想不到的效果。国内一些企业"跑、冒、滴、漏"比比皆是，原料、工时的浪费十分严重，致使产品的设计、制造、销售成本居高不下，结果使产销量不断上升，经济效益却不能同步增长，甚至反而下降。日本三菱集团的创始人岩奇弥太郎曾生动地说过："酒桶如果有个大漏洞，谁都会很快发现。但是，桶底如果有些毛发般的小孔，却不太容易被注意到。"细节问题容易被人忽视，但可以造成"千里之堤，溃于蚁穴"的后果。

精细化管理要求每个员工从身边的事做起，从我做起，用心做好每一件小事。如果每一个员工对工作中的每一个细节都能认认真真地去做，企业自然会避免浪费和产生效益。相反，漠视琐细的问题，将会在更琐细的事情上操劳。

9.3 组织创新

任何组织结构在运行一段时间之后都必须进行创新。组织只有创新才能更好地适应组织内外条件的变化。实际上，组织创新是组织发展过程中一项经常性的活动，也因为组织创新具有经常性的特点，有人甚至认为"组织"应该命名为"再组织"，组织创新是任何组织都不可回避的问题，企业一般通过制度创新和层级结构创新来实现组织创新的目标。

9.3.1 组织创新的作用

1. 组织创新的意义

著名管理学家德鲁克指出："创新，即用知识生产新知识，不是美国那么多民间传说所断言的'灵感',也不是孤单的个体在其车库里干得最出色,创新需要系统的努力和高度的组织。"[一]组织创新是指组织在内外动态的环境下,主动调整其组织要素并提高要素竞争能力的一种持续的努力行为。它是一个以知识战略为导向,组织结构为载体,组织文化为底蕴,组织学习为机制的组织知识交流、积累与创新的过程。

组织的生存和发展在很大程度上依赖于其所处的环境,当环境发生变化时,如果组织结构不进行相应的变革,组织的存在和发展必将受到很大的威胁。德鲁克认为,"在大多数情况下,我们做的事是正确的,只是没有效果。为什么会出现这种自相矛盾的情况?原因是时代改变了,组织一直赖以为基础的假设不再符合现实了。"特别是20世纪90年代以来,企业生存和发展的外部环境发生了翻天覆地的变化,现代科技发展的日新月异,产品技术的变化速度日益加快,顾客需求日益多样化和个性化,全球经济趋于一体化,市场竞争日趋激烈,许多企业都在尝试建立新颖的组织结构和管理过程,以适应快速的技术变革与全球化的竞争。因此,德鲁克指出:"现代组织的组成是为了创新……而且现代组织必须将一切旧有的、习惯的、熟悉的和舒适的东西,进行系统化的摒弃,不管它们是一件产品、一种服务、一个过程、一项技术,或是人和社会的关系,还是组织本身。"

就一个组织来讲,只有具有创新能力,不断进行管理、技术、产品和服务创新,增加产品、服务的知识含量,才能在激烈的社会竞争中立于不败之地。唯创新,组织才具有持续发展的动力;唯创新,组织才具有坚韧的生命力。而使组织的创新活动得以维系和顺利开展的强大支撑和保障就是组织的创新机制。

2. 组织创新的影响因素

组织创新的影响因素有组织战略、生产技术、组织规模、组织环境等因素。

(1)组织战略。企业在发展过程中需要不断地对其战略做出调整,组织结构应该紧随新的组织战略做出相应的调整创新,以适应新战略实施的需要。组织战略的变化必然带来组织结构的创新。

组织战略可以在两个层次上影响组织结构:一是不同的战略要求开展不同的业务和管理活动,由此就影响到管理职务和部门的设计;二是战略重点的改变会引起组织业务活动重心的转移和核心职能的改变,从而使各部门、各职务在组织中的相应位置发生变化,相应地就要求对管理职务以及部门之间的关系做出调整。

(2)生产技术。组织的任何活动都需要利用一定的技术和反映一定技术水平的特殊手段来进行。生产技术以及技术设备的水平,不仅影响组织活动的效果和效率,而且会对组织的职务设置与部门划分、部门间的关系以及组织结构的形式和总体特征等产生相当程度的影响。

从生产作业技术来看,组织将投入转化为产出所使用的过程和方法是各不相同的。越是常规化的技术,越需要高度结构化的组织。反之,非常规划的技术,则需要结构灵活性强的组织。

(3)组织规模。组织创新伴随着企业成长的各个时期,不同成长阶段要求不同的组织模式与之相适应,随着组织活动内容的日趋复杂、人数的逐渐增加、组织的规模越来越大,组织结构也必须随之调整才能适应成长后的新情况。管理者如果不能在组织步入新的发展阶段及时地、有针对性地创新其组织结构,势必会影响企业的发展,有效的解决方法便是对企业的组织结构进行创新。

[一] 彼得·德鲁克. 后资本主义社会[M]. 张星岩, 译. 上海: 上海译文出版社, 1998.

（4）组织环境。组织环境的变化是导致组织创新的一个主要影响因素，任何组织作为整个社会经济大系统的一部分，与外部的其他社会经济子系统之间存在着各种各样的联系。随着企业全球化竞争的加剧、产品创新速度的加快以及顾客对产品质量和服务的要求越来越高，以高度复杂性、高度正规化和高度集权化为特点的传统组织很难对迅速变化的环境做出灵敏的反应，目前，许多企业的管理者开始朝着弹性化或有机化的方向改变其组织结构，以适应组织环境的快速变化。

9.3.2 组织创新的内容

组织创新的内容主要有企业制度创新和企业层级结构的创新。

1. 企业制度创新

关于制度创新的定义，普遍的观点认为主要是指创新者为获得潜在利润而对现行制度进行变革的种种措施和对策。

（1）企业制度创新的原因。长期的企业实践证实，导致企业制度创新的原因主要来源于两点：利润和制度变迁。

利润是制度创新的第一原因，制度创新是一种组织特定的行为变化，许多外在性变化促成了利润的形成，而这些潜在的外部利润无法在现有的制度框架结构内实现，为获取潜在利润，就要克服这些障碍，从而导致了一种新的制度形成。如果制度创新的预期净收益超过预期成本，一项制度就会被创新。制度变迁是诱发企业制度创新的另一个原因，制度变迁理论认为，造成制度变迁的原因是多方面的，可能是为消除和分散社会或经济风险，节约交易费用，或者是因为资源禀赋的改变、技术的进步、外部经济内部化、收入的预期变化及重新安排，也可能是来自政府的外在推动等。如果与制度有关的不同利益主体对制度变迁的预期净收益超过预期的成本，也可能导致制度创新。

（2）企业制度创新的内容。企业是创新的主体，科技的进步推动了企业由生产型到经营型再到创新型的变革，创新型企业与一般的生产型企业和经营型企业有很多的不同，它在内部实现研究和开发的制度化，把研究开发作为企业的核心职能之一；创新型企业的发展目标、运行机制、企业的管理等都完全依靠企业创新，而制度创新则成为了一切创新的基础和前提。

企业制度创新的内容主要有组织形式创新、产权制度创新、企业文化创新三项内容。[1]企业产权制度主要指企业财产权属关系，我国目前的产权制度创新主要是指股份制的建立；企业文化创新主要是指企业在发展过程中着力培养和形成的有别于其他企业文化的结果。

企业家创新的目的是扩充自己的财富、权力、地位，而会将其他的因素放在次要的位置。因此，虽然企业创新的内容清单理论上还可以有很多，而在实践中相对较少。

2. 企业层级结构的创新

层级结构是组织结构的伟大创新，19世纪下半叶以后在工业企业中开始得到广泛的运用，企业在利用制度结构规范参与者类群之间权利与利益关系的同时，试图通过层级结构来规范作为单个成员的参与者在企业活动中的关系和行为。

（1）企业层级结构及其特征。随着企业规模的扩大和环境的日趋复杂，管理者很难只借助个人的知识和能力应对企业的需要，要使员工的活动有序进行，必须对这些人的劳动进行指挥和协调，开始只在政府组织中运用的层级结构便是在这样的背景下逐渐被移植到

---

[1] 方时姣. 企业创新与构建企业创新体系［J］. 财经政法资讯，2002（4）：20-22.

工业经济中来的。

作为企业的主要组织形式，层级结构曾表现出如下主要特征：直接指挥，分层授权；分工细致，权责明确；标准统一，关系正式。

1）直接指挥，分层授权。在层级结构中，由于企业的最高行政长官的时间与精力有限，他的有效管理幅度也是有限的，因此必须把本应属于自己的部分工作及相关的权力委托给一些部属去完成和行使。部属由于同样的原因必须将工作与权力进行再分解、再委托，组织便形成一个层级结构的金字塔。层级组织的基本特征便是利用直线指挥与分层授权来规范成员之间的关系，从而影响他们在企业活动中的行为表现。

2）分工细致，权责明确。层级结构的企业实行细致的劳动分工，分工原则不仅体现在与产品制造过程相关的生产劳动中，而且还体现在与生产过程协调有关的管理劳动中。分工劳动使生产者与管理者的知识和技能不断得到完善，相关劳动的熟练程度不断得到提高，从而促进了组织劳动生产率的增长。分工劳动不仅严格规定了组织成员应该履行的职责，而且还明确了相应职务的工作人员为履行其职责而可以行使的权利。

3）标准统一，关系正式。首先，"标准统一"是作业方法的标准化。这种标准化也逐渐被移植到管理劳动的组织中，在处理同类的管理业务时，组织成员都要按照一套标准的程序和方法来操作。其次，"标准统一"还表现为企业政策的一致性，政策和规则的一致性不仅决定了企业组织能以整齐划一的方式来表现其行为，还使组织中各部门、各层次的管理人员之间的关系不具有感情色彩，组织所倚重的是角色之间的正式关系，而不是个人之间的非正式关系。目前，许多企业所采用的事业部制也是层级结构的，事业部制企业可以被看做传统直线组织的联盟，因为每一个事业部都是按照上述基本特点组织起来的。

（2）企业层级结构的创新。随着消费者消费理念的日趋成熟，企业经营环境日益复杂，标准化生产和一致性政策很难使企业适应市场多样化的个性需求，市场频繁的变化要求企业活动的内容与方式进行及时的调整。满足个性化的消费需求，要求企业生产组织更具有弹性，活动内容与方式的适应性调整则要求相关的权力从管理中枢向下分散。实际上，只要与外部环境直接相连的那些部分有调整的权力，这种调整就有可能是适时有效的。因此，新形势下的层级结构必须进行改革创新。

有人认为，这种组织的基本雏形可能就是目前已在一些高科技企业中出现的网络组织。这种组织将企业视为一组为完成特定任务而组成的横向工序流，而不是纵向的由各个职能部门组成的层级结构，网络结构主要有以下表现：

1）在结构上是由各工作单元组成的联盟，而不是严格的等级排列。

2）企业成员在网络组织中的角色不是固定的，而是动态变化的。

3）企业成员在网络结构中的权力地位不是取决于其职位，而是来自他们拥有的不同知识。

网络结构中的各个工作单元都是一个权力中心，能够针对市场变化及时地进行调整；每个工作单元都与其他单元保持广泛的联系，不仅促进了知识与经验的交流，而且使各工作单元的适应性调整有充分的知识和信息基础，因此，网络结构往往是适应型的、学习型的组织结构。

9.3.3 组织创新的方法

1. 组织创新的过程

组织创新的完成一般需要五个步骤：组织诊断、创新设计、方案实施、创新巩固和创新评价。

(1) 组织诊断。这是组织创新的第一阶段，其主要任务是结合企业内外部环境的分析，并对现有组织进行全面定位。组织定位包括两个方面的工作：一方面是对企业战略结构和文化进行分别定位；另一方面则是确定企业战略结构和文化之间的匹配状况。

(2) 创新设计。这一阶段是在确定了组织状况、选择了组织创新的主导模式之后，具体完成组织创新模式的设计和实现主导创新模式的详细实施步骤，以及操作方案的设计阶段。在组织设计阶段，首先，根据组织定位的现状和组织创新目标的需要，考虑内外环境的发展变化趋势，设计出企业组织创新的目标组织模式；其次，要设计出已选择的主导组织创新模式的具体实现步骤和文化创新步骤，创新设计阶段的工作主要体现为一种计划性工作，它是顺利实现企业组织创新的重要保证。同时，任何一项组织的创新活动或多或少会面临来自组织自身及其成员一定程度上的抵制。因此，创新设计阶段需要有一个解冻过程作为实施创新的前奏。解冻阶段的主要任务是发现组织创新的动力，营造危机感，塑造出改革乃是大势所趋的气氛。

(3) 方案实施。这一阶段要根据创新设计的要求，并结合现实组织创新的内外环境变化情况有计划分步骤地推进创新设计方案。根据已选择的主导创新模式的不同可能先从战略调整开始，也可能先从结构变革开始，还可能先从文化改革开始，然后逐层推进。组织创新方案的实施阶段包括两个子阶段：一是试验阶段，二是推广阶段。这是因为组织创新的涉及面比较广泛，组织中的联系相当错综复杂，往往"牵一发而动全身"，这种状况使得组织创新方案在全面付诸实践之前一般要先进行一定范围的典型试验，以便总结经验，修正进一步的创新方案。在试验取得初步成效后，再进入大规模的全面实施阶段。还有另一个好处，那就是可以使一部分对创新尚有疑虑的人能在试验阶段便及早地看到或感觉到组织创新的潜在效益，从而有利于争取更多组织成员在思想和行动上支持所要进行的组织创新，并踊跃跻身创新的行列，由此实现从创新观望者、反对者向创新的积极支持者和参与者转变。

(4) 创新巩固。从根本上说，涉及人的行为和态度的组织创新只有在前面有个解冻措施且后面又有个巩固阶段的条件下，创新才有可能真正实现。现实中经常出现组织创新行动发生后，个人和组织都有一种退回到原有习惯的行为方式中的倾向。为了避免出现这种情况，创新的管理者就必须采取措施，保证新的行为方式和组织形态能够不断地得到强化。缺乏创新巩固这一过程，创新的成果就有可能退化，甚至消失，而且对组织及其成员也将只有短暂的影响，又导致组成成员对组织创新习惯性消极的态度。

(5) 创新评价。创新方案的实施并不是组织创新的终结，及时而又全面的创新评价是组织创新中至关重要的环节。创新评价不仅可以进一步了解创新设计的合理性与方案实施的有效性，为以后的组织创新提供借鉴，而且还进一步明确创新结果的现实意义，以便决定是否进行进一步的改良性渐进创新，使之发挥更大的作用。

2. 组织创新的趋势

(1) 学习型组织。学习型组织的概念作为组织创新的一种有效模式盛行于20世纪90年代，它随着美国麻省理工学院教授、新一代管理大师彼得·圣吉的经典著作《第五项修炼》而风靡世界，学习型组织是一种过程，通过这一过程，组织成员能够对组织环境及两者之间的关系获得一致的认识，使组织能够更好地行动，从而积极主动地进行组织创新，实现组织绩效的提高。⊖

⊖ 彼得·圣吉.《第五项修炼：思考、演练与超越》（实践篇）（Ⅱ）. 台北：天下文化出版股份有限公司，1995：400.

1）学习型组织的特点。组织的目标不再以"战略规划"为指导,而是由共同的愿景驱动。

组织的决策权不再集中在最高层,而是向组织的基层移动,使基层的决策与执行得到有效的统一,给基层人员行动的自由,让他们去实现他们自己的构想,并对所产生的结果负责。

组织与个人之间不再是通过契约来联结,而是通过盟约把组织与个人联成一个不可分割的整体。

组织的员工不再持有"工具性"工作观,而是改为精神性工作观。在工作中寻求工作的内在价值,而不是把工作作为达到目的的手段,

组织的员工不再是遵从地去完成指定任务,而是抱着奉献的精神去积极创造新价值。

组织不再制定详细的规则并强调员工执行,而是通过组织学习,建立共同愿景,形成共享的心智模式,自觉地创造新价值。

从学习型组织的这些特点可以看出,通过组织学习的确可以实现组织的创新。通过组织学习成为学习型组织的组织不再是多层级的纵向管理,而是层级很少的自我管理,呈现出扁平的形式。

2）我国企业如何通过学习型组织进行组织创新。知识经济时代,我国企业如何建立学习型组织这个命题的实质其实就是:如何把组织学习机制融入到组织创新过程的每个环节之中。

我国企业要通过组织学习进行组织创新,应该在组织新愿景的引导下,通过企业不同子系统及不同职能部门的双向式学习,很快地接受并适应组织的新愿景、新规范和新要求,以使组织迅速把握技术机会和市场机会,从而能够不断地以产品创新和服务创新为自己赢得生存空间。在组织创新的不同阶段,学习机制将会有不同的形式,如,在组织创新思想形成阶段,有以获取新的组织知识为主导的学习形式;在组织诊断与模式选择阶段,则主要表现为在观念震荡中学习;在创新设计与时机选择阶段,又主要是在组织冲突中学习;而在实施阶段、巩固阶段,以及创新评价阶段,学习的主导形式是在组织重新社会化中学习等。

（2）网络化和虚拟化组织。组织的网络化是 20 世纪 90 年代初伴随着信息技术革命的到来而产生的一项组织创新。它是以网络技术为基础,通过企业组织间关系的改变,而实现企业组织创新的一种有效方式。组织的网络化实际上是以某一核心企业组织为主体,通过一定的目标利用一定的手段把一些相关企业组织联结起来,形成一个合作性的企业组织群体。在该组织群体中,每个组织都是独立的,它们通过长期契约和信任,与核心组织联结在一起,形成命运共同体。

组织的虚拟化是以 IT 网络为技术支撑的组织网络化的极端形式,但它与网络化又不完全相同,它是纯粹依赖网络技术革命而实现组织创新的一种有效方式。

组织的虚拟化与网络化的区别之一在于它们对网络技术的依赖程度不同,组织的网络化离开现代网络技术还可以存在,而组织的虚拟化离开了现代网络技术寸步难行;另一个重要区别在于它们维持成员之间合作关系的时间不同,组织的网络化所建立的合作关系较长久,成员之间有着长期共同目标,而组织的虚拟化所建立的合作关系时间较短,组织成员之间很难说有共同的目标。

1）网络化组织的特点。网络化组织的建立往往沿着价值链进行,把某产品或服务的价值链上的有关组织联合起来共创更大的价值。

网络化组织把多个相关组织联结起来,这种联结所需要的不是相关组织本身,而是它所

能承担的一定职能。

网络化组织以经纪人组织为核心,主要通过契约联结起来。

网络化组织的各成员组织之间的合作建立在完全信任的基础之上,而这种信任的建立又是以完全的信息共享为前提。

上述特点表明,组织的网络化所创造出的网络型组织是一种全新的组织形态,是实现组织创新的有效方式之一,与传统的以集中控制为主的垂直型组织完全不同,它是以协调为主多组织联合体的扁平组织。

2)虚拟化组织的特点。虚拟化组织以IT网络为基础,分别形成内部网络与外部网络把组织内的雇员、有关组织间的雇员以及顾客联结在一起,组织的价值就是利用这种动态网络的运行而创造的。

虚拟化组织是为了迎合明确的时间机遇或预期的时间机遇而产生的,其本质是为了获得基于时间的竞争优势。

虚拟化组织的成员合作时间很短,成员的变动性很大,信任不仅是虚拟组织的重要特征,更是虚拟组织得以建立与运作的前提,是虚拟组织的核心内容。

虚拟化组织的基本单位是个人及小组,一些有专业知识技术的成员有着特别重要的地位,因此,在这种组织中十分强调人本管理的思想。

3)我国企业如何利用组织的网络化和虚拟化进行组织创新。现阶段我国企业不仅面临着来自国内行业和国际市场的市场竞争压力,同时还普遍存在着资金不足、人力资源相对匮乏等制约企业发展的瓶颈。在这种情况下,企业就必须对资源进行有效整合,迅速增强核心竞争力,沿着价值链进行组织资源的优化组合,以网络化和虚拟化组织为模式进行组织创新,为企业技术创新提供良好的组织环境。我国企业进行组织的网络化与虚拟化,不一定要建立完全意义的虚拟企业,但是可以在制造、设计及客户关系管理等方面应用网络化与虚拟化组织与管理模式。

(3)分立化组织。随着市场竞争日益激烈,环境变化越来越快,组织经营管理的难度越来越大,企业一方面希望通过不断扩大规模、提高实力;另一方面又在扩大规模的同时,化整为零,提高企业的灵活性,即使组织分立化。所谓分立化是指从一个大公司里再分离出几个小的公司,把公司部门与下属单位之间的内部性的上下级关系变为类似于外部性的公司与公司之间的关系。

1)分立化组织的特点。分立化是以一种市场平等关系来联结公司总部与所属各个分公司和子公司之间的关系。

分立化是在产权关系上进行的变革,公司总部对所分立的各个分公司和子公司通过股权投资和股东管理等手段进行控制。

通过分立化所形成的各个分公司和子公司是独立的法人实体,拥有完全的独立经营地位。

通过以上特点的介绍,我们可以看到实行分立化组织结构具有明显的优越性:一是增强了各公司的自主权,也增强了各自的进取精神;二是减少了企业管理层次,精简机构;三是信息传递快,具有较强的应变能力和较大的灵活性;四是各部门间平等,无上下级关系,有利于相互配合协调,提高效率。

2)我国企业如何通过分立化进行组织创新。20世纪80年代以来,许多大型企业实行的层级制组织模式已不能适应环境变化的需要,因此,各种从根本上代替层级制的组织手段不断出现。在企业内部的运作中,这种变革的趋势之一是用市场机制代替层级制的行政机制,这就是分立化的变革方向。对企业组织进行分立化可以采取两种方式:一种方式是横向分立,另一种方式是纵向分立。横向分立即按照产品的不同种类进行分立,往往是将一些有发展前途的产品分离出来,成立独立的子公司,选派有技术、懂管理的人去经营。比如,德国的西门子公司就是一个集电气、机械制造、电子计算机、医疗设备、通信设备等涉及多种行业为一体的公司。纵向分立的企业不仅仅从事多品种经营,而且对同一种产品也进行上下游分离,即按照同一产品的不同生产阶段进行分立。

(4) 柔性化组织。组织的柔性化是指企业具有参与国际竞争,对意外的变化不断反应,适时根据可预期变化的意外结果迅速进行调整的能力。顾客快速多变的个性化需求与激烈的市场竞争环境所形成的微利时代给企业的生产经营带来巨大的挑战,因此,组织结构应保持高度的灵活性,能够根据市场的变化而实现自动调整,避免由于过于钢性而导致组织结构的僵化。新型的柔性组织系统一般以多级组织出现,在这种多级组织中,各业务单元都是相对独立的单位,它们与组织核心机构处于一种平等的地位,组织中的各项具体业务由各业务单元完成,核心机构为各业务单元顺利完成各项工作提供支持。

1) 柔性化组织的特点。人本管理是柔性化组织的核心特征,它强调"以人为中心",在组织中充分调动人的主动性、创造性和积极性。

越来越主动重视企业形象的树立,组织在环境多变的情况下,始终保持较强的竞争力。

不要求企业组织完全按照某种组织模式去经营生产,要根据组织所处的内外部环境进行弹性权变。

2) 我国企业如何通过柔性化进行组织创新。一般而言,企业组织柔性是建立在以下三种能力的灵活运用之上的。一是用市场机制来协调大量各营利单位的能力。这就要求企业拥有一套有效的激励机制和相应的财务核算系统,以及有效的信息系统。二是大跨度业务单位的网络能力。这种能力需要以统一的人力资源政策来加以支撑,使得企业能够对其拥有的人力资源进行灵活的调配。三是与合作伙伴的外部联系的网络能力。企业需要具有与其他企业建立知识联盟以实现优势互补的能力,同时能够以内部联系的网络与这种联盟结合起来,以创造新的竞争优势。

9.4 创新的实施

9.4.1 创新的实施过程

要进行有效的创新,就必须研究和揭示创新规律。创新是对旧事物的否定,所以要突破原有的制度,打破原先的秩序。创新的同时又是对新事物的探索,创新者只有在不断的尝试中才能寻找到新的突破。

创新的过程可以分为以下几个阶段。

1. 寻找机会

创新是对原有秩序的破坏。原有秩序之所以要打破,是因为其内部存在着或出现了某种不协调的现象,这些不协调的现象为组织的发展提供了有利的机会或造成了不利的威胁。创新活动正是从发现和利用旧秩序内部的这些不协调现象开始的。不协调为创新提供了契机,企业的创新,往往是从密切地注视、系统地分析社会经济组织在运行过程中出现的不协调现象开始的。

旧秩序中的不协调既可能存在于系统的内部,也可能存在于对系统有影响的外部。就系统内部而言,引发创新的不协调现象主要有以下几种:

(1) 生产经营中的瓶颈。这些瓶颈可能影响了劳动生产率的提高或劳动积极性的发挥,困扰着企业管理人员。这种卡壳环节，既可能是某种材料的质地不够理想，始终找不到替代品，也可能是某种工艺加工方法不够完善，或者是某种分配制度不够合理。

（2）企业意外的成功或者失败。出乎企业意料的成功或者失败，往往可以把企业从原先的思维模式中驱赶出来，从而可以成为企业创新的一个重要源泉。

就系统的外部而言，有可能成为创新契机的变化主要有以下几种：

（1）技术的变化。它可能影响企业资源的获取、生产设备和产品的技术水平。

（2）人口的变化。它可能影响劳动力市场的供给和产品销售市场的需求。

（3）宏观经济环境的变化。迅速变化的经济背景可能给企业带来不断扩大的市场，而整个国民经济的萧条则可能降低企业产品需求者的购买能力。

（4）文化与价值观念的转变。它可能改变消费者的消费偏好或劳动者对工作及报酬的态度。

2. 提出构想

敏锐地观察到了不协调现象以后，就要透视现象究其原因，分析和预测不协调的未来变化趋势，估计它们可能给组织带来的积极或消极的后果，并在此基础上，努力利用机会将威胁转换为机会，采用头脑风暴法等方法，提出多种创新构想来解决问题，消除不协调的方案，是系统在更高层次上实现平衡的必然途径。

3. 迅速行动

创新成功的秘诀在于迅速行动。构想的提出可能还不够完善，甚至可能很不完善，但这种并非十全十美的构想必须立即付诸行动才有意义。

"没有行动的思想会自生自灭"，这句话对于创新思想尤为重要，一味追求完美，以减少受讥讽、被攻击的机会，就可能坐失良机，把创新的机会白白地送给自己的竞争对手。创新的构想只有在不断的尝试中才能逐渐完善，企业只有迅速地行动才能有效地利用"不协调"提供的创新机会。

4. 坚持不懈

构想经过尝试才能成熟，而尝试是有风险的，是不可能"一击即中"的，是可能失败的。创新的过程是不断尝试、不断失败和不断提高的过程。因此，创新者在开始行动以后，为取得最终的成功，必须坚定不移地继续下去，绝不能半途而废，否则便会前功尽弃。

要在创新中坚持下去，创新者必须有足够的信心，有较强的忍耐力，能正确对待尝试过程中的失败，既为减少失误或消除失误后的影响采取必要的预防或纠正措施，又不把一次尝试的失利看成整个创新的失败。

9.4.2 创新的风险防范

创新是有风险的，但风险在一定程度和一定范围内也是可以防范的。

1. 切忌盲目创新

创新是企业取得优势的根本途径。当前企业的生存与发展越来越离不开管理创新、组织创新，以及技术创新。就在所有企业对创新顶礼膜拜的同时，一些企业却走向了另一个极端：盲目创新。实际上，盲目创新同样会导致企业创新危机，如世界著名的可口可乐公司就在盲目创新上栽过跟头。因此，要想防范企业创新危机，最重要的一条是：切忌盲目创新。

2. 学会容忍失败

有创新就会有创新失败，要想实现创新成功，就必须学会容忍失败。美国著名日化企业强生公司的伯克指出强生的信条之一就是："你必须愿意接受失败。"对创新失败的容忍精神已成为杰出公司的精神内涵之一，而且直接由公司高层灌输培养这种精神。企业的每一次创新都必须经历无数次的试验，并遭受多次失败，否则就无法从失败中取得成功。不过，最值得注意的是，经常性沟通能将失败所带来的打击与惩罚减少到最低程度。企业的创新人才也是需要有适当的环境才能造就出来，如公司的企业文化、多重的支援系统和对失败的容忍态度等，企业需要鼓励培养的是一群努力不懈的创新人才，而不只是培养几个富有创意的奇才。为提高企业竞争力，就必须加快行动，缩短创新周期，而懒散迟钝是快速创新的大敌。企业创新就意味着与新的未尝试过的事物打交道，这样一来，在日益复杂的局面下进行创新就可能会产生失败。创新速度的加快也是失败的原因之一。反言之，加快创新速度的魔方就是：更多的失败，更快的失败。

3. 纠正技术至上意识

技术至上意识，是企业经营管理者由于以往职业的长期熏陶，以致对企业技术发展与技术创新尤为敏感而产生的一种意念。这是技术出身的管理人员容易产生的一种错误意识。当创新实现时，常常自以为胜券在握，即使遇到挫折，也坚信只要技术上先进，经营一定会成功。这种所谓的技术至上意识，不是管理专家所持的态度。创新意识，不仅仅只是技术上的逻辑，若要将它实践化、商业化，还要面对经营过程中更多的非技术因素。这些非技术因素所带来的经营艰辛程度，是很难用"纯技术性思考"去想象的。换句话说，如果企业只重视技术因素，而忽视其他非技术因素，仍有可能引发企业创新危机。要避免这一问题，就必须纠正技术至上的错误意识。企业在创新活动中，应当依照消费者的偏好与习惯性来进行创新，而不能只凭着企业自身的想象去经营产品。唯有如此，才可能防止创新中各种因素的干扰，真正防范创新的风险。

总之，现代企业的本质特征就是创新，企业只有在不断的创新中，才能提高其市场应变能力和竞争力，才能获得更多的利润和市场占有率，才能推动社会进步和经济发展。创新是企业的生命所在，不会创新的企业是注定要失败的。虽然创新风险是客观存在、不可完全消除的，但企业可以采取一定的措施来防范创新风险，降低创新风险发生的概率，减少风险的损失。

思考题

1. 简述创新的基本概念。
2. 简述创新的常用方法及其特点。
3. 试举一个移植创新的管理事例。
4. 结合实际，谈谈企业创新主要包括哪几方面的内容。
5. 简述管理创新的主要内容。
6. 查找国内外知名企业管理创新的资料，选择一个案例进行分析。
7. 简述组织创新的主要内容。
8. 结合组织创新的方法，简单设计一个组织创新方案。
9. 简述创新的实施过程。
10. 简述创新风险防范的主要内容。

案例分析

领先全球的"中国制造"

中集集团的全称是中国国际海运集装箱（集团）股份有限公司，在中国的制造业企业中，能够真正走出去参与国际竞争，在国际竞争中立于不败之地并占有相当大市场份额的企业并不多见，中集集团就是这样的企业。中集集团是全球规模最大、品种最齐全的集装箱制造企业，是全球集装箱制造业唯一能提供所有品种、全部拥有自主知识产权的企业，自1996年以来，中集集团的集装箱产销量一直稳居世界第一。2009年12月，中集集团入选由全球领先的财经杂志《巴菲特杂志》、《世界经济学人周刊》和世界权威的品牌价值研究机构——世界企业竞争力实验室联合举办的"2009年（第六届）中国25家最受尊敬上市公司"大奖。

中集集团初创于1980年1月，最初由香港招商局和丹麦宝隆洋行合资组建，是中国最早的集装箱专业生产厂和最早的中外合资企业之一，1986年，公司由于管理不善加之市场不景气而濒临倒闭，1987年，中集集团重组为中远、招商局、宝隆洋行的三方合资企业。1990年，公司开始与日本住友商社合作，当麦伯良首次以公司总经理的身份访问住友商社时，日方反应冷淡，他被安排与日方接待人员同住价格低廉的旅馆。但冷遇反而激发了麦伯良的斗志，经过一年多的说服等待，无数次的技术磋商，1991年年底，中集集团终于接到了日本邮船公司的第一批集装箱订单，这是中集集装箱首次在世界市场崭露头角。同时，麦伯良开始在中集内部大刀阔斧地推行质量和行政改革，并以自己的卓越表现赢得了日方的尊重。经过几年的努力，到1996年，中集集团的集装箱产量超过日韩企业，成为世界第一。

2000年，中集集团的集装箱产量达到了100万箱，数量超过世界市场第二、三名的总和，从资产规模、产销量到市场占有率，中集集团都实现了质的飞跃。2003年，广州新机场向全世界招标登机廊桥工程，世界一流企业云集广州，中集集团参与竞标却落选了，中标的是一家德国公司。但老总麦伯良却不服气，为了这个项目跑了无数趟，并把价格降到低于竞争对手30%，最后争取到了50%的工程，另一半的承包方是那家德国公司。开工典礼时，麦伯良亲自前往，和中集员工一起现场宣誓，要奉献精品工程。一期工程结束，专家验收结果是中集的产品优于德国公司的产品。此结果一出，广州机场方面承诺第二期工程全部采用中集的产品。麦伯良说：我只想证明一点，到底中集的登机桥产品是不是世界一流水平，中国制造为什么不能是世界一流？

从2002年开始，中集集团通过一系列的收购行动为进入半挂车和专用车行业布局谋篇，先后收购了扬州通华专用股份有限公司、济南考格尔特种汽车有限公司及美国HPA MONON公司股权，建立起覆盖北美及中国的15个生产基地，形成年产20万辆专用汽车的生产规模。之后，中集集团又先后发展起罐式储运设备、机场设备、特殊船舶和海洋工程的建造业务。麦伯良希望带领中集集团到更广阔的市场上去争夺更多的世界第一。

公司的掌舵人麦伯良是一个富有感召力的人，无论是高管还是普通员工都会在瞬间被他们老总激发起斗志和勇气。麦伯良说：成功必须紧紧抓住两条，即执著和脚踏实地。他认为，人这一辈子做成一件事已经了不得了。很多人今天喜欢这个明天喜欢那个，那样很难成功。

资料来源：根据梁慧娴的《大胜局》一书中的部分材料编写。

案例思考题
1. 中集集团成功的主要因素是什么？
2. 中集集团今后应如何发展才能更加辉煌？如何才能避免像一些昙花一现的企业那样掉入"发展的陷阱"？
3. 中集集团的管理创新有哪些值得借鉴的内容？

本章知识结构图

本章主要内容和知识点归纳如下（见图 9-1）。

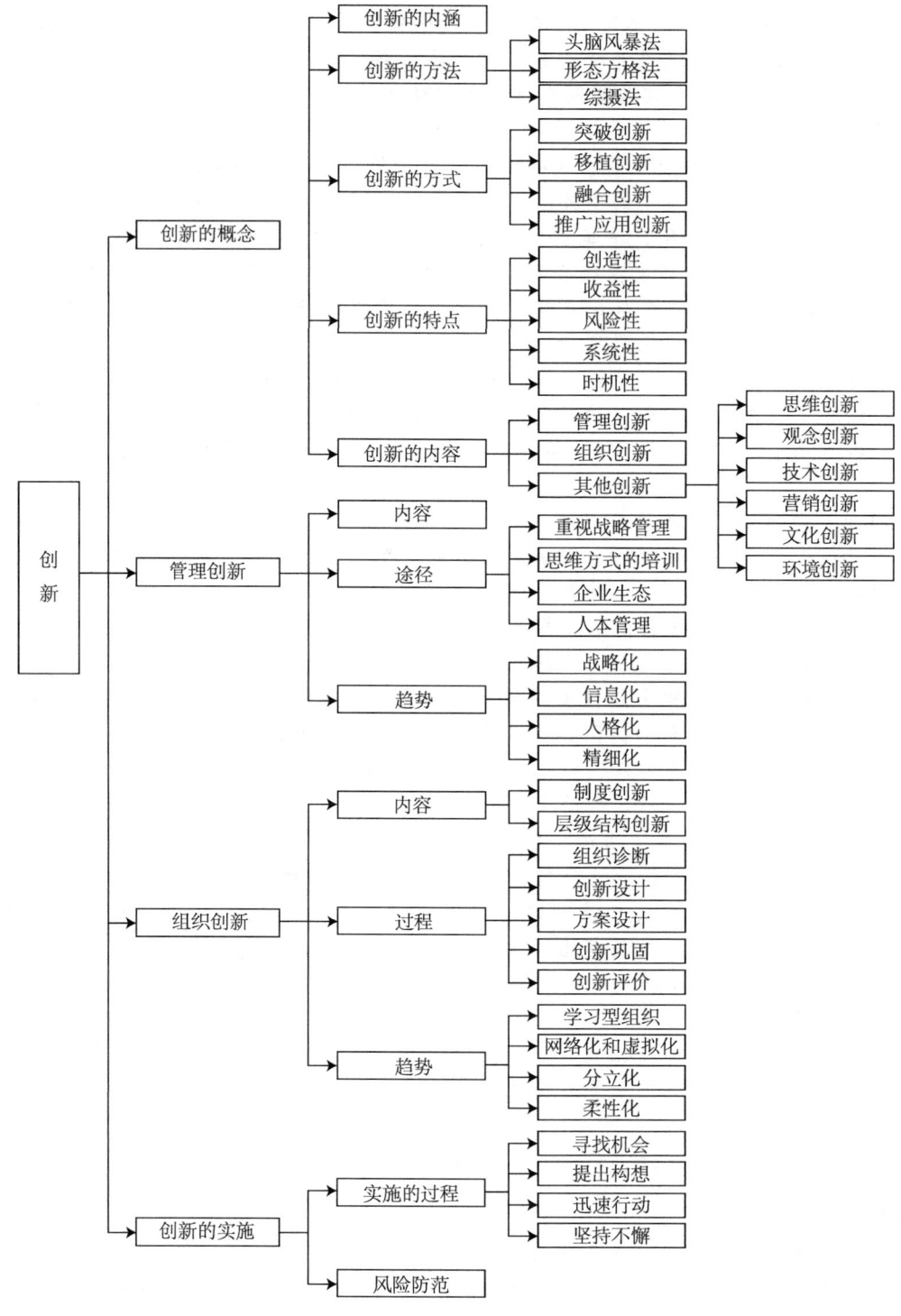

图 9-1 本章主要内容和知识点

CHAPTER 10 第 10 章

沟 通

管理格言 >>>>>>

有效的沟通取决于沟通者对议题的充分掌握,而非措辞的甜美。

——葛洛夫

管理故事 >>>>>>

三位小贩的沟通策略

一天,一位老太太拎着篮子去楼下的菜市场买水果。她来到第一个小贩的水果摊前问道:"这李子怎么样?"

"我的李子又大又甜,特别好吃。"小贩回答。

老太太摇了摇头没有买。她向另外一个小贩走去问道:"你的李子好吃吗?""我这里是李子专卖,各种各样的李子都有,您想要什么样的李子?""我要买酸一点的。""我这篮李子酸得咬一口就流口水,您要多少?""来一斤吧。"

老太太买完李子继续在市场中逛,又看到一个小贩的摊上也有李子,又大又圆非常抢眼,便问水果摊后的小贩:"你的李子多少钱一斤?""您好,您问哪种李子?""我要酸一点的。""别人买李子都要又大又甜的,您为什么要酸的李子呢?""我儿媳妇要生孩子了,想吃酸的。""老太太,您对儿媳妇真体贴,她想吃酸的,说明她一定能给您生个大胖孙子。您要多少?""我再来一斤吧。"老太太被小贩说得很高兴,便又买了一斤。小贩一边称李子一边继续问:"您知道孕妇最需要什么营养吗?""不知道。""孕妇特别需要补充维生素。您知道哪种水果含维生素最多吗?""不清楚。""猕猴桃含有多种维生素,特别适合孕妇。您要给您儿媳妇天天吃猕猴桃,她一高兴,说不定能一下给您生出一对双胞胎。""是吗?好啊,那我就再来一斤猕猴桃。""您人真好,谁摊上您这样的婆婆,一定有福气。"小贩开始给老太太称猕猴桃,嘴里也不闲着:"我每天都在这儿摆摊,水果都是当天从批发市场找新鲜的批发来的,您媳妇要是吃好了,您再来。""行。"老太太被小贩说得高兴,提了水果边付账边应承着。

资料来源:摘自《管理沟通——成功管理的基石》,魏江、严进编著,机械工业出版社,2010年第2版。

随着计算机、通信等技术的日益发展以及网络的普及,信息处理和传递突破了时间和地域的局限,改变着人们的思维和生活方式以及企业的经营与管理模式,对经济增长和社会演变产生深刻而广泛的影响。信息已经成为决策、管理、控制和执行等各个环节不可或缺甚至起决定性作用的因素。

10.1 沟通概述

10.1.1 沟通的含义

管理的各个方面都离不开沟通，都需要建立在信息有效传递的基础上。由于个体和组织的差异，要保持成员间的协调一致，产生协同效应以顺利实现组织的目标，就必须消除个体和组织的信息传递障碍，化解各种因沟通不足而引发的管理冲突。沟通是指两个或者两个以上的人交流并理解信息的过程，沟通并不只是传达信息。假设办公楼里有三位管理者，其中一位总是叫下属进来帮忙，可是没有人，但她还是不停地叫。第二位打电话吩咐下属，但电话杂音使下属没有听清楚关键的数字。第三位在办公室里同下属交谈，后者清楚地理解了她的意思。这三位管理者都是在进行沟通，方法却不相同。上述的三位管理者中，第一位没有进行沟通，第二位的沟通不是有效的，只有第三位进行了有效沟通。

沟通是信息凭借一定符号载体，在个人或群体间从发送者到接收者进行传递，并获取理解的过程。正确理解沟通的定义，需把握以下几点：①沟通是意义的传递；②有效的沟通是双方能准确理解信息的含义；③沟通是一个双向、互动的反馈和理解过程。

有效沟通是指当两个人相互作用时，他们都站在对方的立场来考虑问题，努力使自己对世界的感知与对方相同，尽量预测对方会做出何种反应。相互作用包括具有互惠性质的角色互换和互相采纳对方的移情技巧。相互作用的目的是将自己和对方融合在一起，这是根据自我和他人的共同需要来期待、预言与采取行动的完美的能力。

10.1.2 沟通的类型

1. 按照沟通的组织系统分类

按照沟通的组织系统，沟通可分为正式沟通和非正式沟通。正式沟通是指按照正式的组织系统与层次进行沟通；非正式沟通则是以企业非正式组织系统或个人为渠道进行的沟通。

2. 按照沟通的功能分类

按照功能划分，沟通可以分为工具式沟通和感情式沟通。工具式沟通指发送者将信息、知识、想法和要求传达给接收者，目的是影响和改变接收者的行为，实现企业的目标；感情式沟通指沟通双方表达情感，获得对方精神上的同情和谅解，最终改善相互间的人际关系。

3. 按照沟通的方法分类

按照方法分类，沟通可分为：书面沟通、口头沟通、非言语沟通和电子沟通。

（1）口头沟通是面对面的交谈、群体讨论、电话交谈和其他环境下进行的以言说的词语传达意义的行为。口头沟通的优点是用途广泛，信息传递迅速，可在最短的时间里直接得到对方的反馈，并有再直接阐述自己观点的机会。但是，由于传递信息缺乏正式的渠道，易失真且核实困难。当信息经过多人传递时，由于每个人都以自己的方式来解释信息，到最后信息内容可能发生很大歪曲。

（2）书面沟通是以报告、备忘录、信件、组织内发行的期刊、布告栏及其他任何传递书面文字或符号的手段进行传达意义的行为。书面沟通比较规范，信息传递的准确度高、传递范围广，沟通记录便于保存，可反复阅读以增强理解，可以克服口头沟通中所存在的许多问题，但书面沟通最大的问题是耗费时间较多，同样时间的交流，口头沟通比书面沟通所传达的信息要多得多，而且书面沟通缺乏及时反馈。

（3）非言语沟通是指非口头和非书面形式进行的沟通，形式主要有体态语言、语调和物体的操纵以及环境的布置等方式。体态语言主要指动态无声的手势、面部表情、目光或者是静态无声的身体姿势、空间距离及衣着打扮等。由于语音表达方式的变化，尤其是语调的变化，可以使字面相同的一句话具有完全不同的含义。人们也能通过物体的运用、环境的布置等手段进行非言语沟通。非言语沟通作为一种辅助的沟通方式，对信息的传递有着非常重要的作用。

（4）电子沟通是以电子符号的形式通过电子媒体进行的沟通，如电报、电话、电子邮件、计算机网络和录音录像等。电子沟通的优点是传递信息快、信息容量大、一份信息可以同时传递给多人等，但存在缺乏情感和丰富体态语言的表达、不能及时使信息得到反馈等缺点。随着信息和通信技术的发展，电子媒体在现代信息沟通中扮演着越来越重要的角色。

4. 按照沟通的流动方向分类

按照沟通的流动方向，沟通可分为下行沟通、上行沟通和平行沟通。下行沟通指上级将信息传达给下级，是由上而下的沟通。上行沟通指下级将信息传达给上级，是由下而上的沟通。平行沟通指同级之间横向的信息传递，也称为横向沟通。

5. 按照沟通方向的可逆性分类

按照是否进行反馈，沟通可分为单向沟通和双向沟通。一般来说，单向沟通是朝着一个方向的沟通。它的特点是速度快、秩序好、无反馈、无逆向沟通，但实收率低，接收者容易产生挫折、埋怨和抗拒。双向沟通是指来回反馈式的沟通，比如一个人将信息告诉另一个人，另一个人经过自己的思维又将自己的感觉告诉前一个人，如此往复，这就是双向沟通。双向沟通速度慢、气氛活跃、有反馈、实收率高，接收者能表达意见，人际关系好，但传达者有心理压力。

6. 按沟通渠道所形成的网络分类

这种分类方法将沟通划分为五种类型：链式、轮式、Y式、环式和全通道式。

（1）在一个组织系统中，链式沟通相当于一个纵向沟通网络，代表组织的各级层次自上而下或自下而上传递信息。这种网络表示组织中主管人员与下级部属之间存在若干管理者，属于控制型结构。在这种单线串联连接的沟通网络中，成员之间的联系面很窄，平均满意度较低。信息经层层传递、筛选，容易失真。在现实组织中，严格按直线职权关系和指挥链系统而在各级主管人员间逐级进行的信息传递就是链式沟通网络应用的实例。

（2）轮式沟通属于控制型沟通网络，其中只有一个成员是各种信息的汇集点与传递中心，这种网络相当于一个主管领导直接管理几个部门的权威控制系统。它集中化程度高，能快速解决问题，但沟通通道少，组织成员的满意度低。一般来说，轮式网络适合于组织接受紧急任务，需要进行严密控制，同时又要争取时间和速度的情形。

（3）Y式沟通在一个组织中大体相当于参谋、咨询机构到组织领导，再到下级主管人员或一般成员之间的纵向关系。这种网络集中化程度高，解决问题速度快，组织中领导人员预测程度高。它适用于领导者工作任务繁重，需要有人协助筛选信息，提供决策依据，同时又要对组织实行有效控制的情况。但这种网络容易导致信息扭曲或失真，影响组织中成员的士气，阻碍组织提高工作效率。

（4）环式网络可看成是将链式形态下两头沟通环节相联结而形成的一种封闭式结构，它表示组织所有成员间都不分彼此地依次联络和传递信息。环式网络中的每个人都可同时与两侧的人沟通信息，因此大家地位平等。在环式沟通中，组织的集中化程度和领导人的预测程度都较低,组织成员具有比较高的满意度,组织的士气高昂。但由于沟通的渠道窄、环节多,信息沟通的速度和准确性都难以保证。

(5) 全通道式是一个全方位开放式的沟通网络系统,所有成员之间都进行相互的不受限制的信息沟通与联系。采取这种沟通网络的组织,集中化程度低,成员地位差异小,有利于提高成员士气和培养合作精神。同时,这种网络中具有宽阔的信息沟通渠道,成员可以直接、自由而充分地发表意见,有利于提高沟通的准确性。但由于这种网络沟通的渠道太多,易造成混乱,沟通过程通常费时,从而影响工作的效率。

由此可见,对于不同任务、不同的要求,应使用不同的沟通渠道网络。如果有效是指速度快与容易控制,则轮式网络较好;如果有效是指士气和解决复杂问题,则全通道式网络较好;如果组织庞大,则链式网络较好;如果主管事务繁重,则采用 Y 式网络较好。

10.1.3 沟通的作用

人与人之间最宝贵的是真诚、信任和尊重,其桥梁是沟通。企业要关心员工,善于听取员工的意见和建议,充分发挥其聪明才智与积极性。企业决策广泛征求员工的意见,才能增强员工的主人翁意识,才能集思广益,才是真正的沟通,参与的员工越多,获得支持的员工越多。"一言堂"排斥参与,只有争议、争辩、"斗智",沟通则是从心灵上挖掘员工的内驱力,为其提供施展才华的舞台。它缩短了员工与管理者间的距离,使员工充分发挥能动性,使企业发展获得强大的原动力。

根据统计,管理者每个工作日至少要花 80% 的时间与他人进行直接沟通。换句话说,他们每小时中都有 48 分钟是花在开会、打电话、在线交流或者一边散步一边进行非正式交谈上。管理者另外 20% 的时间一般是花在文书工作上,但该工作的大部分实际上仍然是以阅读和写作方式进行的沟通。哈佛大学调查结果显示,在 500 名被解职的男女中,因人际沟通不良而导致工作不称职者占 82%。美国普林斯顿大学采用 1 万份人事档案进行分析,结果显示,"智慧"、"专业技术"、"经验"只占成功因素的 25%,其余 75% 决定于良好的人际沟通。

沟通的重要性不言而喻,然而正是这种大家都知道的事情,却又常常被人们忽视。没有沟通,就没有成功的企业,最终导致大家也都不能在这里工作。企业内部良好的沟通文化可以使所有员工真实地感受到沟通的快乐和绩效。加强企业内部的沟通管理,既可以使管理层工作更加轻松,也可以使普通员工大幅度提高工作绩效,同时还可以增强企业的凝聚力和竞争力,因此我们每个人都应该从战略意义上重视沟通!

10.1.4 沟通的过程

一名沟通者或发送者通过选择沟通渠道向接收者或听众发送信息,并激起某种反应。这种反馈,循环往复下去就构成了持续的对话。基于此模型,迈克尔提出了有助于分析和界定任何企业沟通情景的 7 种要素:发送者、目标、听众、背景、消息、媒介以及反馈。

图 10-1 说明了沟通发生的一般过程。沟通过程始于发送者向接收者发布事实、意见或其他信息,而不论信息本身是简单的、复杂的、具体的或是抽象的。

接下来就是通过编码将意义转化为适合情境的形式。编码可采用文字、面部表情、手势、艺术表现和身体动作。信息编码后,还要通过适当的渠道或媒介来传播。常见的媒介有印刷品、会议、电子邮件、备忘录、信件、报告和电话。在收到信息后,它将被解码为对接收者有意义的形式。在沟通过程中,"噪声"的干扰会破坏沟通的有效性。所谓噪声是指一切干扰、混淆或者模糊沟通的因素,它既包括来自沟通过程系统外在因素的影响,也

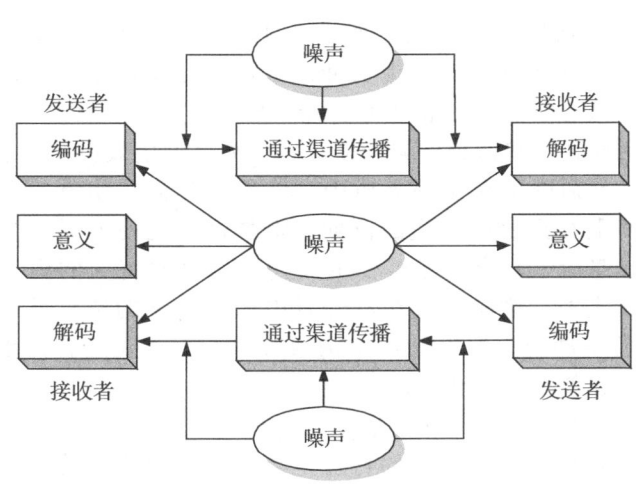

图10-1 沟通过程

包括系统内部的功能上的扰动因素。它可能是经过的卡车声音或身边两个人的谈话声音，也可能是没有收到的信、电话中断、错发的电子邮件或病毒，或者是沟通对象之一在沟通过程中离开。

沟通的各个环节都会受到噪声的干扰：发送者不能明确所要沟通的内容，不会正确编码从而造成发出的信息失真；通道的选择不利和信息传递过程中信号的遗失都会造成信息传递的失真；接收者对信息的接受、翻译和理解不当往往会使信息接收失真；反馈也会带来反馈失真。由于存在信息的发出失真、传递失真、接收失真和反馈失真，无障碍的沟通就十分难以进行。

10.2 人际沟通

组织中最普遍的沟通形式就是成员间的人际沟通。在知识经济时代，组织成员日益成为组织流程中专有知识的载体，成为产生组织效率的核心资源，个体间的人际沟通在某种程度上代表了组织中知识传播和扩散的程度。

10.2.1 人际沟通的障碍

在人际沟通过程中，各种噪声的干扰会影响到组织成员的沟通效果。信息的发出失真、传递失真、接收失真和反馈失真主要是因为受到人际因素、文化因素和结构因素的影响。

1. 有效沟通

组织中人际沟通的有效性主要表现在 7 个方面：①可依赖性（credibility），沟通的发送者与接收者之间建立彼此信任的关系；②一致性（context），沟通的方式与组织内外环境相一致；③内容（content），沟通的内容具有意义；④明确性（clarity），所用语言或词语是双方共同认可的，避免了含糊不清、容易产生歧义的言语；⑤持续性与连贯性（continuity and consistency），沟通过程可以重复与强化传送的内容，建立反馈机制；⑥渠道（channels），选择能够充分提高沟通目的和效率的渠道；⑦接收者的接受能力（capability of audience），充分考虑接收者的接受能力。

2. 人际挑战

沟通的人际挑战是指个体认知差异和个体间的关系所造成的沟通障碍。个体人格特质会导致一系列的问题，比如低适应，表现为紧张、自我怀疑、喜怒无常等；低社交，表现为羞怯、不自信、退缩等；低责任心，表现为冲动、粗心和无责任心等；低合作性，表现为独立、冷漠和粗鲁等；低心智开放，表现为迟钝、平淡和没有想象力等。

个体的知觉错误会导致一些认知差异和幻觉，比如高期望效应会左右人预见的目标；知觉定式会把对象归类，然后强加在某种品质中；晕轮效应会在印象的基础上进行评价；投射效应会使人从他人身上看到自己特质的倾向；选择性知觉使人只接受自己所期望的信息等。人们在接收一个信息时，符合自己需要的又与自身利益有关的内容容易听进去，而对自己无利的则不容易听进去。这样就会在不经意中产生知觉的选择性，造成沟通障碍。主管和下级的个性常常发生冲突，并因此产生沟通障碍，不客观地看待事情，相反，个性因素占了主导地位，问题也就被个性化了。

个体的各种知觉错误都会影响沟通中信息的编码、发送、接收和理解等。个体间的关系主要指双方的信任关系和它们关系网络的特性。沟通双方的信任关系直接构成了有效沟通的可依赖性；双方的相似程度与信息的可靠性与准确性有直接的关系。例如，下级向上级反映情况往往有"打埋伏"的现象，报喜不报忧、夸大成绩、缩小缺点等。上级向下级传达指示，下级往往不是如实地理解这些指示，而是猜测这种指示的"言外之意"、"弦外之音"等。这都说明人们在传递和接收信息时，往往会把自己的主观态度掺杂进去。

3. 文化挑战

文化是人类各种行为背后的驱动力，当信息从一种文化模式传递到另一种模式时，文化的差异就会使人际沟通形成障碍。不同文化的差异通过自我意识与空间、交流与语言、衣着与打扮、食品与饮食习惯、时间与时间意识、各种不同的季节观念、人们的各种关系、价值观与规范、信仰与态度、思维过程与学习以及工作习惯与实践等表现出来。

在组织沟通中，文化情境常常成为文化间沟通的障碍。在高文化情境中，如中国、韩国和日本，人际沟通具有这样的特征：建立社会信任先于建立工作关系；看重人际关系和亲善；注重沟通环境。在低文化情境中，比如德国、瑞士和北美等，人际沟通中则看重个人专长和绩效；直截了当谈论任务、工作和困难；注重清晰和准确的沟通过程。

4. 组织结构挑战

组织结构因素包括地位差别、信息传递链、团体规模和空间约束四个方面。合理的组织结构有利于信息沟通。如果组织机构过于庞杂，不仅容易使信息传递失真，还会影响信息传递的及时性，最终影响工作效率。沟通缺口指沟通的正式"网络"中所存在的缺陷或漏洞。正式沟通网络是沿着组织的权责路线建立的，随着组织的增长和扩大，这些"网络"便倾向于变得大而复杂，同时又没有很多的计划工作，在这种情况下，沟通"网络"中便开始出现缺陷。过分依赖正式沟通而不利用其他来源和方法会导致沟通系统产生缺口。

研究表明，地位是沟通中的一个重要障碍。地位的高低对沟通的方向和频率有很大的影响。一般来说，信息通过的等级越多，到达目的地的时间也越长，信息失真则越大。这种信息连续地从一个等级到另一个等级时所发生的变化，称为信息链传递信息。当工作团体规模较大时，由于沟通渠道的增长远远超过人数的增长，人与人之间的沟通也相应变得较为困难，企业中的空间约束不利于员工之间的沟通。

10.2.2 人际沟通的技能

对于企业主管来说，沟通的有效性有时会影响其成败。沟通的有效性，主要看发送者转交接收者时的态度及其程度。沟通能否成功，取决于上级向下级人员提供的信息与下级人员理解的信息是否一致，有效的沟通应该做到以下几点。

(1) 组织成员必须具备沟通的理论知识、概念、操作性技艺，主要包括沟通的含义、沟通的种类、沟通网络、沟通可利用的各种媒介、一些最新研究成果、最新观念等，并有能力把这些沟通原理运用到实践中去。

(2) 正确运用语言文字。使用对方易懂的语言，表达要明确，条理要清楚，不能模棱两可，语言要精练，针对性要强。有些沟通问题可以通过使用简单直接的语言加以解决。轻松自如且专心专意，才能明白对方说些什么。能倾听别人，别人才能倾听我们。倾听是一门艺术，它是满足人们自我表现意识的最好方法，倾听所带来的益处是在组织内激发更高的士气，并使组织关系更为融洽。例如，美国联邦快递公司采用开门政策，鼓励雇员直接与管理层交流意见，反映他们的问题以及对公司和行业的评论。公司不断重申公正对待每个快递邮送员，确保公司倾听雇员对公司的任何抱怨和意见。

提高倾听技巧需要把握10个关键点：①寻找兴趣点。多思考发言者所发布的有用信息。②评判内容而不是传送方式。不要过分关注发言者的性格、特殊习惯、声音或服装等，将注意力集中于发言者所发布的内容上。③沉着。当完全理解了发言者所要传达的真实意思后再进行评价，不要被他的表面言语所打动。④注意领会要点。不要过分拘泥于事实和细节，将注意力放在沟通的中心思想上。⑤灵活应变。准备多种记录方法并选择适合发言者风格的方法。⑥集中注意力。排除外界干扰，离谈话者的距离更近一点。⑦训练自己的大脑。要培养勇于挑战困难的信心。⑧保持头脑开放。在敏感问题上不要过分感情用事，不要让情绪影响到对问题的理解。⑨利用思维速度的优势。人的思维速度是讲话速度的4倍，将节省下来的时间用来思考讲话者的内容。⑩努力倾听。投入一定的精力和热情，不要只是表面上表现出倾听的热情。管理者的沟通风格如表10-1所示。

表10-1 了解管理者的沟通风格

控制性较强型	控制性较弱型	敏感性较强型	敏感性较弱型
精力旺盛	精力不充沛	真情流露	情感深藏不露
手势较有力	手势不太有力	显得友善	拘谨缄默
较多地运用眼神	较少运用眼神	表情丰富	表情较少
声音较响	声音较轻	手势随便	较少手势
滔滔不绝	沉默寡言	说话时抑扬顿挫	说话平铺直叙
决策时坚定果断	决策时举棋不定	喜好聊天	对琐事不感兴趣
善冒风险	回避风险	善谈闲闻轶事	注重事实
爱好与人正面交锋	宁愿退避三舍	尊重人的因素	关心具体工作
表达时直截了当	表达时语气委婉	爱好与人共事	爱好独立行事
急于行动	行动缓慢	衣着随便	衣着讲究
爱发脾气	不易发火	利用时间缺乏规律	时间安排循序渐进

(3) 沟通必要的信息。现代社会变化迅速，主管人员应从大量信息中进行选择，只把与下级人员的工作密切相关的信息提供给他们，避免他们信息负担过重。

(4) 有效沟通的具体渠道。①定期提交书面报告。②提出议题，引发沟通。这种方法能及时了解下级的期望和要求，倾听团队成员的意见和关注点。③随时随地自然沟通，在午饭和咖啡厅休息时间里，在超市或街道上，以非正式的方式自然进入话题。④在沟通中保持互动，对上级或下级提出的要求、意见和建议及时反馈、及时答复。

(5) 明确沟通的目的。主管人员必须清楚，做这个沟通的目的是什么，要下级人员理解什么。确定了沟通的目标，沟通就容易规划了。上级能够更容易地给出合适的信息，下级也能够更容易地接收信息,并对信息做出适当的反应。

(6) 表达要精确,要言行一致。要把上级人员的想法精确地表达出来,而且要使接收者充分理解。同时,以自己的行动支撑自己的说法,最有效的沟通是行重于言。

(7) 计划沟通内容时应与他人商议,这样既可以获得更深入的看法,也容易获得别人的支持。并且,沟通时不仅要着眼于现在,还应该着眼未来。大多数的沟通,要切合当前的实际需要,但又不能忽视长远目标的配合。

(8) 考虑沟通时的环境情况,包括沟通的背景、社会环境、人的环境以及过去沟通的状况等,以便使沟通的信息得以配合环境状况。

(9) 与他人建立和睦的关系是有效沟通的关键。例如,你不能强迫别人与你搞好关系,但你可以改善自己的态度,来使和睦的关系更容易建立。如果你的行为表现出对别人尊重和周到的考虑,你就会自然而然地发现自己与越来越多的人关系良好。建立和睦关系的回报是巨大的,巩固了进行其他方面沟通的基础,从而使你的工作会更加轻松和充满乐趣。

(10) 要进行信息的追踪与反馈。信息传递后必须设法取得积极的、建设性的反馈,以弄清下级是否已确切了解,是否愿意遵循,是否采取了相应的行动等。因此,用你认为有助于接收信息的方式去给出信息。

10.3 组织沟通

组织内时时刻刻都存在着大量流动的沟通信息,这些沟通信息不仅来自组织中个体间的人际交流,还包括组织内沟通的信息和组织间沟通的信息。组织内沟通是指组织内部进行的信息交流、传递和理解的活动;组织间沟通就是组织同其利益相关者进行的有利于实现各自组织目标的信息交流和传递的过程。

10.3.1 组织沟通的形式

组织沟通包括组织内沟通和组织间沟通两种形式。

1. 组织内沟通的形式

根据组织内沟通的正式程度,可分为正式沟通和非正式沟通。正式沟通是指在组织系统内,依据正规的组织程序,按权力等级链进行的沟通。非正式沟通,即"小道消息",它主要是由组织成员的感情和动机上的需要而形成的,涉及组织内的各种社会关系,这种关系超越了部门、单位以及层次。

(1) 正式沟通。正式沟通的渠道一般有下行沟通、上行沟通、平行沟通和斜向沟通。

下行沟通的主要内容是建议、指导、通知、命令、员工业绩评价等。沟通的目的是把组织目标和有关的信息提供给员工。下行沟通一般带有命令性和权威性,有利于增强合作意识,有助于管理者的决策和控制。

组织的下行沟通一般包括以下5个话题:

1) 目标和战略的实施。就组织的新战略和目标进行沟通,需要提供关于特定目标和预期行为的信息。例如:"新的质量行动已经启动了,如果我们要想生存下来,就必须提高产品质量。"

2) 工作指令合理性。工作指令合理性主要是告诉别人如何完成某一特定的工作和该工作与组织其他活动的关系如何。例如:"采购部门现在必须订购砖,以便建筑工人两周以后就可以开始施工。"

3) 程序与惯例。程序与惯例详细说明了组织的政策、规定、章程、福利和组织结构。

例如:"上班 90 天后,你就有资格参加由公司赞助的储蓄计划。"

4)绩效反馈。绩效反馈信息是用来考评组织中的个人和部门的工作效果的。例如:"×××,你对计算机网络的改进大大提高了我们公司订货过程的效率。"

5)教化。这些信息是用来激励员工接受公司的使命和文化价值观,并鼓舞他们参加特殊的活动,如野餐、公司庆典和晚宴等。例如:"公司邀请每一位员工参加下个月举行的年度聚会。"

上行沟通通常包括进度报告、建议、解释以及关于支援和决策方面的请求等。通过上行沟通,管理者可以广泛地听取下级的意见,发现问题及时更正,并且通过给员工参与决策的机会来提高他们的满意度和积极性。上行沟通和下行沟通的信息传递速度一般都比较慢,信息容易被曲解和贻误,关于上行沟通中信息失真的情况如表 10-2 所示。有效的下行沟通和上行沟通一起形成双向的沟通渠道。

表 10-2　上行沟通的信息失真过程实例

管理者	接收到的信息
董事长 ↑	管理和工资结构是非常出色的,福利和工作条件是好的,而且会更好
副董事长 ↑	我们非常喜欢这种工资结构,希望新的福利计划和工作条件将会改善,我们非常喜欢这里的管理工作
总经理 ↑	工资是好的,福利和工作条件还可以,明年还会进一步改善
主管 ↑	工资是好的,福利和工作条件勉强可以接受,我们认为应该更好一些
员工	我们感到工作条件不好,工作任务不明确,保险计划很糟糕,然而我们确实喜欢竞争性工资结构,我们认为公司有能力解决这些问题

平行沟通是指组织结构中处于同一层次上的成员或群体之间的沟通,沟通的主要目的是谋求相互之间的理解和工作中的配合,因此,它通常带有协商性。有效地加强平行沟通,可以增进相互之间的了解,克服本位主义。平行沟通有以下 3 种形式:

1)解决部门内部问题。这类信息出现在同一部门内部的员工之间,常常与任务的完成情况有关。

2)部门之间的协调。部门之间的信息有助于促成合作项目或任务的完成。

3)提高积极性与改进工作。这类信息有助于在团队和部门内部分享信息以帮助组织变革、成长和改进。

在学习型组织中,员工团队需要不断解决问题和寻求开展工作的新方法,因此平行沟通在学习型组织中非常重要。

斜向沟通是指非属同一组织层次上的个人或群体之间的沟通,它时常发生在职能部门和直线部门之间。斜向沟通的目的是为了加快信息的传递。

正式沟通的优点是效果较好,比较严肃,有较强的约束力,易于保密,可以使信息沟通保持权威性。重要和权威的信息都应当采用这种沟通方式。其缺点是:由于依靠组织系统层层传递,速度较慢,比较刻板,不够灵活。因此,组织为顺利进行工作,必须要依赖非正式沟通以弥补正式沟通的不足。

(2)非正式沟通。所谓非正式沟通,是在正式沟通渠道之外的信息交流和传递,它是以社会关系为基础的沟通方式。它不受组织的监督,自由选择沟通渠道,包括非正式组织内部的沟通和正式组织中不按照正式组织的组织程序而进行的沟通两种,如朋友聚会、小道消息等。

非正式沟通几乎存在于所有的正式组织之中，一个组织的正式沟通渠道越是有限，小道消息越可能盛行。通常情况下，非正式沟通的信息传播是以口头方式进行的，不留证据，不负责任，因此，信息传播速度快，信息往往是不完整的。由于人们所感兴趣的信息常常带有感情的色彩，因而非正式沟通的信息通常易受到人们的重视。非正式沟通不受管理层控制，且大多数在无意中进行，它可以发生于任何地方、任何时间，其内容也不受限定。

非正式沟通是自然发生又必不可少的，因为，它一方面满足了员工的需要，另一方面也弥补了正式沟通系统的不足。其积极作用具体有：①满足员工的心理需求；②代替正式沟通渠道的功能；③传递正式沟通所不愿传送的消息；④将上级的正式命令变成基层人员较易了解的语言；⑤可以防止某些管理者滥用正式沟通，有效防止正式沟通中的信息"过滤"现象。非正式沟通的缺点主要是信息的真实性和可靠性欠缺，有时甚至歪曲事实。

非正式沟通的性质具有两重性，一方面领导者通常可以从非正式沟通中了解正式沟通渠道中所不能了解的情况，可通过其来了解下属的心态。另一方面非正式沟通带有明显的失真现象以及浓厚的感情色彩，容易在组织中增加矛盾，影响群体的团结。

2. 组织间沟通的形式

组织间沟通的目的是充分利用社会的各种资源、协调各方利益、实现组织共生的可持续发展。

组织间沟通已成为组织沟通中非常重要的一个方面，许多企业管理者和管理学者都认为，全方位的信息共享对于组织来说是至关重要的。传统的组织沟通造成了组织内部层级沟通的纵向障碍、部门间沟通的横向障碍以及组织与外在利益相关者沟通的障碍。现代组织中分隔人们的界限消除了，组织边界消失了，现代组织使信息能够根据需要足够便捷地流动，从而使组织发挥出整体大于部分的协同效应。

组织间的沟通思想是企业长期竞争发展的产物。20世纪初，世界企业主要生存于狭小的市场区域中，竞争的驱动力并不强大，企业重点在于内部信息沟通。但随着竞争力量的逐步加大，以及生产要素的便利性和贸易壁垒的存在，单一的企业内部开发活动不足以支撑企业占领市场的需要。这时，企业开始进行大规模的并购活动，管理者力图通过一体化将外部组织资源纳入到企业内部，实现市场内部化，从而避免来自供应商、顾客、潜在进入者、替代品生产者和同业生产者的竞争压力。但是，20世纪60年代美国第四次并购浪潮以后，企业一体化并购的弊端逐步暴露出来，高度资产专用化的风险、管理成本的增加和内部摩擦产生的成本的增加使企业的竞争优势逐步减弱。企业家开始关注组织的外部资源，寻求与利益相关者的沟通，达到共同发展的目的。20世纪90年代以来，通信和计算机技术的飞速发展，也为组织间沟通的理念提供了物质和技术的支持。

10.3.2 组织沟通的管理

一个组织的沟通效果决定了组织管理效率，在企业的经营管理过程中，如果能做好组织沟通，对促进企业绩效目标的实现能起到事半功倍的效果。因此，对于组织沟通的管理就显得非常必要。

1. 沟通障碍

有些因素可能破坏沟通的过程，成为有效沟通的障碍。一般来说，可以将其分为个体障碍和组织障碍，如表10-3所示。

表10-3　有效沟通的障碍

个体障碍	组织障碍
冲突的或不一致的信号	语义分歧
在相关主题方面缺乏信誉	地位或权力差异
不愿意沟通	不同的知觉
缺乏良好的倾听习惯	噪声
先入为主	过载
	语言差异

（1）个体障碍。最常见的个体障碍是相互矛盾和前后不一致，如果管理者朝令夕改，或言行不一致，就会影响沟通的效果。另一种个体障碍是缺乏信誉，如果人们对信息发送者缺乏信任，不将其看做可靠的信息源，沟通就会是失败的。比如，如果人们发现政客向选民隐瞒信息或管理者接连做出错误的决策，其在人们心目中的信誉就会消失。

出于各种原因，有的人不愿意进行沟通。比如管理者也许不愿意告诉下属预算被削减，因为这不是个好消息。同样，下属也会因为担心批评或认为浪费时间而不愿向上传递信息。

缺乏良好的倾听习惯可能成为有效沟通的障碍。有些人不会认真地倾听，当其他人说话时，他们要么做白日梦，要么东张西望，或者在阅读的时候听别人交谈。他们无法专注于对方所说的内容，当然也就不可能完整地理解信息。

接收者的先入为主也会损害沟通的效果，他们心中已经有了自己的想法并且很难改变。例如，员工可能已经听说新老板很难相处，当新老板请他参加介绍性会面时，他可能会先入为主，并且讲话会有所保留。

（2）组织障碍。沟通时的组织环境也会造成沟通障碍。如果不同的人对于同一个词的含义存在不同的理解，就会发生语义问题。例如利润、产出增加和投资回报这些词汇的含义对于管理层是很清楚的，但对于员工来说则不是多么清楚。

不同权力或地位的人进行沟通时也可能出现问题。公司总裁可能轻视来自一线员工的建议。同样，当总裁到新工厂视察时，员工也可能考虑到自己人微言轻而不愿提出建议。营销副总裁可能比人力资源副总裁地位更高，他也许不愿意花费时间研究人力资源提交的报告。

如果人们对情境的理解不同，在沟通时也会遇到问题。如果两位经理发现另一位经理最近时常不在办公室，其中一人可能认为他最近有一些重要的会议，而另外一个人则认为他是在"偷懒"。当这两位经理在办公场合谈起这件事的时候，沟通上就可能出现问题。因为一个人将这种现象看成是积极的，而另一个人则将其视为消极现象。

环境因素也会破坏沟通的有效性。典型的环境因素包括噪声和过载，过载是指接收者得到的信息超过自己能够有效处理的范围。由于电子邮件的普及，许多经理发现自己获得了太多的信息，超出了自己的处理能力。另一方面，下属可能从经理处得到很多关于工作的指示，同时他的家人或朋友也托付他办理许多事情，结果造成信息过载，沟通的效率也就无从谈起。

最后，随着企业全球化的深入，不同语言在沟通时所出现的问题越来越显著。为了解决这一问题，有的企业实行"官方语言"制度。例如，德国化工企业赫斯特公司同法国企业Rhoen-Poulenc合并，新的企业用英语作为官方语言。

2. 提高沟通的效率

组织沟通是实现组织协调的重要手段。组织沟通的目的就在于促进组织中人与人之间、组织与组织之间、组织与个人之间的相互信任与了解，增进组织团结，提高组织效率。组织沟通是一门艺术，它不仅包含那些特定的沟通技术与方法，也蕴涵许多沟通技巧，需要在实践中不断摸索与提高组织沟通的能力。

（1）最高领导者改变沟通风格。最高领导者如果是自上而下的强势沟通风格或是自由无序的沟通风格，则需要改变自己的沟通风格，使更多成员参与组织沟通，并通过有效的沟通管理，促进好的沟通效果的实现。

（2）提高全员的沟通技巧。由人力资源部组织全员沟通技巧的培训，促进员工的沟通能力：①改变沟通心态，建立平等、尊重、设身处地、欣赏、坦诚的沟通心态。②清晰和有策略地表达不同的事情，采取不同的表达方式。口语沟通做到简洁、清晰、对事不对人、注重对方感受，同时多利用身体语言及语音语调等，使对方利于理解，并产生亲和感。书面沟通做到有层次、有条理、学会运用先"图"后"表"再"文字"的表达方式。③仔细倾听，专注、耐心、深入理解式地倾听发言者所表达的全部信息，做到多听少说。④积极反馈，对信息发送者所表达的信息给予积极的反馈（书面或口语回复、身体语言反馈、概括重复、表达情感等）。

（3）建立组织沟通制度。有效的组织沟通制度，能够规范组织沟通规则，增强全方位（纵横及内外交错）的组织沟通频次与途径。同时，通过对沟通中不良行为的约束，促进员工行为的一致性，提高组织沟通效率与效果。

（4）鼓励优秀的沟通者。对组织中沟通工作做得好的部门及员工，如主动提建议者、沟通影响力佳者（通过有效的沟通，使产品销量或知名度提升，或通过沟通有效处理客户投诉或危机公关等），给予物质和精神上的奖励，宣传他们的优秀事迹。同时，让他们分享沟通的经验和成果，以促进全员沟通的积极性和沟通技巧。

优良的组织沟通，是全员的共同责任，但关键责任在公司的中高层管理者，因为他们在组织沟通中起到重要的影响力作用。因此中高层管理者沟通意识和沟通技能的提高，是促进企业沟通效果的关键。

10.4 冲突管理

任何组织都或多或少地存在着冲突，尤其是随着组织所面临的内外部环境越来越复杂，冲突现象就越来越突出。

10.4.1 冲突的含义与类型

1. 冲突的含义

冲突是指人们由于某种抵触或对立状况而感知到的不一致的差异。对组织中存在的冲突形成了以下三种不同的观点：

第一种为传统的冲突观点，认为冲突是有害的，会给组织造成不利影响。冲突成为组织机能失调、非理性、暴力和破坏的同义词。因此，传统观点强调管理者应该尽可能避免和清除冲突。

第二种为冲突的人际关系观点，认为冲突是任何组织无法避免的自然现象，不一定给组织带来不利的影响，而且有可能成为有利于组织工作的积极动力。既然冲突是不可避免的，管理者就应该接纳冲突，承认冲突在组织中存在的必然性和合理性。

第三种是新近产生的冲突的互动作用观点。与人际关系观点只是被动地接纳冲突不同，互动作用观点强调管理者要鼓励有益的冲突，认为融洽、和平、安宁、合作的组织容易对变革和革新的需要表现为静止、冷漠和迟钝，一定水平的有益的冲突会使组织保持旺盛的生命力、善于自我批评和不断革新。

2. 冲突的类型

冲突一般有以下几种分类方式。

（1）按照冲突的性质分类，可以分为积极冲突和消极冲突。对管理冲突性质的认定，是我们确定对其态度和策略的前提。因此，从性质上区分管理冲突是属于积极类型的还是消极类型的，不仅具有重要的理论价值，而且具有重要的现实意义。只有对管理冲突的性质判定准确、真正把握，才能端正态度，采取行之有效的相应措施和政策，给消极性质的管理冲突以有效的抑制、消除和排解，对积极性质的管理冲突给以充分展开和有效利用，从而达到调适冲突、推动事业的目的。

（2）按照冲突的隶属分级，可分为与上级冲突、与下级冲突和与同级冲突。与上级冲突，由于上级处于主导地位，是管理的主体，所以作为下级，在一般情况下，有意见可以提，有要求可以说。但只能通过用说理和动情的方式去实现目的，使冲突和分歧朝着有利于自己的方向发展。一旦不能达到目的，应该善于放弃，服从上级，这是由组织原则决定的。与下级冲突如果属于工作性冲突，尤其是上级对下属实施的批评、教育、矫正以及其他规范，这是领导职能在管理上的体现。作为上级必须坚持原则，坚持到底，不可中途妥协，不可无原则退让，否则就可能养成不好惯例，为以后工作埋下祸患。如果是非工作性冲突，则恰恰相反。作为上级应该有妥协、有退让和有风格，这样才能显示出领导情操、水平和身份。与同级冲突是同级管理者之间的冲突，由于其前提是同级，因而其表现形式往往比较隐蔽，其解决方式往往多是调和，最终结果往往是各方退让。一些时候还需要领导参与解决，形成居高临下的裁判态势。

（3）按照冲突双方的构成要素分类，可分为管理主体内部冲突、管理客体内部冲突和管理主体与管理客体交叉冲突。事物的性质和效能决定于事物的构成要素。管理主体和客体的状况如何，直接决定着管理的效能和效率。一般来说，管理的高效能和高效率，来源于其主体状况适应于客体状况，来源于客体状况易于被主体教化。冲突若属于良性互动，组织界限就会越来越清晰，组织目标就会越来越明确，管理就会发挥强势作用，就会取得理想绩效。相反，冲突如果属于内耗性互动，甚至恶性互动，组织界限就会越来越模糊，组织目标就会越来越不明确，管理就难以发挥应有作用，就会出现低效甚至负效。因此，要力倡良性冲突互动，力戒内耗性冲突互动，确保冲突的性质和质量。

10.4.2 沟通与冲突的关系

沟通障碍是引起人际冲突的主要原因。有效的人际沟通是营造良好的人际关系、预防人际冲突、解决人际冲突的一条重要途径。同时，从某种意义上说，有效的人际沟通是一个群体取得成功绩效的主要因素。

沟通必须包括两个方面：意义的传递与理解。完美的沟通是想法或思想传递到接收者后，接收者所感知到的心理图像与发送者的完全一样。而在现实生活中不可能存在这样完美的沟通，所以会产生各种各样的沟通障碍，造成人际冲突。

10.4.3 冲突产生的原因

冲突产生的原因是多方面的，根据其层次上的差别可以分为以下三类。

1. 冲突产生的根本性原因

人类活动的相互依赖性是冲突产生的根本性原因。所谓相互依赖性，指的是两个主体之间的一种相互作用,其中一方任务的完成依赖于另一方任务的成功实现。它也反映了在任务完成过程中,某个人依赖于或受其他人支持的程度。相互依赖性是人类活动的艰巨性以及专业化、社会分工的结果。人类活动的艰巨性和越来越复杂的社会环境、高精技术要求,使得人们几乎不可能独立地发挥作用完成组织的目标,于是组织目标的实现,乃至工作的完成都是大家相互合作、协调行动的结果,为了实现目标,大家彼此之间必须相互依赖。研究人员认为,当任务间的相互依赖加强时,必然会相应地增加相互间的协作、信息沟通和保证行动的相互调整,而这些又会导致大量的不确定因素。正是这种相互依赖性使冲突的发生成为可能。

2. 冲突产生的直接原因

冲突产生的直接原因可以归为彼此之间的差异性。具有一定的相互依赖关系的双方,差异性越大(彼此之间对于要做什么、由谁来做和怎么做等问题),越难达成一致的协议。但是由于相互依赖关系的存在,使不得不在一起工作的人们又不能置彼此之间的差异性于不顾,于是这些彼此间的差异性必然伴随着一定的意见分歧,最终必然导致冲突的发生。组织中的差异性是多种多样的,最主要的有获得的信息、了解的事实上的差异,双方价值观、认识上的差异,各自目标的差异,充当不同角色和不同角色之间要求的差异以及个人文化与组织文化之间的差异。

3. 冲突产生的具体原因

(1) 资源的稀缺性。资源总是有限的,任何组织在资源的分配上,几乎都不可能做到"有求必应"。美国一家著名公司的财务副总裁说过,在他的工作中棘手的问题是如何分割一块"馅饼"以避免某些贪得无厌者吃得过饱。当两个或两个以上的主体同时依赖于组织的稀缺资源时,双方之间极有可能因为如何分配资源而发生冲突。

(2) 信息沟通上的障碍。信息沟通贯穿于组织活动的全过程。彼此之间存在差异而又相互依赖的主体之间,如果能够顺利地进行信息交流、相互理解,那么相互冲突的机会就会少得多。但是由于听、说技艺欠佳或控制和使用信息不当等,沟通出现障碍,产生了很多的误解,无形之中增加了冲突产生的可能性。

(3) 任务的不确定性。组织中各部门活动范围或权限有时会模糊不清,各部门及相关人员彼此之间往往会因任务由谁负责,责任由谁承担而发生"扯皮",或是争着插手。任务的不确定性是组织内部冲突产生的原因之一。

(4) 特定的事件。冲突的产生往往与特定的事件有关,这一特定的事件通常被称为"导火线"。引发冲突的导火线可能是一件微不足道的琐事,也可能仅仅是一句话,但它反映了冲突双方在长期的相互作用过程中积累下来的被忽视的紧张或者敌意。

(5) 其他动因。引起组织内部冲突的原因是非常多样的,其他如不同的时间观念、组织成员之间地位或资格的差异、管理风格、外部环境的变化、不同的个体所忠诚的对象的差别都可能是引起组织冲突的因素。管理人员在着手处理冲突时,应了解冲突是何种原因造成的,然后采取适当的措施才能有效地处理好冲突。

10.4.4 冲突的形成过程

美国学者罗宾斯将冲突的过程分为五个阶段:第一阶段是"潜在的对立或不一致",这个阶段组织认识到了潜在对立和不一致,有了产生冲突的条件;第二阶段是"认识和个性化",在这个阶段双方对相互的不一致有了情感上的投入,潜在的对立显现出来;第三个阶段是"行为意向",双方有了从事某种特定行为的决策;第四阶段是"行为",冲突行为的强度是个连续体,它从轻度的意见分歧,到公开质问,到武断的言语攻击,到威胁和最后通牒，再到挑衅性身体攻击，最后摧毁对方的公开努力；第五阶段是"结果"，结果只有两个，要么提高群体绩效，要么降低群体绩效。

10.4.5 冲突观念的变迁

20世纪40年代以前，在早期的组织理论中，人们普遍认为冲突是有害的，会妨碍组织目标的实现，甚至认为冲突的出现是管理失败、组织崩溃的前兆。因此早期的研究和实践是建立在反对冲突的基础之上的，致力于消除组织中的冲突现象。特别是在"非人格化"的传统组织中，人被认为是完全理性的，他们很清楚组织的目标，所以在这样的组织中，认为冲突是应该绝对避免的。

20世纪40年代末到70年代中期，人们开始认识到冲突是不可消除的，组织应当接纳冲突，并使之合理化。冲突类型与工作绩效之间的关系如表10-4所示。

表10-4 冲突类型与工作绩效

状态	冲突水平	冲突类型	组织内活动的性质	工作绩效
A	很低或没有	破坏性	冷漠、停滞不前、对改革没有反应、缺乏创意	低
B	适量	功能性	生活化、能自我批评、能革新	高
C	高	破坏性	破坏性、无秩序、不合作	低

现代组织理论中对组织冲突的看法有了根本性改变，庞迪（L. R. Pondy）曾说：就如身体上的病痛一样，冲突是组织出现麻烦的症状。一个压制冲突的组织，是剥夺了自我调节和稳定成长的组织。奥斯（Olso）认为，在组织中冲突是平常的事，因为"在一个大型的组织中，要所有人都为其个人的利益而采取合作的方式工作是不太可能的"。事实上，冲突只是企业组织中的成员在相互交往、相互作用的过程中发生的一种关系而已，它本身具有两面性——建设性功能和破坏性功能。也就是说，组织存续过程中出现的冲突虽然是不可避免的，但并不一定会给组织带来破坏性的后果，有些冲突对组织目标的实现还是有益的，关键在于要用正确的方式和态度去管理冲突，使其尽可能发挥积极作用。

10.4.6 组织冲突的管理

1．组织冲突管理存在的问题

对冲突的态度存在着文化差异。在中国特有传统文化的影响下，组织冲突管理存在着其特有的问题。

中国的两大主流思想体系孔孟思想与老庄思想基本上都认同于忍让、退避的冲突取向。孔孟思想强调"中庸之道"。不偏于一方叫中，不改变常规叫做庸，倡导和谐，不倡导抗逆，做事极力主张"适度"。老庄思想主张无为而治，消极避世。"为学日益，为道日损，损之又损，以至于无为，无为而无不为"，期望通过当政者的"无为"，达到没有"攻伐"、"纷争"的理想社会。中国传统文化有"重维持"而"轻发展"的特性。社会中资源的分配与秩序的安定和维系依赖于"和"的理念。"家和万事兴"、"和气生财"、"和气致祥"、"家和福自生"及"天时不如地利，地利不如人和"等观念都广泛而且深入地被社会大众认可和遵守。根据港台学者和一些外国学者的研究，中国人的冲突价值观有其传统色彩，归纳为四点：①强调和谐与团结。除了家庭关系着重和谐与团结外，人际关系上也讲求和平包容，避免冲突，务求"大事化小，小事化了"。②"面子"问题。出现冲突时，多采用较为忍让的逃避或妥协方式来处理。③讲求信任。认为"诚信"

是可靠的表现,生意来往及内部合作不要求白纸黑字证明、规章制度的规制。④避免诉讼与法律解决。传统中国人大多尽可能避免冲突。丹尼尔·雷恩在研究西方管理思想的演变过程中始终将管理与文化紧密地联系在一起,他认为不同的文化条件下有不同的管理思想和管理实践,雷恩所指的文化的内涵大于本书所指的文化的内涵并完全包含本书所指文化的范围,由此我们也可以在一定程度上感觉到文化对于管理的深刻影响。在"尚和"这么一种强势传统文化的影响下,国内组织的一些管理者认为冲突有害而无一利的,害怕冲突,在管理过程中尽量地消除冲突,即使冲突对组织目标产生了巨大危害也不愿意承认冲突,总想方设法盖着捂着,生怕破坏"安定团结"的大好局面。一些员工与员工之间、部门与部门之间出于"中庸",碍于"面子"也试图在表面上维持这种局面,寻求所谓的"一团和气"。

另一方面,一些中国人有着浓厚的平均主义思想和"小团体"情结,极易犯"红眼病",缺乏合作精神,又使得组织内部的冲突,尤其人与人之间、小团体与小团体之间的冲突在实际上或是说暗中表现得十分严重,破坏了组织活动所必需的协调性。

简而言之,传统文化影响下国内组织内部冲突的处理存在的问题如下:一是将没有冲突的状态视为管理的终极目标,没有看到冲突建设性的一面;二是害怕冲突,害怕承认冲突,即便冲突危害组织目标实现时也不愿承认冲突的存在,并采取相应措施;三是压抑了适度的、有积极作用的冲突,组织表面看上去安定团结,实则缺乏生机与活力,缺乏创新和变革,整个组织死水一潭。

2. 组织冲突管理的策略

(1) 树立正确的冲突管理的原则。首先,树立对冲突进行定性分析的原则。相互作用的观点(interactionistview)认为,冲突并不全都是有害的,有些冲突是功能正常的、具有建设性的,它们带来了变革,促进了群体的内聚力、提高了组织的有效性,例如适当的任务冲突和过程冲突。而绝大部分关系冲突是功能失调的,造成人与人之间的敌对、不和与摩擦。对冲突进行定性分析这一原则有助于改变国内传统上认为冲突百害而无一利的偏见,树立正确的、全面的冲突管理哲学。

其次,树立对冲突进行定量处理的原则。相互作用的观点认为,低水平的过程冲突和中低水平的任务冲突是积极的、建设性的,我们在对冲突定性分析的基础上要看到其程度,否则建设性的冲突就会转变成破坏性的冲突。对于关系冲突同样要注意它们的量,要权衡它们的危害和处理的成本,一些程度较轻、危害较小,而管理成本很高的冲突可以忽视、采取冷处理。

(2) 采用适当的冲突管理的策略。冲突管理的策略或者说冲突管理的具体措施主要涉及冲突的预防、冲突的解决和冲突的利用。冲突的预防和解决针对的是关系冲突以及超过一定程度并给组织带来危害的任务冲突与过程冲突。冲突的利用是指利用低水平的过程冲突和中低水平的任务冲突,它们是积极的、建设性的。

首先,冲突的预防可以采取以下具体方法:建立完善、科学的规章制度,明确工作职责,建立清晰可辨的目标体系,防止因制度疏漏、职责不清、目标不明等因素引起有害冲突;增强群体之间、个人之间以及个人与群体之间的信息和意见的沟通,减少误解和分歧;实行民主管理模式,使组织内信息畅通,让员工畅所欲言;采用人性化管理,使员工不断感受集体的温暖,形成良好的人际关系,等等。

其次,冲突的解决是管理者的重要职责,管理者解决冲突有各自不同的方式,而不同的冲突其解决方式也不尽相同,通常冲突的解决有五种模式,即强制、妥协、克制、回避和解决问题,但是这五种方式没有哪一种是绝对有效的,而最有效的方式是与实际情况配合。

最后，冲突的利用，在国内主要是指冲突的激发。一方面，可以通过教育和组织文化培养使得员工和管理者看到冲突的建设方面，在思想上对冲突有一个重新的认识；另一方面，可以借鉴国外的经验，例如可以参考迪士尼公司鼓励无规则限定和可以随意打断的大型会议，皇家荷兰壳牌集团、通用电气公司引入"吹毛求疵者"，IBM公司建立鼓励人们提出不同意见的正式系统等的经验，这些公司的措施对于打破公司内部"一团和气"、激发内部员工的创造性和理性竞争具有极大的作用。

思考题

1. 解释为何组织沟通对一个组织的效率来说至关重要。
2. 你在大学中的沟通是积极的还是消极的，它是如何影响你在学校中的经历的？
3. 你同意以下观点吗？给出你的理由。
    a. 会议必须给出日程安排，否则它们只是浪费时间。
    b. 在当今的全球市场，公司发言人必须能使用多种语言。
    c. 如果你因为手机响了，必须去回话而离开会议，这没什么关系。
    d. 公司指南应该挂在网上而不是浪费纸张去打印公司的政策和布告。
    e. 信息反馈与提议系统对健康的组织沟通来说是必不可少的。
    f. 当真相不利于你和你的公司时，有意识地把信息传达得模糊一点是明智的。
    g. 非正式的喝咖啡、聊天，以及下班后共进午餐，都是了解他人想法的好时机。
4. 怎样理解信息沟通的含义？
5. 影响信息沟通的因素是什么？
6. 信息沟通的障碍有哪些？
7. 什么是促进有效沟通的措施？
8. 非正式沟通具有哪些特点？
9. 冲突对组织发展的好处有哪些？

案例分析

被拒绝的计划

下面是发生在一家大公司两名员工之间的一段谈话。

刘伟（刘）：昨天与毛世农（公司市场部经理）的会谈怎么样？

赵国栋（赵）：嗯——啊——这不是很重要。

刘：看起来你心情很不好。

赵：是的。这次会谈几乎是完全失败的，让我说，我希望将这事忘了。

刘：事情往往不像我们想象的那样。

赵：对极了！对那家伙抱希望简直不可能。我认为上交的计划是非常清楚而周全的，但他全盘否定了。

刘：你说他一点儿都不接受。

赵：对。

刘：老赵，我们以前见过你的工作，你总是一流的，我很难想象你的计划被毛世农否决。他怎么说的？

赵：他说不现实，很难实施……

刘：真的吗？

赵：真的。当他这么说时，我觉得他是在对我进行人身攻击。但另一方面，我也很烦恼，因为我认为我的计划很好。要知道，我对计划中的每一细节都花了巨大精力。

刘：我能肯定。

赵：对我真是一个打击。

刘：我敢打赌，遇到这样的事，我也会沮丧的。

赵：毛世农肯定有些什么事要反对我。

刘：尽管你对这些计划尽了很大努力，但还是不能分辨毛世农到底是反对你，还是反对你的计划，对吗？

赵：对。你又能怎么分辨呢？

刘：我完全能理解你的困惑与迷糊，你感到毛世农的行为是不合情理的。

赵：我只是不明白他为什么要这样做。

刘：当然，如果他说你的计划不切实际，那他到底是什么意思？我的意思是，你是如何去处理这样一个基本问题的？这也许太笼统了。他是否提了一些具体事件？你有没有要他指出问题或要他将反对的原因说得更具体点呢？

赵：好主意，但你知道——遭到拒绝，我是多么失望，简直就像在云里雾里，你明白我的意思吗？

刘：是的，那是一次不成功的经历。以至于想通过尽快放弃计划，来挽回留下的一点点尊严。

赵：对极了，我只想在我说出令人后悔的话之前，尽快逃离那儿。

刘：然而，在你思想背后，你也许想着毛世农并不会仅仅因为不喜欢你本人而让公司去冒险。但是……计划是好的！这其中的矛盾很难处理，对吗？

赵：完全是这样。我知道应该让他说出更多的想法，但我站在那儿时像个木偶。现在又能做些什么呢？事情已经弄糟了。

刘：老赵，我不认为完全失败了。我的意思是从你告诉我的——他所讲的与你所讲的——我认为这不是结论。也许他未理解计划，也许这天本该他休假。谁知道？有很多可能，与毛世农定个时间坐下来，一点点问他反对的理由，怎么样？你认为与他再谈谈，如何？

赵：我想我会知道得更多一些。至今，我还不知道如何修正或改动计划。你是对的，我真的不知道毛世农是怎样看待我或我的工作的。经常，我只是做出反应，而很少进行回答与解释。

刘：也许该安排另一次会谈。

赵：好吧。我想我应该与他在下星期安排一个会面。我很想搞清楚问题究竟在我，还是在计划。（停顿）谢谢。

资料来源：魏江，严进. 管理沟通——成功管理的基石[M]. 2版. 北京：机械工业出版社，2010。

案例思考题

1. 分析刘伟在本次沟通中所采取的倾听策略。
2. 谈话中哪些话最重要？哪些话是改变赵国栋思考方式的关键句子？
3. 对于解决赵国栋的问题，直接给出建议的缺点在哪儿？为什么刘伟没有简单告诉赵国栋该怎么做？

本章知识结构图

本章主要内容和知识点归纳如下（见图10-2）。

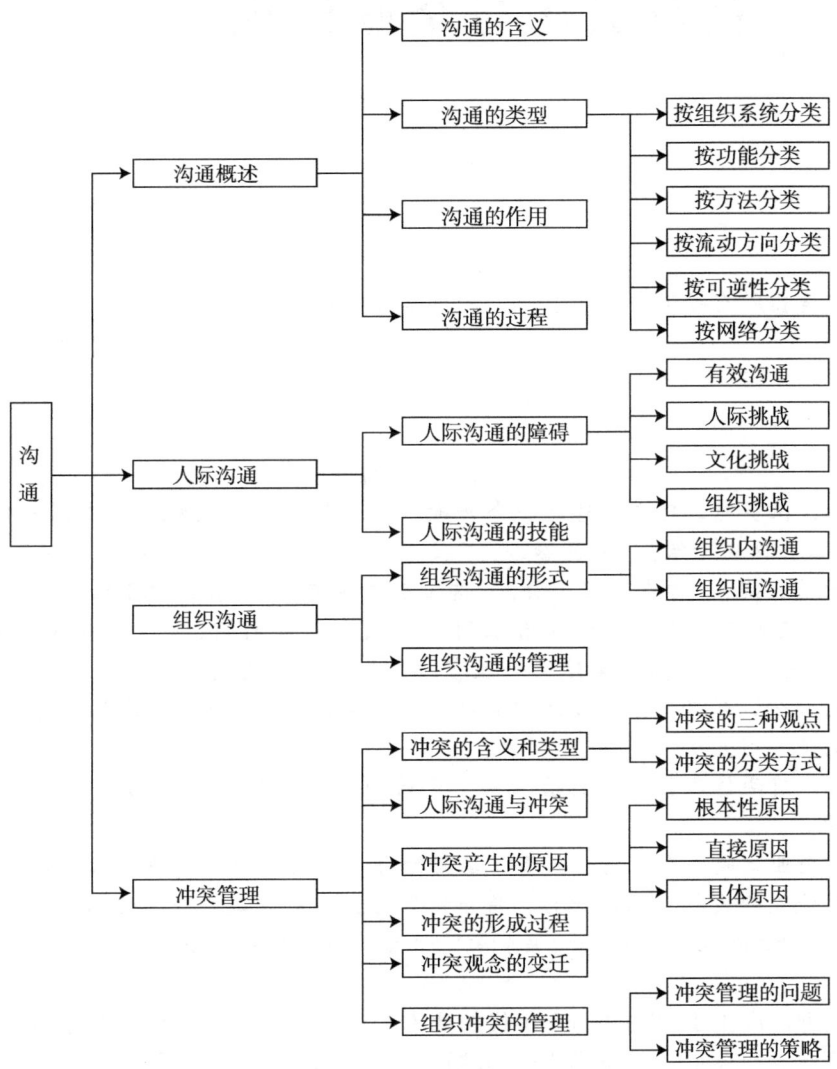

图 10-2 本章主要内容和知识点

第 11 章 CHAPTER 11

企业文化与企业伦理

感情投资是在所有投资中花费最少、回报率最高的投资。

——日本麦当劳董事长藤田田

石匠的工作

很久以前,很多能工巧匠在建造一个宫殿,一位使者正在巡视。他走到一位石匠面前,问:"你为什么在这里干活?"石匠答道:"我在这里敲石头啊!"使者摇摇头,继续走到另外一位石匠面前,问:"你在这里干啥?"这位石匠答道:"我在这里干活,不能出错,要挣钱养家糊口!"使者点点头,继续往前来到一位长者石匠面前,问:"师傅,您在这里做啥?"长者石匠回答:"我在这里建造一座宫殿,我这块石头是放在宫殿正门旁边的,是宫殿非常重要的部分,我必须想方设法把它打造得完美无瑕。"使者对这位长者大加赞赏,号召所有工匠向他学习。

几年以后,前两位石匠仍在打磨石头,干着原来的本职工作,而长者石匠则得到了重用,做了主管。

其实一个企业就是一个工场,只有工场里的每一位员工都能正确地认识自己的角色、任务和定位,才能充分发挥自己的能力,将事情做好,这应该是企业文化的核心。

资料来源:博维咨询. 68 个经典管理小故事[M]. 北京:华夏出版社,2008.

企业文化理论产生于 20 世纪 80 年代的西方企业界。当时西方许多企业的内外部环境发生了显著的变化:科学技术迅猛发展,市场呈现全球化倾向,竞争日益激烈,企业员工的文化素质、生活水平、参与管理的意识和能力不断提高。在这种形势下,传统的过分偏重理性、刚性的管理模式的缺陷日益明显,客观上要求有新的理论来弥补这一不足。从 20 世纪 50 年代开始,日本经济发展异常迅速,到了 70 年代,美国企业界日益受到来自日本的挑战。因此美国人开始潜心学习使日本企业快速发展的"秘诀"。于是,在 20 世纪 70 年代末 80 年代初,掀起了一场日美管理比较研究热潮,催生了企业文化理论的发展。

11.1 企业文化概述

11.1.1 企业文化理论的产生

20 世纪 70 年代,日本经济迅速崛起,一跃成为当时继美、苏两个超级大国之后的世界第三大工业国和经济强国,成为世界经济史上的奇迹。美国等西方国家的企业界和管理学界对此进行了深入探索和深刻反思，甚至很多美国学者亲赴日本进行多年研究，著书立说。经过多年的研究发现，日本的成功是因为日本人成功地建立了一套独特的管理体系，包括团队精神、年功序列工资、终身雇佣制、精益生产方式、全面质量管理（TQM）等内容，而融合其中的企业文化是其管理体系的独特之处。在日本，企业文化的表现形式是多种多样的，如"社风"、"社训"、"经营原则"等。伴随着日本经济的迅速发展，日本企业和日本产品在世界范围内的影响不断扩大，日本企业的管理模式，尤其是它们的企业文化也被各国企业学习和借鉴。

现代企业文化最早出现在美国。美国是当今管理科学最发达的国家，从科学管理、行为科学到企业文化理论的产生和发展，形成了对世界管理科学最有影响力的学派。1982年，美国哈佛大学教授劳伦斯·迪尔和管理顾问艾伦·肯尼迪合著了《公司文化：企业生存的习俗和礼仪》一书，标志着企业文化理论的正式产生。通过研究他们发现，成功而杰出的大企业都有明确的经营哲学，员工遵循着共同的价值观念和行为准则，并有各种用来渲染和强化这些内容的礼仪和习俗。迪尔和肯尼迪认为优秀的企业文化会给企业带来巨大的商机和利益。企业文化的兴起，促使美国企业在重视硬管理（科学管理）的同时也重视软管理（企业文化），20世纪90年代以来，美国企业在信息产业取得巨大成就和领先优势，从而进一步巩固了其世界经济强国的地位，这与重视企业文化的建设有密切联系。

企业文化伴着中国现代企业已经走过了一个多世纪的历程。1978年改革开放以后，中国企业界对美国、欧洲和日本等外国先进企业的管理模式进行了深入考察和研究，积极借鉴这些先进企业的企业文化理论是20世纪80年代中期中国企业文化热的主旋律。一方面，管理学界在评价西方企业文化理论的同时，迅速开展了对适合中国的企业文化的研究，结合我国国情出版了中国人自己的企业文化专著，30多年来，影响较大的中国企业文化专著有《中国企业文化——现在与未来》、《管理之魂》、《企业文化学》、《企业文化的理论与实践》、《企业文化建设的运作》、《中国企业文化大词典》、《企业文化建设》等。同时，《中外企业文化》和《企业文化》等期刊出版发行，中国企业文化研究会、中国企业文化促进会等从事企业文化研究和交流的学术组织先后成立，对推动企业文化的研究和实践也起了积极作用。

另一方面，企业界借鉴了企业文化理论，逐步形成了中国的企业文化。20世纪90年代以来，联想、海尔、长虹、同仁堂、宝钢、华为等企业都培育出了各具特色的优良企业文化。外资企业和合资企业在文化冲突与融合的过程中，探索出中西合璧的企业文化。30多年来，中国企业相继在企业文化建设上加大投入并逐步深化，并且越来越面向市场，主动适应市场经济，内强企业凝聚力，外增企业竞争力。

11.1.2　企业文化的概念和作用

关于企业文化的概念，国内外学者有许多不同的认识和表述。美国学者约翰 P. 科特和詹姆斯 L. 赫斯克特认为，企业文化"是指一个企业中各个部门，至少是企业高层管理者所共同拥有的那些企业价值观念和经营实践，是指企业中一个分部的各个职能部门或地处不同地理环境的部门所拥有的那种共通的文化现象"。中国企业文化研究会常务理事长张大中认为："企业文化是一种新的现代企业管理理论，企业要真正步入市场，走出一条发展较快、效益较好、整体素质不断提高并使经济协调发展的路子，就必须普及和深化企业文化建设。"在此，我们根据国内外学者的研究和企业实践，对企业文化的含义表述如下：企业文化是在一定的历史条件下，企业及其员工在生产、经营和变革的实践中逐渐形成的共同思想、作风、价值观念和行为准则，是一种具有企业个性的信念和行为方式。它包括价值观、行为规范、道德伦理、风俗习惯、规章制度、精神风貌等，其中价值观处于核心地位。

企业文化的含义分为狭义和广义两种。狭义的企业文化是指企业生产经营实践中形成的一种基本精神和凝聚力，以及企业全体员工共有的价值观念和行为准则。广义的企业文化除包含狭义的企业文化的内容外，还包括企业员工的文化素质，企业中有关文化建设的设施、组织结构和规章制度等。

11.1.3 企业文化的内容和特征

企业文化一般包括外显文化和内隐文化两个部分。企业的外显文化是企业文化的外在表现形式，是企业全体员工协调、适应外界环境、社会变化及与其他交往关系中逐步形成的企业风尚。企业的外显文化主要体现在企业的物质文化、文化教育、技术培训和娱乐等方面。人们对企业的了解和认识就是通过企业的外显文化而获得印象的。企业的外显文化一般具有外观性、服务性、约束性、可传性和易变性的特点。外观性是指人们能看得见、摸得着的，通过观察和感觉而显示出来的东西。它主要指企业的硬文化，比如厂容、厂貌、建筑设施、机器设备、产品造型、外观、质量以及文化设施等。服务性是指产品、质量、售后服务等方面在顾客和社会上所产生的服务形象。约束性体现在外显的企业领导制度、组织形式、人际关系、规章制度、道德准则和行为规范等方面，具有明显的控制作用。可传性是通过宣传、交流学习、模仿，具有传播性。易变性是指企业的外显文化处于企业文化的表层，易受外来文化及其他各种文化的影响和干扰，具有动态变化的特征。内隐文化是企业文化的内层结构，是用来指导企业开展生产经营活动的各种价值观念和群体意识，是企业全体员工在协调、造就外界环境、社会变化、企业相互关系中，以人的精神为依托的各种文化现象，如在精神方面有创造、开拓精神、工作态度等；在意识形态方面有竞争意识、改革意识、危机意识等。

企业文化作为观念形态，相对于其他管理理论和实践经验而言，具有以下特征。

（1）整体性。企业文化是将企业作为一个整体来进行研究的，它不仅研究企业精神、企业哲学和企业的道德伦理，还研究企业环境、文化礼仪、仪式、模范英雄人物。它不仅研究个别事物，还探索企业整个系统的系统效应，为企业领导和管理人员提供理论依据，为广大员工积极工作创造优良的环境和有利的条件。

（2）凝聚性。企业文化是在企业全体员工中形成的共同的价值观念，它使员工相互之间有更多的共同语言、共同目标、共同精神，在企业中产生强烈的向心力和凝聚力。

（3）稳定性。企业文化的形成是与企业的发展相联系的，是一个长期的过程。企业文化一旦形成，就必然会相对稳定地存在，不会轻易消失，不会因企业领导人的更换、组织制度以及经营策略的改变而发生重大变化。

（4）时代性。任何健康、进取的优秀企业文化都是时代精神的体现，而且会随着时代精神的发展而前进。同时，政治、经济、文化以及社会形势都会影响企业文化，因此，企业要紧跟时代步伐，以新的、进取的、健康的思想来丰富企业文化的内容。

（5）人本性。企业文化非常重视员工的主体性，它强调人的理想、道德、价值观、行为规范等在企业管理中的核心作用；在生产经营管理过程中，关心人、尊重人、信任人，使全体员工互相尊重，团结奋进，积极参与企业的管理。

11.1.4 文化竞争力

文化对企业管理和发展具有十分重要的作用。第一，它是用共同的价值标准培养企业意识的一种手段，可以统一成员的思想，增强企业的内聚力，强调员工的自我控制。第二，它能激励员工奋发进取，提高士气，重视职业道德，形成创业动力。第三，它是一个企业改革创新和实现战略发展的思想基础,有助于提高企业对环境的适应能力。第四,它有利于改善人际关系,使组织产生极大的协同力。第五,它有利于树立企业形象,提高企业声誉,扩大企业的影响力。世界上许多成功的公司和企业都有自己独具特色的"管理文化"。如 IMB 公司,其创始人沃森就十分重视经营哲学和文化管理,在 20 世纪 20 年代就为公司确定了"以人为核心,向所有用户提供最优质服务"的宗旨,明确提出了为员工利益、顾客利益、股东利益服务的三条原则。后来发展为 IMB 公司今天的管理哲学,即"尊重个人、顾客至上、追求卓越"。

1. 海尔的核心竞争力——海尔文化

1998 年的一天,中国和许多国家的报纸都报道了同一则消息:海尔集团总裁张瑞敏应邀前往哈佛大学商学院,指导 MBA 学生讨论"海尔文化激活休克鱼"的案例。所谓"休克鱼"就是暂时休克的健康鱼。海尔在选择兼并对象时,就是选择那些基本面不错而暂时遇到困难的企业,然后再用海尔的企业文化激活这些"休克鱼"。这是哈佛商学院第一次用中国的企业作为成功经营案例,也是第一次邀请中国企业家走上哈佛讲台。

海尔所创造的经营奇迹就在于,企业长期有意识地培育和凝聚所形成的独特的海尔文化,这正是激发全体海尔人创造奇迹的强大动力。张瑞敏认为"海尔的核心竞争力就是海尔文化"。人是决定一切的因素,海尔的成功首先在于实施了"以人为中心"的管理。集团总经理和各级管理人员都把人看做是企业最重要的财富,人力资源是企业最宝贵的资源。为了吸引和留住人才制定了一系列有力的措施,在企业内部形成了调动和发挥每个员工积极性、创造性的良好氛围。海尔认为,如果每个人的潜能发挥出来,每个人都是一个太平洋,都是一座喜马拉雅山。他们"赛马不相马",努力营造出人才的机制,通过搭建"赛马场"营造创新的空间,使每个员工成为自主经营的 SBU(strategical business unit,战略事业单位),从"人材"成为"人才"再成为"人财"。海尔坚持"人人是人才,赛马不相马"的人才观,大胆启用年轻骨干挑重担,每年吸引大量的应届大学生和研究生加盟,把许多旁人看来不可思议和不可能的事变为了现实。

企业作为社会最小的经济单元,获取利润是其存在的目的,但绝不是企业追求的唯一目的,更不是终极的最高目标。海尔有一个比实现利润要高远得多的远大理想。张瑞敏在《海尔是海》一文中写道:"海尔应像海……一旦汇入海的大家庭中,每一分子便紧紧地凝聚在一起,不分彼此地形成一个团结的整体,随着海的号令执著而又坚定不移地冲向同一个目标,即使粉身碎骨也在所不辞。因此,才有了大海摧枯拉朽的神奇。"海尔人悟透了一点:用户是人民,社会主义生产的目的,就是不断满足人民群众物质文化的需求。正是有这样的远大目标,他们才会千方百计为用户着想,把用户的利益和满意放在首位,坚持"国际星级服务",不断从用户角度开发新产品,占领国内市场,不断开拓国际市场,率先作为中国制造业的代表跻身于世界 500 强。

企业的健康发展需要有正确的发展战略指导。海尔按照"先谋势、后谋利"的战略观,先后确立并实施了"名牌战略"、"多元化战略"、"国际化战略"系列战略,成长为中国最大的家电出口企业。2006 年海尔开始进入第四阶段"全球化品牌战略",为了在当地国家创造自己的品牌,海尔坚持"五个全球化",即设计、制造、营销、采购和资本运作的全球化。目前,海尔在全球 30 多个国家建立了本土化的设计中心、制造基地和贸易公司,全球员工总数超过 5 万人,已经发展成为大规模的跨国企业集团。

海尔是产品、是服务、是企业,更是一种文化。海尔文化是被全体员工认同的企业领导人创新的价值观。海尔文化以观念创新为先导,以战略创新为方向,以组织创新为保障,以技术创新为手段,以市场创新为目标,伴随着海尔从无到有、从小到大、从大到强、从中国走向世界,海尔文化本身也在不断创新、发展。

2. 三力理论——政治力、经济力、文化力

在市场竞争中，政治力、经济力和文化力是构成企业竞争力的三大主要方面，这三方面组合就构成了企业的立体文化竞争力。

（1）政治力。政治力包括四方面的内容：①国家的国际地位。如果国家落后，没有实力，在国际上没有发言权，没有影响力和号召力，那么该国家的企业在国际市场上的处境将会十分艰难。②政府政策。这是企业外部环境的重要组成部分。争取政府政策的有利倾斜，并充分利用所有优惠政策，是企业赢得竞争的必要条件。③政党的作用。在中国，发挥党组织的保证监督作用，发挥共产党员的模范带头作用，是发挥中国企业政治优势的重要方面。④社会制度。在中国，企业管理者必须认真考虑诸如如何让员工当家做主人、按劳取酬制度、思想政治工作制度和传统等问题。

（2）经济力。经济力包括四方面的内容：①劳动力和人才的数量和质量。②资金状况、资金来源、资金运作和流动情况，即财力。③厂房和设备水平，即固定资产的实力。④技术和管理水平。科学技术和管理科学都是生产力，向技术要效益，向管理要效益，就是充分发挥技术和管理的经济潜能。

（3）文化力。文化力概念最先是 20 世纪 80 年代日本学者名和太郎在《经济与文化》一书中提出的，书中认为文化是产业的重要因素。文化力就是组织文化对组织管理的作用，包括导向、规范、激励、凝聚、约束和辐射等方面。具体而言，文化力由以下八个方面组成：

1）企业目标的牵引力。根据企业的发展战略，适时调整企业的中短期目标，并将其层层分解，变成每个部门、每个员工的奋斗目标，让企业的长远目标振奋人心，吸引员工为之奋斗，最终化为员工的自觉行动。

2）企业哲学的指导力。它使企业的生产经营活动建立在明确的哲学思考之上，具有足够的稳定性、连续性和深刻性。

3）企业宗旨的号召力。企业宗旨正确阐述企业经营管理的方针，以及企业存在的社会价值，对内对外都具有号召力。

4）企业精神的凝聚力。企业精神是企业的整体价值观，是企业竞争动力的主要来源，在企业精神的指引下，员工的行动具有深刻的自觉性和主动性。

5）企业道德、企业风气和企业制度的规范力。企业制度是企业内的法规，具有外加的强制约束力，即硬约束；企业道德和企业作风则是非强制性的群体压力，即软约束。这两方面相结合会对员工的行为形成有效的规范作用。

6）企业风俗、企业典礼、仪式和企业活动的感染力。这些仪式、风俗、特色活动形成的文化氛围，是对企业理念和群体价值观的正强化，往往具有鲜明的情境性和浓厚的感情色彩，因此具有巨大的感染力。

7）企业标志、企业旗帜、厂容厂貌、厂服、厂花、厂歌、纪念建筑、广告语、音像作品、文艺作品、文化体育设施、产品外形和包装的形象力。这些看得见、摸得着、听得到的外在形象，可以扩大企业的影响，宣传企业的精神境界，取得较高的美誉度。

8）企业公共关系活动的辐射力。企业通过有计划的公共活动，增进传播媒介和社会公众对企业的了解，全面地将企业的理念层、行为层和视觉层展示出来，全方位地树立企业形象，生成有利于企业竞争的无形资产。

11.2 企业文化建设

企业文化是一个有机的整体，它包括三个层次：物质层、制度层和精神层。它包含了 CI

体系的全部内容,既有理念系统,又有行为系统和视觉识别系统。物质文化层次指的是企业环境和企业文化建设的"硬件"设施等,包括生产资料文化、产品文化、环境文化,如品牌、包装、厂容厂貌等。中间层是制度文化层次,主要是对企业的人、财、物、事的各种动的和静的状态都有明确的标准和规定,包括企业中的习俗、习惯和礼仪,以及已经成文的或约定俗成的制度等;精神文化处于企业文化的最内层,也是企业文化的核心层次,包括变革观念、竞争观念、效益观念、市场观念、服务观念、价值观念、道德观念、战略观念,还有民主意识、思维方式和经营管理思想,具体表现在劳动态度、行为取向和生活方式方面。

企业文化的三个层次之间是密不可分、相互作用、相互影响的关系,它们共同构成一个完整的结构体系。

11.2.1 企业文化建设目标

1. 确定 MI(理念识别)

(1) 确定全体员工的价值观。企业价值观是企业文化的核心,决定企业的命脉,关系企业的兴衰。现代企业不仅要实现物质价值,还要实现文化价值,要充分认识企业竞争不仅是经济竞争,更是人的竞争、文化的竞争、伦理智慧的竞争。企业的最终目标是服务社会,实现社会价值最大化。

(2) 确立企业精神。培育有个性的企业精神是加强企业文化建设的核心,培育具有鲜明个性和丰富内涵的企业精神,最大限度地激发员工内在潜力,是企业文化的首要任务和主要内容。企业精神是指企业广大员工在长期的生产经营活动中逐步形成的,由企业的传统、经历、文化和企业领导人的管理哲学共同孕育的,并经过有意识的概括、总结、提炼而得到确立的思想成果和精神力量,必须是集中体现一个企业独特的、具有鲜明的经营思想和个性风格,反映企业的信念和追求,并由企业倡导的一种精神。培养企业精神,要遵循时代性、先进性、激励性、效益性等原则,不仅要反映企业本质特征,而且要反映出行业的特点和本单位特色,体现出企业的经营理念。

(3) 确立符合实际的企业宗旨是企业生存发展的主要目的和根本追求,它是以企业发展的目标、目的和发展方向来反映企业价值观。企业道德是在企业生产经营实践的基础上,基于对社会和对人生的理解做出的评判事物的伦理准则。企业作风是企业全体干部员工在思想上、工作上和生活上表现出来的态度、行为,体现企业整体素质和对外形象。

2. 确立 VI(视觉识别)

统一标志、服装、产品品牌、包装等,实施配套管理。在企业发展中还要以务实的态度不断完善企业视觉识别各要素,做到改进 - 否定 - 再改进 - 再确定。VI 包含企业标志、旗帜、广告语、服装、信笺、徽章、印刷品统一模式等,以此规范员工行为礼仪和精神风貌,在社会上建立起企业的高度信任感和良好信誉。

3. 确立 BI(行为识别)

BI 主要体现在两个方面:一方面是企业内部对员工的宣传、教育、培训,另一方面是对外经营、社会责任等内容。企业要通过组织开展一系列活动,将企业确立的经营理念融入到企业的实践中,指导企业和员工行为。

4. 以人为本,树立精干高效的队伍形象,打造精神文化

企业文化实质是"人的文化",人是生产力中最活跃的因素,人是企业的立足之本,企业员工是企业的主体,建设企业文化就必须以提高人的素质为根本,把着眼点放在人上,分别达到凝聚人心,树立共同理想,规范行动形成良好行为习惯,塑造形象扩大社会知名度的目的。为此要做好建立学习型组织;抓好科学文化知识和专业技能培训;培育卓越的经营管理者,带动企业文化建设;做好思想政治工作等相关工作。

5. 内外并举,塑造品质超群的产品形象,打造物质文化

企业文化建设应与塑造企业形象相统一,实现技术创新,做到群众性合理化建议活动持之以恒,使之具备独特的技术特色和产品特色。创品牌,教育员工要像爱护自己的眼睛一样爱护企业的品牌声誉,使企业的产品、质量在社会上叫得响、打得硬、占先机。要做到在经营过程中的经营理念和经营战略的统一;做到在实际经营过程中所有员工行为及企业活动的规范化、协调化;做到视觉信息传递的各种形式相统一,为促进企业可持续发展奠定坚实基础。

6. 目标激励,塑造严明和谐的管理形象,打造制度文化

企业管理和文化之间的联系是企业发展的生命线,战略、结构、制度是硬性管理;技能、人员、作风、目标是软性管理。强化管理,要坚持把人放在企业中心地位,在管理中尊重人、理解人、关心人、爱护人,确立员工主人翁地位,使之积极参与企业管理,尽其责任和义务。强化管理要搞好与现代企业制度、管理创新、市场开拓、实现优质服务等的有机结合,还要修订并完善职业道德准则,强化纪律约束机制,使企业各项规章制度成为干部员工的自觉行为。提倡团队精神,成员之间保持良好的人际关系,增强团队凝聚力,有效发挥团队作用。

7. 寓教于文,塑造优美整洁的环境形象,打造行为文化

人改造环境,环境也改造人,因此,要认真分析企业文化发育的环境因素,使有形的和无形的各种有利因素成为企业文化建设的动力源泉。采取强化措施,做到绿化、净化、美化并举,划分区域,责任明确,做到治理整顿并长期保持卫生环境。要开展各种游艺文体活动,做到大型活动制度化,即体育活动(趣味运动)会、企业文化艺术节等;小型活动经常化,即利用厂庆、文体活动等形式丰富员工文化生活,赋予各种活动以生命力,强化视觉效应。

11.2.2 企业物质文化建设

企业物质文化是由企业员工创造的产品和物质设施等构成的一种表层的文化。它包括企业的产品、生产生活环境、办公设施、文化设施、企业广告、包装设计等,是企业员工的理想、价值观、精神面貌的具体反映,集中体现了一个企业在社会中的外在形象,是社会对企业做总体评价的起点。

企业物质文化建设既包括企业产品的生产、管理、营销、广告和形象塑造,也包括企业工作环境的改善和创造,如文化设施、技术技能、工艺设备、销售服务等的添置和改善。随着全球发展,环境的重要意义在理论和观念上已得到了充分重视,在实践上环境文化建设应成为企业文化建设的重要部分,可持续发展应成为企业发展的最重要依据。

11.2.3 企业制度文化建设

企业制度文化是企业为实现自身目标对员工的行为给予一定限制的文化,它具有共性和强有力的行为规范的要求。企业制度文化的"规范性"是一种来自员工自身以外的带有强制性的约束,它规范着企业每一个人,企业工艺操作规程、厂规厂纪、经济责任制、考核奖惩制等都是企业制度文化的内容。

企业文化制度行为层的设计内容包括企业的制度体系、企业风俗和员工行为规范。其中,企业制度体系由工作制度、责任制度和特殊制度三部分组成。

1. 企业制度

(1)工作制度。工作制度是指企业对各项工作运行程序的管理规定,是保证企业各项工作正常有序地开展的必要保证。工作制度包括法人制度、计划制度、劳资人事制度、生产管理制度、服务管理制度、技术工作及技术管理制度、设备管理制度、劳动管理制度、物资供应管理制度、产品销售管理制度、财务管理制度、生活福利工作管理制度和奖励惩罚制度等。

工作制度对企业的正常运行十分重要,设计工作制度时,应遵循以下原则:①现代化原则。工作制度应该与现代企业制度相适应,体现科学管理的特征。②个性化原则。企业的工作制度应具有鲜明的个性。③合理化原则。企业的工作制度应该切合企业的实际,对企业的发展来说具有可行性、合理性。④一致性原则。企业的工作制度应该相互配套,形成一个完整的制度体系。

(2)责任制度。企业责任制度的基本做法是:按照责权利相结合的原则,将企业的目标体系以及保证企业目标得以实现的各项任务、措施、指标层层分解,落实到单位和个人,全部纳入"包-保-核"的体系。

"包"就是采取纵向层层包的办法,把各项经济指标和工作要求,落实到每个单位、每个部门、每个岗位以及每名员工身上。

"保"就是纵向和横向实行互相保证,纵向指标分解后从下到上层层保证,横向把内部单位之间、岗位之间的具体协作要求,全部落实到个人。

"核"就是对企业内部每个单位、每个岗位的每项"包"、"保"责任都要进行严格考核,并与其经济利益和奖惩挂钩。"核"是责任制度的动力机制,保证"包"和"保"能够落实到实处。

(3)特殊制度。特殊制度是企业文化建设发展到一定程度的反映,是企业文化个性特色的体现。它更能体现企业文化的理念层要素。企业的发展实践不同,所形成的特殊制度也不尽相同。比如海尔公司的"日清日高"制度,就是日考核制度。如今,"日清日高"制度已经成为海尔文化中最具特色的内容,也成为海尔核心竞争力的重要组成部分。

2. 企业风俗

企业风俗是企业长期相沿、约定俗成的典礼、仪式、习惯、节日和特色活动等。不同的企业所形成的企业风俗是不同的,因此它成为区别不同企业的显著标志之一。

(1)企业风俗的分类。按照不同的分类标准,企业风俗可以划分为下列不同类型。

1)按照载体和表现形式可以划分为风俗习惯和风俗活动。风俗习惯是指企业长期坚持的带有风俗性质的布置、器物或是约定俗成的做法;风俗活动则指带有风俗色彩的群众性活动。

2)按照是否企业持有可分为一般风俗和特殊风俗。一般风俗是由于行业、地域等关系而形成的相同或相近的企业风俗,而特殊风俗是指企业独有的风俗。

3)按照风俗对企业的影响可以分为良好风俗、不良风俗和不相关风俗。良好风俗有助于企业的发展,有助于企业文化的建设和企业形象塑造。

(2)企业风俗的设计和培育。企业风俗的设计和培育包括两方面的内容:一是设计和培育新的企业风俗;二是对现有风俗进行改造。

优良的企业风俗都具有一些共同特点:首先,优良的企业风俗能够体现企业文化理念层的内涵;其次,优良的企业风俗与企业文化制度行为层的要素和谐一致;最后,优良的企业风俗与企业文化符号层相适应。

由于企业风俗是在长期发展过程中自发形成的,其中每一种风俗都有其萌芽和发展形成的主客观条件,当企业内外环境不断变化时,企业风俗的内容和形式会部分或全部不适应环境。因此,企业需要主动进行企业风俗的改造,促进企业文化建设。改造企业风俗,关键在于保持和强化优良企业风俗及其积极因素,改造不良风俗及其消极因素。根据企业风俗中积极因素和消极因素构成的不同,主要有四种方法:①扬长避短法,它指采取积极的态度影响和引导企业风俗扬长避短、不断完善;②立竿见影法,它指运用企业正式组织力量对企业风俗进行强制性的干预，使之短期内按照企业所预期的目标转化；③潜移默化法，它指在企业正式组织的倡导和舆论影响下，通过非正式组织的渠道对企业风俗进行渗透式的作用，经过一段较长时间逐渐实现企业预期的目标；④脱胎换骨法，它指运用企业的正式组织和非正式组织共同的力量，对企业风俗从外在形式到内在观念都进行彻底的改变或使之消除。

3. 员工行为规范

员工行为规范是所有员工在长期共同工作过程中自发形成的一些共同的行为特点和工作习惯。员工共同的行为规范对于增强企业内部凝聚力、提高整个企业的工作效率都会产生积极的影响。因此，企业会有意识地提出员工在共同工作中行为和习惯的标准，这种行为规范的培养带有明显的导向性和约束性，通过在企业中的倡导和推行，容易在员工群体中达成共识和自觉意识，从而起到促使员工的言行举止和工作习惯向企业期望的方向和标准转化的目的。

员工行为规范主要包括以下内容：第一，仪表仪容。仪表仪容是指对员工个人和群体外在形象方面的要求，它包括服装、发型、化妆和配件等几方面。要把员工培养成为企业群体的一员，最基础、最易达到的要求就是仪容仪表方面的规范。因此，从企业形象的角度看，仪容仪表的规定往往被企业作为员工行为规范的首要内容。第二，岗位纪律。岗位纪律是员工个体在工作中必须遵守的一些共性的要求，其目的是保证每个工作岗位的正常运转。岗位纪律一般包括五个方面：①作息制度；②请销假制度；③保密制度；④工作状态要求；⑤特殊纪律。第三，工作程序。工作程序是对员工与他人协调工作的程序性的行为规定，包括与上级、同事和下属的协同和配合的具体要求。工作程序一般分为以下几个部分：①接受上级命令；②执行上级命令；③独立工作；④召集和参加会议；⑤和同事配合工作；⑥尊重与沟通；⑦报告的要求。第四，待人接物。待人接物规范涉及的内容比较多，主要包括礼貌用语、基本礼节、电话礼仪、接待客人和登门拜访等方面。第五，环卫与安全。保护环境规范主要有办公室、车间、商店、企业公共场所方面的清洁卫生以及保护水源、大气、绿化等要求，需要根据企业实际而定。安全需要是员工基本的需要之一，维护企业生产安全和员工生命安全是一项重要的工作内容。因此，要对员工行为提出要求，帮助员工树立安全意识是员工行为规范应该包含的部分。第六，素质与修养。提高员工的技术水平、工作能力和全面素质是企业的重要目标之一。

11.2.4 企业精神文明建设

精神文明建设是企业文化建设的核心。企业精神文化的设计具体包括设计企业目标和愿景、企业价值观、企业哲学、企业经营理念、企业管理模式、企业精神、企业道德和企业作风等。

1. 企业目标设计

企业目标是指在一定时期内，企业生产经营管理活动预期要达到的成效或结果。设定和确立企业目标，是企业文化理念层设计的重中之重。

在设立企业目标时，首先要对企业的内外环境和条件进行分析，分析企业所处的经济环境、政治环境、文化环境等整个社会环境，了解企业所在的产业和行业发展状况，分析竞争者、合作者、销售商及其他利益相关者，同时分析企业的内部因素。

在设定企业目标时，要设定好企业的最高目标，最高目标是企业发展的最远大理想，是全体员工的最长期追求，是企业长远发展的指南针。比如，日本松下电器公司的创办人松下幸之助将"工业报国"作为社训，提出"认清我们作为工业家应尽职责是，鼓励进步，增进社会福利,并致力于世界文化的进一步发展"。中国的海尔集团把"创造中国的世界名牌"定为企业目标。只有树立崇高的目标,才能够把企业组织和员工的追求聚合起来,形成合力。

企业不是纯粹的经济组织,因此要构建多目标的企业模式。目前,世界上一切先进的、现代的企业,毫无例外地摒弃了"经济利益最大化"这种单一目标模式,而是树立一种将企业的经济动机与社会责任相结合的多目标模式,企业目标实现了从单一目标向多目标体系的转变(见图11-1)。

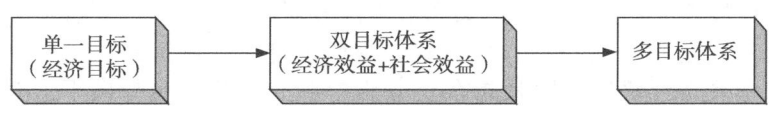

图 11-1　企业目标的变化过程

2. 企业愿景设计

愿景是愿望和景象的意思,企业愿景是指企业全体员工所接受和认同的共同愿景。企业愿景从根本上讲仍属于企业目标的范畴,它实际上是企业的阶段性目标。企业目标通常是由企业决策层和管理层所制定的,较少考虑员工个人目标;而企业愿景则是建立在员工个人愿景的基础上,是个人愿景与组织愿景的有机结合,更好地体现了以人为本的现代管理思想。

企业愿景的设计与建立一般包括以下要点:①将个人愿景作为共同愿景的基础。②按照自上而下顺序。③反复酝酿,不断提炼和充实。无论企业愿景是谁提出的,都应使之成为一个企业上下反复酝酿、不断提炼的分享过程。④注意说服和沟通。

在设计企业愿景时,同时要考虑不同企业的自身特点和内外环境。

3. 企业价值观设计

企业价值观,又称做企业共同价值观或者群体价值观,它是在企业创业和成长过程中形成的,是企业经营管理者和员工群体所认可的,对企业经营管理具有规范性作用的价值观念体系。企业内部的群体价值观构成企业的心理氛围和文化氛围,随时随地影响着企业员工能动性的发挥。设计和形成企业价值观是企业文化设计和建设的基石。

(1) 价值观的构成。价值观是人们判断事物重要性的先后顺序的标准。它包含五个要素:主体定位、社会规范、社会秩序和信念、实践方式和价值本位,其中主体定位是价值观中最基本的核心问题。对企业而言,要进行企业价值观的主体定位,就必须明确企业的主体。社会规范包括政治规范、经济规范和道德规范。实践方式是人们行为的深层状态,也称为价值行为模式。

价值观决定了人们的行为方式和目标选择。如果企业的主导价值观发生了变化,也就标志着企业的性质发生了改变。

(2) 价值观的影响因素。企业价值观主要受员工的个人价值观、企业家价值观和社会价值观的影响。

(3) 企业价值观的设计原则。在设计企业价值观时,首先,企业价值观要与企业最高目标相协调,企业最高目标与企业价值观都是企业文化理念层次的核心内容,二者必须相互协调。其次,企业价值观要与社会所主导的价值观相适应,以避免在企业价值观导向下企业行为与周围环境之间产生冲突,影响企业发展。另外,企业价值观要与员工的个人价值观相结合,充分反映企业家的价值观。

4. 企业哲学设计

企业哲学是从企业实践中抽象出来的关于企业一切活动本质和基本规律的学说，是企业经营管理经验和理论的高度总结和概括，是企业家对企业经营管理的哲学思考。企业哲学大多来源于企业家自身的哲学思维，特别是其世界观、人生观和价值观。同时，企业英雄模范人物、优秀群体、企业多数员工以及社会公众的世界观、价值观和人生观也是企业经营哲学的来源。

5. 企业经营理念设计

中国对于企业理念的解释可以从广义和狭义两方面来进行。广义的企业经营理念是指企业文化的理念层次，包括企业目标、价值观、企业精神、企业道德、企业作风以及企业管理模式等；狭义的企业经营理念则是指在企业哲学和企业价值观导向下，企业为实现最高目标而确定的经营宗旨、经营发展原则和经营思路等。

日本企业家对经营理念的认识可以归纳为四个方面：①经营理念是对企业使命、宗旨的价值规范，是企业经营的基本依据；②经营理念是企业发展目标的指南，它指明了企业前进的道路和发展方向；③经营理念是企业经营决策的指导思想和思维方法；④经营理念是企业文化的重要组成部分，是企业经营的价值取向，是凝聚和统率企业员工行为的经营价值观。

如何表达企业经营理念，让社会和企业员工能够清楚地了解企业的经营宗旨、方针和政策等，是企业经营理念设计的关键。每一个企业都有自己独特的经营理念，如通用电气公司韦尔奇的六条经营理念分别是：①掌握自己的命运；②面对现实，不要生活在过去或幻想之中；③坦诚待人；④不要只是管理，要学会领导；⑤在被迫改革之前就进行改革；⑥若无竞争优势，切勿与之竞争。海尔集团的经营理念是：①企业现代化；②市场全球化；③经营规模化。

6. 企业管理模式设计

企业的管理模式是最能体现企业文化的管理属性的，管理模式是对企业管理规范的高度概括，是企业管理特色的集中反映。

管理学界一直非常重视管理模式的研究，不同学派、不同学者在对大量企业管理特征进行综合研究的基础上，提出了许多关于企业管理模式的分类。从企业管理理论的发展历史来看，大体可以分为经验管理模式、科学管理模式和文化管理模式；从管理职能及其关系的角度，可以分为 A 管理模式和 C 管理模式；等等。

（1）管理模式的影响因素。在管理模式的理论研究方面，具有代表性的有美国俄亥俄州立大学学者提出的领导行为四分图模式、美国得克萨斯大学教授、行为科学家布莱克和莫顿提出的管理方格理论，以及组织行为和社会心理学家卢因提出的领导作风理论。不同企业根据自己的企业特点选择适合自己的管理模式。一般来说，影响企业管理模式的因素主要有以下几个：①企业价值观。企业价值观是管理模式的灵魂，而管理模式则是企业价值观的外化。因此，当企业价值观更新时，必然会导致企业管理模式的变革。②工作形式和劳动结构。工作形式和劳动结构的差异将直接导致管理模式的不同。③员工的群体结构和差异性。员工群体在知识水平、能力素质和工作经验等方面的差异都会对管理模式有较大的影响。④企业的组织形式和一体化程度。⑤管理职能中控制职能的比重和方式。⑥分配方式和报酬标准。⑦冲突的宽容度。⑧风险承受度。⑨系统的开放度。

（2）企业管理模式的设计原则。在设计企业的管理模式时，要从企业实际出发，以工作价值观为导向。表 11-1 列举了工作价值观的主要内容和两组极端的类型，每个企业可以根据自己的特点选择适合自己的管理模式。

表 11-1　工作价值观的主要内容

	工作价值观的两组极端类型	
管理导向	工作导向	关系导向
管理目的	效率第一	关系第一
领导作风	专制	民主
控制特点	严	宽
激励特点	物质激励为主	精神激励为主
权力倾向	崇尚职位权力	崇尚个人权力

7. 企业精神设计

企业精神是随着企业的发展而逐步形成并固化下来的，是对企业现有观念意识、传统习惯、行为方式中积极因素的总结、提炼和倡导，是企业文化发展到一定阶段的必然产物。在设计企业精神时，首先要以企业共同价值观为最高目标，尊重广大员工在工作实践中迸发出的积极的精神状态，遵循企业经营哲学，体现时代精神。

社会制度不同，国情不同，企业精神也有所差异。下面是中外一些优秀企业所具有的企业精神要素：①实事求是精神；②团结协作精神；③开拓创新精神；④牺牲奉献精神；⑤勇于竞争精神；⑥艰苦奋斗精神；⑦爱岗敬业精神；⑧追求卓越精神；⑨敢冒风险精神；⑩超越自我精神。

我国正在进行社会主义市场经济建设，因此，我国不同企业的企业精神都应具有一些民族共性和社会共性。

8. 企业道德设计

企业道德是企业道德理念在企业中的具体反映，是规范企业管理者和员工的重要行为规范。企业道德是社会道德理念在企业中的具体反映。我国企业在设计企业道德时首先要符合中华民族的优秀传统，符合社会公德及家庭美德，同时也要突出本行业的职业道德特点。

中国的企业道德一般由以下 10 个方面内容构成：忠诚、无私、勤劳、节俭、团结、廉洁、自强、礼貌、遵纪和守信。

9. 企业作风设计

企业风气所形成的文化氛围对一切外来的信息具有筛选作用，在企业文化完善、企业风气健康的企业里，员工群体会积极抵制其不良影响，主动与企业同呼吸共命运，爱厂如家，勤奋工作，保证企业的健康发展。企业风气通过员工的言行反映出来，成为影响企业文化理念层的一个重要因素。

企业作风是企业风气在企业经营管理工作中的体现，因此，设计良好的企业作风，是形成健康企业风气、塑造良好企业形象的需要。

在设计企业作风时，首先要对企业风气现状做全面深入的考察，认真区分企业现实风气；其次结合企业内外环境，确定独具特色的企业作风。

11.3　企业文化与企业管理

11.3.1　企业文化与企业管理的关系

1. 管理也是一种文化

美国著名管理学家彼得·德鲁克在其著作《管理学》一书中，把管理与文化明确地联系起来。他认为，管理不只是一门学科，还应是一种文化，有它自己的价值观、信仰、工具和语言。管理是一种社会职能,隐藏在价值、习俗、信念的传统里,以及政府的政治制度中。管理应该是受文化所制约的,管理也是文化,它是有价值的科学。

一个特定民族、社会、文化圈的特定文化对管理过程的渗透和反映,就形成了所谓的"管理文化"。"管理文化"主要是指管理的指导思想、管理哲学和管理风貌,它包括价值标准、经营哲学、管理制度、行为准则、道德规范和风俗习惯等。

2. 文化也是一种管理手段

文化对企业管理和发展具有十分重要的作用,关于这一点可以从以下几方面得到体现。第一,它是用共同的价值标准培养企业意识的一种手段,可以统一成员的思想,增强企业的凝聚力,强调员工的自我控制。第二,它能激励员工奋发进取,提高士气,重视职业道德,形成创业动力。第三,它是一个企业改革创新和实现战略发展的思想基础,有助于提高企业对环境的适应能力。第四,它有利于改善人际关系,使组织产生极大的协同力。第五,它有利于树立企业形象,提高企业声誉,扩大企业的影响。管理效率依赖于诸如价值系统、管理哲学等文化变量。日本企业的成功就很好地说明了这一点。日本创造了经济奇迹后,美国人发现日本的一些具体管理办法与美国不同,比如终身雇佣制、年功序列工资制、禀议决策制和企业工会等。这些管理办法都与日本的民族传统和社会习惯有很大关系,他们认为美国企业很难借鉴。通过进一步深入研究,美国人发现,日美管理的根本差异在于对管理因素的认识不同。美国更加强调诸如技术、设备、方法、规章、组织机构和财务分析等这些"硬件"因素,而日本则比较注重诸如目标、宗旨、信念、人和、价值准则等这些"软件"因素,这些因素正好与整个社会文化密切相关。在美国,经营成功的企业同样也注重这些"软件"因素。因此,研究者最终得出结论:文化中的这些"软件"因素是管理的核心因素,也是管理成败的根本与关键。

3. 文化与管理具有共生性

文化与管理的共生性主要是指,管理是伴随着文化的发展而发展的,它本身是通过文化的发展而得以表现出来的。以西方文化与中国文化为例,学者司马云杰认为,西方文化模式主要源于古希腊文化,它是在海上竞争环境中发展起来的,从一开始就充满了自由竞争的精神。由于海上贸易风险较大,为祈求神的保佑而发展为宗教;为了进行物与物的交换,首先必须进行人与自然的交换,于是发展了自然科学技术。有了自然科学技术,人与自然界的交换成果也越来越多,于是发展了经济学,经济学与管理学的关系非常密切,它是研究如何将有限的资源合理分配到多种用途和社会需求上的一门学科,而管理者正是有限资源的受托管理人,他的工作是使有限的资源得到有效的、合理的使用,从这个角度上说,管理学也可称为应用经济学。为了使经济有序发展,于是发展了法律。因此,西方文化模式的主要结构有四种基本特质:一是宗教神学;二是科学技术;三是经济科学;四是法律科学。哲学则是关于人与神、人与自然、人与物、人与社会的思辨。这种文化模式规定了人的价值取向是宗教的、自然的、物质的、法律的。中国的文化模式主要是在封闭的黄河流域附近创造和发展起来的,它的主要结构是个体农业和宗法家庭。以农业为基础,质朴厚重;以宗法家庭为主体,尊祖宗、尚人伦、重情感。中国儒家思想可以说是这种文化模式的核心,它的价值取向主要是土地、道德和礼教,这也是历史上的中国经济、法律、管理、科学技术没有得到充分发展的原因之一。

文化与管理的共生性还表现为文化是在一定的社会生产力基础上发展的。管理也是人类文化的一个组成部分,管理水平的提高,促进了生产力的发展,也使文化的内容更加丰富。企业文化的形成与发展提高了企业的生产效率,提高了整个社会的生产力水平。同时,企业文化作为一种"亚文化",其发展丰富了人类文化的内涵。

11.3.2 企业文化的管理功能

管理是因文化而异的。在企业国际化、经济全球化的过程中，要想实现有效的管理，管理者就要具有文化的敏感力和跨文化经营技巧。美国学者菲利普·哈里斯认为，文化对管理的作用主要有以下几点：

（1）文化给人以认同感，通过文化培训，可以改进雇员对组织的忠诚，提高组织效率。

（2）通过文化，可以增进人们互相了解，使管理者更好地进行跨文化管理，提高生产效率。

（3）文化的认知对发展和影响组织文化是十分有用的。

（4）文化的洞察力和工具对比较管理的研究十分有帮助，它可以减少管理实践中的文化障碍。

（5）文化的敏锐性可以使我们认识和发展市场需求的多样性，改变企业在国际市场上的经营战略。

11.3.3 企业文化理论对管理理论的突破

科学管理使企业管理走上了规范化、制度化和科学化的轨道，极大地推动了生产效率的提高，但同时在实践中也暴露出其本质的弱点——将员工看做"经济人"，在生产高效化和机械化的同时也将人工具化，忽视了员工的精神需求，导致员工对工作的厌恶情绪增加，劳资矛盾越来越激化。科学管理过分强调对员工的定量考核，把管理当成纯粹的科学，忽视了一个最重要的事实：人是有思想、有感情的，并为思想感情所支配；忽视了管理不仅是科学更是艺术这样一个本质性的规律。

20世纪30年代行为科学的诞生力图纠正和弥补科学管理的不足。20世纪80年代兴起的企业文化理论，是这种努力的最新成果。它完整地提出了与科学管理不同的管理思想和管理框架，提倡以人为中心高度重视观念和感情因素的非理性管理模式。

企业文化理论相对于科学管理和行为科学而言，在以下几方面发生了显著变化。

（1）管理中心发生了变化。科学管理是以物为中心进行管理，而文化管理是以人为中心进行管理，不仅注重用人，更注重培养人。文化管理是人性化管理，尊重人、关心人、培养人、激励人，以人为核心进行管理成为企业管理的关键。

（2）对人的研究方法发生了变化。科学管理主要研究生产效率和工作制度，研究人如何适应工作，忽视了人的情感需求。行为科学对人的研究，主要是从人的心理入手，研究人的需要、动机、行为及其之间的相互关系，揭示需要、行为产生的规律性，从而去设置目标，满足人的需要，对人进行激励并引导其行为，使其在追求个人目标的过程中实现组织的目标。然而，人是复杂的，不同的人需要是不同的，即使是同一个人，在不同时间、不同环境其需要也会经常变化。因此，如何激励员工，提高其积极性和创造性成为现代企业管理者面临的非常困难的一件事情。而企业文化将企业看做由人组成的系统，研究人的整体，研究在企业系统中如何建立正确的价值观、经营观念和行为道德准则，并且使员工认同这种价值观，主动积极努力工作，积极进取，从而迸发出巨大的力量，推动企业的前进。

（3）研究的目的发生了变化。科学管理和行为科学对人的研究其目的都是为了"利用人"。将人作为一种工具，以达到企业经营的目的，是一种低级的管理思想，而企业文化理论以"为了人"为研究目的。在企业内部，以人为本，以员工为中心进行经营管理。将对员工的培养和教育放在首位，将人视为待开发的、潜力巨大的资源。在企业外部，则以顾客为中心进行经营管理，在给顾客提供满意产品的同时，更加重视给顾客提供满意的服务，与顾客建立密切的合作关系。

（4）管理特色发生了变化。科学管理是纯理性管理，排斥感情因素，而文化管理将理性与非理性相结合，强调人与人之间的交流、沟通、平等和关心，是一种人情味很浓的管理。

现代企业文化是在20世纪80年代初期对管理科学、行为科学和文化学等当代管理理论的研究和探索中逐渐形成的。它代表的是对企业管理看法和观念的根本转变，反映了大工业文明发展到一定时期对管理提出的新要求，企业之间的竞争已从有形资源竞争为主发展到了无形资源竞争为主的时期，而企业文化正是一种潜力无限的无形资源。

11.4 企业伦理

11.4.1 企业伦理的内容

1. 企业伦理的含义

企业伦理（business ethics）是蕴涵在企业生产、经营、管理等各种活动中的伦理关系、伦理意识、伦理准则与伦理活动的总和。企业伦理表明一个企业为什么要存在，将会以什么方式与途径来体现和实现存在。它是企业内部的微观道德规范，属于企业道德的范畴。企业伦理主要反映"善与恶"的价值判断，是企业文化的一个重要组成部分。

2. 企业伦理的内容

企业伦理涉及企业行为的方方面面。根据我国企业的实际情况，企业伦理主要包括以下三个方面的内容。

（1）企业的社会责任和义务。企业的社会责任和义务就是企业的社会道德责任感，是指企业自觉承担社会责任的主动意识，在企业伦理匮乏和监督机制不健全的情况下，经营者一味追求经济利益，不仅给社会带来混乱，而且可能损害整个国家和民族的声誉。

（2）经营管理的道德规范。企业经营管理的道德规范是企业处理义和利、经济效益与社会效益等关系时的一系列准则。自古以来，中国人讲究"商德"，奉行"贾而儒行"的儒家精神，明代思想家王阳明在《大学问》中所说："商贾虽终日做买卖，不害其为圣贤。"现代企业有一些秉承了优良传统，提出"公平交易"、"诚信为本"等经营理念。

（3）调节人际关系的行为准则。中国人强调和谐的人际关系，如何协调企业内的人际关系是企业伦理的重要内容，企业常用一些行为准则来指导人们处理人际关系，不少企业提出"和为贵"、"仁爱"、"诚实"、"正直"、"团结"、"友爱"等行为规范，目的是追求和谐的人际关系。

11.4.2 企业的伦理模式

从企业伦理学角度来看，企业经营一般可能采取两种伦理模式：伦理经营和非伦理经营。其中，伦理经营又有两种对待道德的态度：道德经营和不道德经营。因此，可以把企业经营的伦理模式细化为三种：不道德经营模式、道德经营模式和非道德经营模式。

1. 不道德经营模式

不道德经营模式是有害于企业利益相关者的经营行为模式，采取这种经营模式的企业对伦理道德价值观念持一种积极的反对态度，其经营行为是不符合伦理道德原则或规范的。支配这种经营模式的目的是为了赢利，为了本企业的利益不惜采取一切手段。该模式的经营策略主要集中于利用一切机会来获取本企业的利益，在任何时候和任何地方，只要有利可图，企业就会采取各种不道德的方式。

2. 道德经营模式

道德经营模式是指有利于企业利益相关者的经营行为模式，它与不道德经营模式相对立。采取这种经营模式的企业把相关的法律和道德规范作为经营标准，对法律和道德规范积极赞同。支配这种模式的动机是各种道德标准，比如公平、诚信和责任等，目的也是为了获利，但它们是在法律和道德标准规定的范围内追求利润。该模式的经营策略集中于合理的道德标准，强调在道德行为的范围内追求经济利益。

3. 非道德经营模式

非道德经营模式是指不具有道德意义，也不能从道德上进行善恶评判的经营行为模式。非道德经营模式不能简单地与不道德经营模式等同，它既可以转化为不道德经营模式，也可以转化为道德经营模式。非道德经营模式一般可以分为两类：有意的非道德经营与无意的非道德经营，前者是指经营者没有把道德关怀纳入其经营决策之中，认为经营活动不同于其他活动，不属于道德评判的范围，因而在经营活动中运用的标准应该与其他活动中运用的标准有所区别；后者是指经营者在道德上相对迟钝，没有顾及其经营行为给利益相关者带来的影响，没有考虑经营行为的伦理含义。支配这种模式的动机是法律，在利润追求过程中，对于道德，经营者保持一种中立的心态。

11.4.3 丧失企业伦理的代价

在市场经济中，企业行为不仅要具有经济上的可行性、法律上的合法性，而且还应该具有伦理道德上的行为正当性。从企业的角度看，企业伦理在为企业及个人利益服务的同时，通过是否为社会所认同的判断，对利益关系发挥着很大的约束和引导作用，使企业及个人在追求利益最大化的过程中，自觉地渗入社会共同利益的成分。从社会角度来看，企业伦理有助于营造公平、诚信的社会经济交往环境，有助于维护正当的财产权利、契约关系和交换活动，大大降低交易成本，直接或间接地促进效率的改进和提高。

丧失企业伦理，企业往往会付出惨重的代价。震惊中外的安然事件，使一家在2002年还在500强中居第6位的安然公司迅速破产。2003年2月，世界最大的食品批发商和第三大零售超市荷兰皇家阿霍德集团（Royal Ahold）因虚报利润5亿美元，导致公司股价随即下跌了60%以上，公司市值缩水50亿美元。在我国，以南京冠生园月饼事件、石家庄三鹿奶粉事件等为代表，使企业伦理问题日益突现。由这些企业的惨痛经历可以看出，一个企业如果丧失企业伦理，必将被市场淘汰出局。

对于危机产生的原因，有人归结为对传统义利观的背弃，有人认为是中国文化缺乏西方的契约精神。中国是文明古国，中华民族有着悠久的伦理传统和高尚的道德水平。古人讲："人有三不朽，太上有立德，其次有立功，再次有立信。"其中，伦理道德是处世第一准则。对于我国一些企业伦理的不尽如人意，不能不引起高度的关注。

思考题

1. 何谓企业文化？企业文化理论出现的背景如何？
2. 阐述企业文化理论的内容和特征。
3. 跨文化管理对企业的国际化经营有何意义？
4. 试举例说明文化与管理的关系。
5. 文化的竞争力体现在哪些方面？
6. 阐述企业文化建设三个层次的内容。
7. 试举例说明企业文化理论对管理理论的贡献。

案例分析

海尔文化

创业短短十几年，海尔从一个年亏损147万元濒临倒闭的集体小厂，一跃成为中国家电第一品牌，销售收入由1984年的348万元起步，发展到2000年的406亿元，创立了享誉世界的"海尔品牌"，其品牌价值达到300亿元。回顾过去，海尔的成功在于其管理的现代化——海尔文化。概其精要，在于其经营理念，具体包括如下内容：

（1）海尔精神。海尔精神可以概括为：无私奉献，追求卓越。不以个人、企业利益为最高利益，而以社会、民族、人类利益为最高利益，奉献海尔人最优才智、文化精神和产品，追求文化、行为、企业产品的完美，创造过程、结果的卓越。

（2）文化理念。其宗旨为：观念的更新与领先引导企业的变革；思想深邃与卓越奠定企业的思路与出路；理念的完整与完美概括企业的形象和成就。这些文化理念的形成是企业内部创造的文化氛围，促使海尔人确定人生信念，树立价值理想，建构行为规范，从而创造出喜人的业绩。而每一个工作场所，每一个运行环节，每一道生产工序，每一个产品结构都传送着整体精神。产品的生产，也就是文化的生产，由此，组织的团体，也就是文化的团体，提供完美的产品，也就是提供完美的文化。

（3）经营哲理。真诚的信念——永恒的价值，海尔以文化思想为先导，以市场为中心，以用户为上帝，以效率为核心，以竞争为动力，无私奉献，追求卓越。

（4）市场理念。以市场需求为导向：进入市场、占领市场、培养市场、拓展市场、引导市场、驾驭市场。市场原则：人无我有、人有我优、人优我全、人全我精。

（5）资源和动力理念。资源理念：一切是资源，一切皆可成为资源；动力理念：动力来自于资源，来自于资源的调配与管理，管理就是让资源从无序到有序，从有序到系统。突出的是：人是最宝贵的资源；文化是最具活力的资源；资金是最直接的资源；技术设备是先进生产力资源的标志；市场是最大的资源中转基地；体制是最大的资源驱动机制。

（6）竞争理念。其包括市场竞争和岗位竞争，在市场竞争中，对手是朋友，强大的竞争对手是最佳的竞争伙伴，能最大限度地刺激自我竞争能量的发挥，而强大的合作朋友随时都可能转变为强大的竞争伙伴，市场竞争的中心目标就是不断拓展市场份额。岗位竞争是指：三工并存（三工指优秀工、合格工、试用工），动态转换；计点到位，计效联酬，健全和完善精神鼓励与物质鼓励相结合的激励机制。

（7）生产理念。海尔要获取巨大的物质利润，又要创造无限的精神价值，要让生产成为发挥自我、完善自我的全面发展的创造性活动。海尔严格按照已通过的以ISO9001认证为代表的数十个国际认证标准，进行国际标准化系列生产，做到了"生产一代、研究一代、构思一代、开发一代"。

（8）人才理念。人人是人才，管理者可以不知道下属的短处，但不能不知道他们的长处，用人之长，给他们发挥特长的条件，所谓"你能翻多大的跟头，我就给你搭多大的舞台"，建立一个有利于个人最大限度发挥自己特长的机制，使每个人在企业里都能找到实现自我价值的位置。

资料来源：http://www.haier.cn/about/culture_index.shtml。

案例思考题

1. 海尔的企业文化主要体现在哪几个方面？
2. 结合案例谈谈你对企业文化在企业管理中的作用的看法。

本章知识结构图

本章主要内容和知识点归纳如下（见图 11-2）。

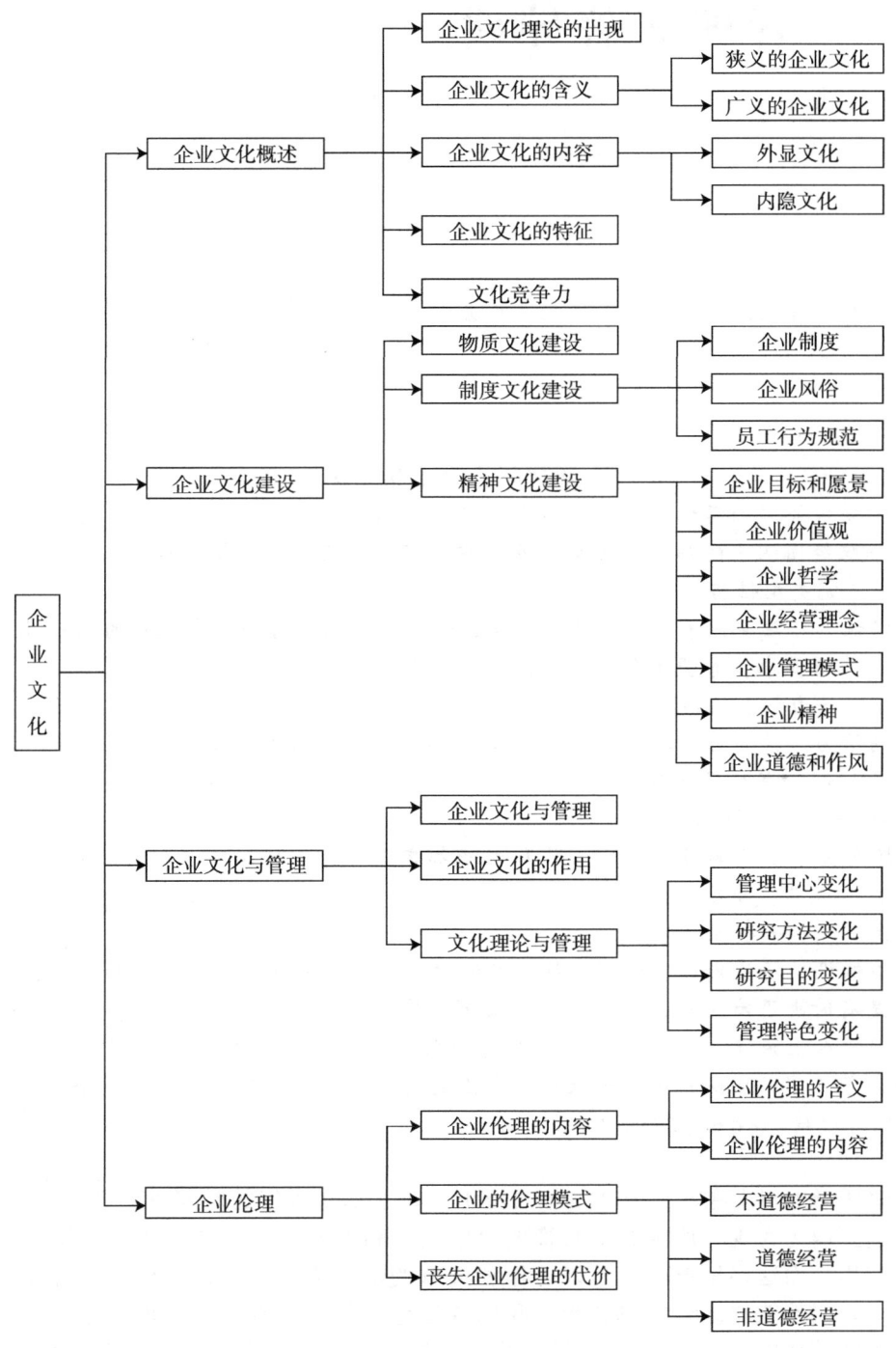

图 11-2　本章主要内容和知识点

附录 A APPENDIX A

管理名著导读

管理格言 >>>>>>

太上，不知有之；其次，亲之誉之；其次，畏之；其次，侮之。

——老子《道德经·十七章》

管理故事 >>>>>>

唐僧师徒的性格类型

中国传统名著《西游记》中唐僧师徒西天取经的故事家喻户晓，从管理的角度看，唐僧师徒这个取经团队中的四个人各自代表了四类不同性格类型的组织成员。

唐僧——完美型性格

他严肃认真、注重细节、执著追求真理，他有长远的目标并追求工作的高标准，他对自己和别人都严格要求，希望工作中每个细节都做到完美无瑕。

孙悟空——力量型性格

他充满活力、崇尚行动、目光所向、无坚不摧，他注重结果，不在意过程和别人的感受，他喜欢控制，有时显得霸道和冷酷无情。

猪八戒——活泼型性格

他情感外露、热情奔放，无论工作和生活都充满乐趣，富有人情味，但他也好逸恶劳、贪图享受，不成熟，缺乏责任感。

沙和尚——和平型性格

他性格低调、情绪内敛、处事冷静、充满耐心，他乐天知命，友好平和，有良好的人际关系，但是有时也没有主见、缺乏热情、做事平庸。

在我们的人生旅途中，我们每个人都是取经的使者，分别扮演着唐僧、孙悟空、猪八戒、沙和尚等不同的团队角色，如果让你在上述角色中选择，你会选择哪一个？

资料来源：选编自成君忆《孙悟空是个好员工》。

管理学从诞生到现在不过100多年的历史，在这100多年的时间里，管理学从无到有，从学科初创到蔚为大观，那些杰出的管理学思想家和他们富有创造性的闪光思想起到了至关重要的作用。而这些思想主要是以著作和文章的形式流传至今，在构建了管理学的学科体系的同时，仍然能够继续启迪和影响我们的思想和行动。本章在管理思想发展史中影响较大的管理学著作中选择了12部名著，对其作者、写作背景以及主要内容和思想进行了简要介绍。

本章在编写时，仍然按照第2章中管理思想史的阶段划分方法把管理思想的发展划分为早期的管理思想、古典管理理论、行为科学和管理理论丛林四个阶段，把精选的12部名著以思想的发展和成书年代为顺序，分别放入这四个阶段中进行介绍，以保证脉络的清楚，并与第 2 章进行呼应。由于这 12 部名著大都是在管理学发展史上具有划时代意义的著作，其中的主要思想早已成为管理理论中重要组成部分，因此本章内容难免与前面各章，尤其是第 2 章的内容有部分的重叠。读者如能够结合时代背景仔细品味其中的相同与不同之处，应该能够对管理学说的发展有更深刻的认识。

管理学的著作浩如烟海，其中的名著也是数不胜数，只介绍其中的 12 部不免挂一漏万，同时限于篇幅，也只能对著作的脉络和内容做简要的介绍，其中的一些闪光的思想和精彩的观点与名言不免在介绍中失去了光彩，或者完全没有反映出来，这也是编者深为遗憾的。

A.1 早期的管理思想名著

A.1.1 《国富论》

《国富论》的作者亚当·斯密是苏格兰著名的经济学家和哲学家。亚当·斯密于 1768 年开始着手著述《国民财富的性质和原因的研究》（简称《国富论》），1776 年 3 月该书正式出版。《国富论》的出版奠定了亚当·斯密作为经济学创始人的历史地位，同时也标志着经济学作为一门独立学科。在资本主义社会的发展方面，《国富论》起了重大的促进作用。

《国富论》全书共分 5 卷，它从国民财富的源泉——劳动，说到增进生产力的手段——分工，因而产生了交换，论及作为交换媒介的货币，再探究商品的价格，以及价格构成的成分——工资、地租和利润。其中第 1 卷共 11 章，主要内容是分析形成以及改善劳动力生产能力的原因，分析国民财富分配的原则；第 2 卷共 5 章，主要内容是讨论资本的性质、积累方式，分析对劳动力数量的需求取决于工作的性质；第 3 卷共 4 章，主要内容是介绍造成当时比较普遍的重视城市工商业、轻视农业的政策的原因；第 4 卷共 9 章，主要内容是列举和分析不同国家在不同阶段的各种经济理论；第 5 卷共 3 章，主要内容是分析国家收入的使用方式。《国富论》全书总结了近代初期各国资本主义发展的经验，批判吸收了当时的重要经济理论，对整个国民经济的运动过程做了系统的描述，被誉为"第一部系统的伟大的经济学著作"。

亚当·斯密在分析增进"劳动生产力"的因素时，特别强调了分工的作用。在第 1 卷第 1 章"论分工"中，亚当·斯密指出：劳动生产力上最大的增进，以及运用劳动时所表现的更大的熟练、技巧和判断力，似乎都是分工的结果。其原因有三：第一，劳动者的技巧因工作专业化而逐步提高；第二，由一种工作转到另一种工作，通常须损失不少时间，有了分工，就可以免除这种损失；第三，许多简化劳动和缩减劳动的机械的发明，使一个人能够做许多人的工作。在第 2 章"论分工的缘由"中，亚当·斯密指出：引出上述许多利益的分工，原不是人类智慧的结果，尽管人类智慧预见到分工会产生普遍富裕并想利用它来实现普遍富裕。它是不以这种广大效用为目标的一种人类倾向所缓慢而逐渐造成的结果，这种倾向就是互通有无，物物交换，互相交易。这种倾向，为人类所共有，亦为人类所特有，在其他各种动物中是找不到的。

《国富论》是现代经济学的开山之作，后来的经济学家基本是沿着他的方法分析经济发展规律的，这部著作奠定了资本主义自由经济的理论基础，第一次提出了市场经济会由"看不见的手"自行调节的理论。其中，对于分工提高生产率和分工的原因的论述奠定了管理学理论产生的基础。

A.2 古典管理理论阶段的名著

A.2.1 《科学管理原理》

美国著名管理学家弗雷德里克·温斯洛·泰勒是现代管理学的先驱，被称为"科学管理之父"。他将自己早年管理工作的实践经验系统总结，开创了科学管理理论，并将其用于管理实践中，形成了一整套管理的理念、制度和方法——"泰勒制"。1911年，泰勒把与这一理论相关的四本书结集出版，书名为《科学管理原理》，此书一经出版立刻引起了广泛影响，这部书后来成为科学管理理论甚至现代管理学的奠基之作。

第一本书是《计件工资制》，这本书的主要内容是强调实行"工作定额和差别计件工资制"以替代长期以来实行的"计件工资制"。计件工资制是西方企业最常用的工资制度，其基本做法是按照产品数量来确定工人的业绩和工资。泰勒认为这种工资制度存在许多缺陷，不利于提高生产效率，也不能让工人和雇主都真正满意。泰勒主张的"工作定额和差别计件工资制"的内容是：通过工作定额把工作过程中的每一细节动作按所需时间标准化，在确定工作定额后，对工人的工资支付上实行差别对待。泰勒对差别计件工资制进行了系统描述后认为这种工资制度可以促使每个工人自觉提高自己的工作效率，并可以解决因分配不公带来的工人与雇主之间的矛盾。

第二本书是《工厂管理》。这本书的主要内容是讨论评价工厂管理质量的标准，主张以高工资和低成本结合起来作为衡量标准。泰勒认为管理制度的差别不是管理质量的衡量标准，因为任何一种管理制度都有自身的优缺点。每一种管理制度要发挥最大作用，就必须做到以下几点：对每个工人都有具体明确的任务；要有标准的工作条件；要实行高报酬；奖惩分明。这几个条件缺一不可。泰勒认为评价工厂管理质量的衡量标准是能否解决好雇主和工人之间的矛盾。泰勒在这本书中还对实施这个衡量标准中需要解决的一些细节问题进行了讨论。

第三本书是《科学管理原理》。泰勒在这本书中全面阐述了科学管理理论的主要内容和基本原则。泰勒指出，科学管理原理的核心思想是在提高生产效率的同时不增加工人和雇主的工作量，从而使双方都从中受益。同时作为一种新的管理制度，其特点是能够保证每个工人都自觉发挥自身最大潜力去工作，并确保每一个工人的报酬与他的劳动成果紧密联系在一起。

第四本书是《在美国国会的证词》。这本书是对前面三本书的补充，是从其他角度来阐述科学管理理论的。

泰勒的《科学管理原理》这部书对科学管理理论进行了全面的阐述。作为科学管理思想的奠基之作，它奠定了管理学发展的理论基础并对以后管理思想的发展产生了巨大影响。

A.2.2 《工业管理与一般管理》

本书的作者亨利·法约尔是法国著名的管理学家，西方古典管理理论的代表人物之一。法约尔在管理学上的主要贡献是创建了"一般管理理论"，而这一理论的主要成果集中反映在这本《工业管理与一般管理》中。法约尔于1916年写成了这本书。

法约尔在第一部分中提出了企业活动的六种类别，即技术性活动、商业性活动、财务性活动、会计性活动、安全性活动和管理性活动。企业员工作为这六种活动的具体执行者必须具备与此相关的能力才能胜任这些活动。在一个企业中，职位的高低是与技术能力的要求成反比，但与管理能力的要求成正比。

在第二部分中，法约尔提出了管理的14条基本原则，这14条原则分别如下。

（1）劳动分工原则：它适用于各种工作。

（2）权力与责任原则：权力是"指挥他人的权和促使他人服从的力，责任是随着权力而来的奖惩，权力与责任是互为依存互为因果的。

（3）纪律原则：纪律是在协商基础上员工对企业的服从。

（4）统一指挥原则：无论什么时候，一个下属都应该接受而且只能接受一个上级的命令。

（5）统一领导原则：凡是具有统一目标的全部活动应只有一个领导人和一套计划。

（6）个人利益服从整体利益原则：集体的目标必须包含个人目标，领导者应经常督促并以身作则以缓和二者的矛盾。

（7）合理报酬原则：薪酬制度应当公平，但任何工资制度都无法取代优良的管理。

（8）集权：集权就是降低下级的作用。集权的程度应视员工的个性、道德、可靠性、企业规模等情况而定。

（9）跳板原则：等级制度是企业执行权力的路线和信息传递的渠道，企业应通过建立"跳板"来解决等级制度中按层次沟通所产生的信息延误现象。

（10）秩序原则：所谓秩序是指"凡事各有其位"。

（11）公平原则：公平是由善意和公道产生的，领导人应特别注意员工希望公平和希望平等的愿望。

（12）员工稳定原则：任何组织都应鼓励员工长期工作，人员变动频繁的机构必然不成功。

（13）首创精神原则：首创精神是企业生存和发展的原动力，除领导人外，还要使全体员工发挥首创精神。

（14）团结原则：一个组织凝聚力的强弱取决于组织成员之间是否团结与和谐。

在第三部分中，法约尔提出了管理的五大职能，法约尔创造性地把管理活动划分为计划、组织、指挥、协调与控制五大职能。法约尔认为"计划就是探索未来和制定行动方案；组织就是建立企业的物质和社会的双重结构；指挥就是使组织成员充分发挥作用；协调就是调动、联结、凝聚组织所有的力量；控制就是检验组织是否按照已有的制度和计划进行"。作者在对计划和组织职能进行详细论述之后，在最后对指挥、协调和控制这三个职能进行了重点评述，对指挥进行了具体分工，强调协调是企业经营成功的保障，强调控制在于及时指出工作中的错误，及时纠正并保证不再重犯。

法约尔在这部《工业管理与一般管理》中所建立的一般管理理论是管理学发展中的一个里程碑，它对以后管理学的发展产生了巨大的影响。其中对管理五大职能的分析为管理学提供了一套科学的理论框架，而其中提出的14条管理原则直到今天仍然具有广泛的指导和应用价值。

A.3 行为科学阶段的名著

A.3.1 《工业文明的社会问题》

本书作者乔治·埃尔顿·梅奥是原籍澳大利亚的美国管理学家和社会学家。1927年，梅奥参加了开始于1924年但中途遇到困难的霍桑试验，在试验研究的基础上，梅奥创立了人群关系理论。梅奥在管理学方面的代表作是《工业文明的社会问题》和《工业文明的人类问题》。

在这部《工业文明的社会问题》的第一部分,梅奥提出了该书的主题:在过去的一个世纪中,世界在物质发展和技术进步方面取得了巨大成就,但是这也使得人类社会失去了原有的平衡,人类在重视科学技术发展的同时,却忽视了社会和人类自身的发展问题。梅奥在回顾工业文明发展历史的基础上指出了西方社会在政治思想和经济思想方面的弱点,提出了"群氓"假设必然导致国家专制的观点。

在本书的第二部分中,梅奥详细介绍和分析了他参与的两次著名工业心理学试验的结果,在其第一部名著《工业文明的人类问题》的基础上,进一步阐述了后来成为组织行为学经典内容的原理。梅奥认为应该提出一种新的假设来代替"群氓"假设,必须对实际生活中人际关系的复杂性进行深入研究。梅奥在研究中引入了"临床式调研方法"和"实验室式研究方法"相结合来研究组织中个人的心理,群体对个人的影响等内容。最后,梅奥得出了一系列不同以往的结论:组织中的人是受人际关系影响、互相关联的"社会人",管理者如果忽视人际关系的作用,必然造成生产中的重大问题。因此,管理者应抛弃"群氓"假设,重视企业中人际关系的调整和改善,才能取得管理的成功。

梅奥在本书的第6章中提出:"仅仅爱国主义是不够的,我们绝不能对任何人抱有怨和恨。"资本主义社会应重视社会技能和技术技能的同步发展,现代文明迫切需要新型的政府领导人,这些人能够超越社会纷争,充分了解社会人际关系的现状,并且做到公正而客观,这样才能实现整个社会的合作与协调。梅奥认为如果社会关系和科学技术、生产力等因素得到同步发展,欧洲战争本来是可以避免的。

梅奥的这部《工业文明的社会问题》系统总结了他的人群关系理论的重要思想,突破了古典管理理论中的一系列假设和观点,从此开创了管理学研究中人本主义和行为科学研究的潮流。因此,这部书连同梅奥的另一部书《工业文明的人类问题》在管理学发展史上具有划时代的意义。

A.3.2 《企业的人性面》

道格拉斯·麦格雷戈是美国著名的管理学家和行为科学家,他对管理学最主要的贡献是提出了"X理论-Y理论"。这本《企业的人性面》是其管理学新理论的全面反映,也是有关企业中人的特性理论的代表作之一。

在本书的第一部分,麦格雷戈全面阐述了他的"X理论-Y理论",对于传统的管理理论和管理新理论进行了总结。麦格雷戈把传统的人性假设观点称为X理论,主要有以下认识:人天生懒惰、不负责任、轻信而不理智、反对变革等。以这种人性假设出发,就产生了传统管理的以处罚为特征的管理,以奖赏为手段的温和的管理,以及以两者的折中为特征的"严格而公平"的管理。麦格雷戈认为有必要在对人的特性和人的行为动机的更为恰当认识的基础上建立一个新的理论。总结了当时已有的一些新思想,他提出了Y理论,Y理论主要观点为:工作可以像游戏与休息一样自然,惩罚不是管理的唯一方法,在适当的条件下人可以主动承担责任,大多数人具有高度的能力和创造性,但潜力只得到部分发挥。麦格雷戈认为管理者只要能创造出某种适当的环境,就能有效地引导员工的行动,使其服务于组织的目标。

在本书的第二部分中,麦格雷戈着重研究如何实施Y理论,并总结了当时已有的一些创新思想在应用上取得的成果。麦格雷戈认为Y理论的实施方法主要有:

(1)分权与授权;

（2）员工对自己的工作成绩进行自我评价；
（3）参与和协商式管理；
（4）其他方法，包括扩大工作范围、改善员工关系、创造良好的组织氛围、合理利用提升机会等。

在第三部分中，麦格雷戈提出了什么才是成功的管理者以及如何发展管理者的才能问题。在对领导人员进行了分析后，麦格雷戈指出，企业中的经济、技术以及企业的组织结构、政策和事件的影响都是管理发展中的重要因素，成功的管理者应善于从这些因素中寻找适合员工特性和发展的因素。最后，麦格雷戈对领导者群体进行了分析，认为领导者之间的相互关系构成了这种群体，合理而谨慎地把握和利用这种群体关系有助于领导者取得成功。

麦格雷戈在这部著作中全面阐述了"X理论-Y理论"，丰富了管理学中关于人性假设的理论观点，这对于管理学思想的演变和管理方法的改革和创新提供了理论依据，这本书也成为行为科学研究的名著。

A.3.3 《让工作适合管理者》

弗雷德·菲德勒是美国著名心理学家和管理学家，菲德勒从管理心理学和实证环境分析两方面研究领导学，提出了"领导权变理论"，开创了西方领导学理论的一个新阶段。本文是菲德勒于1965年在《哈佛商业评论》杂志上发表的一篇具有划时代意义的论文。

菲德勒首先提出了民主和专制这两种领导风格分别适用于什么样的环境的问题。他认为传统的选拔和培训领导者的观念具有局限性，应该通过改变组织环境中的各种因素来适应领导者的风格，才能充分发挥领导者的潜能。菲德勒首先从领导风格入手进行研究，他认为领导者管理下属的方式可以简单分为两种：以工作任务为中心的专制独裁的领导风格和以群体为中心、强调激励与合作的民主的领导风格。在分析领导者的领导风格时，菲德勒首创了LPC问卷方法，让每个群体的领导者对他"最不能合作共事"的同事按照一系列"正反两极"式的项目进行评分来确定领导风格。研究结果表明，这两种领导风格适用于不同的环境和条件。

菲德勒认为三类主要的环境因素条件决定了特定环境所适用的领导风格。
（1）领导者与下属的关系：指下属对领导者的信任、喜爱、忠诚和愿意追随的程度，它直接影响领导者对下属的影响力和吸引力。
（2）任务结构：指下属工作程序化、明确化的程度。
（3）职位权力：指领导者所处地位的固有权力。

这三种环境因素中，最重要的是领导者与下属的关系，最不重要的是职位权力。依据各种环境因素的好坏、高低、强弱，领导环境可以分成八种，第一种是最有利于领导的，第八种是最不利于领导的。菲德勒经过大量调查研究后指出，在不同的环境条件下应该采取不同的领导方式：当领导者受下属信赖或下属与领导者关系恶劣时，领导者应采用专制型的工作方式；而在不那么极端的中间状态下，民主型的领导更容易成功。

最后，菲德勒得出结论：依靠招聘和培训管理人员来适合工作环境要求不是好办法，领导者应学会分析和识别工作环境，然后可以将中层和基层的管理者分配到适合他们的风格的环境里去工作。每种具体环境需要什么样的领导风格，取决于环境对领导者的有利程度，而这种有利程度又由若干环境因素决定。改变环境因素比调换管理人员和改变他们的作风要容易得多。

菲德勒在这部著作中系统提出了领导权变理论的主要观点，使得领导学的理论研究转向了领导动态学研究的新方向，开创了西方领导学理论的一个新阶段。

A.3.4 《工作与人性》

弗雷德里克·赫茨伯格是美国著名管理学家，人际关系学派的代表人物。20 世纪 50 年代末期，赫茨伯格与同事合作进行了一项大规模的试验研究，赫茨伯格在《工作的激励因素》一书中总结了试验研究的成果，1966 年，赫茨伯格在《工作与人性》一书中再次全面介绍了该项研究的情况，并在此基础上提出了双因素理论。

试验研究的对象是美国匹兹堡地区各行各业的 200 名工程师和会计师，研究人员通过面谈调查他们对待工作的态度。通过调查，赫茨伯格指出让员工感到满意的五种主要因素是：成就、赞赏、工作本身、责任、进步，而最容易导致员工不满的五种因素是：良好的公司政策和管理方式、良好的上级监督、工资、人际关系、工作条件。导致满意的因素多来自于工作本身，可以激发人们在工作中努力进取，做出成绩，所以称之为"激励因素"。导致不满意的因素多来自工作环境，作用是预防出现不满，所以被称为"保健因素"。赫茨伯格认为"激励因素"和"保健因素"都反映了人们在工作中的需求。包含保健因素的事件能导致人们对工作不满意是因为人具有避免不满意的需要，而包含激励因素的事件能使人们对工作满意，是因为人具有成长和自我实现的需要。

赫茨伯格在讨论心理调节问题时强调，心理健康和心理缺陷不属于同一范畴，它们分别代表的是健康程度和缺陷程度，引起心理缺陷的因素属于保健因素的范畴，它反映了人所处的环境。心理调节大致可分为如下类型：

（1）心理健康、积极向上。
（2）自我实现，但伴随着对生活回报的不满。
（3）保健因素得到满足，但缺乏成长的机会。
（4）保健因素和激励因素都没有满足。
（5）从保健因素中获得满意的感觉。
（6）追求保健因素，但没有得到满足。
（7）"修道士"式的调节。

双因素理论认为心理健康取决于个人过去的经历，一个心理健康的人的经历表明了他在自我实现中所取得的成功。只有满足了本能需要以避免痛苦，同时又满足了心理需要而获得了成就感之后，人才能得到快乐。

本书是赫茨伯格的代表作，书中所重点阐述的双因素理论丰富和发展了激励和领导理论，对于管理学的发展产生了巨大影响，也使得赫茨伯格成为人际关系学派的代表人物。

A.4 管理理论丛林阶段的名著

A.4.1 《经理人员的职能》

本书作者切斯特·巴纳德是西方现代管理理论中社会系统学派的创始人，巴纳德在管理学方面的主要贡献集中在组织理论方面，他的思想在古典管理理论和行为学派之间架起了桥梁，他于 1938 年出版的《经理人员的职能》一书被誉为美国现代管理学的经典。

巴纳德在书中首先提出组织是一个协作的系统，一个协作的系统是由许多个人组成的，个人只有在一定的相互作用的社会关系下，同其他人相互协作才能发挥作用。但个人目标和组织目标有时并不一致，对此，巴纳德提出了"效力"和"效率"两个概念。"效力"

是指组织系统通过协作实现组织目标的能力，"效力"是系统存在的必要条件；"效率"是系统成员个人目标的满足程度。组织协作"效率"是个人效率综合作用的结果，而"效率"是"效力"的基础，如果系统没有"效率"就不可能有"效力"。这一理论观点把组织需要和个人需要结合在一起。

巴纳德认为经理人员的作用是充当组织系统运转的中心，对组织成员的活动进行协调并指导组织的运转，具体体现在以下三个方面：

（1）建立并维持一套信息传递系统。这是经理人员的基本工作，管理者通过组织系统图、合适的人选和非正式组织的作用来完成这项工作。

（2）促使所有组织成员做出贡献。其中包括了员工的选聘和选择合理的激励方式等。

（3）确定组织的目标。经理人员进行决策就必须授权，组织成员也要接受总体计划，使之成为其中的一部分。

巴纳德在书中对领导者的权威问题进行了重点论述。他认为权威是存在于正式组织内部的一种"秩序"，一种信息交流的对话系统。如果领导者发出的命令得到执行，在被领导者身上就体现了权威的建立，违抗命令则说明它否定这种权威。因此，命令是否具有权威，检验的标准是接受命令的人，而不是发布命令的领导者。

巴纳德的这部《经理人员的职能》和他另一部重要著作《组织与管理》是他管理学理论的代表作。巴纳德在书中围绕组织问题进行了内容广泛的论述，其中关于组织的"效力"与"效率"、管理的权威等问题的论述具有深刻的理论价值和广泛的现实意义，直到今天仍然指导着管理的实践活动。

A.4.2 《管理的实践》

美国著名管理学家彼得·德鲁克是经验主义学派的代表人物。该书是德鲁克于20世纪50年代根据多年工作经历写成的书，本书主要阐述了企业管理的职能、目标和作用，着重强调了对于人，包括管理者和员工的管理。

针对企业管理的职能，德鲁克认为管理人员是每个企业中最富有生机和活力的因素，缺乏了管理人员，生产资源就无法变成产品。在竞争的环境下，管理人员的素质和工作状况决定了企业的成败。德鲁克认为管理的职能体现为三个方面：首先，管理是利用人力、物力和财力资源来创造价值的企业；其次，管理是企业的一个具体机构，通过管理层来起作用；最后，管理是管理工人和工作。总之，管理是有着多重目的的机制，上述三个方面缺一不可。

针对企业的目标，德鲁克认为企业是由人创造和管理的，而不是由某些外部力量管理的，不能以利润来解释和界定企业，赢利能力只是对企业的一种约束而不是原因，企业存在的目的是创造顾客。为了能够创造顾客，企业必须要有两种基本职能：营销和创新。营销比销售的概念更为广泛，它是经营的全部；创新是指提供更多更好的商品和服务。利润不是企业存在的原因，而是结果，是企业的营销、创新和生产能力的绩效。德鲁克认为在顾客主权观的基础上，决定企业目标的八个方面的因素是：市场占有、创新、生产率、资源占有、利润、人力资源、员工积极性和社会责任。

德鲁克认为管理人员是企业最稀缺的资源，对管理人员管理的好坏决定着企业的目标能够实现。培养管理人员的第一条原则是培养整个管理团队，第二条原则是必须动态培养，鼓励管理人员自我发展和自我控制。组织本身不是目的，而是一种实现企业经营的目的和业绩的手段。组织机构必须是为实现企业绩效而设置的，应该含有尽可能少的管理层次，而且有助于考察和培养未来的管理人员。

德鲁克提出经理有两项具体任务：第一项任务是打造一个管理团队，使团队的工作效率大于其每个成员效率之和；第二项任务是制定长期战略，协调组织眼前利益和长远需要之间的关系。经理工作的具体内容是：制订计划和目标，明确组织结构和分工，培训人才和评估绩效，沟通和激励员工。经理的决策有两种：战术决策和战略决策，其中战略决策更加重要，战略决策的五个步骤是：弄清问题；分析问题；制定可供选择的解决问题方案；选择最佳方案；使决策生效。

该书是德鲁克早期的代表作，他在这部书中对企业管理的几乎所有方面的内容都进行了系统论述，其中对于企业的目标、顾客主权观和人事管理等方面的论述是具有开创性和远见的。这部书和以后的几部著作奠定了德鲁克20世纪最伟大管理学家之一的地位。

A.4.3 《管理决策新科学》

美国著名管理学家赫伯特·西蒙是1978年诺贝尔经济学奖获得者，他在管理学方面的最大贡献是开创了决策理论学派。西蒙的管理学著作很多，本书是西蒙关于决策理论的代表作，由西蒙在纽约大学所做的系列演讲整理而成。在本书中，西蒙全面阐述了决策理论的主要内容，包括决策过程、决策分类、决策技术和决策准则等。

西蒙认为，决策并不仅仅是在几个备选方案中选择最佳方案，而是一个循序渐进的完整过程，包括以下四个阶段：

（1）情报活动阶段，主要是搜集企业内外部信息和决策条件，为制订计划提供依据。
（2）设计活动阶段，主要是拟订计划，提出所有可行的备选方案。
（3）选择活动阶段，主要是选定计划，从各种备选方案中选择最可行的一种。
（4）审查活动阶段，主要是对已选定的方案进行评估。

西蒙认为，决策的种类可分为程序化决策和非程序化决策两种。程序化决策是具有经常性和反复性的例行活动，例如订货交货、生产程序、账目管理等，而非程序化决策是指对不重复出现的活动进行决策，这类活动有新产品开发、多元化和企业扩张等。程序化决策可以制定出一套例行程序来处理，不必每次出现时都做出新的决策；非程序化决策则无法用例行程序来解决，只能用新的方法来处理。西蒙在区分程序化决策和非程序化决策的同时，也提出了划分程序化决策与非程序化决策的依据和制定这两种决策的技术和方法。

西蒙认为决策也可以按照性质划分为确定型决策、风险型决策和非确定型决策。确定型决策是指条件确定，易于通过比较做出选择的决策；非确定型决策是指未来将出现的各种状态的概率无法预测的决策；风险型决策又称统计型决策或随机型决策，介于两者之间。西蒙对于决策的这种划分方式为风险管理理论的发展奠定了基础。

西蒙对于决策方法进行了研究，提出了一种新型决策方法，即目标手段分析法。这种方法的要点是，先为要实现的总目标找到一些措施，然后将这些措施看成新的次一层的目标，然后为这些次一层的目标找到更详尽更具体的措施，这样分层反复找下去，直到有了解决办法为止。

西蒙在这部书中围绕决策问题对管理中的很多重要问题进行了系统论述，这部书也奠定了决策理论学派的思想基础。

A.4.4 《组织与管理：系统方法与权变方法》

本书作者弗里蒙特·卡斯特是美国华盛顿大学教授，著名管理学家。卡斯特在管理学上的主要贡献在于对系统理论和权变理论的阐述和总结。卡斯特在这部《组织与管理：系统方法与权变方法》中系统表述了"权变理论"的核心思想。

卡斯特首先阐述了组织与管理的关系。他认为组织是指人在相互依赖的关系基础上组成的一个共同工作、共同协作的系统。组织内部又包含许多小的系统，同时，组织又是社会总体结构中的一部分，整个社会结构就是由不同层次的系统所组成，这就是系统论的观点。

系统可以分为两种，一种是开放的，一种是封闭的。开放的系统是指系统在决策时充分考虑外部环境的影响；封闭的系统则对外部环境的因素不予考虑。这两种系统适应的是不同的条件，在现代社会，外部环境对组织系统的影响越来越大，封闭系统可分析的现象越来越少了。根据系统论，不存在完全的系统，每个系统都是外在环境系统的一个组成部分。因此在研究组织活动时，首先要从外在环境入手。这个环境既可以指影响整个组织的社会环境，也可以指影响组织内部某个部门的工作环境。作者把组织划分为五个子系统：目标和价值子系统、技术子系统、组织结构子系统、社会心理子系统、管理子系统。

卡斯特认为权变理论指的是一种思想，而不是一种具体的方法。权变理论要求用动态的观点来看待世界，处理问题，这个动态本身是指事物随时而变。在不同的时间，一个组织的决策在变，在同一时间，不同组织的决策也不同，这是因为它们各自的情况不同，影响自己的内外部因素不同。在不同组织中的管理者，在面临相同问题时无法找到统一的解决办法，而只能在不断收集各种信息的基础上，认真学习，灵活运用。

卡斯特认为组织是一个有机体，要使之完善并不断进步，它自身要有稳定性和连续性，要有内部协调性和外在的一致性，它是许多因素的结合，也是各种矛盾的结果。由于外部环境对组织的影响以及其内部各个子系统之间的相互作用，使组织既要保持稳定性，又要与外在环境和内在因素不断适应，其难度是很大的。以往的管理理论强调的是管理理论的某一方面，但并不能说这些理论是错误的，而只能说它们是不全面、不完整的。在这些理论的积累之上，才有了今天的权变理论。权变理论不过是将它们所强调的每个重点都纳入到自己的理论中去加以综合，它们二者之间的关系是一种因与果的关系。

本书对管理学中的系统理论和权变理论进行了总结，对管理学的发展具有重要意义。

A.4.5 《管理思想的演变》

本书的作者丹尼尔·雷恩是美国著名管理学家，这本写于1979年的《管理思想的演变》是丹尼尔·雷恩最著名的著作，也是研究管理思想发展史的名著。本书对20世纪70年代之前的管理思想和理论的发展进行了系统梳理，雷恩在书中特别强调了根据文化环境来研究管理思想的意义。

雷恩把管理思想的发展史划分为以下四个阶段。

第一个阶段是早期管理思想阶段。雷恩首先考察了早期文明的管理，对近东、远东、埃及、希腊、罗马等早期文明的管理实践活动和早期思想进行了简单总结。其后较详细地叙述了英法两国和美国的早期管理，书中系统论述了英国的工业革命对管理实践的巨大推动作用，分析了工厂制度的早期管理先驱罗伯特·欧文、查尔斯·巴贝奇和安德鲁·尤尔等人对管理思想的贡献。其后雷恩分析了美国的工业革命对管理的影响，尤其是早期铁路运输对管理的影响，分析了美国工业成长与制度化管理之间的关系。

第二个阶段是科学管理时代。科学管理思想是由泰勒首创的，雷恩回顾了泰勒从事管理活动的历史，并对泰勒科学管理思想的主要内容进行了系统总结，同时对科学管理思想的传播者卡尔·巴斯、亨利·甘特、吉尔布雷斯夫妇等人的贡献也进行了叙述。其后雷恩叙述了早期心理学和社会学理论对管理学的影响，然后对以法约尔和马克斯·韦伯为代表的行政管理理论进行介绍，最后，雷恩阐述了科学管理思想对管理实践的影响。雷恩认为科学管理的核心理念是关心劳动生产率，用科学的工作方法和刺激性的工资制度来实现提高生产率的目的。

第三个阶段是社会人的时代。雷恩认为管理思想史上的社会人时代始于霍桑试验，书中详细叙述了霍桑试验的过程和结论，总结了梅奥的人群关系理论的主要内容。其后雷恩总结了玛丽·帕克·福列特和巴纳德的管理思想，认为福列特的理论致力于通过利益的结合来减少企业中的冲突，而巴纳德则把组织看成是协作的社会系统，认为经理人员在协作系统中作为相互联系的中心，应致力于对协作的努力进行调节。雷恩随后分析了组织与人的关系问题，总结了社会人时代组织理论的进展。

第四个阶段是现代阶段。雷恩首先以"一般管理的复兴"为题目，对法约尔之后的一般管理理论的发展进行了介绍，简单介绍了威廉·纽曼、乔治·特里和哈罗德·孔茨的管理思想。其后按照孔茨的说法，把当时管理学的各个学派称为"管理理论的丛林"，并重点介绍了行为科学的发展，介绍了克里斯·阿吉里斯、麦格雷戈、赫茨伯格等人的重要思想成就。其后雷恩又系统介绍了管理科学的发展，对运筹学、生产理论、一般系统理论与计算机和信息科学对管理的影响进行了分析。最后雷恩回顾了整个管理思想发展史，以及相应的经济、社会、政治环境的演变，再次强调了管理思想和社会环境之间的密切关系。

本书是研究管理思想发展史的名著，无论是学术影响力方面还是社会知名度方面在同类著作中都是首屈一指的。

参 考 文 献

[1] 王瑞永,周鸿. 管理学——原理与方法[M]. 北京:人民邮电出版社,2006.
[2] 张文昌,顾天辉. 现代管理学(原理卷)[M]. 济南:山东人民出版社,2004.
[3] 刘兴倍. 管理学原理[M]. 北京:清华大学出版社,2004.
[4] 倪杰. 管理学原理[M]. 北京:清华大学出版社,2006.
[5] 《管理学简明读本》编委会. 管理学简明读本[M]. 北京:中国石化出版社,2007.
[6] 周三多,陈传明,鲁明泓. 管理学——原理与方法[M]. 4版. 上海:复旦大学出版社,2007.
[7] 丹尼尔 A 雷恩. 管理思想的演变[M]. 赵睿,等译. 北京:中国社会科学出版社,2000.
[8] 徐国华,张德,赵平. 管理学[M]. 北京:清华大学出版社,1998.
[9] 张兰霞. 新管理理论丛林[M]. 沈阳:辽宁人民出版社,2001.
[10] 申明,柯林娟. 国学管理[M]. 南昌:江西人民出版社,2007.
[11] 陈正侠,许燕. 从历史学管理[M]. 北京:企业管理出版社,2005.
[12] 郭咸纲. 西方管理学说史[M]. 北京:中国经济出版社,2003.
[13] 彼得·德鲁克. 管理的实践[M]. 齐若兰,译. 北京:机械工业出版社,2006.
[14] 肯·布兰佳,斯宾塞·约翰逊. 一分钟经理人[M]. 周晶,译. 海口:南海出版公司,2007.
[15] 包熙迪,夏蓝. 执行力:没有执行力,哪有竞争力[M]. 台北:天下文化出版股份有限公司,2008.
[16] 史蒂芬 P 罗宾斯,玛丽·库尔特. 管理学(英文版)[M]. 北京:清华大学出版社,2005.
[17] 理查德 L 达夫特. 组织理论与设计[M]. 王凤彬,等译. 北京:清华大学出版社,2003.
[18] 里奇·格里芬. 管理学[M]. 刘伟,译. 北京:中国市场出版社,2007.
[19] 张正河,陆娟. 管理学原理[M]. 北京:中国农业大学出版社,2003.
[20] 斯蒂芬 P 罗宾斯,玛丽·库尔特. 管理学[M]. 孙健敏,等译. 北京:中国人民大学出版社,2009.
[21] 理查德 L 达夫特,多萝西·马西克. 管理学原理[M]. 高增安,等译. 北京:机械工业出版社,2009.
[22] 聂锐,芈凌云,吕涛. 管理学[M]. 北京:机械工业出版社,2008.
[23] 邢以群. 管理学[M]. 杭州:浙江大学出版社,2005.
[24] 周三多. 管理学[M]. 上海:复旦大学出版社,2010.
[25] 彼得·德鲁克. 管理:任务、责任和实践[M]. 北京:中国社会科学出版社,1987.
[26] 卡斯特,等. 组织与管理——系统方法与权变方法[M]. 北京:中国社会科学出版社,1988.
[27] 孙耀军. 西方管理思想史[M]. 太原:山西经济出版社,1990.

[28] 钱德勒. 看得见的手——美国企业的管理革命[M]. 北京：商务印书馆，1987.
[29] 钱德勒. 企业规模经济与范围经济[M]. 北京：中国社会科学出版社，1999.
[30] 杨砾. 当代西方管理学[M]. 北京：世界知识出版社，1990.
[31] 西蒙·赫伯特. 管理行为[M]. 北京：北京经济学院出版社，1988.
[32] Graham T Allison, Philip Zelikow. Essence of Decision: Explaining the Cuban Missile Crisis[M]. Boston: Little Brown, 1971.
[33] R Jeffrey Smith. Crisis Management under Strain[J]. Science, 1984, (8).
[34] Simon A Booth. Crisis Management Strategy: CompetitionandChange in Mod2 ern Enterprises[M]. London: T. J. Press Ltd, 1993.
[35] Robert Heath. Dealing with the Complete Crisis——The Crisis Management Shell Structure[J]. Safety Science, 1998.
[36] 周春生. 企业风险与危机管理[M]. 北京：北京大学出版社，2007.
[37] 彭建军. 中国企业的危机管理：问题及对策[J]. 北京市经济管理干部学院学报，24(7)：70-74.
[38] 刘刚. 危机管理[M]. 北京：中国经济出版社，2004：96-114.
[39] 斯图尔特·斯莱特，大卫·洛维特. 涅槃：危机中的企业转机管理[M]. 慕世红，等译. 北京：高等教育出版社，2009.
[40] 王龙. 管理学基础[M]. 北京：机械工业出版社，2009：337.
[41] 李文涛，苏琳. 制度创新理论研究述评[J]. 经济纵横，2001(11)：61-63.
[42] 方时姣. 企业创新与构建企业创新体系[J]. 财经政法资讯，2002(4)：20-22.
[43] 彼得·圣吉. 第五项修炼：思考、演练与超越（实践篇）（Ⅱ）[M]. 台北：天下文化出版股份有限公司，1995：400.
[44] 赵国忻. 管理学基础[M]. 北京：科学出版社，2008：271.
[45] 迈克尔 E 哈特斯利. 管理沟通——原理与实践[M]. 葛志宏，等译. 北京：机械工业出版社，2008.
[46] 斯蒂芬 P 罗宾斯. 组织行为学（第10版）[M]. 孙健敏，李原，译. 北京：中国人民大学出版社，2005.
[47] 陈佳贵. 冲突管理：寻找矛盾的正面效应[M]. 南宁：广西经济出版社，2000.
[48] 张德. 企业文化建设[M]. 2版. 北京：清华大学出版社，2009.
[49] D K Berlo. The process of Communication[M]. New York: Holt, Rinehart and Winston, 1960: 24.
[50] Henry Mintzberg. The Nature of Managerial Work[M]. New York: Harper & Row, 1973.
[51] 约翰 P 科特，詹姆斯 L 赫斯克特. 企业文化与经营业绩[M]. 曾中，李晓涛，译. 北京：华夏出版社，1997：6，29.
[52] 姜学敏，等. 山东企业文化建设[M]. 北京：人民出版社，1998：3，51.
[53] 转载请以链接形式注明出处. http://usa.bytravel.cn/art/qtm/qtmgqywhtd.
[54] 理查德 L 达夫特. 管理学[M]. 杨宇，等译. 北京：机械工业出版社，2004.
[55] 封新建，肖云. 世界管理学名著速读手册[M]. 北京：企业管理出版社，2001.
[56] 亚当·斯密. 国民财富的性质和原因的研究[M]. 北京：商务印书馆，1972.
[57] 汤姆·彼得斯，罗伯特·沃特曼. 追求卓越[M]. 北京：中央编译出版社，2001.
[58] 彼得·圣吉. 第五项修炼[M]. 上海：上海三联书店，1998.
[59] 孙武. 孙子兵法[M]. 太原：山西古籍出版社，1999.

推荐阅读

中文书名	作者	书号	定价
创业管理（第6版）（"十二五"普通高等教育本科国家级规划教材）	张玉利 等	978-7-111-76200-3	59.00
数字创业	李雪灵 等	978-7-111-75837-2	59.00
创新创业基础（第2版）	刘志阳 等	978-7-111-77746-5	59.00
创新管理	杨治 等	978-7-111-76784-8	59.00
商业计划书：原理、演示与案例（第3版）	邓立治	978-7-111-77304-7	59.00
生产运作管理（第6版）	陈荣秋 等	978-7-111-70357-0	59.00
生产与运作管理（第5版）	陈志祥	978-7-111-74293-7	59.00
运营管理（第7版）（"十二五"普通高等教育本科国家级规划教材）	马风才 等	978-7-111-76991-0	59.00
战略管理（第3版）	魏江 等	978-7-111-77581-2	59.00
战略管理：思维与要径（第5版）（"十二五"普通高等教育本科国家级规划教材）	黄旭 等	978-7-111-75775-7	59.00
管理学（第2版）	郝云宏	978-7-111-60890-5	49.00
管理学	刘力刚 等	978-7-111-73899-2	69.00
组织行为学（第5版）	陈春花 等	978-7-111-76588-2	69.00
组织理论与设计（第2版）	武立东	978-7-111-77056-5	59.00
人力资源管理（第4版）	张小兵 等	978-7-111-73995-1	59.00
战略人力资源管理	唐贵瑶 等	978-7-111-60595-9	39.00
市场营销管理：需求的创造与传递（第5版）（"十二五"普通高等教育本科国家级规划教材）	钱旭潮 等	978-7-111-67018-6	49.00
管理经济学：理论与案例（第2版）（"十二五"普通高等教育本科国家级规划教材）	毛蕴诗 等	978-7-111-74913-4	59.00
基础会计学（第2版）	潘爱玲	978-7-111-57991-5	39.00
公司财务管理（第2版）	马忠	978-7-111-48670-1	65.00
财务管理	刘淑莲	978-7-111-50691-1	40.00
企业财务分析（第4版）	袁天荣 等	978-7-111-71604-4	59.00
数据、模型与决策：管理科学的数学基础（第2版）	梁樑 等	978-7-111-69462-5	55.00
企业伦理学（原书第5版）	苏勇 等	978-7-111-75705-4	79.00
商业伦理与企业社会责任	徐月华	978-7-111-77016-9	49.00
领导学	仵凤清 等	978-7-111-66480-2	49.00
管理沟通：成功管理的基石（第5版）	魏江 等	978-7-111-75491-6	59.00
管理沟通：理念、方法与技能	张振刚 等	978-7-111-48351-9	39.00
国际企业管理	乐国林	978-7-111-56562-8	45.00
国际商务（第4版）	王炜瀚 等	978-7-111-68794-8	69.00
项目管理（第2版）（"十二五"普通高等教育本科国家级规划教材）	孙新波	978-7-111-52554-7	45.00
供应链管理（第7版）	马士华 等	978-7-111-77992-6	59.00
企业文化（第4版）（"十二五"普通高等教育本科国家级规划教材）	陈春花 等	978-7-111-70548-2	55.00
数字经济学	孙毅	978-7-111-69505-9	59.00
企业碳中和管理	贾明	978-7-111-73909-8	79.00
企业低碳人力资源管理	王娟 等	978-7-111-77850-9	59.00

推荐阅读

中文书名	作者	书号	定价
公司理财（原书第13版）	斯蒂芬·A. 罗斯（Stephen A. Ross）等	978-7-111-74009-4	129.00
财务管理（原书第16版）	尤金·F. 布里格姆（Eugene F. Brigham）等	978-7-111-74191-6	139.00
财务报表分析与证券估值（原书第5版）	斯蒂芬·佩因曼（Stephen Penman）等	978-7-111-55288-8	129.00
会计学：企业决策的基础（财务会计分册）（原书第19版）	简·R. 威廉姆斯（Jan R. Williams）等	978-7-111-71564-1	89.00
会计学：企业决策的基础（管理会计分册）（原书第19版）	简·R. 威廉姆斯（Jan R. Williams）等	978-7-111-71902-1	79.00
营销管理（原书第2版）	格雷格·W. 马歇尔（Greg W. Marshall）等	978-7-111-56906-0	89.00
市场营销学（原书第13版）	加里·阿姆斯特朗（Gary Armstrong）菲利普·科特勒（Philip Kotler）等	978-7-111-62427-1	89.00
运营管理（原书第13版）	威廉·J. 史蒂文森（William J. Stevens）等	978-7-111-62316-8	79.00
运营管理（原书第15版）	理查德·B. 蔡斯（Richard B. Chase）等	978-7-111-63049-4	99.00
管理经济学（原书第12版）	S. 查尔斯·莫瑞斯（S. Charles Maurice）等	978-7-111-58696-8	89.00
战略管理：竞争与全球化（原书第12版）	迈克尔·A. 希特（Michael A. Hitt）等	978-7-111-61134-9	79.00
战略管理：概念与案例（原书第12版）	查尔斯·W. L. 希尔（Charles W. L. Hill）等	978-7-111-68626-2	89.00
组织行为学（原书第7版）	史蒂文·L. 麦克沙恩（Steven L. McShane）等	978-7-111-58271-7	65.00
组织行为学精要（原书第13版）	斯蒂芬·P. 罗宾斯（Stephen P. Robbins）等	978-7-111-55359-5	50.00
人力资源管理（原书第12版）（中国版）	约翰·M. 伊万切维奇（John M. Ivancevich）等	978-7-111-52023-8	55.00
人力资源管理（亚洲版·原书第2版）	加里·德斯勒（Gary Dessler）等	978-7-111-40189-6	65.00
数据、模型与决策（原书第14版）	戴维·R. 安德森（David R. Anderson）等	978-7-111-59356-0	109.00
数据、模型与决策：基于电子表格的建模和案例研究方法（原书第6版）	弗雷德里克·S. 希利尔（Frederick S. Hillier）等	978-7-111-69627-8	129.00
管理信息系统（原书第15版）	肯尼斯·C. 劳顿（Kenneth C. Laudon）等	978-7-111-60835-6	79.00
信息时代的管理信息系统（原书第9版）	斯蒂芬·哈格（Stephen Haag）等	978-7-111-55438-7	69.00
创业管理：成功创建新企业（原书第5版）	布鲁斯·R. 巴林格（Bruce R. Barringer）等	978-7-111-57109-4	79.00
创业学（原书第9版）	罗伯特·D. 赫里斯（Robert D. Hisrich）等	978-7-111-55405-9	59.00
领导学：在实践中提升领导力（原书第10版）	理查德·L. 哈格斯（Richard L. Hughes）等	978-7-111-76875-3	119.00
企业伦理学（原书第5版）	劳拉·P. 哈特曼（Laura P. Hartman）等	978-7-111-75705-4	79.00
公司治理：国际案例的视角	陈靖涵（Jean Jinghan Chen）	978-7-111-77626-0	79.00
国际企业管理：文化、战略与行为（原书第10版）	弗雷德·卢森斯（Fred Luthans）等	978-7-111-71263-3	119.00
商务与管理沟通（原书第12版）	基蒂·O. 洛克（Kitty O. Locker）等	978-7-111-69607-0	79.00
管理学（原书第2版）	兰杰·古拉蒂（Ranjay Gulati）等	978-7-111-59524-3	79.00
管理学：原理与实践（原书第10版）	斯蒂芬·P. 罗宾斯（Stephen P. Robbins）等	978-7-111-62225-3	69.00
管理学原理（原书第10版）	理查德·L. 达夫特（Richard L. Daft）等	978-7-111-59992-0	79.00